Wissenschaftliche Beiträge aus dem Tectum Verlag

Reihe Rechtswissenschaft

Wissenschaftliche Beiträge aus dem Tectum Verlag

Reihe Rechtswissenschaft

Band 169

Alina Gorstein

Die Erweiterung der DNA-Reihenuntersuchung auf „Beinahetreffer"

Tectum Verlag

Nomos

Alina Gorstein
Die Erweiterung der DNA-Reihenuntersuchung auf „Beinahetreffer“

Wissenschaftliche Beiträge aus dem Tectum Verlag
Reihe: Rechtswissenschaft; Bd. 169

Zugl. Diss. Martin-Luther-Universität Halle-Wittenberg 2021

ISBN 978-3-8288-4728-6
ePDF 978-3-8288-7826-6
ISSN 1861-7875

Gesamtverantwortung für Druck und Herstellung:
Nomos Verlagsgesellschaft mbH & Co. KG
Printed in Germany

Besuchen Sie uns im Internet
www.tectum-verlag.de

Bibliografische Informationen der Deutschen Nationalbibliothek
Die Deutsche Nationalbibliothek verzeichnet diese Publikation
in der Deutschen Nationalbibliografie; detaillierte bibliografische
Angaben sind im Internet über http://dnb.d-nb.de abrufbar.

Vorwort

Unmittelbar nach der ersten juristischen Prüfung und mit Beginn meiner Tätigkeit am Lehrstuhl von Herrn Professor Dr. Renzikowski stieß ich auf die neugefasste DNA-Reihenuntersuchung und erkannte, welche Tragweite diese haben würde. Mit einem großen Interesse daran, interdisziplinär zu arbeiten und naturwissenschaftliche Diskurse mit juristischen zu verbinden, begann ich die lehrreiche Phase des Promotionsstudiums.

An dieser Stelle möchte ich mich zunächst bei Herrn Professor Dr. Joachim Renzikowski für die wissenschaftliche Betreuung und Unterstützung bedanken. Ebenso gilt mein Dank Herrn Professor Dr. Henning Rosenau für die zügige Erstellung des Zweitgutachtens. Herzlich bedanken möchte ich mich auch bei der Studienstiftung des deutschen Volkes und meinen dortigen Betreuern. Durch ihre langjährige Förderung konnte ich meine volle Energie in das Forschen und Verfassen dieser Arbeit investieren; eine Freiheit, die nicht selbstverständlich ist. Der Austausch mit anderen StudienstiftlerInnen war über die Jahre hinweg immer bereichernd und ich bin dankbar für die vielen positiven Erfahrungen.

Danken möchte ich auch meinen langjährigen WegbegleiterInnen und engen Freundinnen und Freunden, die mir mit ihrer Unterstützung und Geduld geholfen haben, viele schwierige Phasen beim Verfassen dieser Arbeit zu überbrücken und auch über die verzwickteste Situation zu lachen. Gerne würde ich alle namentlich nennen, die mich unermüdlich unterstützt, mit gemeinsamer Zeit bereichert oder beim Sport abgelenkt und gefordert haben, es wäre jedoch unmöglich allen gerecht zu werden. Besonderer Dank gebührt dennoch Dustin Heße, Sebastian Simmert und Benita Schmitz für die stete Diskussionsbereitschaft, die hilfreichen Anregungen und die Durchsicht meiner Arbeit.

Abschließend möchte ich von Herzen meinen Eltern danken. Ihr Mut und ihre Zuversicht legten den Grundstein für meinen bisherigen Weg, ihr Vertrauen in meine Fähigkeiten ebnet ihn.

Inhaltsverzeichnis

Abkürzungsverzeichnis

Die hier verwendeten Abkürzungen stimmen mit der Übersicht über juristische Abkürzungen in *Kircher, Hildebert*, Abkürzungsverzeichnis der Rechtssprache, 9.Auflage, Berlin 2018 überein.

A. Einleitung[1]

Die Digitalisierung und der technische Fortschritt formen in rasanten Schritten die Gesellschaft und verändern unterschiedliche Lebensbereiche. Die Entwicklung hin zur Informationsgesellschaft macht sich auch im Bereich der Verbrechensbegehung bemerkbar und die Ermittlungs- und Strafverfolgungsbehörden sind herausgefordert, Ermittlungstechniken einzuführen oder zu verbessern, um Straftaten effizient zu verhindern oder aufzuklären.[2] Im Fokus steht hierbei vor allem der genetische Fingerabdruck. Dieser erlaubt durch die Einmaligkeit der DNA-Sequenz jedes Individuums die Zuordnung von Tatortspur zum Verursacher und damit die Identitätsfeststellung des Täters.[3] Es ist deshalb ein nachvollziehbares Interesse der Strafverfolgungsbehörden, den Anwendungsbereich auszuweiten und den Fortschritt in der DNA-Analyse zur Aufklärung im Strafverfahren zu nutzen.

In diesem Zuge entschied sich der Gesetzgeber, die DNA-Reihenuntersuchung gem. § 81h StPO zu reformieren und die Maßnahme erheblich zu erweitern. Die DNA-Reihenuntersuchung nach § 81h StPO ermöglicht, Körperzellen von freiwilligen Probanden zu entnehmen, diese molekulargenetisch zu untersuchen und das erlangte Identifizierungsmuster mit dem tatrelevanten Spurenmaterial automatisiert abzugleichen.[4] Seit dem 24.08.2017 wurde die DNA-Reihenuntersuchung jedoch signifikant erweitert. Nachdem sich sowohl der Bundesgerichtshof als auch das Bundesverfassungsgericht mit der Frage des richtigen Umgangs mit Beinahetreffern auseinandergesetzt haben,[5] hat

1 Aufgrund der besseren Lesbarkeit wird im Text das generische Maskulinum verwendet. Gemeint sind jedoch immer alle Geschlechter.

2 *Lee*, Gesetzliche Vorschriften zur Gewinnung und Verwendung von DNA-Informationen, S. 1.

3 *Stadler-Brehm*, Probleme einer DNA-Analyse, S. 1.

4 *Senge*, in: KK StPO, 6. Aufl., § 81h, Rn. 1.

5 BGHSt 58, 84; BVerfG, medstra 2015, 363.

diese umstrittene Konstellation eine vorerst endgültige gesetzliche Regelung erfahren.

Mit dem ‚Gesetz zur effektiveren und praxistauglichen Ausgestaltung des Strafverfahrens' wurde § 81h StPO dahingehend ergänzt, dass künftig das von den freiwilligen Probanden entnommene Material auch insoweit untersucht werden darf, ob das am Tatort gefundene Spurenmaterial von diesen Personen oder Verwandten in gerader Linie oder in der Seitenlinie bis zum dritten Grad stammt. Dieser Verwandtschaftsabgleich ist der erste Versuch, Beinahetreffer bei der DNA-Analyse gesetzlich zu regeln. Der zulässige Umgang mit Beinahetreffern war vor dieser Gesetzesnovellierung hoch umstritten.[6] Der Bundesgerichtshof stellte in der für diese Novellierung maßgeblichen Entscheidung fest, dass nach der damaligen Gesetzesfassung ein Beweiserhebungsverbot für Beinahetreffer gilt. Informationen, nach denen zwar die freiwilligen Teilnehmer keine Übereinstimmung mit dem Spurenmaterial vom Tatort aufweisen, wohl aber ein Verwandtschaftsverhältnis angenommen werden könne, dürften zu diesem Zweck nicht erhoben werden.[7] Das Bundesverfassungsgericht bestätigte diese rechtliche Einschätzung.[8] Dieses Ergebnis wurde teilweise für eine derart erhebliche Regelungslücke gehalten, dass ein Handeln des Gesetzgebers gefordert wurde.

Mit dieser Neufassung des § 81h StPO wurde der Normzweck geändert, wodurch neue Rechtsfragen aufgeworfen und bekannte Probleme mit einem neuen Schwerpunkt diskutiert werden müssen. Fraglich ist, ob die neugefasste Norm rechtstaatlichen Anforderungen genügt – insbesondere jenen, welche die Freiheit schützen sollen. Nicht umsonst sind Freiheit und Sicherheit zwei Grundaspekte, welche in den letzten Jahren auch vom Gesetzgeber wiederholt aufgegriffen wurden und sich doch gleichzeitig konträr gegenüberstehen. Die DS-GVO soll den Bürger davor schützen, zum ‚gläsernen Menschen' zu werden. Gleichzeitig wurden mit der Neufassung des § 81h StPO die Quellen-

---

6 Beispielhaft für die Ablehnung der Verwertung von Beinahetreffern *Swoboda*, StV 2013, 461 (469 f.), während *Doege/Frahm*, in: FS Ostendorf, 227 (240 f.) für eine gesetzliche Regelung zu Gunsten der Verwertung von Beinahetreffern argumentieren.

7 BGHSt 58, 84 (93).

8 BVerfG, medstra 2015, 363 (367).

Telekommunikationsüberwachung und die Online-Durchsuchung in die StPO eingeführt.[9] Einerseits ist Freiheit ohne Sicherheit nicht zu gewährleisten, andererseits handelt es sich um zwei Antipoden auf den Waagschalen der Verhältnismäßigkeit, welche einander stets aus dem Gleichgewicht zu bringen drohen. Wird also ein Gesetz eingeführt, um vorgeblich mehr Sicherheit zu gewährleisten, muss geprüft werden, ob die Freiheit des Einzelnen nicht unverhältnismäßig eingeschränkt wird. Immerhin ist die freiheitlich demokratische Grundordnung die Basis und maßgebliche Struktur der Bundesrepublik und wird nicht nur im Grundgesetz aufgegriffen, sondern auch vom Bundesverfassungsgericht dahingehend konkretisiert, dass der Mensch einen eigenen selbstständigen Wert besitzt und Freiheit und Gleichheit dauernde Grundwerte der staatlichen Einheit sind.[10]

Diese Arbeit fokussiert sich auf die Neufassung der DNA-Reihenuntersuchung und die Erweiterung der Norm auf die Verwertbarkeit von Beinahetreffern und die damit einhergehenden Veränderungen. Immerhin lautete die Empfehlung in der 2015 erschienenen Monografie von *Beck*, dass die Verwertung von Beinahetreffern gesetzlich durch eine entsprechende Ergänzung der Norm ausgeschlossen werden sollte.[11] Der Gesetzgeber hat sich für das Gegenteil entschieden, die Kritik an der geplanten Gesetzesneufassung ignoriert und stattdessen § 81h StPO neugefasst. Eine umfassende Untersuchung dieser neuen Gesetzeslage, welche die Verwertung von Beinahetreffern legalisiert, hat bislang noch nicht stattgefunden. Angesichts der großen Zahl an Betroffenen, die mit nur einem Verfahren nach § 81h StPO in den Fokus der Ermittlungsbehörden rücken können, ist diese Auseinandersetzung und die Beantwortung der Frage nach der Rechtsstaatlichkeit im Interesse der Allgemeinheit – denn die Reihenuntersuchung betrifft jene, die gerade keinen Anlass für eine strafrechtliche Verfolgung geboten haben. Die Betroffenen gelten als unschuldig und die Maßnahme kennt nahezu keine Begrenzung bei der Anzahl der Personen, die zur Teilnahme aufgefordert werden können. Die Folgen einer

---

9 Ein differenzierter Überblick über die Bestandteile der StPO-Reform aus 2017 in *Mansdörfer*, GSZ 2018, 45 ff.

10 BVerfG, NJW 1952, 1407 (1408).

11 *Beck*, Die DNA-Analyse im Strafverfahren, S. 337.

unverhältnismäßigen Maßnahme wären deshalb gravierend und mit einer Vielzahl an weiteren, nicht gerechtfertigten Eingriffen verbunden.

Bereits im Vorfeld der Reform des § 81h StPO gab es nicht nur positive Rückmeldungen zum Vorhaben des Gesetzgebers. Die geplante Verwertung von Beinahetreffern war erheblicher Kritik ausgesetzt.[12] Diese Kritik richtete sich gegen die Methoden der DNA-Analyse sowie die rechtliche Gestaltung der Norm und ihren Eingriffscharakter. Davon ausgehend untersucht die vorliegende Arbeit die Fallstricke des neugefassten § 81h StPO. Dabei werden verschiedene Aspekte berücksichtigt und differenziert behandelt. Diese Differenzierung schließt auch das Ziel ein, die DNA-Reihenuntersuchung als Ermittlungsmaßnahme zu erhalten. Die Ausgangsthese ist, dass diese in der derzeitigen Form nicht rechtsstaatskonform ist. Es muss deshalb ein Gleichgewicht gefunden werden, wie diese Maßnahme verfassungskonform ausgestaltet und umgesetzt werden kann.

Beginnend mit der Historie der gesetzlichen Regelung der allgemeinen DNA-Analyse, erfolgt zunächst ein Rückblick, wie das Gesetz zur heutigen DNA-Reihenuntersuchung entstanden ist. Dies soll den notwendigen Kontext zu den Absichten des Gesetzgebers vermitteln. Im Zentrum dieser Darstellung steht ein Vergewaltigungsfall, der dazu führte, dass sich die Rechtsprechung erstmals mit Beinahetreffern im Rahmen des § 81h StPO befasste. Die Folgen dieser Rechtsprechung des BGH und BVerfG werden aufgezeigt und ihre Auswirkungen auf die aktuelle Gesetzeslage erläutert.

Anschließend werden Vorgehen und Aussagekraft der forensischen DNA-Analyse dargelegt und analysiert. Beginnend mit der DNA-Analyse im Allgemeinen, wird anschließend auf die wissenschaftlichen Methoden bei der Verwertung von Beinahetreffern eingegangen. Einer der Vorwürfe, die hier geäußert werden, verdient besondere Aufmerksamkeit: Die im Rahmen des Abgleichs ermittelten Beinahetreffer könnten fälschlicherweise auf verwandtschaftliche Beziehungen hinweisen, obwohl die Übereinstimmungen lediglich auf der gleichen ethnischen Zugehörigkeit des freiwillig Mitwirkenden und des Täters

12 *Swoboda*, StV 2013, 461 (469); entschieden gegen eine Verwertung von Beinahetreffern *de lege ferenda*: *Beck*, Die DNA-Analyse im Strafverfahren, 337 f.

basieren.[13] Würde dies zutreffen, wären die Auswirkungen umso verheerender, denn so könnte eine Vielzahl Unschuldiger ins Zentrum der Ermittlungen geraten, ohne dass ein anderer belastbarer Hinweis als die ethnische Gruppenzugehörigkeit besteht.[14] Wie solche Probleme umgangen und die Beweiskraft von Beinahetreffern gestärkt werden kann, wird ebenfalls diskutiert.

Im nächsten Kapitel werden die einzelnen Merkmale der DNA-Reihenuntersuchung untersucht und die Auswirkungen der Erweiterung auf die Bestandteile der Norm. Herausgestellt wird die Tragweite der Neufassung und inwiefern sich der Normzweck und die Untersuchungsreichweite verändert haben. Hier kommt eine weitere Gesetzesänderung zum Tragen. Die erweiterte DNA-Analyse nach § 81e StPO, die die Auswertung von DNA-Material unbekannter Herkunft auf äußere Merkmale des Spurenverursachers erlaubt, wird untersucht. Diese soll die Priorisierung der Probanden der DNA-Reihenuntersuchung vereinfachen. Hinterfragt wird, ob dies wirklich der Fall ist, und welche verfassungsrechtlichen Bedenken bestehen. Das Unterkapitel schließt mit umfassenden Verbesserungsvorschlägen und Hinweisen, wie die DNA-Reihenuntersuchung und die erweiterte DNA-Analyse sinnvoll kombiniert werden können.

Bei der Prüfung der Auswirkungen steht die Verhältnismäßigkeit der neugefassten DNA-Reihenuntersuchung besonders im Fokus. Diese Prüfung gliedert sich in mehrere Teilaspekte, die gleichermaßen dafür verantwortlich sind, dass § 81h StPO verhältnismäßig angewandt werden kann. Grundrechtseingriffe werden aufgezeigt und die Einordnung der Maßnahme als *ultima ratio* wird begründet.

Charakteristisch für die DNA-Reihenuntersuchung ist die Freiwilligkeit der Probanden, welche ohne ihre Zustimmung nicht untersucht werden dürfen. Deshalb wird anschließend erörtert, in welche Grundrechtseingriffe Probanden einwilligen können und wie die Voraussetzungen hierfür beschaffen sein müssen. Zu hinterfragen ist die intrinsische Motivation des freiwilligen Probanden. Denn selbst wenn ein rechtliches Dürfen hinsichtlich der Einwilligung in die DNA-Analyse vorliegt, ist damit noch nicht gesagt, dass die Freiwilligkeit beim

13 *Beck*, Die DNA-Analyse im Strafverfahren, S. 337.
14 *Beck*, Die DNA-Analyse im Strafverfahren, S. 337.

Entscheidungsprozess garantiert ist. Die Entscheidung muss jedoch freiwillig erfolgen, denn eines der entscheidenden Merkmale des § 81h StPO neben dem richterlichen Vorbehalt, ist die freiwillige Entscheidung der Probanden.

Die Freiheit von Zwang ist eine der zentralen Fragen, die nach der Neufassung der Norm beantwortet werden muss. Mit der Freiwilligkeit der Probanden begründete der Gesetzgeber unter anderem auch die Erweiterung auf Beinahetreffer. Niemand muss seine Angehörigen der Strafverfolgung aussetzen, da eine Teilnahme nicht erzwungen werden kann. Doch für eine wirklich freie Entscheidung bedarf es der Gleichwertigkeit der Optionen ohne Zwangsandrohung von staatlicher Seite. Dass es sich bei der DNA-Untersuchung trotz vorgeblicher Freiwilligkeit der Probanden im Grunde um eine versteckte Zwangsmaßnahme handeln könnte, ist seit jeher ein zentraler Kritikpunkt.[15] Doch mit der veränderten Interessenlage bedarf es hier einer neuen Untersuchung und Abwägung, ob sich priorisierte Probanden in einer freien Entschlussfassung befinden. Immerhin muss sich der Betroffene mittels der nach § 81h Abs. 4 StPO notwendigen Belehrung bewusst sein, dass die freiwillige Abgabe seiner DNA einen Angehörigen ins Visier der Strafverfolgungsbehörden rücken kann.[16]

Das Ziel der Diskussion dieser Kritikpunkte ist die Verbesserung der DNA-Reihenuntersuchung. Die hier diskutierten Lösungsvorschläge sollen die Maßnahme so gestalten, dass sie sowohl den Untersuchungszweck erreicht als auch rechtmäßig ist. Hierbei werden mehrere Einzelprobleme erörtert, die durch die Neufassung des § 81h StPO entstanden sind oder dadurch verstärkt werden. Im Ergebnis ist es möglich, diese Maßnahme verhältnismäßig anzuwenden, sofern einige Anpassungen erfolgen. Die wichtigste betrifft den Entscheidungsprozess der Probanden, der Freiwilligkeit gewährleisten muss. Die verschiedenen Ebenen, auf denen die Maßnahme problematisch ist, sind dennoch alle wichtig, um gemeinsam mit jeder Verbesserung die Frei-

15 *Wickert,* Der DNA-Massentest nach § 81h StPO S. 401; in dieser Dissertation setzt sich *Wickert* ausführlich mit der Frage der Freiwilligkeit der Betroffenen auseinander.

16 *Swoboda,* StV 2013, 461 (467).

willigkeit zu gewährleisten. Ein abschließendes Fazit fasst die zuvor gewonnenen Erkenntnisse zusammen.

B. Die Entwicklung der DNA-Reihenuntersuchung

I. Die rechtliche Gestaltung bis 2005

Der § 81h StPO regelt die bis zum 12.08.2005 gesetzlich nicht erfasste Reihenuntersuchung und wurde mit dem Gesetz zur Novellierung der forensischen DNA-Analyse eingeführt (BGBl. I 2005 S. 2360).[17] Prinzipiell soll dieses Verfahren dazu dienen, den Kreis der als Täter in Betracht kommenden Personen zu verringern, indem alle negativ getesteten Personen als potentielle Tatverdächte ausscheiden.[18] Die Einführung der Norm diente der Rechtssicherheit, denn auch mit Einverständnis der Probanden war die Zulässigkeit der Durchführung eines solchen „Massenscreenings" ohne klar gestaltete Norm nicht unumstritten.[19] Der Weg der gesetzlichen Regelung von DNA-Analysen wird bisweilen als wenig geradlinig beschrieben, was auf den Anfängen dieser Ermittlungsmaßnahme beruht.[20]

1. Praxis bis zum 17.03.1997

Vor der gesetzlichen Regelung zur DNA-Analyse wurden erste Reihenuntersuchungen in den achtziger Jahren durchgeführt, ohne dass die Strafverfolgungsbehörden eine konkrete rechtliche Basis für ihr Handeln hatten. Eine solche wurde stattdessen aus §§ 81a, 81c StPO abgeleitet.[21] Hierbei ist wichtig zu beachten, dass nicht nur die Reihenuntersuchung auf dieser Grundlage geschah, sondern grundsätzlich alle Verfahren, die den genetischen Fingerabdruck zum Gegenstand

---

17 *Schmitt*, in: Meyer-Goßner/Schmitt, § 81h StPO Rn. 1.
18 *Satzger*, JZ 2001, 639 (647).
19 *Brauer*, in: Heidelberger Kommentar StPO, § 81h Rn. 1.
20 *Rogall*, in: SK-StPO, § 81h Rn. 116.
21 BGHSt 37, 157 (158); LG Heilbronn, NJW 1990, 784 (785 f.).

hatten.[22] Auch wenn dies vor dem Hintergrund der heutigen gesetzlichen Regelung unverständlich erscheinen mag, wurde eine Regelungslücke von der Rechtsprechung verneint. Nach damaliger Auffassung des BVerfG stellte § 81a StPO eine ausreichende Grundlage dar, um mittels einer DNA-Analyse einen Täter auszuschließen oder festzustellen, solange dabei der codierende Teil der DNA unberührt blieb und der Beweiswert einer kritischen Würdigung unterzogen wurde.[23] Eben dieser Leitsatz fand auch auf das Verfahren Anwendung, welches heutzutage als DNA-Reihenuntersuchung bekannt ist.[24]

Mit dieser Begründung wurde die Anwendung des § 81a StPO als rechtlich ausreichende Grundlage gesehen, obwohl sich Gegenstimmen in der Literatur regten, welche § 81 a StPO als Begründung für die Ermittlungsmaßnahme der Genomanalyse bestritten.[25] Im Raum stand insbesondere die Frage, ob das Recht auf informationelle Selbstbestimmung der DNA-Analyse gewisse Grenzen setzt und der Gesetzgeber eine auf die DNA-Analyse zugeschnittene gesetzliche Regelung erlassen müsse.[26] Die vermehrt geäußerten Bedenken aus der Literatur konnten ihrerseits keine einheitliche Lösung präsentieren, wie eine angemessene gesetzliche Regelung der DNA-Analyse ausgestaltet sein sollte.[27]

2. Strafverfahrensänderungsgesetz – DNA-Analyse (1997)

Trotz dieser Uneinigkeit innerhalb der kritischen Stimmen konnte der Gesetzgeber zu einem ersten Schritt der gesetzlichen Regelung der DNA-Analyse bewegt werden. Dies kann mit Blick auf die Uneinigkeit, die innerhalb der Legislative hinsichtlich Zulässigkeit und Regelungsbedarf der DNA-Analyse herrschte,[28] als Kompromissversuch gewertet werden, der Kritik an der Genomanalyse entgegenzutreten.

22 *Rogall*, in: SK-StPO, § 81a Rn. 112.
23 *Rogall*, in: SK-StPO, § 81a Rn. 112; BVerfG, NStZ 1996, 45 f.
24 BVerfG, NJW 1996, 1587 f.
25 *Keller*, NJW 1989, 2289 (2296).
26 *Rogall*, in: FS F.C. Schröder, 691 (692); *Rogall*, in: SK-StPO, § 81a Rn. 115.
27 *Rogall*, in: SK-StPO, § 81a Rn. 115.
28 *Rogall*, in: SK-StPO, § 81a Rn. 116.

Die sich ausbreitende Sorge, dass bei Ausbleiben einer Regelung das tatsächliche Verfahren weit über das gesetzlich legitimierte Maß hinauszuwachsen drohte,[29] führten schließlich zum ersten Gesetz, welches DNA-Analysen 1997 in die StPO einführte.[30] Dieses Gesetz beschäftigte sich noch nicht mit der Reihenuntersuchung, wie sie der § 81h StPO später regeln sollte, sondern etablierte den § 81e StPO, der die Bedenken in der Bevölkerung vor unverhältnismäßigen Eingriffen durch molekulargenetische Untersuchungen zerstreuen sollte.[31] Die eingeführte Norm regelte, dass molekulargenetische Untersuchungen von Körpermaterial des Beschuldigten und anderer Personen sowie an beschlagnahmtem und oder sichergestelltem Spurenmaterial zulässig seien. Gleichzeitig unterliegen sie aber einer klaren Zweckbindung, nämlich der Feststellung der Abstammung oder dem Abgleich von Beschuldigten- und Spurenmaterial.[32] Zudem wurde ein Richtervorbehalt für molekulargenetische Untersuchungen eingeführt und das Verfahren und die Anforderungen an eine Untersuchung nach § 81e StPO in § 81f StPO normiert.[33]

3. Gesetz zur Änderung der Strafprozessordnung (1998)

Damit, und auch mit dem Gesetz zur Änderung der Strafprozessordnung (DNA-Identitätsfeststellungsgesetz) vom 07. September 1998, tat sich wenig hinsichtlich einer gesetzlichen Regelung, die speziell auf den DNA-Reihengentest zugeschnitten gewesen wäre. Nichtsdestotrotz wurden andere Anwendungsbereiche der DNA-Analyse durch den Gesetzgeber geregelt. Eingeführt wurde § 81g StPO. Er hob die gesetzlich geregelte DNA-Analyse aus dem Anwendungsbereich im anhängigen Strafverfahren und erweiterte sie auf künftige Strafverfahren.[34] Mit dem DNA-Identitätsfeststellungsgesetz wurde der Grundstein für eine

29 *Keller*, NJW 1989, 2289 (2295 f.).

30 *Wickert*, Der DNA-Massentest nach § 81h StPO, S. 38 f.

31 BT-Drucks. 13/667, S. 1.

32 *Wickert*, Der DNA-Massentest nach § 81h StPO, S. 39.

33 *Wickert*, Der DNA-Massentest nach § 81h StPO, S. 39; *Rogall*, in: FS F.C. Schröder, 691 (693).

34 BT-Drucks. 13/10791, S. 3.

zentrale Datei gelegt, in der DNA-Profile gespeichert und künftig abgeglichen werden sollten.[35] Diese Datei wurde angelegt als elektronsicher Datenverbund zwischen Bund und Ländern, für den das BKA die notwendige Infrastruktur zur Verfügung stellt.[36] Die damit einhergehende Einführung des § 81g StPO eröffnete gemeinsam mit dem 1998 eingeführten § 2 DNA-Identitätsfeststellungsgesetz (DNA-IFG) die Möglichkeit, Spuren „zeitversetzt" zuordnen zu können und Proben zum Abgleich nicht länger nur anlassbezogen im Kontext einer gegenwärtig aufzuklärenden Tat zu sammeln. Entsprechende Datensätze konnten für einen späteren Abgleich gespeichert werden, sodass zunächst einschlägig auffällig gewordene Personen auf ihre Beteiligung an der neuen Tat hin geprüft werden konnten. Die Speicherung der DNA-Identifizierungsmuster bereits verurteilter Straftäter (§ 2 DNA-Identitätsfeststellungsgesetz) und die Entnahme und molekulargenetische Untersuchung von Körperzellen des Beschuldigten für Feststellungen bei künftigen Strafverfahren (§ 81g StPO) stellte somit eine Neuausrichtung der DNA-Untersuchungen dar. Anstatt Körperzellen im anhängigen Strafverfahren zu sammeln und auszuwerten, ermöglichten diese neu eingeführten Normen nun bei Spurenmaterial den Rückgriff auf Datensätze. Somit konnte man bei einem Treffer von Funden am Tatort mit Datensätzen aus der Datenbank Tatverdächtige wesentlich schneller ermitteln. Voraussetzung für ein solches Vorgehen war zunächst eine Anlasstat in Kombination mit einer sog. Negativprognose. Für eine Negativprognose muss ein Beschuldigter einer Straftat von erheblicher Bedeutung verdächtig sein und gleichzeitig müssen bestimmte Anhaltspunkte Grund zur Annahme bieten, dass gegen ihn künftig erneut ein Strafverfahren der vorbezeichneten Art durchzuführen sei.[37] § 2 DNA-IFG erweiterte den Anwendungsbereich auf Personen, die rechtskräftig verurteilt wurden oder solchen gleichzustellen sind.[38]

Der Gesetzgeber erkannte somit früh, dass die DNA-Analyse vielseitige Möglichkeiten bietet, das Ermittlungsverfahren zu straffen und zu optimieren und begann, einschlägige Maßnahmen ins Gesetz aufzunehmen. Dennoch beschränkte sich der Anwendungsbereich der

---

35 *Wickert*, Der DNA-Massentest nach § 81h StPO, 39.
36 *Busch*, NJW 2002, 1754 (1755).
37 *Rogall*, in: FS F.C. Schröder, 691 (694).
38 *Beck*, Die DNA-Analyse im Strafverfahren, S. 33.

Normen zur DNA-Analyse weiterhin auf Fälle, in denen DNA-Identifizierungsmuster von Beschuldigten entnommen wurden, sei es zur Aufklärung anhängiger oder künftiger Strafverfahren. Eine Antwort des Gesetzgebers, wie mit Unschuldigen in einem Verfahren der DNA-Reihenuntersuchung umzugehen sei, blieb mit dieser Gesetzesänderung aus.

4. Gesetz zur Änderung der Vorschriften über die Straftaten gegen die sexuelle Selbstbestimmung und zur Änderung anderer Vorschriften (2003)

Weitreichende Änderungen gab es schließlich 2003. Zum einen wurde die DNA-Analyse in künftigen sowie in bereits anhängigen Verfahren auf die Befugnis erstreckt, das Geschlecht der betreffenden Person zu bestimmen.[39] Zum anderen wurde bei § 81g StPO die doppelte Einhegung von qualifizierter Negativprognose und Anlasstat von erheblicher Bedeutung aufgehoben. Während die qualifizierte Negativprognose aufrechterhalten wurde, wurden die Anlassstraftaten bei § 81g StPO mittels des SexStrÄndG dahingehend erweitert, dass auch Straftaten gegen die sexuelle Selbstbestimmung im Sinne der §§ 174 bis 184f StGB a.F. genügten. Für die Negativprognose blieb es jedoch bei dem Erfordernis, dass künftige Verfahren wegen Straftaten von erheblicher Bedeutung prognostiziert werden müssen.[40]

Die Anwendbarkeit der Ermittlungsmaßnahme in Abhängigkeit von der Schwere der verfolgten Tat ist ein Prinzip, welches später auch bei der gesetzlichen Regelung der Reihenuntersuchung aufgegriffen werden sollte. Dies ist gleichzeitig nicht die einzige Parallele zwischen diesen Normen, weshalb die Reaktion auf die Neufassung des § 81g StPO eine genauere Betrachtung verdient. Vermutet wurde, dass der Gesetzgeber bereits zu diesem Zeitpunkt das Ziel vor Augen hatte, die DNA-Analyse in ein umfassendes Instrument der Verbrechensaufklärung auszubauen, da davon ausgegangen wurde, dass es eine hoch-

---

39 *Duttge/Hörnle/Renzikowski*, NJW 2004, 1065 (1070), die Erweiterung gilt auch für Fälle des Leichenfundes nach § 88 Abs. 1 StPO.

40 *Rogall*, in: FS F.C. Schröder, 691 (696).

effiziente Aufklärungsmethode ist, die zudem frei von menschlichen Schwächen ist.[41] Die in diesem Zuge beschlossene Neufassung des § 81g StPO übersehe und ignoriere aber Fehlerquellen, welche bei Vornahme und Auswertung von DNA-Analysen bestünden.[42] Dem Gesetzgeber wurde vorgeworfen, ungeachtet der höchstrichterlich festgelegten Anforderungen an die Verhältnismäßigkeit,[43] die Maßnahme nach § 81g StPO auszuweiten und dabei sowohl ihren tatsächlichen Nutzen als auch ihre Zuverlässigkeit nicht realitätsgetreu abzubilden.[44] Die neugefasste Norm sei in dieser Fassung nicht verfassungsgemäß und nicht haltbar. Die Änderung sei deshalb so schnell wie möglich zurückzunehmen.[45] Zudem sei zu befürchten, dass die qualitative Absenkung der Anlasstaten in Zukunft fortgesetzt werden könnte.[46]

Die Gesetzesbegründung sah zu dem Kritikpunkt der Durchbrechung verfassungsmäßiger Standards, welche die Wahrung des Rechts auf informationelle Selbstbestimmung sicherstellen sollen, vor, dass bei Herabsenkung der Anforderungen an die Anlasstat ein umso höherer Anspruch an die Negativprognose zu stellen sei.[47] Die Gerichte müssten sich eingehend mit Tat und Täter auseinandersetzen, um so zu einer fundierten und belastbar tragfähigen Entscheidung zu kommen.[48] Dass die Anlassstraftat dabei gleichzeitig nur die Funktion habe, eine Prüfung der Negativprognose auszulösen[49] und sich hieraus ein Widerspruch ergeben könnte, sei dahingestellt. Jedenfalls sei durch den gestiegenen Anspruch an die Negativprognose der Verhältnismä-

41 *Neubert-Kirfel*, Kriminalistik 2000, 398 (399); *Duttge/Hörnle/Renzikowski*, NJW 2004, 1065 (1071) mit weiteren Nachweisen.

42 *Duttge/Hörnle/Renzikowski*, NJW 2004, 1065 (1071); *Neuhaus*, in: Gedächtnisschrift f. Schlüchter, 535 (536 ff.) mit Beispielen für Verfahren mit schwerwiegenden Fehlerinterpretationen. Der Beitrag von *Neuhaus* ist von 2002: eine vertiefte Auseinandersetzung mit heutigen Verfahren zuzüglich der Erweiterung um die Auswertung von Beinahetreffern und inwiefern es dabei zu Fehlern kommen kann, erfolgt an späterer Stelle.

43 *Duttge/Hörnle/Renzikowski*, NJW 2004, 1065 (1071) mit Verweis auf BVerfG, NJW 2001, 2320 (2321).

44 *Duttge/Hörnle/Renzikowski*, NJW 2004, 1065 (1071).

45 *Duttge/Hörnle/Renzikowski*, NJW 2004, 1065 (1072).

46 *Hasselbach*, Die Novellierung der forensischen DNA-Analyse, S. 119.

47 *Beck*, Die DNA-Analyse im Strafverfahren, S. 39; BT-Drucks. 15/350, S. 11.

48 BT-Drucks. 15/350, S. 11.

49 BT-Drucks. 15/350, S. 11.

ßigkeit der Norm genüge getan.[50] Dem wurde entgegengehalten, dass völlig ungeklärt sei, anhand welcher Kriterien sich der gleichwertige Unrechtsgehalt zu Straftaten von erheblicher Bedeutung ablesen lassen solle.[51] Die Verantwortung, die grundrechtliche Relevanz des Eingriffs nicht aus den Augen zu verlieren und zu berücksichtigen, lag somit bei der Judikative.[52]

Bei einer vertieften Auseinandersetzung mit der Frage, ob die Grundlage, auf welcher der § 81g StPO neugefasst wurde, nach mehrjähriger Anwendung tatsächlich haltbar sei, wurde festgestellt, dass nach Jahren der Anwendung durch die verantwortlichen Stellen die Kritik an der Neufassung berechtigt war.[53] Weder sei die Negativprognose ein valides Mittel, um potentielle künftige Täter zu identifizieren, noch hätten die zuständigen Stellen die notwendigen Ressourcen, um sie in dem erforderlichen Maße durchzuführen, um tatsächlich jene wenige Personen zu identifizieren, die nach einer weniger erheblichen Straftat gegen die sexuelle Selbstbestimmung später eine Vergewaltigung begehen könnten.[54] Stattdessen drohen Automatismen und eine sinkende Qualität der Prognosen.[55] In der Praxis seien zudem deutliche Bestrebungen zu erkennen, den Anwendungsbereich der Norm auszudehnen.[56] So befanden sich zum Stand vom 31. Juli 2017 DNA-Identifizierungsmuster von 5.914 Menschen in der DNA-Analyse-Datei (abgekürzt DAD), die jeweils wegen des Verdachts auf Beleidigung gespeichert wurden.[57] Wie anhand einer Beleidigung eine qualifizierte Negativprognose hinsichtlich einer schweren Straftat getroffen werden kann, bleibt ungeklärt. Ferner habe bereits 2008 eine stichprobenartige Untersuchung gezeigt, dass die in der DAD des BKA gespeicherten Datensätze zu 42% nicht den Speicherungskriterien des zu Grunde liegenden Gesetzes entsprachen, womit eine rechtskonforme Praxis

50 BT-Drucks. 15/350, S. 11.
51 *Hasselbach*, Die Novellierung der forensischen DNA-Analyse, S. 119.
52 *Hasselbach*, Die Novellierung der forensischen DNA-Analyse, S. 119.
53 *Beck*, Die DNA-Analyse im Strafverfahren, S. 174.
54 *Beck*, Die DNA-Analyse im Strafverfahren, S. 174.
55 *Beck*, Die DNA-Analyse im Strafverfahren, S. 174.
56 *Petri*, in: Lisken/Denninger, HdB des PolR, A. Rn. 127.
57 BT-Drucks. 18/13411, S. 5.

kaum sichergestellt ist.[58] Die Übertragung der Verantwortung auf die Judikative, die Kriterien für eine verhältnismäßige Anwendung entsprechend der grundrechtlichen Relevanz festzulegen, ist nicht geglückt. Die Neufassung des § 81g StPO wurde somit berechtigterweise kritisiert und wirft ein ungutes Licht auf den parallelen Werdegang der DNA-Reihenuntersuchung.

Der Blick auf die Geschichte des § 81g StPO ist wichtig, weil es sich um jene Norm handelt, welche vor § 81h StPO Eingang in die DNA-Analysen in der Strafprozessordnung fand. Der Umgang könnte im ungünstigsten Fall wie eine Blaupause für den derzeitigen Gesetzgebungsgang mit der DNA-Reihenuntersuchung sein. Der Gesetzgeber schätzt die DNA-Reihenuntersuchung als überaus wertvolles Mittel der Verbrechensaufklärung und entwickelt Maßnahmen, um mittels DNA-Analyse zeitsparend und mit vermeintlich geringer Fehleranfälligkeit einen Verdächtigen zu ermitteln. Um die jeweilige Maßnahme noch effizienter zu gestalten und mehr Fallkonstellationen abzudecken, werden die Normen neugefasst und die Anwendungsbereiche erweitert. Standards für die Wahrung der Verhältnismäßigkeit und der Rechte der Betroffenen drohen dabei untergraben zu werden oder in den Hintergrund zu geraten. Kritik an diesem Vorgehen wurde bislang nicht berücksichtigt und so nach und nach die DNA-Analyse zum Allheilmittel der Verbrechensaufklärung gemacht. So jedenfalls ist der Eindruck, wenn man die Verfahren bei § 81g StPO und § 81h StPO nach oberflächlichen Kriterien vergleicht. Ob es sich bei § 81h StPO tatsächlich um den nächsten Kandidaten der Erweiterung der DNA-Analyse um jeden Preis handelt, wird in den folgenden Kapiteln untersucht.

II. Einführung des § 81h StPO als Rechtsgrundlage für DNA-Reihenuntersuchungen

Die aufgezeigten gesetzlichen Regelungen der DNA-Analyse waren nur die ersten Schritte auf dem Weg zu den einzelnen Ermittlungs-

58 *Weichert*, Stellungnahme des Netzwerks Datenschutzexpertise zum BayPAG, S. 6; BT-Drucks. 18/13411, S. 2.

maßnahmen nach §§ 81e ff. StPO, wie sie heute durchgeführt werden. Trotz einer sehr frühen Anwendung von DNA-Reihenuntersuchungen kamen die angesprochenen Gesetzesnovellierungen dem Drängen von Wissenschaft und Praxis nach einer speziell auf die DNA-Reihenuntersuchung zugeschnittenen gesetzlichen Regelung nicht nach. Ungeachtet des exponentiellen Anstiegs der gesetzlichen Regelungen in anderen Bereichen der DNA-Analyse erfolgte die Reihenuntersuchung weiterhin ohne explizite gesetzliche Regelung auf der Basis der Freiwilligkeit der Mitwirkenden.[59] Dies änderte sich erst 2005, als § 81h in die StPO aufgenommen wurde und das bereits seit Jahren praktizierte Verfahren seine gesetzliche Normierung fand. Bereits damals zeichnete sich ab, dass mit gesetzgeberischer Ruhe nicht zu rechnen sein würde.[60] Insbesondere der Bundesrat sah weiteren Handlungsbedarf hinsichtlich des Abbaus von Verwaltungsaufwand und der rechtlichen Einschränkungen der Ermittlungsbehörden, um die DNA-Reihenuntersuchung noch effektiver werden zu lassen.[61] Umso überraschender ist es, dass das Gesetz in der Fassung von 2005 jahrelang Anwendung fand, bis am 24.08.2017 die erste Änderung der Norm in Kraft trat, welche zentraler Gegenstand dieser Arbeit ist.

III. Der Beinahetreffer im Gesetz

Prinzipiell muss man bei Beinahetreffern zwei Konstellationen unterscheiden, welche bei unterschiedlichen Verfahren auftreten können. Eine Fallgruppe betrifft den bereits angesprochenen § 81g StPO. Wird das DNA-Identifizierungsmuster eines Betroffenen entsprechend § 81g StPO gespeichert und bei einem künftigen Abgleich in einem anderen Verfahren mit der vorgefundenen Spur festgestellt, dass das gespeicherte Muster nicht vollständig, aber beinahe mit der Spur übereinstimmt, muss demnach nicht die gespeicherte Person, sondern ein Angehöriger der Spurenleger sein.[62] Im angloamerikanischen Raum gehört dieses Verfahren, welches in England bzw. den USA als *familial*

59 *Rogall*, in: FS F.C. Schröder, 691 (710).
60 *Pommer*, JA 2007, 621 (622).
61 BR-Drucks. 521/1/05, S. 2.
62 *Beck*, Die DNA-Analyse im Strafverfahren, S. 301.

searching bzw. *familial profiling* bezeichnet wird, bereits seit 2003 zur Ermittlungspraxis.[63] Doch auch in diesen Ländern ist die Maßnahme nicht unumstritten.[64] Insbesondere die ‚Sammelwut' Englands wurde in einem Urteil des EGMR kritisiert und als Verstoß gegen das Recht auf Achtung des Privatlebens aus Art. 8 EMRK gewertet.[65] Dieses Verfahren wird in Deutschland nicht praktiziert und Beinahetreffer in Verbindung mit einer Abfrage nach § 81g StPO sind bereits technisch nicht möglich.[66]

Die zweite Konstellation tritt im Zusammenhang mit § 81h StPO auf, wenn bei Auswertung eines freiwillig abgegebenen DNA-Identifizierungsmusters im Rahmen der DNA-Reihenuntersuchung festgestellt wird, dass nicht einer der Betroffenen aus dem Kreis der priorisierten Probanden die Tatortspur verursacht hat, sondern ein Verwandter eines Teilnehmers, der allerdings selbst nicht an der Reihenuntersuchung teilgenommen hat.[67] Eben diese Konstellation lag dem Urteil des Bundesgerichtshofs und der Entscheidung des Bundesverfassungsgerichts zu Grunde und wurde im Anschluss gesetzlich geregelt. Tatsächlich bedurfte es erst dieser konkreten Entscheidung des Bundesverfassungsgerichts, bevor sich der Gesetzgeber mit einer Neufassung der Norm auseinandersetzte. Dieses Urteil und der zugrunde liegende Sachverhalt werden im Folgenden genauer untersucht. Immerhin war dies der Stein, welcher die Gesetzesänderung ins Rollen und den Beinahetreffer ins Gesetz brachte. Die Revisionsbegründung und der Inhalt des Urteils werden in der Darstellung auf jene Aspekte begrenzt, die für die Verwertung von Beinahetreffern und die Motivation des Gesetzgebers, diese zu erlauben, relevant sind.

1. Der Fall, der den Beinahetreffer ins Gesetz brachte

Auslöser war die Anwendung der DNA-Reihenuntersuchung nach § 81h StPO a.F. und die erfolgreiche Ermittlung des Täters, der auf

63 *Swoboda*, StV 2013, 461 (463).
64 *Swoboda*, StV 2013, 461 (462).
65 EGMR, NJOZ 2010, 696 (698).
66 BT-Drucks. 19/4354, S. 6.
67 *Beck*, Die DNA-Analyse im Strafverfahren, S. 301.

Grundlage der Ermittlungen wegen Vergewaltigung verurteilt wurde, woraufhin der Fall auch als „Dörpener Vergewaltigungsfall" bekannt wurde.[68] Dies war nicht das erste Mal, dass Ermittler mittels eines Beinahetreffers einen Täter ermitteln konnten. Allerdings führte die Hartnäckigkeit des Angeklagten in diesem speziellen Fall dazu, dass sich das Bundesverfassungsgericht mit dem richtigen Umgang mit Beinahetreffern beschäftigen musste und hierzu eine Grundsatzentscheidung traf.[69]

Der Angeklagte vergewaltigte in der Nacht vom 17. auf den 18. Juli 2010 die Nebenklägerin, die sich gerade auf dem Heimweg befand, unter massivem Einsatz von Gewalt. Trotz ihrer Gegenwehr gelang es dem Angeklagten, die Tat bis zum Samenerguss zu vollziehen. Während der Vergewaltigung konnte sie auf Grund von Schwellungen im Gesicht, welche durch heftige Schläge des Angeklagten hervorgerufen wurden, sein Gesicht nicht erkennen. Sie stellte sich schließlich bewusstlos. Dies und das Herannahen von Passanten bewegten ihn dazu, von ihr abzulassen und den Tatort zu verlassen, ohne dass er identifiziert werden konnte. Sie begab sich zur naheliegenden Wohnung ihres Freundes und informierte die Polizei, welche sofort eine ärztliche Untersuchung und Abstriche des Anal- und Vaginalbereichs veranlasste. Diese Abstriche erlaubten die Sicherstellung eines DNA-Identifizierungsmusters, welches aber keinem polizeilich bekannten Täter zugeordnet werden konnte. Nach weiteren Ermittlungen lag eine örtliche Verwurzelung des Täters nahe, woraufhin der Ermittlungsrichter des

LG Osnabrück auf Antrag der Staatsanwaltschaft mit Beschluss vom 13.09.2010 die Durchführung der freiwilligen Abgabe von Körperzellen zum Abgleich mit dem vorgefundenen DNA-Identifizierungsmuster aller zwischen dem 01.01.1970 und 31.12.1992 geborenen männlichen Personen in der Gemeinde anordnete. An dieser Reihenunter-

68 Schilderung des Sachverhalts BGHSt 58, 84 f.; *Beck*, Die DNA-Analyse im Strafverfahren, S. 302; *Swoboda*, StV 2013, 461.

69 Im April 2011 konnte in Kiel ein mehrfacher Mörder mittels eines Verwandtschaftsabgleichs 27 Jahre nach der Tat identifiziert werden. Er gestand bei seiner Festnahme vier weitere Taten. Sein Bruder hatte an einem DNA-Test teilgenommen und die hohe Übereinstimmung mit der Tatortspur brachte die Ermittlungsbehörden auf die Spur des Täters. Er legte allerdings kein Rechtsmittel gegen die Verwertung des Beinahetreffers ein. Genaueres hierzu unter C.II.3.a) cc).

suchung nahmen 2406 Männer teil, die entsprechend der gesetzlich vorgeschriebenen Belehrung über die Freiwilligkeit und den Umfang der Nutzung der DNA aufgeklärt wurden.

Die Proben dieser Personen wurden anonymisiert und einer Sachverständigen übergeben, welche bei zwei Proben auf Grund des Vorkommens eines seltenen Allels eine hohe, aber keine vollkommene Übereinstimmung mit der Tatortspur feststellte. Sie teilte dies dem ermittelnden Polizeibeamten mit, um den Abgleich der DNA-Spuren zu beschleunigen. Sie wies dabei darauf hin, dass die Probengeber als Täter nicht in Frage kämen, mit diesem aber verwandt sein könnten. Die Proben sollten entanonymisiert werden, um die Überprüfung möglicher weiterer Angehöriger vorzuziehen. Dabei ergab sich, dass die auffälligen Proben von untereinander verwandten Personen stammten. Wie sich herausstellen sollte, handelte es sich um den Vater und einen Onkel des Angeklagten. Die Proben weiterer Angehöriger dieser Personen sollten vorgezogen werden. Dies stellte sich als nicht zielführend heraus, denn die Probe eines weiteren Onkels des Angeklagten war bereits anonymisiert ohne Erfolg mit der Tatortspur abgeglichen worden. Er wies das seltene Allel der anderen Proben und der Tatortspur nicht auf und kam als Täter nicht in Frage. Weitere Verwandte dieser Personen hatten an der Reihenuntersuchung nicht teilgenommen. Nach einem Melderegisterabgleich stellten die Ermittlungsbehörden fest, dass ein Probengeber einen Sohn hatte, der auf Grund seines jugendlichen Alters (er war erst 16 Jahre alt, als die Tat begangen wurde) nicht von der Aufforderung zur freiwilligen Teilnahme an der Reihenuntersuchung betroffen war. Die Staatsanwaltschaft stellte daraufhin bei dem Ermittlungsrichter des AG Osnabrück einen Antrag auf Entnahme der Körperzellen beim Angeklagten und ihre molekulargenetische Untersuchung. Dabei wurde eine Übereinstimmung mit der Tatortspur festgestellt. Das Landgericht Osnabrück verurteilte den Angeklagten am 02.11.2011 wegen besonders schwerer Vergewaltigung zu einer Jugendstrafe von fünf Jahren. Hiergegen legte der Angeklagte Revision ein und rügte das Verfahren und die Verletzung des materiellen Rechts.

2. Die Verfahrensrüge des Angeklagten

Der Angeklagte wehrte sich auf verschiedenen Wegen[70] gegen seine Verurteilung und legte gegen das Urteil des Landgerichts Revision ein.[71] Er rügte das Verfahrensgeschehen, welches einen Verstoß gegen § 261 i. V. m. § 81h Abs. 3, Abs. 4 Nr. 1 StPO und den Grundsatz des Vorbehaltes des Gesetzes darstelle, weil die Erkenntnisse auf rechtswidrige Art und Weise erlangt und die Verwertung nicht gestattet sei.[72]

Zunächst hätten aus Sicht des Angeklagten die Proben seines Vaters und seines Onkels unverzüglich vernichtet werden müssen, nachdem festgestellt worden war, dass sie als Spurenleger nicht in Frage kamen. Der Quervergleich der beiden Proben untereinander stelle zudem eine Untersuchungsmethode dar, die von § 81h StPO nicht legitimiert sei. Ebenso als Gesetzesverletzung zu werten sei die Entanonymisierung und der später durchgeführte Abgleich mit der Probe des weiteren Onkels des Angeklagten. Außerdem hätten der Vater und die Onkel des Angeklagten nicht wirksam in die Entnahme und Untersuchung ihres Zellmaterials eingewilligt, da die Belehrung, die ihrer Zustimmung vorausging, die tatsächlich durchgeführten Untersuchungen nicht genannt habe. Schließlich liege eine Verletzung der analog anzuwendenden Vorschriften der § 52 Abs. 1 Nr. 3 und des § 81c Abs. 3 S. 1 StPO vor. Diese Vielzahl an Verstößen begründe insgesamt betrachtet nicht nur ein Beweiserhebungsverbot, sondern auch ein Beweisverwertungsverbot.

---

70 2014 verklagte der Angeklagte den Wirt der Gaststätte und dessen Mitarbeiter, um eine Beteiligung dieser Personen an der Schmerzensgeldzahlung an das Vergewaltigungsopfer zu bewirken. Dies begründete er mit Verstößen gegen die Vorschriften zum Jugendschutz, wonach der Türsteher verpflichtet gewesen sei, ihn nicht in die Gaststätte (eine Diskothek) zu lassen und der Ausschank von Alkohol an ihn auf Grund seiner Minderjährigkeit hätte unterbleiben müssen. Er argumentierte, dass bei Einhalten der entsprechenden Jugendschutzvorschriften durch die verantwortlichen Personen, er die Tat nicht begangen hätte. Das Landgericht Osnabrück wies die Klage aus mehreren Gründen ab (vgl. LG Osnabrück, Urteil v. 15.05.2014 – 9 O 2534/13). Der Bewertung des Landgerichts schloss sich auch das Oberlandesgericht an und wies die eingelegte Berufung des Angeklagten zurück (vgl. OLG Oldenburg, Urteil v. 06.11.2014 – 8 U 91/14).

71 Schilderung der Revisionsgründe; *Beck*, Die DNA-Analyse im Strafverfahren, S. 302.

72 BGHSt 58, 84 (86 f.).

3. Entscheidung des Bundesgerichtshofs

Der Bundesgerichtshof erachtete alle Bestandteile der Rüge in seinem Urteil vom 20.12.2012 als unbegründet. Die Kernargumente des Urteils werden im Folgenden dargestellt.

a) Unmittelbare Vernichtung der Proben

Die Vernichtungsanordnungen des Gesetzes seien nicht verletzt worden.[73] Für das Zellmaterial, welches für Verfahren nach § 81h StPO verwendet wird, gilt nach § 81h Abs. 3 der § 81g Abs. 2 StPO entsprechend, was wiederum bedeutet, dass dieses Material unverzüglich vernichtet werden muss, sobald es für die Untersuchung nicht mehr benötigt wird. Dies ist, so ist es dem Gutachten der Sachverständigen zu entnehmen, geschehen.

Die Aufzeichnungen, welche auf Grund der Untersuchung über die DNA-Identifizierungsmuster gewonnen werden, können jedoch nach § 81h Abs. 3 StPO aufbewahrt werden, bis sie zur Erforschung des aufzuklärenden Sachverhalts nicht mehr erforderlich sind. Da noch 800 Proben zur Untersuchung ausstanden und die Reihenuntersuchung noch nicht beendet war, habe nach Auffassung des BGH keine Pflicht bestanden, die Aufzeichnungen über die DNA-Identifizierungsmuster unverzüglich zu löschen, sobald der Abgleich erfolgt war.[74]

Im Übrigen habe die unterlassene Löschung nicht die Grundlage für das Urteil gebildet. Auch wenn die Sachverständige diese Aufzeichnungen unverzüglich gelöscht hätte, wäre die hohe Übereinstimmung mit der Tatortspur nichtsdestotrotz als Anlass für weitere Ermittlungen in Betracht gekommen und die entsprechende Verwertung als verdachtsbegründende Information möglich gewesen. Aus diesem Grund sei es auch irrelevant, ob die Identifizierungsmuster zum Zeitpunkt der Hauptverhandlung noch vorhanden waren oder bereits gelöscht worden waren.

73 BGHSt 58, 84 (88).
74 BGHSt 58, 84 (88).

b) Quervergleich der Proben untereinander

Soweit der Quervergleich der Proben des Vaters und eines der Onkel gerügt werde, sei diese Rüge bereits unzulässig.[75] Der in der Revisionsbegründung auszugsweise zitierte Vermerk des Kriminalhauptkommissars enthalte keine Informationen darüber, dass ein gezielter Quervergleich der Proben durchgeführt worden sei. Die Sachverständige habe laut Vermerk lediglich mitgeteilt, dass jeweils eine hohe Übereinstimmung zwischen der Probe des Vaters (90/4) und der des Onkels A. (89/4) mit der Tatortspur vorliege. Dass die Proben untereinander verglichen worden seien, sei der Notiz des Kriminalhauptkommissars nicht zu entnehmen gewesen. Der weitere Text des entscheidenden Vermerks weist zudem darauf hin, dass der Ermittlungsbeamte nach der Mitteilung der Sachverständigen die Personenliste untersuchte und ihm auf Grund der Namensübereinstimmung der weitere Onkel des Angeklagten auffiel. Er teilte wegen der vermuteten Verwandtschaft mit den auffälligen Proben dies der Sachverständigen mit. Die Sachverständige erklärte daraufhin, dass sie die Probe des weiteren Onkels bereits untersucht hatte und keine verdachtsbegründende Übereinstimmung mit der Tatortspur festgestellt werden konnte. Dieser Teil des Vermerks wurde nicht in der Revisionsbegründung aufgeführt. Damit sei die Verfahrensrüge gegen den Quervergleich nicht in der Form des § 344 Abs. 2 S. 2 StPO erhoben worden.[76] Die den Verfahrensmangel begründenden Tatsachen müssen vollständig und genau dargelegt werden, sodass es dem Revisionsgericht möglich sei allein auf Grund dieser Darlegung das Vorhandensein des Verfahrensmangels festzustellen. Hierzu gehöre auch, dass nachteilige Tatsachen vom Beschwerdeführer nicht übergangen werden, sondern ebenso vollständig dargelegt werden.[77] Da die Sachverständige die Probe 91/3 bereits untersucht hatte, bevor der Ermittlungsbeamte sie auf die mögliche Verwandtschaft mit den Proben 89/4 und 90/4 hinweisen konnte, sei ein Quervergleich der Proben untereinander gerade nicht möglich ge-

---

75 BGHSt 58, 84 (88 f.).

76 BGHSt 58, 84 (89).

77 BGHSt 58, 84 (89) mit Verweis auf *Kuckein*, in: KK StPO, 6. Aufl., § 344 Rn. 38 und die dort aufgeführten Quellen; so auch weiterhin vertreten von *Gericke*, in: KK StPO, 8. Aufl., § 344 Rn. 38.

wesen. Die Rüge sei deshalb bereits wegen des Formfehlers unzulässig als auch in der Sache unbegründet.

Ferner sei der Vorwurf, dass das gesetzlich verlangte automatisierte Verfahren nicht tatsächlich automatisiert durchgeführt worden sei, unbegründet.[78] Nach Auffassung des Angeklagten hätte bei einem automatisierten Abgleich die Information, dass der Vater des Angeklagten und sein Onkel mit der Tatortspur eine überraschend hohe Übereinstimmung aufweisen, nicht gewonnen werden dürfen. Laut dem BGH seien die Anforderungen an einen automatisierten Abgleich nicht gesetzlich normiert. Es sei insbesondere nicht vorgeschrieben, dass nur die Ergebnisse ‚Treffer' und ‚Nichttreffer' erlaubt seien. Die Gesetzesbegründung weise zudem darauf hin, dass der Gesetzgeber mit einem automatisierten Verfahren eine Arbeitserleichterung für die zuständigen Sachverständigen bezweckt habe und nicht vorschreiben wollte, wie die Ergebnisse anzuzeigen seien.

c) Entanonymisierung der Proben

Die Entanonymisierung der Proben sei zu Unrecht als Gesetzesverletzung beanstandet worden.[79] Das Erfordernis der Teilanonymisierung der Proben nach § 81f Abs. 2 S. 3 StPO, welches auf Grund von § 81h Abs. 3 S. 1 StPO auf die Reihenuntersuchung anzuwenden ist, solle nur regeln, dass die Proben an den zuständigen Sachverständigen in anonymisierter Form zu versenden seien. Da die Proben der Sachverständigen in anonymisierter Form zur Verfügung gestellt wurden und sie die Proben nicht eigenhändig entanonymisierte, wurde das gesetzliche Erfordernis der anonymisierten Versendung der Proben eingehalten. Zu keinem Zeitpunkt hatte sie Kenntnis von der Identität der Probanden.

Dass der ermittelnde Polizeibeamte auf Grund der hohen Übereinstimmung die Identität der Probengeber überprüfte und so den Vater und einen der Onkel des Angeklagten ermittelte, soll demnach die Norm nicht verletzt haben, weil dieses Verhalten außerhalb des Rege-

78 BGHSt 58, 84 (89 f.).
79 BGHSt 58, 84 (90).

lungsrahmens von § 81f Abs. 2 S. 3 StPO liege.[80] Ferner seien Verstöße gegen das Gebot der Teilanonymisierung ohnehin nicht geeignet, um die Revision zu begründen, da § 81f Abs. 2 außerprozessualen Zwecken diene, die nicht mit den Mitteln des Prozessrechts geschützt werden müssten.[81]

d) Erkenntnisgewinn und Weitergabe der Information an die Ermittlungsbeamten

Ein weitaus kritischerer Punkt betrifft die Belehrung, welche der DNA-Reihenuntersuchung vorauszugehen hat. Diese erfolgte entsprechend der gesetzlichen Vorgaben, sodass sich hier nachträglich kein Verfahrensfehler einschleichen kann.[82] Zu berücksichtigen ist allerdings, dass das Verhalten der Sachverständigen und der Ermittlungsbehörden nicht von der Einwilligung des Vaters des Angeklagten und seines Onkels gedeckt war.[83] Insofern musste sich der Bundesgerichtshof mit der Frage auseinandersetzen, ob die Sachverständige den Umstand, dass zwei Probengeber vermutlich mit dem Täter verwandt seien, zur Kenntnis nehmen und dieses Wissen wiederum den Ermittlungsbeamten zur Verfügung stellen durfte.[84]

aa) Beweiserhebung durch die Sachverständige

Zum Zeitpunkt des Geschehens erlaubte § 81h Abs. 1 StPO nur den Abgleich der Identifizierungsmuster, sofern dies zur Feststellung notwendig war, ob Probengeber und Verursacher des Spurenmaterials übereinstimmten. Da nach § 81h Abs. 3 S. 1 StPO § 81g Abs. 2 S. 2 StPO entsprechend galt, war es nicht gestattet, darüberhinausgehende Untersuchungen vorzunehmen und weitergehende Feststellungen zu treffen. Die festgestellte Verwandtschaft zwischen dem Vater des Angeklagten bzw. seinem Onkel und dem Spurenverursacher stellte keine erforderliche Erkenntnis dar, um herauszufinden, ob es sich

80 BGHSt 58, 84 (90 f.).
81 BGHSt 58, 84 (91).
82 BGHSt 58, 84 (91).
83 BGHSt 58, 84 (91).
84 *Beck*, Die DNA-Analyse im Strafverfahren, S. 307.

bei Teilnehmern an der Reihenuntersuchung um den gesuchten Spurenverursacher handelte.[85] Laut Urteilsbegründung könne dieser Erkenntnisgewinn der Sachverständigen jedoch nicht angelastet werden, da es ihr auf Grund des Auswertungsergebnisses des automatisierten Abgleichs nicht möglich gewesen sei, diese Erkenntnis nicht zu gewinnen.[86] Die vorgenommene Untersuchung sei nicht gezielt auf einen Verwandtschaftsabgleich gerichtet gewesen. Stattdessen war es der Sachverständigen nicht möglich, den Abgleich der Proben mit dem molekulargenetischen Spurenmaterial vorzunehmen, ohne die hohe Übereinstimmung, welche auf eine Verwandtschaft mit dem Täter hindeutete, ebenfalls bei der Auswertung zu bemerken. Aus diesem Grund könne es sich nicht um einen Verstoß gegen ein Untersuchungsverbot handeln, da die Untersuchung nicht auf eine unzulässige Feststellung gerichtet gewesen sei.[87]

Die Urteilsbegründung unterscheidet zwischen der Kenntnisnahme und der Weitergabe der Information durch die Sachverständige.[88] Die Kenntnisnahme sei auf Grund der Darstellung der Testergebnisse unumgänglich gewesen, sodass ein Kenntnisnahmeverbot von Sachverständigen ein aus tatsächlichen Umständen unmögliches Verhalten abverlangen würde. Die Fallkonstellation der ‚Beinahetreffer' sei zum einen vom Gesetzgeber nicht bedacht und durch ihn auch nicht gesetzlich geregelt und zum anderen von der Rechtsprechung und Literatur nicht thematisiert worden. Sofern eine Auseinandersetzung in der Literatur stattgefunden habe, sei vertreten worden, dass es sich um ein technisch bedingtes Nebenprodukt handeln würde, die Beweiserhebung sei deshalb zulässig.[89] Unter Berücksichtigung der Zweckbindung in § 81h Abs. 1 StPO a.F. ergebe der eindeutige Wortlaut, dass die Weitergabe der Information über den Beinahetreffer durch die Sachverständige nicht hätte erfolgen dürfen.[90] Insofern handelt es sich um ein verfahrensfehlerhaftes Verhalten der Sachverständigen. Dies liegt insbesondere an dem Eingriff in die Rechte des Vaters und des

85 BGHSt 58, 84 (92).
86 BGHSt 58, 84 (92).
87 BGHSt 58, 84 (92).
88 BGHSt 58, 84 (92).
89 BGHSt 58, 84 (93) mit Verweis auf *Brocke*, StraFo 2011, 298 (299).
90 BGHSt 58, 84 (93).

Onkels des Angeklagten aus Art. 2 Abs. 1, Art. 6 Abs. 1 GG, wofür eine gesonderte gesetzliche Eingriffsgrundlage notwendig gewesen wäre. Da weder § 160 StPO, noch § 14 Abs. 2 Nr. 7 BDSG bzw. § 4 BDSG eine taugliche Ermächtigungsgrundlage darstellen,[91] fehlt es an einer Rechtfertigung für den Grundrechtseingriff.

bb) Beweisverwertung

Prinzipiell bedeutet dies, dass mit der verfahrensfehlerhaften Verwendung der Daten der Angehörigen des Angeklagten auch der gegen ihn erlassene Beschluss nach § 81a StPO von dem Verfahrensfehler betroffen ist.[92] Das daraus gewonnene Beweismittel, namentlich die Übereinstimmung des DNA-Identifizierungsmusters des Angeklagten mit der Tatortspur, erweist sich ebenfalls als rechtswidrig. Nichtsdestotrotz sei in diesem Fall die Verwertung des Beweismittels nicht mit einem Beweisverwertungsverbot belegt gewesen, sondern die Ermittlungsbehörden hätten auf Grund einer (noch) ungeklärten Rechtslage ausnahmsweise nicht rechtswidrig gehandelt.[93]

Der Senat erkennt, dass sich die Situation mit einem Verstoß gegen § 52 Abs. 1 Nr. 3, Abs. 3 S. 1 oder § 81c Abs. 3 S. 1 und 2 Halbs. 2 StPO vergleichen lässt. Diese Normen dienen zwar nicht unmittelbar dem Schutz des Beschuldigten vor der Verwendung von belastenden Beweismitteln, sie sollen aber den dem Beschuldigten nahestehenden Zeugen vor der Zwangslage bewahren, durch eine wahrheitsgemäße Aussage oder eine durchgeführte Untersuchung dazu beitragen zu müssen, dass ein Angehöriger überführt wird.[94] In solchen Fällen ist es anerkannt, dass die Verletzung eines Zeugnisverweigerungsrechts oder des Untersuchungsverweigerungsrechts grundsätzlich zur Unverwertbarkeit des daraus gewonnenen Ergebnisses führt und dies vom Angeklagten mittels einer Revision gerügt werden kann.[95] Auf die Verwertung von Beinahetreffern lässt sich diese Rechtsauffassung entsprechend anwenden. Dass sich die DNA-Identitätsmuster des Vaters

91 BGHSt 58, 84 (93 f.).
92 BGHSt 58, 84 (94).
93 BGHSt 58, 84 (94).
94 BGHSt 58, 84 (94).
95 BGHSt 58, 84 (95).

und des Onkels des Angeklagten als verdachtsbegründend gegen einen ihrer Angehörigen erweisen könnten und in dieser Form auch verwendet werden würden, hätte in Form einer nachgeholten Belehrung im Sinne des § 4 BDSG mitgeteilt werden müssen. Nur dann wäre ihnen die notwendige Möglichkeit geboten worden, in die konkrete Nutzung ihrer Daten einzuwilligen. Da eine solche nachträgliche Belehrung nicht erfolgte, wurden nicht nur die Rechte des Angehörigen des Angeklagten verletzt, auch seine rechtlich geschützten Interessen wurden durch das Ermittlungsgeschehen verletzt.

Ungeachtet dessen ist die Revision nicht erfolgreich. Dass ausnahmsweise kein Beweisverwertungsverbot folgen soll, begründet der Senat in diesem Fall mit der ungeklärten Rechtslage, mit der die Ermittlungsbeamten konfrontiert gewesen sein sollen.[96] Grundsätzlich begründe nicht jeder Rechtsverstoß bei der Beweisgewinnung ein Beweisverwertungsverbot. Nach der Abwägungslehre müssen zunächst alle maßgeblichen Gesichtspunkte und widerstreitende Interessen einbezogen werden, um dem besonderen Stellenwert eines Beweisverwertungsverbots gerecht zu werden und den Grundsatz, dass das Gericht die Wahrheit zu erforschen hat, nicht zu wieder zu handeln und unverhältnismäßig einzuschränken.

Das Gericht ist gem. § 261 StPO dazu verpflichtet, seine Überzeugung anhand der Beweise zu bilden, die in der Hauptverhandlung erhoben wurden, es ist dabei allerdings nicht auf jene Beweise beschränkt, die rechtmäßig erhoben wurden. Dies sei erst dann der Fall, wenn ein gesetzlich normiertes oder verfassungsrechtlich gebotenes Beweisverwertungsverbot vorliege. Letzteres sei insbesondere bei schwerwiegenden, willkürlichen Verstößen gegen jene Normen der Fall, welche die Grundrechte der Betroffenen schützen sollen. Die planmäßige oder systematische Missachtung dieser Schutzvorschriften begründe dann ein Beweisverwertungsverbot. Ausgehend von diesen Maßstäben könne im Fall des Angeklagten kein Beweisverwertungsverbot angenommen werden. Die Sachverständige habe glaubhaft gemacht, dass sie nicht willkürlich die Rechte des Vaters und des Onkels des Angeklagten verletzt habe. Sie bezweckte eine Beschleunigung des Abgleichs der ausstehenden Proben. Sie sei dabei davon ausgegangen, dass der

96 BGHSt 58, 84 (96).

Spurenverursacher unter den Teilnehmern der Reihenuntersuchung zu finden sei, und habe lediglich den Zeitaufwand verkürzen wollen. Dies seien nachvollziehbare Zwecke, die sich mit der Zweckbindung des § 81h Abs. 1 StPO a.F. decken würden. Ausschlaggebend sei aber insbesondere, dass der Gesetzgeber zum Zeitpunkt der Ermittlungen keine Regelungen zum Umgang mit Beinahetreffern getroffen habe. Der zufällige Erkenntnisgewinn ähnele Zufallstreffern bspw. nach § 108 Abs. 1 StPO, welche ebenfalls nicht pauschal von der Verwertung ausgenommen seien. Angesichts dieser Umstände könne man den Ermittlungsbeamten nicht vorwerfen, dass sie eine willkürliche und bewusste Umgehung der gesetzlich geschützten grundrechtlichen Positionen des Vaters und des Onkels des Angeklagten bezweckt hätten. Aus diesen Gründen wiege der Verstoß gegen die Zweckbindung der Norm und der Eingriff in den Schutzbereich des Art. 6 Abs. 1 GG nicht so schwer, dass eine Unverwertbarkeit der gewonnenen Erkenntnisse auf Grund unbefugter Datenverwendung in diesem ersten Fall dieser Art die Folge wäre.[97]

4. Entscheidung des Bundesverfassungsgerichts

Gegen dieses Urteil legten der Angeklagte, sein Vater und sein Onkel eine Verfassungsbeschwerde beim Bundesverfassungsgericht ein, wobei sich der Angeklagte gegen die Verletzung seines Rechts auf ein faires Verfahren nach Art. 2 Abs. 2 S. 2 GG i. V. m. Art. 20 Abs. 3 GG wandte.[98] Der Bundesgerichtshof habe die verfassungsrechtlich anerkannten Maßstäbe zur Abwägung hinsichtlich der Verwertbarkeit eines rechtswidrig erhobenen Beweises zwar genannt, diese aber materiell nicht berücksichtigt und so einen Abwägungsausfall zu verantworten. Ferner sei die Rechtslage hinsichtlich der Verwertung eines Beinahetreffers keinesfalls ungeklärt gewesen, sondern hätte eindeutig der Verwertung eines solchen Untersuchungsergebnisses widersprochen.

Der Vater und der Onkel des Angeklagten seien durch das Urteil in ihrem Grundrecht auf informationelle Selbstbestimmung (Art. 2

97 BGHSt 58, 84 (99).
98 BVerfG, medstra 2015, 363 (366).

Abs. 1 i. V. m. Art. 1 GG) und dem Recht auf besonderen Schutz der Familie (Art. 6 Abs. 1 GG) verletzt worden.[99] Eine hinreichende Rechtfertigung für diese Eingriffe ließe sich auch aus § 261 StPO nicht herleiten, da in den vorherigen Instanzen ein Beweisverwertungsverbot in verfassungswidriger Weise verneint worden sei.

Das Bundesverfassungsgericht nahm die Beschwerde mangels des Vorliegens der Voraussetzungen nach Art. 93 Abs. 2 BVerfGG nicht zur Entscheidung an.[100] Zum einen seien die maßgeblichen verfassungsrechtlichen Fragen bereits geklärt, zum anderen sei die Verfassungsbeschwerde nicht angezeigt, um eine Durchsetzung der Rechte nach Art. 90 Abs. 1 BVerfGG zu erwirken, da sie keine Aussicht auf Erfolg habe. Die Beschwerde genüge nicht den gesetzlichen Anforderungen an die Begründetheit und sei unzulässig. Zudem sei sie nach Auffassung des Gerichts in der Sache unbegründet, auch wenn es nicht abschließend darüber befinden müsse.

a) Eine (un)geklärte Rechtslage

Laut BVerfG sei der Vorwurf, dass die Rechtslage entgegen der Auffassung des Senats eindeutig gewesen sei und der Bundesgerichtshof dies in seinem Urteil verkannt habe, als er diese als ungeklärt hinsichtlich des Umgangs mit Beinahetreffern bezeichnet habe, nichtzutreffend.[101]

Das Bundesverfassungsgericht folgt der Ansicht des Senats und kommt auf Grund der geringen Auseinandersetzung mit dem Phänomen in Literatur und Rechtsprechung ebenfalls zu dem Schluss, dass die Rechtslage auslegungsfähig und -bedürftig gewesen sei.[102] Doch habe nicht nur die Auseinandersetzung mit Beinahetreffern in Literatur und Rechtsprechung gefehlt, welche als Orientierung hätte dienen können, auch die entscheidende Norm (§ 81h StPO a.F.) hätte keine genaue Handlungsweise im Umgang mit Beinahetreffern vorgesehen. Einzig ein Aufsatz von 2011, der vor der angegriffenen Entscheidung veröffentlicht wurde, hätte sich mit Beinahetreffern auseinandergesetzt

99 BVerfG, medstra 2015, 363 (367).
100 BVerfG, medstra 2015, 363 (367).
101 BVerfG, medstra 2015, 363 (368).
102 BVerfG, medstra 2015, 363 (368).

und sei zu dem Ergebnis gekommen, dass kein Beweisverwertungsverbot hinsichtlich Beinahetreffern vorliege.[103]

Eine wirklich differenzierte Auseinandersetzung in der Literatur mit dieser Rechtsfrage erfolgte nach dem Urteil des Bundesgerichtshofs, wobei unterschiedliche Meinungen zu Tage traten, die entweder dem Senat folgten oder dessen Urteil im Ergebnis ablehnten.[104] Auf die Kritik des Beschwerdeführers, dass der Wortlaut des § 81h StPO die DNA-Reihenuntersuchung abschließend regele und die Verwertung der Beinahetreffer darin nicht vorgesehen sei, erwidert der Beschluss des Bundesverfassungsgericht, dass der abschließende Charakter der Norm sich darauf beziehe, dass DNA-Reihenuntersuchungen ausschließlich nach § 81h StPO durchzuführen seien und nur die Frage, welche Normen bei der Reihenuntersuchung anzuwenden seien, abschließend beantwortet sei. Wie allerdings Beinahetreffer bei einer Reihenuntersuchung zu behandeln seien, sei in der Norm nicht erfasst. Eine eindeutige Rechtslage hätte hinsichtlich dieses Sonderfalls nicht aus § 81h StPO abgeleitet werden können.[105] Dieser ungeklärte Zustand sei erst mit dem Urteil des Bundesgerichtshofs aufgehoben worden, sodass nach Veröffentlichung der Entscheidung in zukünftigen Verfahren eine Verwertbarkeit der Beinahetreffer ausgeschlossen sei.[106]

Aus einer unklaren Rechtslage lasse sich zudem auf Basis der von den Beschwerdeführern angeführten Rechtsprechung keine Vermutung für die Rechtswidrigkeit der Maßnahme schlussfolgern.[107] Ferner würde diese Argumentation zu einem Widerspruch in dem logischen Aufbau der Beschwerde führen. Dass die Rechtslage eindeutig gewesen sei, ergebe sich erst aus der Anwendung der Vermutungsregel. Damit unterstützen die Beschwerdeführer im Grunde genommen, dass die Ausgangslage gerade nicht eindeutig gewesen sei und nur die *Vermutung* der Rechtswidrigkeit die Unverwertbarkeit als einzig mögliche Lösung nahegelegt hätte. Sofern sich die Beschwerde gegen das Her-

---

103 BVerfG, medstra 2015, 363 (368) verweist auf *Brocke*, StraFo 2011, 298 (304).

104 BVerfG, medstra 2015, 363 (368) mit einer Auflistung der unterschiedlichen Meinungen, die bis zum Beschluss des Bundesverfassungsgerichts in der Literatur zu finden waren.

105 BVerfG, medstra 2015, 363 (368).

106 BVerfG, medstra 2015, 363 (368).

107 BVerfG, medstra 2015, 363 (368).

anziehen anderer Normen richte, welche den Umgang mit Zufallsfunden thematisieren, übersehen die Beschwerdeführer, dass § 81h StPO den Beinahetreffer gerade nicht erfasse und nicht abschließend den Umgang damit regeln könne.[108] Das Heranziehen anderer Normen durch den Senat des Bundesgerichtshofs könne deshalb nicht dem abschließenden Regelungscharakter des § 81h StPO widersprechen, da dieser, wie bereits aufgezeigt wurde, diesen Charakter hinsichtlich der Beinahetreffer nicht aufweise.[109]

b) Mittelbare Beschwerde gegen § 81h StPO

Den Beschwerdeführern gelingt es bei ihrer mittelbaren Kritik des § 81h StPO nicht darzulegen, inwiefern die Norm entgegen des gesetzgeberischen Anspruchs die rechtsstaatliche Ausgestaltung nicht verbessern würde. Ebenso scheitern sie daran, nachvollziehbar aufzuzeigen, dass auf Verstöße keine wirksamen Sanktionen in Form von Beweisverwertungsverboten folgen würden.[110] In der Entscheidung des Bundesgerichtshofs käme gerade zur Geltung, dass mit der Abwägungslösung eine situationsangemessene Lösung gefunden worden sei. Immerhin habe sich der Senat gegen die Verwertung künftiger Beinahetreffer positioniert und nur den vorliegenden Einzelfall zur Ausnahme erklärt.[111] Der Verfassungsbeschwerde gelingt es nicht schlüssig darzulegen, wieso vor diesem Hintergrund die Norm im Ganzen den verfassungsrechtlichen Ansprüchen nicht genügt.

c) Stellungnahme zur Begründetheit

Die Verfassungsbeschwerde lasse nicht nur eine ausreichende Begründung der einzelnen Kritikpunkte missen und genüge deshalb nicht den gesetzlichen Anforderungen; sie sei auch in der Sache unbegründet.[112] Der Bundesgerichtshof habe sich nach dem verfassungsrechtlichen Prüfungsmaßstab keine erkennbaren Fehler geleistet und sei zu einem

108 BVerfG, medstra 2015, 363 (368).
109 BVerfG, medstra 2015, 363 (368).
110 BVerfG, medstra 2015, 363 (369).
111 BVerfG, medstra 2015, 363 (369).
112 BVerfG, medstra 2015, 363 (369).

Ergebnis gekommen, welches vor dem Hintergrund der bis dahin unklaren Rechtslage nicht zu beanstanden sei.[113] Somit sei es aus Sicht des Bundesverfassungsgerichts von Verfassungswegen nicht zu beanstanden, dass vom Bundesgerichtshof ein Beweisverwertungsverbot im konkreten Fall nicht angenommen wurde.

5. Folgen des Urteils des Bundesverfassungsgerichts

Ähnlich dem Schrifttum zur Senatsentscheidung des BGH fielen auch die Reaktionen zu der Entscheidung des Bundesverfassungsgerichts unterschiedlich aus. Das Bundesverfassungsgericht hat die Verfassungsbeschwerde nicht zur Entscheidung angenommen und lediglich geprüft, ob das Fachgericht in verfassungsrechtlich zulässiger Weise entschieden hat. Da es im Rahmen dieser Prüfung keinen Verfassungsverstoß erkennen konnte, wurde durch das Bundesverfassungsgericht keine neue rechtliche Einschätzung der aufgeworfenen Fragen hinsichtlich der Behandlung von Beinahetreffern getroffen. Stattdessen wurde die Position des Bundesgerichtshofs bestätigt, ohne eine neue Perspektive auf die Sachlage einzunehmen. Dass das Bundesverfassungsgericht der Auffassung ist, die Entscheidung des BGH sei verfassungsrechtlich nicht zu beanstanden, wurde ähnlich der Entscheidung des BGH kontrovers diskutiert und fand sowohl Zuspruch als auch Ablehnung.

So wurde beispielsweise aus der Entscheidung des Bundesverfassungsgerichts abgeleitet, dass sich diese in die allgemeine Verwertbarkeit von Zufallsfunden im Strafprozess einfüge und eine allgemeine Verwertbarkeit von Beinahetreffern anzunehmen sei.[114] Diese allgemeine Verwertbarkeit widerspricht jedoch dem Argument des Bundesgerichtshofs, dass auf Grund der ungeklärten Rechtslage bloß ausnahmsweise ein Beweisverwertungsverbot nicht anzunehmen sei. Denn im Umkehrschluss bedeutet die vom Senat dargelegte Rechtsauffassung, dass § 81h StPO a.F. nach der Befassung des Gerichts mit dieser bis dahin ungeklärten Rechtslage keinen Raum für die Beweiserhebung

113 BVerfG, medstra 2015, 363 (369).
114 *Magnus*, medstra 2015, 363 (370).

und Beweisverwertung etwaiger Beinahetreffer ließe.[115] Aufbauend auf dieser Rechtslage fanden sich Fürsprecher für eine Erweiterung des Untersuchungszwecks und Wortlautänderung des § 81h StPO a.F., da sie in dem Wortlaut des § 81h Abs. 1 StPO a.F. das zentrale Hindernis für die Erhebung und Verwertung eines solchen Treffers sahen.[116] Sie entwickelten damit die Entscheidung des BGH zu der Auffassung weiter, dass die Erhebung und Verwertung eines solchen Untersuchungsergebnisses nach einer Wortlautänderung keinen rechtstaatlichen Bedenken entgegenstehe.[117] Andere sahen in der Änderung der Norm die einzig verbliebene Lösung, nachdem der BGH und das BVerfG den Gesetzgeber auf Grund der festgestellten Zweckbindungsklausel zum Handeln gezwungen hätten, obwohl die Zweckbindungsklausel in § 81h StPO nicht auf Beinahetreffer anzuwenden gewesen sei und einer Erhebung und Verwertung nach § 81h StPO a.F. nichts entgegengestanden hätte.[118] Diese Auffassung befürwortete damit eine gesetzliche Neuregelung. Allerdings nicht auf Grund eines zu engen Wortlauts des § 81h StPO a.F., sondern auf Grund der Auslegung des BGH, dass der Wortlaut eine Zweckbindungsklausel enthalte, welche die Beinahetreffer von einer Verwertung ausschließe.[119]

Die Kritik an der Rechtsprechung konzentrierte sich hingegen zum einen darauf, dass die Verwertung von Beinahetreffern generell verfassungswidrig und eine zu dem Zeitpunkt der Veröffentlichung des Beschlusses befürchtete entsprechende Gesetzesänderung und Erweiterung der Zweckbindungsklausel auch bei einer Änderung des Wortlauts nicht zu rechtfertigen sei.[120] Die Rechtsprechung habe den richtigen Schluss gezogen, es seien aber darüber hinaus auch die Folgen des Eingriffs durch die Verwertung von Beinahetreffern, die gegen eine Verwertung sprechen. Zum anderen wurde kritisiert, dass im vorliegenden Einzelfall ein Beweisverwertungsverbot angemessen gewesen wäre und die Begründung des BGH, wieso ausnahmsweise ein solches

115 *Jahn*, JuS 2013, 470 (472).
116 *Doege/Frahm*, in: FS Ostendorf, 227 (231); *Busch*, NJW 2013, 1771 (1774).
117 *Busch*, NJW 2013, 1771 (1774).
118 *Rogall*, in: SK-StPO, § 81h StPO Rn. 7.
119 *Rogall*, in: SK-StPO, § 81h StPO Rn. 7.
120 *Swoboda*, StV 2013, 461 (469).

Verbot nicht gelten solle, obwohl die notwendigen Kriterien erfüllt seien, schlicht defizitär sei.[121]

Der Charakter des Urteils des BGH, welches durch den Nichtannahmebeschluss des Bundesverfassungsgerichts bestätigt wurde, wird je nach vertretener Auffassung entweder als deklaratorisch oder konstitutiv interpretiert. Der BGH selbst ordnet sein Urteil als deklaratorisch ein und begründet das Beweisverwertungsverbot mit einer eindeutigen Zweckbindung und dem Verbot überschießender Feststellungen.[122] Zwar beruft sich der BGH gleichzeitig bei der *ausnahmsweisen* Ablehnung eines Verwertungsverbots im konkreten Fall auf eine ungeklärte Rechtslage. Diese sieht er nicht wegen widersprüchlicher Argumente als ungeklärt an, sondern weil es dazu noch keine Rechtsprechung oder Auseinandersetzung im Schrifttum gegeben habe.[123] Die dem Verwertungsverbot zugrundeliegende Zweckbindungsklausel sei hingegen im Wortlaut implementiert und habe die Norm von vorneherein begrenzt. Der BGH habe demnach diese Zweckbindung lediglich herausgearbeitet und in Bezug auf Beinahetreffer konkretisiert, jedoch kein neues Beweisverwertungsverbot begründet.[124] Unterstützt man diese Auffassung, so ist das Urteil des BGH deklarativer Art, da der BGH einen bestehenden rechtlichen Zustand feststellt und keinen neuen herstellt. Nach *Rogall* hingegen sei die Zweckbindungsklausel, welche den Beinahetreffer vom Normzweck ausschließe, vom BGH konstruiert und vom BVerfG mittels Nichtannahmebeschluss bestätigt worden.[125] Vor dem Urteil des BGH hätte einer Verwertung des Beinahetreffers jedenfalls keine Zweckbindungsklausel entgegengestanden, sodass das Urteil nach dieser Auffassung konstitutiven Charakter habe.

Der kritische Aspekt sei die mögliche Verletzung der Zeugnisverweigerungsrechte nach § 52 bzw. § 55 StPO, welche auf Grund der Freiwilligkeitskonstruktion des § 81h StPO kein Beweisverwertungsverbot begründen könne.[126] Den konstitutiven Charakter sieht *Rogall* darin, dass der BGH aus der Schlussformel in § 81h Abs. 1 StPO fälschlicher-

121 *Jahn*, JuS 2013, 470 (472).
122 BGHSt 58, 84 (93, 98).
123 BGHSt 58, 84 (92).
124 BGH, NJW 2013, 1827 (1829).
125 *Rogall*, in: SK-StPO, § 81h StPO Rn. 7.
126 *Rogall*, in: SK-StPO, § 81h StPO Rn. 7.

weise ableite, dass eine Zweckbindungsklausel vorliege, welche den Beinahetreffer tangiere.[127] Damit gebe der BGH und das ihm folgende Schrifttum dem § 81h StPO a.F. einen Sinn, den diese Norm nicht habe.[128] Sofern der BGH seine Auffassung auf dem Feststellungsverbot nach §§ 81h Abs. 3 S. 1 (a.F.), 81g Abs. 2 S. 2 StPO stütze, sei auch dies nicht zielführend, da das Untersuchungs- und Feststellungsverbot sich nicht auf Beinahetreffer erstrecke.[129] Stattdessen beziehe sich das Feststellungsverbot darauf, dass allein das DNA-Identifizierungsmuster und das Geschlecht festgestellt und keine weiteren Merkmale oder genetischen Informationen gewonnen werden.[130] Die Zweckbindungsklausel habe damit nicht in der vom BGH interpretierten Form bestanden und das Beweisverwertungsverbot sei erst durch die Rechtsprechung geschaffen worden.

Tatsächlich greift *Rogall* in seinen Ausführungen ein elementares Problem in der Argumentation des BGH auf. Er weist darauf hin, dass nach dem BGH die rechtliche Lage zum Zeitpunkt der Entscheidung ungeklärt gewesen sei und der Gesetzgeber weder einen Regelungs- noch einen Nichtregelungswillen hinsichtlich der Beinahetrefferproblematik gehabt habe. Gleichzeitig soll der Gesetzgeber laut dem BGH auch eine eindeutige Zweckbindungsklausel implementiert haben, welche die Verwertung der Beinahetreffer ausschließe.[131] Dieser Widerspruch erschwert es erheblich, das Urteil des BGH einzuordnen und zu bewerten. Denn diese zwei Standpunkte sind es, die jeweils die Basis für zwei elementare Ergebnisse des BGH bilden. Die laut BGH unmissverständliche Zweckbindungsklausel begründet das generelle Beweisverwertungsverbot, die ungeklärte Rechtslage begründet die Ausnahme für den debattierten Einzelfall. Eine unmissverständliche Zweckbindungsklausel und eine ungeklärte Rechtslage widersprechen sich allerdings, sodass die Argumentation des BGH in sich nicht schlüssig ist.

---

127 *Rogall*, in: SK-StPO, § 81h StPO Rn. 7.
128 *Rogall*, JZ 2013, 874 (879).
129 *Rogall*, JZ 2013, 874 (880).
130 *Rogall*, JZ 2013, 874 (880).
131 *Rogall*, JZ 2013, 874 (876).

Dieser Widerspruch erlaubt es *Rogall*, die Interpretation des BGH in Frage zu stellen. Gleichzeitig schafft aber auch das Urteil des BGH selbst den Raum für eine abweichende Auslegung des Wortlauts, indem es statuiert, dass die Rechtslage ungeklärt gewesen sei. Die ungeklärte Rechtslage ermögliche gerade nicht festzustellen, wie Beinahetreffer rechtlich zu beurteilen seien und wie mit ihnen zu verfahren sei.[132] Dieser Ausgangslage widerspricht es, im nächsten Schritt von einer eindeutigen Zweckbindung auszugehen. Denn eine ungeklärte Rechtslage impliziert, dass das Beweisverwertungsverbot das Resultat eines konstitutiv wirkenden Urteils gewesen sei. Dieses Beweisverwertungsverbot hätte man auch dadurch begründen können, dass der Gesetzgeber ungeachtet weiterer Fallkonstellationen gerade nur die vom Wortlaut erfassten Fälle gesetzlich legitimieren wollte und § 81h Abs. 1 StPO a.F. nicht durch bloße Kurzsichtigkeit des Gesetzgebers derart formuliert wurde, dass der Untersuchungszweck begrenzt wird. Das Schweigen des Gesetzgebers zu solchen Auswertungsergebnissen wie Beinahetreffern hätte dahingehend interpretiert werden können, dass nur jene Feststellungen getroffen werden dürfen, die der Gesetzgeber explizit vorgesehen hat.[133] Hierfür spricht auch, dass nach den gängigen Auslegungsmethoden eine teleologische Auslegung stets an der eindeutigen Wortlautgrenze zu enden hat.[134] Eine solche Auslegung hätte jedoch der ‚ungeklärten Rechtslage' ihre Existenzgrundlage entzogen und im Weiteren auch die Argumentation erschwert oder gar ausgeschlossen, wieso im Dörpener Vergewaltigungsfall gerade kein Beweisverwertungsverbot gelten solle.

Im Schrifttum wird vertreten, dass der Senat hier versucht habe, den Täter daran zu hindern, sich den strafrechtlichen Folgen seines Tuns zu entziehen, was wiederum zu einer defizitären Argumentation geführt habe.[135] Doch das Bestreben, eine unpopuläre Entscheidung zu verhindern und einen Straftäter trotz eines Verfahrensfehlers für sein Handeln zur Rechenschaft zu ziehen, lässt die Widersprüche in der Argumentation nicht verschwinden.[136] Ihre langfristigen Auswirkun-

132 BGHSt 58, 84 (92).

133 Ähnlich auch *Swoboda*, StV 2013, 461 (463).

134 *Petri*, ZD 2015, 423 (427).

135 *Jahn*, JuS 2013, 470 (472); *Rogall* JZ 2013, 874 (876).

136 *Jahn*, JuS 2013, 470 (472).

gen können zudem erheblich sein. Wenn eine Rechtslage ungeklärt sei, bloß weil eine konkrete Verwendungskonstellation im Wortlaut nicht auftaucht, könnten Ermittlungsbeamte in anderen nicht gesetzlich geregelten Konstellationen Verwendungsregelungen zunächst einmal überschreiten, ohne die Konsequenz eines Beweisverwertungsverbotes fürchten zu müssen, solange es noch keine eindeutige Rechtsprechung zu der Fallkonstellation gibt.[137] Kommt man auf die Ausgangsfrage zurück, welchen Charakter das BGH Urteil aufweist, so wird man wohl zu dem Schluss kommen, dass der BGH mit der Feststellung eines Beweisverwertungsverbots eine deklaratorische Wirkung beabsichtigte. Nimmt man an, dass gleichermaßen versucht wurde, eine unpopuläre Entscheidung zu vermeiden, indem der Täter nicht von dem Beweisverwertungsverbot profitieren sollte, musste der BGH seine Argumentation eigenhändig schwächen und eine Lösung finden, wieso das eindeutige Zweckbindungsgebot ausnahmsweise nicht gelte. Diese bestand darin, dass er den Ermittlungsbeamten eine ungeklärte Rechtslage auf Grund mangelnder Rechtsprechung zugutehielt. Da auch dieser Kunstgriff langfristig negative Folgen haben kann, hat der BGH sich hiermit keinen Gefallen getan. Darüber hinaus machte er sich in erheblicher Weise angreifbar, was sich in der Kritik im Schrifttum spiegelt.

Insgesamt lässt sich das Schrifttum derart zusammenfassen, dass nach dem Beschluss des BVerfG dessen Kritiker forderten, dass künftig Beinahetreffer nicht verwertet werden dürfen und eine Änderung des Wortlauts Eingriffe in Rechtsgüter provoziere, welche außer Verhältnis zu dem verfolgten Zweck stünden. Währenddessen plädierten Befürworter der Verwertung von Beinahetreffern mit zum Teil unterschiedlichen Argumenten für eine Wortlautänderung und der damit einhergehenden Normzweckerweiterung. Da der Gesetzgeber sich den Befürwortern angeschlossen und den Untersuchungszweck erweitert hat, hat sich der Fokus der zu führenden Diskussion verschoben.

Das Augenmerk liegt nun auf den Konsequenzen, welche der Gesetzgeber aus den gerichtlichen Entscheidungen gezogen hat und wie diese zu bewerten sind. Die Rechtsprechung ist hierbei zwar durchaus relevant, um die Beweggründe der Legislative nachzuvollziehen. Im

137 *Löffelmann*, JR 2013, 270 (280).

Gegensatz zu der Rechtsprechungshistorie ist die gesetzliche Gestaltung der Verwertung von Beinahetreffern bislang weniger differenziert betrachtet worden. Mit dem neuen Gesetzeswortlaut ist ein Vorgehen, wie es die Sachverständige und die Ermittlungsbeamten zur Ermittlung des Täters genutzt haben, künftig vollständig gesetzlich legitimiert.[138] Beinahetreffer bis zum dritten Verwandtschaftsgrad, wie hier in der Seitenlinie zu dem Onkel gegeben, und dem Vater, der in gerader Linie zum ersten Verwandtschaftsgrad gehört, können künftig verwertet werden.[139] Die Vorgehensweise der Ermittlungsbehörden soll nach dem Willen des Gesetzgebers dementsprechend gängige Praxis werden. Dies wirft Fragen hinsichtlich der Rechtmäßigkeit hinsichtlich dieser Ermittlungsmethode auf. Hierfür ist es wiederum unabdingbar zunächst auf die Methoden einzugehen, mit welchen die DNA-Reihenuntersuchung von den Sachverständigen durchgeführt wird und inwiefern sich die Änderung der Norm auf die DNA-Analyse im Rahmen der Reihenuntersuchung nach dem neugefassten § 81h StPO auswirkt.

138 *Niedernhuber*, JA 2018, 169 (170).
139 *Niedernhuber*, JA 2018, 169 (170).

C. Die forensische DNA-Analyse

Seit nachgewiesen werden konnte, dass Gene aus DNA bestehen,[140] haben sich die Forschung und auch die Analysemethoden in großen Schritten weiterentwickelt. Die aktuelle Forschung der Wissenschaft auf dem Gebiet der DNA-Analyse ist bei Weitem noch nicht abgeschlossen. Die Grundzüge der DNA-Analyse, wie sie auch zu strafprozessualen Zwecken genutzt wird, sind seit geraumer Zeit etabliert und entwickeln sich innerhalb der anerkannten Methoden dahingehend weiter, dass immer genauere Analysen mit größerem Erkenntnisgewinn ermöglicht werden. Die Möglichkeiten des Sachverständigen, Informationen aus molekularbiologischem Spurenmaterial zu gewinnen, entwickeln sich dementsprechend ebenfalls stetig weiter. In Einzelfällen bedeutet dies sogar, dass eine Auswertung von Material möglich ist, welches zu einer Zeit gewonnen wurde, als die Methoden eine Auswertung noch nicht erlaubten. In diesem Abschnitt werden die entsprechenden Analysemethoden dargestellt. Eigene empirische Forschung wurde hierfür nicht betrieben. Stattdessen wurden Erkenntnisse zusammengefasst und die Forschungsergebnisse verkürzt wiedergegeben.

Die DNA-Analyse befasst sich mit der Erbsubstanz, welche mittels moderner molekularbiologischer Methoden untersucht wird.[141] Diese Analysemethoden basieren auf zwei grundlegenden Eigenschaften der DNA: Sie weist erstens einen einfachen und universellen Grundaufbau auf und besitzt interindividuelle Unterschiede in der Feinstruktur.[142] Im menschlichen Zellkern befindet sich die DNA in Form von 46 Chromosomen, dem sogenannten Chromosomensatz. Dieser besteht aus 44 Körperchromosomen und zwei Geschlechtschromosomen (Heterochromosomen X und Y). Jeweils ein Geschlechtschromosom (Go-

---

140 Dies konnte zwischen 1945 und 1952 experimentell nachgewiesen werden. *Brown*, Genome und Gene, S. 27.

141 *Kremer/Fritzsch/Stahl*, Chem. Unserer Zeit 2017, 384.

142 *Kremer/Fritzsch/Stahl*, Chem. Unserer Zeit 2017, 384.

nosomen) und 22 Körperchromosomen (Autosomen) werden vom Vater und der Mutter vererbt, sodass der weibliche Chromosomensatz aus zweimal 22 Körperchromosomen und zwei X-Chromosomen besteht, während der männliche Chromosomensatz aus zweimal 22 Körperchromosomen und je einem X- und einem Y-Chromosom besteht.[143] Da jedes Chromosom aus einem DNA-Molekül besteht, ist das menschliche Genom auf 46 DNA-Einzelmolekülen abgelegt.[144]

Der definierte Abschnitt eines Chromosoms, der spezifische Informationen für ein Protein enthält, wird als ein Gen bezeichnet, sodass die Gesamtheit der Gene die physische und psychische Existenz eines Menschen ausdrückt.[145] Die DNA stellt das genetische Material dar und ist in Form einer Doppelhelix aufgebaut bei der sich zwei komplementäre Stränge umeinander winden.[146] Das Grundgerüst besteht aus Zucker-Phosphatmolekülen, an die jeweils eine der vier möglichen Basen kovalent gebunden ist: Adenin (A), Guanin (G), Cytosin (C) oder Thymin (T).[147] Immer zwei dieser Basen sind komplementär zueinander (A zu T und G zu C), sodass die genetische Information eines Stranges der Doppelhelix spiegelbildlich auch auf dem anderen Strang liegt.[148] Die entstehenden Basenpaarsequenzen, d. h. die Aufeinanderfolge der Basenpaare, ergeben die genetische Information der Vererbung, welche auch als genetischer Code bezeichnet wird.[149] Drei aufeinander folgende Basenpaare (Triplet) stellen die kleinste Informationseinheit des genetischen Codes dar, welche die Information für eine Aminosäure, d. h. den Grundbaustein der Proteine, enthält.[150]

---

143 *Hasselbach*, Die Novellierung der forensischen DNA-Analyse, S. 8.

144 *Beck*, Die DNA-Analyse im Strafverfahren, S. 52 f.

145 *Lee*, Gesetzliche Vorschriften zur Gewinnung und Verwendung von DNA-Informationen, S. 8.

146 *Hasselbach*, Die Novellierung der forensischen DNA-Analyse, S. 9; *Lee*, Gesetzliche Vorschriften zur Gewinnung und Verwendung von DNA-Informationen, S. 8.

147 *Hasselbach*, Die Novellierung der forensischen DNA-Analyse, S. 9; *Rath/Brinkmann*, NJW 1999, 2697; *Berg/Tymoczko/Stryer*, Biochemistry, S. 114.

148 *Hasselbach*, Die Novellierung der forensischen DNA-Analyse, S. 9; *Renneberg*, Bioanalytik für Einsteiger, S. 148.

149 *Lee*, Gesetzliche Vorschriften zur Gewinnung und Verwendung von DNA-Informationen, S. 9; *Rath/Brinkmann*, NJW 1999, 2697.

150 *Rath/Brinkmann*, NJW 1999, 2697; *Renneberg*, Bioanalytik für Einsteiger, S. 151.

Hierbei ist beachten, dass eine Doppelhelix zwar aus mindestens sieben Milliarden Basenpaaren besteht, jedoch nur 50.000 bis 300.000 einzelne Gene zu finden sind.[151] Die DNA besteht damit nicht nur aus codierenden Sequenzen, sondern enthält überwiegend nicht-codierende Abschnitte.[152] Es wird davon ausgegangen, dass lediglich 2,5–3% der DNA als Vorlage für die Proteinbiosynthese fungieren und somit einen unmittelbaren phänotypischen Effekt haben.[153] In der Vergangenheit wurde davon ausgegangen, dass die nicht-codierenden DNA-Abschnitte keine relevanten Informationen tragen und stattdessen eine Pufferfunktion in Bezug auf Mutationen haben.[154] Ihre zahlenmäßige Überlegenheit verhindert, dass jede genetische Mutation ausschließlich codierende Bereiche der DNA betrifft, woraus Fehler bei der Aminosäuren- und Proteinbildung entstünden, was wiederum zur körperlichen Funktions- oder gar Lebensunfähigkeit eines Organismus führen könnte.[155] Erbgutänderungen im nicht-codierenden Teil bleiben hingegen folgenlos, sodass dortige Erbgutänderungen weitervererbt werden und als wichtige Grundlage für den ‚genetischen Fingerabdruck' dienen, der wiederum für die Zwecke der Strafverfolgung verwendet wird.[156]

Der heutige Forschungsstand widerspricht der Einordnung der nicht-codierenden Bereiche als sogenannte „Junk"-DNA.[157] Diese Bezeichnung entspringt einer Zeit, als diese Abschnitte noch nicht hinreichend erforscht waren, sodass zu erwarten ist, dass sich aus dem Fortschritt der Wissenschaft auch Konsequenzen für die forensische DNA-Analyse ergeben werden. Da allerdings bei dem jetzigen Forschungsstand weiterhin davon auszugehen ist, dass nicht-codierenden Bereiche nicht im direkten Zusammenhang mit der Proteinbiosynthe-

151 *Rath/Brinkmann*, NJW 1999, 2697.

152 *Kremer/Fritzsch/Stahl*, Chem. Unserer Zeit 2017, 384.

153 *Kremer/Fritzsch/Stahl*, Chem. Unserer Zeit 2017, 384; *Lee*, Gesetzliche Vorschriften zur Gewinnung und Verwendung von DNA-Informationen, S. 11.

154 *Lee*, Gesetzliche Vorschriften zur Gewinnung und Verwendung von DNA-Informationen, S. 12.

155 *Lee*, Gesetzliche Vorschriften zur Gewinnung und Verwendung von DNA-Informationen, S. 13 mit weiteren Nachweisen.

156 *Lee*, Gesetzliche Vorschriften zur Gewinnung und Verwendung von DNA-Informationen, S. 13.

157 *Kremer/Fritzsch/Stahl*, Chem. Unserer Zeit 2017, 384 (385).

se stehen, werden im Folgenden diese Begriffe weiterhin verwendet, auch wenn die nicht-codierenden Bereiche relevante Funktionen erfüllen. Dennoch sollte davon Abstand genommen werden, den nicht-codierenden Bereich der DNA als „Junk"-DNA oder „Evolutionsmüll" zu bezeichnen.[158]

I. Methoden

Zwar ist grob betrachtet das Genom jedes Menschen gleich aufgebaut, indem die gleichen Gene in der gleichen Reihenfolge hintereinanderliegen.[159] Die menschliche DNA enthält zahlreiche Polymorphismen, d. h. Stellen, an denen die Nukleotidsequenzen nicht bei allen Angehörigen der Population genau gleich ist.[160] Diese geringen interindividuellen Sequenzunterschiede der DNA dienen als diagnostische Marker bei DNA-Analysen.[161] Hierfür sind prinzipiell sowohl codierende als auch nicht-codierende Abschnitte der DNA geeignet.[162] In der Bundesrepublik ist auf Grund höchstrichterlicher Rechtsprechung lediglich die Analyse des nicht-codierenden Bereichs der DNA zulässig.[163] Voraussetzung für eine erfolgreiche DNA-Analyse ist zunächst, dass ausreichend DNA-Material sichergestellt werden kann. Gerade dieses ist allerdings in vielen Fällen, sofern brauchbares Material am Tatort gefunden wird, nur in geringen Mengen vorhanden oder durch einen schlechten Zustand beeinträchtigt.[164] Dieses Problem kann einerseits mittels der Polymerase-Kettenreaktion (PCR) gelöst werden, indem diese Methode erlaubt, innerhalb kurzer Zeit DNA-Fragmente bekannter Sequenzen im Labor in mehreren Zyklen zu vervielfältigen, sodass ausreichend Material für die Untersuchung zur Verfügung

---

158 So allerdings noch geschehen bei *Lee*, Gesetzliche Vorschriften zur Gewinnung und Verwendung von DNA-Informationen, S. 12.

159 *Brown*, Gentechnologie für Einsteiger, S. 379.

160 *Brown*, Gentechnologie für Einsteiger, S. 379.

161 *Kremer/Fritzsch/Stahl*, Chem. Unserer Zeit 2017, 384.

162 *Kremer/Fritzsch/Stahl*, Chem. Unserer Zeit 2017, 384.

163 BVerfG, NJW 2001, 879 (880).

164 *Dettmeyer/Veit/Verhoff*, Rechtsmedizin, S. 269.

steht.[165] Hierfür ist jeder Abschnitt der DNA geeignet, solange sehr sauber gearbeitet und darauf geachtet wird, dass Fremd-DNA die Probe nicht verfälscht.[166] Kontaminationskontrolle spielt deshalb bei der forensischen DNA-Analyse eine besonders wichtige Rolle und soll verhindern, dass Mitarbeiter des Labors oder andere an der Sicherung des Spurenmaterials beteiligte Personen die untersuchte Probe verunreinigen.[167] Darüber hinaus werden die Methoden der forensischen DNA-Analyse stetig verbessert, sodass modifizierte Techniken bei DNA-Extraktion, Aufreinigung und Vermehrung von DNA-Abschnitten auch bei zuvor erfolglos untersuchtem Material mehrere Jahre später zu einem positiven Ergebnis führen können.[168]

1. STR-Analyse

Innerhalb der nicht-codierenden Bereiche der DNA existieren sogenannte Sequenzlängenpolymorphismen (abgekürzt als SSLPs), die wiederum Abfolgen sich wiederholender Sequenzen darstellen.[169] Jeder Mensch weist durch eine unterschiedliche Anzahl an Wiederholungseinheiten eine individuelle Länge dieser Sequenzen auf.[170] Die forensische Genetik bevorzugt für die DNA-Analyse von diesen Längen-Polymorphismen die *Short Tandem Repeats* (STRs), welche gleichmäßiger auf dem Genom verteilt vorzufinden sind.[171] Jedes Chromosom weist mehrere Regionen mit STRs auf. Die STRs weisen unterschiedlich häufige Wiederholungen *(repeats)* auf, welche wiederum einzeln im Genom des Menschen verortet werden können.[172] So werden STR-Loci identifiziert, die sich im Genom des Menschen befinden.[173] Die Anzahl der Wiederholungseinheiten an einem STR-Locus variiert in-

165 *Kremer/Fritzsch/Stahl*, Chem. Unserer Zeit 2017, 384 (387 f.); *Renneberg*, Bioanalytik für Einsteiger, S. 168 f.
166 *Renneberg*, Bioanalytik für Einsteiger, S. 168.
167 *Dettmeyer/Veit/Verhoff*, Rechtsmedizin, S. 272.
168 *Dettmeyer/Veit/Verhoff*, Rechtsmedizin, S. 269.
169 *Kremer/Fritzsch/Stahl*, Chem. Unserer Zeit 2017, 384 (385).
170 *Kremer/Fritzsch/Stahl*, Chem. Unserer Zeit 2017, 384 (385).
171 *Kremer/Fritzsch/Stahl*, Chem. Unserer Zeit 2017, 384 (385).
172 *Ralph*, Criminal Justice 2018, 243 (244).
173 *Ralph*, Criminal Justice 2018, 243 (244).

dividuell, wodurch sich verschiedene Allelformen ausprägen.[174] Die autosomalen STR-Systeme sind auf beiden korrespondierenden Chromosomen vorhanden, wobei die Anzahl der Wiederholungen auf den beiden Chromosomen in der Regel unterschiedlich ist (Heterozygotie),[175] da jeweils ein väterliches und ein mütterliches Allel vererbt werden. Für jedes STR-System werden deshalb jeweils zwei Allele untersucht.[176] Tritt nur ein Allel an einem untersuchten System auf, so liegt Homozygotie vor, welche darauf zurückzuführen ist, dass die von den Eltern vererbte Allelform zufälligerweise identisch ist.[177] Wenn in mehreren der untersuchten STR-Systeme drei oder mehr Allele auftreten, spricht dies dafür, dass DNA von mehr als einem Menschen untersucht wurde. Eine solche Mischspur kann entstehen, wenn mehrere Spurenverursacher beispielsweise dieselbe Tatwaffe verwendet haben oder sich auf Grund einer Kontamination DNA von Labormitarbeitern in die eigentlich zu untersuchende Probe mischt.[178]

Die hohe Varianz der STRs erlaubt bei einer hinreichenden Anzahl an überprüften STRs die genaue Identifikation einer Person oder die Bestimmung eines Verwandtschaftsverhältnisses.[179] Welche STRs hierbei untersucht werden, ist international standardisiert.[180] Der europäische Standard sieht die Untersuchung von 15 STRs vor, während das BKA in Deutschland einen Marker mehr untersucht, d. h. eine Person wird mit 16 STRs erfasst, die in der DAD mit einer Zahlenkombination hinterlegt werden.[181] Nach internationalem Standard werden ebenfalls bis zu 16 STR-Systeme und das geschlechtsspezifische Amelogenin, welches die Geschlechtsbestimmung erlaubt, untersucht.[182] Dieses indi-

174 *Lee*, Gesetzliche Vorschriften zur Gewinnung und Verwendung von DNA-Informationen, S. 25.

175 *Dettmeyer/Veit/Verhoff*, Rechtsmedizin, S. 271.

176 *Dettmeyer/Veit/Verhoff*, Rechtsmedizin, S. 271.

177 *Lee*, Gesetzliche Vorschriften zur Gewinnung und Verwendung von DNA-Informationen, S. 25.

178 *Dettmeyer/Veit/Verhoff*, Rechtsmedizin, S. 271.

179 *Kremer/Fritzsch/Stahl*, Chem. Unserer Zeit 2017, 384 (385).

180 *Kremer/Fritzsch/Stahl*, Chem. Unserer Zeit 2017, 384 (385).

181 *Wirth*, in: Clages/Ackermann (Hrsg.), Der rote Faden, S. 530 mit einer Auflistung der STR-Systeme, die erfasst werden; *Labudde/Mohnhaupt*, Bioinformatik im Handlungsfeld der Forensik, S. 159.

182 *Rogall*, in: SK-StPO, § 81a StPO Rn. 105.

viduelle Muster, bestehend aus den Polymorphismen der nicht-codierenden Bereiche der DNA, wird als DNA-Identifizierungsmuster oder DNA-Profil bezeichnet.[183] Das Profil ist in der Regel einzigartig und ermöglicht mittlerweile die eindeutige Identifizierung von Personen.[184] Eineiige Zwillinge stellen hier eine Ausnahme dar, da die üblicherweise angewandten Sequenzierungstechniken eine Unterscheidung der DNA dieser Personen nicht erlauben.[185]

Rückschlüsse hinsichtlich etwaiger Verwandtschaftsbeziehungen lassen sich daraus ziehen, dass jeweils die Hälfte der Chromosomen und damit auch der STRs von den jeweiligen Elternteilen vererbt werden.[186] Gleicht man die standardisierten STRs des genetischen Materials untereinander ab und kann eine entsprechend häufige Übereinstimmung der einzelnen Marker feststellen, kann auf einen gewissen Verwandtschaftsgrad geschlossen werden. Die Methoden sind mittlerweile sogar derart ausgereift, dass nicht nur der erste Verwandtschaftsgrad erkannt wird, sondern auch Blutsverwandte wie Großeltern und Geschwister nachgewiesen werden können.[187] Diese Möglichkeiten sollen mittels des neugefassten § 81h StPO genutzt werden. Im englischsprachigen Ausland werden sie bereits seit Jahren in erheblicherem Umfang genutzt.[188] Es muss damit für den Nachweis von Verwandtschaftsverhältnissen kein neues Verfahren entwickelt werden. Stattdessen werden die erprobten Methoden angewandt, welche ohnehin Anwendung finden,[189] sodass die Erweiterung des § 81h StPO hinsichtlich der Verwertung von Beinahetreffern jedenfalls die Methode der DNA-Analyse nicht verändert.

183 *Kremer/Fritzsch/Stahl*, Chem. Unserer Zeit 2017, 384 (385).
184 *Brown*, Gentechnologie für Einsteiger, S. 379.
185 *Kremer/Fritzsch/Stahl*, Chem. Unserer Zeit 2017, 384 (387).
186 *Ralph*, Criminal Justice 2018, 243 (244).
187 *Ralph*, Criminal Justice 2018, 243 (244).
188 *Maguire/McCallum/Storey/Whitaker*, FSI: Genetics 2014, 1 (2).
189 *Ralph*, Criminal Justice 2018, 243 (244).

2. mtDNA-Analyse

Eine weitere Option bei geringen DNA-Mengen oder schlecht erhaltenem Material ist die Sequenzierung der hypervariablen mitochondrialen DNA (mtDNA).[190] Diese ist ein kugelförmiges, doppelsträngiges DNA-Molekül, welches sich im Inneren der Zelle in der Matrix der Mitochondrien befindet.[191] Menschliche mitochondriale DNA enthält ungefähr 16.500 Basenpaare[192] und weist ebenfalls Polymorphismen auf, deren Variabilität allerdings nicht so groß ist wie bei STRs,[193] sodass sie im Ergebnis weniger Beweiskraft hat, als die übliche DNA-Analyse.[194] Die mtDNA liegt jedoch in jeder Zelle in vielfacher Ausführung vor, sodass ihre Analyse auch dann zum Erfolg führen kann, wenn nur sehr alte DNA oder nur Zellen ohne Zellkern zur Verfügung stehen.[195] Ihr Vorteil liegt darin, dass die mitochondriale DNA nur innerhalb der mütterlichen Linie weitervererbt wird, sodass eine Abstammungslinie ermittelt werden kann,[196] da Blutsverwandte innerhalb der mütterlichen Linie somit über Generationen die gleiche mtDNA in sich tragen.[197] Dies schließt auch mit ein, dass zufällige Mutationen innerhalb der mitochondrialen DNA von Müttern an ihre Töchter vererbt werden.[198] Eine unbekannte weibliche Person könnte somit anhand von entfernten Verwandten aus der mütterlichen Linie identifiziert werden.[199] Detaillierte Untersuchungen der mtDNA haben ergeben, dass sich die Mitochondriengenome (Mitogenome) in Sequenzklassen, sogenannte Haplogruppen, einordnen lassen, in denen charakteristische Sequenzabweichungen vorkommen.[200] Einer Haplogruppe gehören alle Menschen an, die dieselben Mutationen

190 *Dettmeyer/Veit/Verhoff*, Rechtsmedizin, S. 276.
191 *Beck*, Die DNA-Analyse im Strafverfahren, S. 60.
192 *Berg/Tymoczko/Stryer*, Biochemistry, S. 545.
193 *Brown*, Gentechnologie für Einsteiger, S. 386.
194 *Lee*, Gesetzliche Vorschriften zur Gewinnung und Verwendung von DNA-Informationen, S. 28.
195 *Beck*, Die DNA-Analyse im Strafverfahren, S. 60 f.
196 *Renneberg*, Bioanalytik für Einsteiger, S. 163.
197 *Beck*, Die DNA-Analyse im Strafverfahren, S. 61.
198 *Renneberg*, Bioanalytik für Einsteiger, S. 163.
199 *Lee*, Gesetzliche Vorschriften zur Gewinnung und Verwendung von DNA-Informationen, S. 28.
200 *Brown*, Gentechnologie für Einsteiger, S. 395.

bzw. Sequenzabweichungen besitzen. Dennoch mangelt es der mtDNA an der Einzigartigkeit, welche den genetischen Fingerabdruck auszeichnet. Stattdessen bietet sich die mtDNA-Analyse insbesondere bei der Erstellung umfassender Stammbäume an, anhand derer sich die Populationsentwicklung und Abstammungslinien nachvollziehen lassen.[201] Die Untersuchung der mtDNA ist insgesamt und nach der bisherigen Handhabe nur als Ausweichoption bei Fehlen der Voraussetzungen für eine STR-Analyse etabliert.[202]

3. Y-chromosomale DNA-Analyse

Das Gegenstück zur mtDNA-Analyse ist die Y-chromosomale Analyse, welche die Identifizierung männlicher Spurenleger ermöglicht.[203] Das Y-Chromosom wird von Generation zu Generation vom Vater zum männlichen Nachkommen unverändert weitergegeben.[204] Die Analyse des Y-Chromosoms verwendet ebenfalls die STR-Methode und analysiert diese Systeme, wodurch Sachverständige die DNA einer bestimmten Haplogruppe zuordnen können.[205] Personen, die eng in direkter Linie miteinander verwandt sind, weisen üblicherweise identische Y-chromosomale STR-Haplotypen auf.[206] Über mehrere Generationen kann durch zufällige Mutationen in einer Population eine Vielzahl Y-chromosomaler Varianten entstehen, sodass mittels der Y-STR-Analyse die Mehrheit der männlichen Individuen differenziert werden kann.[207]

In der forensischen Praxis wird diese Methode insbesondere bei Vergewaltigungsfällen angewandt, da in solchen Fällen häufig unbalancierte

---

201 *Renneberg*, Bioanalytik für Einsteiger, S. 163.

202 *Dettmeyer/Veit/Verhoff*, Rechtsmedizin, S. 282.

203 *Lee*, Gesetzliche Vorschriften zur Gewinnung und Verwendung von DNA-Informationen, S. 28.

204 *Renneberg*, Bioanalytik für Einsteiger, S. 154; *Willuweit et al.*, Rechtsmedizin 2018, 138; dies gilt natürlich nur so lange, wie die Mutationen nicht die Gene betreffen, die sich auf dem Y-Chromosom befinden.

205 *Renneberg*, Bioanalytik für Einsteiger, S. 154; *Labudde/Mohnhaupt*, Bioinformatik im Handlungsfeld der Forensik, S. 165.

206 *Willuweit et al.*, Rechtsmedizin 2018, 138 (139).

207 *Willuweit et al.*, Rechtsmedizin 2018, 138 (139).

Mischspuren entstehen, welche einen sehr hohen Anteil an weiblicher DNA (Majorkomponente) und nur einen sehr geringen Anteil an männlicher DNA (Minorkomponente) aufweisen.[208] Bereits bei einem Verhältnis von 10:1 bis 20:1 lässt sich selbst mit der konventionellen PCR-Methode kein männliches autosomales DNA-Profil erstellen, da die Majorkomponente die Minorkomponente in den ersten PCR-Zyklen unterdrückt, sodass nicht genügend Kopien der männlichen DNA erstellt werden können.[209] Wird bei der PCR-Analyse der Y-spezifische Marker verwendet, konkurriert die weibliche DNA nicht länger um die eingesetzten Primer bzw. Marker (diese können sich nicht an die weibliche DNA binden) und die männliche DNA wird exponentiell vermehrt.[210] Mittlerweile analysieren forensische Labore bei potenziellen Mischspuren bestehend aus weiblicher und männlicher DNA sowohl die autosomalen als auch Y-chromosomalen Marker, was die Zahl der beweiserheblichen DNA-Profile signifikant gesteigert haben soll.[211] Der Anwendungsbereich ist relativ breit gefächert. So kann dieses Verfahren in einem ersten Schritt dazu dienen nachzuweisen, dass männliche DNA in untersuchtem Spurenmaterial vorliegt, oder die Anzahl der männlichen Spurenverursacher quantifizieren.[212] Doch darüber hinaus kann sie auch herangezogen werden, um einen Spur-Spur-Vergleich oder einen Spur-Person-Vergleich vorzunehmen.[213] Derzeit wird daran geforscht, die Möglichkeiten der Y-chromosomalen Analyse derart zu verbessern, dass auch enge paternale Verwandte voneinander unterschieden werden können.[214] Im Gegensatz zu autosomalen STR-Profilen treten Haplotypen, die für eine begrenzte Anzahl an Y-STRs analysiert werden, mehrfach in der Bevölkerung auf.[215] Eine vollständige Individualisierung mit Y-STR kann nicht garantiert werden, da auch unverwandte Individuen identische Allele aufweisen kön-

208 *Willuweit/Roewer*, Rechtsmedizin 2018, 149 (153).
209 *Willuweit/Roewer*, Rechtsmedizin 2018, 149 (153).
210 *Willuweit/Roewer*, Rechtsmedizin 2018, 149 (153).
211 *Willuweit/Roewer*, Rechtsmedizin 2018, 149 (153).
212 *Willuweit et al.*, Rechtsmedizin 2018, 138; *Willuweit/Roewer*, Rechtsmedizin 2018, 149 (153 f.).
213 *Willuweit/Roewer*, Rechtsmedizin 2018, 149 (154).
214 *Willuweit/Roewer*, Rechtsmedizin 2018, 149 (152).
215 *Willuweit/Roewer*, Rechtsmedizin 2018, 149 (152).

nen.[216] Da die tatsächliche Häufigkeitsverteilung verschiedener Y-STR-Haplotypen in einer Population unbekannt ist, wird die Häufigkeit anhand einer Referenzdatenbank abgeschätzt.[217] Der biostatistische Berechnungsansatz unterscheidet sich von der Bewertung autosomaler DNA-Befunde, weshalb von einer rechnerischen Kombination beider Methoden abgeraten wird.[218]

Die Y-chromosomale Analyse kann die autosomale Untersuchung somit zwar nicht ersetzen, ist jedoch angesichts dieser Möglichkeiten eine Alternative, wenn eine autosomale Analyse nicht in Betracht kommt, um einen brauchbaren Ermittlungsansatz zu liefern.[219]

II. Identitätswahrscheinlichkeit

Die forensische DNA-Analyse gibt Aufschluss darüber, mit welcher Identitätswahrscheinlichkeit die DNA aus einer Tatortspur von einem Tatverdächtigen stammt. Hierfür werden die analysierten STR-Systeme überprüft, sodass bei einer vollständigen Übereinstimmung der Allele der Tatverdächtige als Spurenverursacher nicht ausgeschlossen werden kann.[220] Dieses Szenario beschreibt nur den Idealfall und geht noch nicht auf Besonderheiten der Berechnung der Identitätswahrscheinlichkeit ein.

1. Allgemeines

Im Folgenden wird auf die einzelnen Schritte eingegangen, welche der Berechnung der Identitätswahrscheinlichkeit zu Grunde liegen. Auf eine detaillierte Darstellung der statistischen Berechnungen wird im Einzelnen verzichtet, stattdessen soll ein Überblick über die Hintergründe des zu erstellenden Sachverständigengutachtens ermöglicht

216 *Willuweit et al.*, Rechtsmedizin 2018, 138 (139).
217 *Willuweit et al.*, Rechtsmedizin 2018, 138 (139).
218 *Willuweit et al.*, Rechtsmedizin 2018, 138 (139).
219 *Willuweit/Roewer*, Rechtsmedizin 2018, 149 (154).
220 *Dettmeyer/Veit/Verhoff*, Rechtsmedizin, S. 272.

werden. So soll die DNA-Analyse bei einer Reihenuntersuchung greifbarer gemacht werden.

a) Häufigkeit des Merkmalmusters

Zunächst muss bekannt sein, mit welcher Häufigkeit ein bestimmtes STR-Muster, welches sowohl der Tatverdächtige als auch die Tatortspur gemeinsam haben, in der Bevölkerung zu erwarten ist, d. h. es müssen Einzelwahrscheinlichkeiten für die einzelnen STR-Systeme berechnet werden.[221] Hierfür wird die Berechnungsmethode nach dem *Hardy-Weinberg-Gleichgewicht* angewandt.[222] Die Einzelwahrscheinlichkeiten ergeben sich aus populationsgenetischen Studien, in denen eine genügend große Stichprobe auf die Anzahl und Verteilung der Merkmale einer definierten Bevölkerung typisiert wurde.[223] Da für ein STR-System zwei Allele untersucht werden, müssen die Einzelwahrscheinlichkeiten der Allele miteinander multipliziert werden. Da nicht festgestellt werden kann, welches Allel auf dem einen oder anderen Chromosom liegt, muss der errechnete Wert um den Faktor 2 korrigiert werden, d. h. er wird verdoppelt.[224] Bei einer Homozygotie wird der Wert für das betroffene Allel quadriert und nicht um den Faktor 2 korrigiert.[225] Für Allele, für die in der Referenzdatenbank ein Wert von unter 1% angegeben ist, wird bei der Berechnung der Einzelwahrscheinlichkeiten als niedrigster möglicher Wert 1% angenommen.[226] Jedes STR-System wird so anhand der Häufigkeit der Allele einzeln berechnet und schließlich werden die Wahrscheinlichkeiten der einzelnen ungekoppelt vererbten STR-Systeme miteinander multipliziert, um die Wahrscheinlichkeit für das STR-Muster herauszufinden.[227] Mit steigender Anzahl der untersuchten STR-Systeme und den berechneten Einzelwahrscheinlichkeiten kann es schnell zu einer sehr hohen

221 *Dettmeyer/Veit/Verhoff*, Rechtsmedizin, S. 272 f. schlüsselt die einzelnen biostatistischen Berechnungsschritte detailliert auf.

222 *Schneider et al.*, NStZ 2013, 693 (695).

223 *Schneider et al.*, NStZ 2013, 693 (695).

224 *Dettmeyer/Veit/Verhoff*, Rechtsmedizin, S. 272.

225 *Dettmeyer/Veit/Verhoff*, Rechtsmedizin, S. 273; *Schneider et al.*, NStZ 2013, 693 (695).

226 *Dettmeyer/Veit/Verhoff*, Rechtsmedizin, S. 273.

227 *Schneider*, in: Madea (Hrsg.) Rechtsmedizin, S. 813.

Identitätswahrscheinlichkeit kommen. Im statistischen Sinne kann es dann zu Ergebnissen kommen, nach denen die individuelle Merkmalskombination unter zehn Milliarden Menschen nur fünf Mal vertreten ist.[228] Dies bedeutet noch keine sichere Identifizierung, denn auch absurd hohe Größen, welche die menschliche Population übersteigen, schließen letztlich nicht aus, dass irgendwo auf der Welt ein Mensch lebt oder gelebt hat, der eben diese Merkmalskombination aufweist.[229] Das Modell der Produktregel erlaubt nur eine Aussage darüber, mit welcher Häufigkeit das Merkmalsmuster bei einer zufällig aus der Bevölkerung ausgewählten Person vorkommt.[230]

b) Korrigierende Faktoren

Ob es sich nur um eine zufällige Übereinstimmung handelt, oder die Tatortspur tatsächlich von der getesteten Person verursacht wurde, kann erst nach der Miteinbeziehung der weiteren Umstände bewertet werden.[231] Es gibt verschiedene Plausibilitätstests, mit denen die Ergebnisse zur Identitätswahrscheinlichkeit interpretiert werden, wie das Bayesche Theorem zur Berechnung der Spurenlegerwahrscheinlichkeit[232] oder die Berechnung eines Likelihood-Quotienten, welcher dazu dient, die ermittelte Größe in Bezug zum Spurenfund zu setzten.[233] Diese Methoden basieren auf unterschiedlichen Berechnungsweisen und lassen verschiedene Aussagen zu. Sie unterscheiden sich je nachdem, ob ein Datenbanktreffer (DAD) oder ein Ermittlungsfall vorliegt, bei dem die Häufigkeit des zwischen Spur und Tatverdächtigem übereinstimmenden Identifizierungsmusters in der relevanten Bevölkerung angegeben wird.[234] Diese Würdigung und die Häufigkeitsberechnung sind zudem nach Auffassung der Rechtsprechung kein standardisiertes Verfahren, auch wenn die verwendeten Daten in einem solchen Verfahren erhoben werden.[235]

---

228 *Schneider*, in: Madea (Hrsg.) Rechtsmedizin, S. 813.
229 *Dettmeyer/Veit/Verhoff*, Rechtsmedizin, S. 273.
230 *Schneider et al.*, NStZ 2013, 693 (695).
231 *Schneider et al.*, NStZ 2013, 693 (695).
232 *Bastisch/Schmitter*, in: MAH Strafverteidigung, § 71 Rn. 58.
233 *Schneider*, in: Madea (Hrsg.) Rechtsmedizin, S. 813.
234 *Schneider et al.*, Rechtsmedizin 2010, S. 111 (112).
235 BGH, NStZ 2012, 464 (465).

Dies liegt unter anderem an der Vergleichspopulation, die verwendet wird, um herauszufinden mit welcher Häufigkeit eine Merkmalskombination vorkommt.[236] Verschiedene Populationen weisen unterschiedliche Häufigkeitsverteilungen auf, sodass nur die Häufigkeiten der Bevölkerung herangezogen werden dürfen, für deren Angehörige die Wahrscheinlichkeiten berechnet werden sollen.[237] Für vergleichbare Ergebnisse ist es unabdingbar, dass Sachverständige gemeinsam eine geeignete Populationsstudie nutzen.[238] Gleichzeitig ist die Auswahl der zum Vergleich heranzuziehenden Bevölkerung nicht leicht zu beantworten, da bei einer Tatortspur unbekannter Herkunft die Ethnie bzw. Herkunft des Spurenverursachers gerade nicht bekannt ist.[239] Aus Sicht des neutralen Sachverständigen ist der Spurenverursacher üblicherweise Mitglied derjenigen Bevölkerung, die in der Region des Tatorts typischerweise vertreten ist.[240] Die Auswahl einer anderen Bezugspopulation ist nur dann zu rechtfertigen, wenn Mitglieder anderer Bevölkerungsgruppen ausgeschlossen werden können. Dies wäre bei einer DNA-Reihenuntersuchung dann der Fall, wenn es belastbare Indizien für die Ethnie des Spurenverursachers gäbe, welche eine entsprechende Priorisierung der Probanden rechtfertigen könnte. Diese Indizien müssten auch geeignet sein, um die Bezugspopulation anzupassen. In Anbetracht der Tatsache, dass die erweiterte DNA-Analyse in der Neufassung des § 81e StPO Rückschlüsse auf die biogeographische Herkunft und Ethnie eines unbekannten Spurenverursachers gerade nicht zulässt, käme es auf andere Hinweise im Einzelfall an, welche zuließen, dass eine andere Bezugspopulation gewählt werden würde.[241] Dies deckt sich auch mit der Rechtsprechung des BGH, wonach bei konkreten Hinweisen, welche auf die Zugehörigkeit des Tatverdächtigen zu einer bestimmten Bevölkerungsgruppe hindeuten, der Tatrichter das Ergebnis der Berechnung anhand dieser Population mitzuteilen und sich damit auseinanderzusetzen hat.[242]

---

236 BGH, NStZ 2012, 464 (465); *Schneider et al.*, NStZ 2013, 693 (695).
237 *Wirth*, in: Clages/Ackermann (Hrsg.), Der rote Faden, S. 530.
238 *Ulbrich et al.*, Rechtsmedizin 2016, 291 (297).
239 *Schneider et al.*, NStZ 2013, 693 (695).
240 *Schneider et al.*, NStZ 2013, 693 (696).
241 Auf die Erweiterung der DNA-Analyse nach § 81e StPO wird im Folgenden noch vertieft eingegangen.
242 BGH, NStZ 2016, 490 (492).

2. Ausschluss eines Tatverdächtigen

Prinzipiell müsste man einen Tatverdächtigen als Spurenverursacher ausschließen, sobald in einem Allel der untersuchten STR-Systeme eine Abweichung festgestellt wird.[243] Da jedoch Mutationen dazu führen können, dass sich Blut und Speichel eines Menschen in einem Allel unterscheiden und auch andere Probleme bei der Analyse hinzutreten können, welche einen Ausschluss herbeiführen könnten, müssen für einen Ausschluss üblicherweise Abweichungen in zwei oder drei Allelen beobachtet werden.[244] Besonders irritierende Ergebnisse müssen dabei genauer untersucht werden, bevor ein Tatverdächtiger ausgeschlossen werden darf.

So ist es beispielsweise bereits vorgekommen, dass bei der Geschädigten eines vermuteten Sexualdelikts am Körper eine Mischspur sichergestellt werden konnte, die in der Folge mittels der bereits beschriebenen Untersuchungsmethoden auf drei Verursacher schließen ließ: die Geschädigte, den Beschuldigten und einen weiteren männlichen Verursacher.[245] Es sollte sich schließlich im Rahmen eines Mundschleimhautabstrichs herausstellen, dass bei dem Tatverdächtigen auf Grund einer erfolgreichen Knochenmarktransplantation in der autosomalen und Y-chromosomalen Untersuchung der Systeme eine Merkmalmischung vorlag, die sich in eine abgrenzbare Haupt- und Minderkomponente einordnen ließ.[246] Bei einem weiteren Mundschleimhautabstrich, einem Abrieb der Handinnenflächen und einer Blutprobe wurde ermittelt, dass autosomal und Y-chromosomal die DNA im Blut auf einen Verursacher schließen ließ, während Mundschleimhautabstrich und Hautabrieb eine Merkmalmischung aufwiesen, die beim Hautabrieb sogar einen noch höheren Anteil an Spendermerkmalen enthielt als der Mundschleimhautabstrich.[247] Die einzelnen Komponenten konnten jeweils dem Knochenmarkspender und dem Empfänger zugeordnet werden, sodass die vermeintlichen drei Spurenverursacher

243 *Dettmeyer/Veit/Verhoff*, Rechtsmedizin, S. 272.
244 *Dettmeyer/Veit/Verhoff*, Rechtsmedizin, S. 272.
245 *Máriássy/Bayer/Anslinger*, Rechtsmedizin 2017, 196 (197).
246 *Máriássy/Bayer/Anslinger*, Rechtsmedizin 2017, 196 (197).
247 *Máriássy/Bayer/Anslinger*, Rechtsmedizin 2017, 196 (197 f.).

auf zwei reduziert werden und mit der erfolgten Knochenmarktransplantation erklärt werden konnten.[248]

Dieser ungewöhnliche Fall hat in der Fachliteratur die Frage aufgeworfen, ob nach einer Knochenmarktransplantation regelmäßig damit zu rechnen ist, dass über Hautabrieb Zellen in die Umgebung abgegeben werden, welche eine Mischung aus Spender- und Empfängermerkmalen aufweisen.[249] Dies würde, wie im geschilderten Fall dazu führen, dass die DNA-Analyse den Knochenmarkspender als Mitverursacher der Spur identifizieren würde, obwohl er weder zur Tat, noch zum Tatort eine Verbindung aufweist. Es handelt sich zwar um eine vergleichsweise seltene Konstellation, da Knochenmarktransplantationen nicht den Großteil der Bevölkerung betreffen. Dennoch könnten so entstandene Mischspuren das Ermittlungsverfahren fehlleiten, unzutreffende Hinweise auf die Anzahl der Spurenverursacher liefern und so den Ermittlungserfolg beeinträchtigen. An die Sachverständigen ist deshalb der Anspruch zu stellen, dass sie solche Konstellationen berücksichtigen und nicht voreilig einen Tatverdächtigen ausschließen oder den Fokus auf einen vermeintlichen weiteren Spurenverursacher legen. Generell stützen sich die forensischen Gutachten auf Tatsachen, die dargelegt werden müssen.[250] Können bei der Interpretation der Ergebnisse Zweifel an einem möglichen Täterausschluss nicht ausgeräumt werden, so müssen diese auch Eingang in das Gutachten finden.[251]

3. Beinahetreffer

Die beschriebenen biostatistischen Verfahren beziehen sich in den Berechnungsmethoden auf den bekannten und etablierten Abgleich einer Spur mit der DNA eines Tatverdächtigen oder eines Probanden der DNA-Reihenuntersuchung. Wie die Ergebnisse zu interpretieren sind, wenn Beinahetreffer von den Sachverständigen an die Ermittlungsbe-

248 *Máriássy/Bayer/Anslinger*, Rechtsmedizin 2017, 196 (198).
249 *Máriássy/Bayer/Anslinger*, Rechtsmedizin 2017, 196 (199).
250 *Schneider*, in: Madea (Hrsg.) Rechtsmedizin, S. 815.
251 *Schneider*, in: Madea (Hrsg.) Rechtsmedizin, S. 815.

hörden als Ermittlungsansatz weitergegeben werden dürfen, ist noch ungeklärt, da dies offiziell erst seit der Erweiterung des § 81h StPO zulässig ist. Hier ist zu beachten, dass der Dörpener Vergewaltigungsfall keinesfalls der erste Verwandtschaftsabgleich in einem Ermittlungsverfahren war, weshalb zunächst auf die Fälle und Vorgehensweisen in der Vergangenheit eingegangen wird. Konkrete Vorgaben, wie sichergestellt werden kann, echte Beinahetreffer zu identifizieren, sollen im Folgenden nicht gemacht werden. Es wird stattdessen auf mögliche Fehlerquellen und Risiken eingegangen, derer sich Sachverständige und Ermittlungsbeamte bewusst sein müssen.

a. Abstammungsbegutachtung in der Vergangenheit

Der Dörpener Vergewaltigungsfall weise nach der hierzu ergangenen Rechtsprechung eine einzigartige Konstellation auf, in welcher der Täter nicht im unmittelbaren Zusammenhang mit der DNA-Reihenuntersuchung ermittelt wurde. Dass die Identifizierung des Täters durch eine Teilübereinstimmung des DNA-Identifizierungsmusters eines Angehörigen mit der Tatortspur herbeigeführt wurde, sei laut dem BVerfG einzigartig und in der Form noch nie zuvor durchgeführt worden.[252]

Doch Verwandtschaftsverhältnisse, auf die Übereinstimmungen in der DNA hinwiesen, wurden bereits in der Vergangenheit genutzt, um Tatverdächtige zu ermitteln. Die Auffassung von BGH und BVerfG widerspricht zum einen den Belehrungen, welche bereits 2007 Teilnehmenden an DNA-Reihenuntersuchungen zur Verfügung gestellt wurden. Diese wurden darauf hingewiesen, dass Teilübereinstimmungen zu Ermittlungsansätzen im familiären Umfeld der Probanden führen können.[253] Zum anderen wird dabei übersehen, dass identische oder ähnliche Konstellationen bereits in der Vergangenheit zur Identifizierung eines Täters führten.

252 BVerfG, medstra 2015, 363 (364).

253 So nachzulesen in der Belehrung des LKA Sachsen, die bereits 2007 auf die Frage einging, ob eine Belastung von Angehörigen zu befürchten ist. S. Anhang von *Ademi*, Der Massengentest und § 81h StPO, S. 293.

aa) Tötungsdelikt Neuenkirchen

In Neuenkirchen wurde 1999 ein Tötungsdelikt mittels eines Massenspeicheltests aufgeklärt, bei dem männliche Testteilnehmer untersucht wurden, nachdem die Leiche eines nach der Geburt erstickten Neugeborenen entdeckt wurde.[254] An der Leiche konnten verwertbare DNA-Spuren der Kindsmutter gefunden und analysiert werden. Auf Grund der Nähe des Tatorts zu einer Klinik für Suchtkranke wurde vermutet, dass der Kindsvater dort zu finden sei. Alle Patienten und männlichen Mitarbeiter der Klinik nahmen daraufhin nach entsprechender Einwilligung an einem DNA-Abgleich teil. Der Kindsvater konnte so nicht ermittelt werden. Daraufhin empfahlen die Sachverständigen, dass statt des Kindsvaters durch einen erweiterten DNA-Abgleich der Vater der Kindsmutter ermittelt werden könnte. Deshalb wurden jene Patienten priorisiert, die Töchter im gebärfähigen Alter hatten und das vorliegende DNA-Material für einen Vaterschaftsabgleich mit der DNA der Kindsmutter verwendet. Dieses Vorgehen war erfolgreich und über den Vater der Kindsmutter konnte diese ermittelt und als Täterin überführt werden. Aus vorangehenden Vernehmungen der Patienten der Klinik, unter denen sich der Vater der Täterin befunden hatte, hatten sich keine Hinweise auf eine etwaige Schwangerschaft im unmittelbaren familiären Umfeld ergeben.[255] Ohne die Ermittlung der Kindsmutter über das DNA-Material eines Patienten wäre der Ermittlungserfolg vermutlich hinausgezögert oder nicht dergestalt eingetreten.

Dieser Vorfall weist im Nachhinein und im Lichte der neuen gesetzlichen Regelung verschiedene Besonderheiten auf. So ist nicht ersichtlich, dass die Probanden darüber aufgeklärt wurden, dass ihr DNA-Material nicht nur verwendet werden würde, um eine Vaterschaft mit dem getöteten Kind festzustellen, sondern stattdessen auch, um über die DNA der Probanden die Kindsmutter zu ermitteln. Während die erste Konstellation einen entlastenden Faktor für die Probanden enthält und der heutigen Reihenuntersuchung ähnelt, ist die zweite Analyse eine Maßnahme, welche darauf abzielt, ausschließlich Rückschlüs-

254 Zum Tatgeschehen und Ermittlungsverlauf *Hinze*, Der Kriminalist 2000, 168.
255 *Hinze*, Der Kriminalist 2000, 168 (169).

se über die Verwandtschaft der Probanden mit der Täterin zu ziehen. Dies gleicht damit der Erweiterung des § 81h StPO auf die Verwertung von Beinahetreffern und weist auch Übereinstimmungen mit § 81c StPO auf. Zum Zeitpunkt der Ermittlungen war die Reihenuntersuchung noch nicht gesetzlich geregelt und auch die Untersuchung anderer Personen (§ 81c StPO) hatte noch keine gesetzliche Grundlage. Die Voraussetzung, dass die Probanden einer Reihenuntersuchung Merkmale erfüllen müssen, welche auf den Täter wahrscheinlich zutreffen, war demnach keine gesetzliche Notwendigkeit. Die Ermittlungsbeamten nutzten den Spielraum, den ihnen die fehlende gesetzliche Regelung bot und stützten sich lediglich auf die erste Einwilligung. Wobei die dafür notwendige Belehrung den Hinweis auf die zielgerichtete Suche nach dem Vater der Kindsmutter nicht enthalten konnte, da diese Anregung erst nach der Entnahme der Speichelproben erfolgte. Die aktuelle Fassung der StPO würde ein solches Vorgehen nicht zulassen, jedenfalls nicht ohne entsprechende Belehrung über den Untersuchungszweck.

Mit der derzeitigen gesetzlichen Regelung wäre dieses Vorgehen insgesamt nicht zu vereinbaren. Es zeigt jedoch, dass Verwandtschaftsabgleiche im Zusammenhang mit Reihenuntersuchungen bereits weit vor dem Dörpener Vergewaltigungsfall Anwendung fanden und nicht kritisch hinterfragt wurden. Dies mag tatsächlich dem Umstand geschuldet gewesen sein, dass ohne die entsprechende gesetzliche Regelung das Problembewusstsein geringer war. Dennoch waren Zeugnisverweigerungsrechte der Angehörigen der Beschuldigten (§ 52 StPO) und Auskunftsverweigerungsrechte (§ 55 StPO) 1999 bereits Bestandteil der StPO. Das gewählte Vorgehen ist auch vor dem damaligen gesetzlichen Hintergrund höchst fragwürdig.

bb) Cold case *„Carmen Kampa"*

Darüber hinaus wurde 2011 ein so genannter *cold case* in Bremen mittels einer DNA-Analyse aufgeklärt, indem eine molekulargenetische Spur vom Tatort mit der DNA-Probe einer Angehörigen des zu dem

Zeitpunkt bereits verstorbenen Tatverdächtigen abgeglichen wurde.[256] Die Übereinstimmung erlaubte die Identifizierung des Täters und Aufklärung einer Tat, die zu einem Zeitpunkt begangen worden war, als DNA-Analysen noch keine Möglichkeit zur Überführung eines Täters darstellten. Damit entspricht dieses Vorgehen auch dem Anwendungsbereich von *familial searching*, das bereits seit mehreren Jahren in den USA und England praktiziert wird, wodurch auch in diesen Ländern zum Teil Jahrzehnte alte *cold cases* gelöst werden konnten.[257] Abstammungsbegutachtung ist kein Mittel im Strafprozess, welches erst im Ermittlungsverfahren des Dörpener Vergewaltigungsfall zufällig entwickelt wurde. Man muss den staatlichen Akteuren zugutehalten, dass es sich bei dem beschriebenen Fall nicht um einen zufälligen Beinahetreffer handelt, da die Ermittlungsbehörden Kenntnis von dem Tod des Tatverdächtigen hatten und dessen Angehörige gezielt um ihre freiwillige Mitarbeit baten, um den Ermittlungsansatz mit den zur Verfügung stehenden Mitteln zu Ende zu führen. Mit der Situation eines Beinahetreffers im Rahmen einer Reihenuntersuchung ist dieses Vorgehen nicht zu vergleichen.

cc) Cold Case *Kieler Wiederholungstäter*

Anders gestaltet es sich bei einem Fall, der deutliche Übereinstimmungen zum Dörpener Vergewaltigungsfall aufweist. Dieser hierzu zeitlich ungefähr parallel gelagerte Fall wurde in Kiel verhandelt und am 08.02.2012 mit der Verurteilung des Angeklagten auf Grund mehrerer Vergewaltigungstaten abgeschlossen. Hier gab der Bruder des Angeklagten im Herbst 2010 seine Speichelprobe ab, als die Ermittlungsbehörden 150 Männern um eine solche baten.[258] Es handelte sich wie bei dem Dörpener Vergewaltigungsfall um eine freiwillige Speichelprobe.[259] Die Sachverständige kam bei der Analyse der abgegebenen Speichelproben nicht umhin festzustellen, dass eine sehr große

256 *Kuzaj*, Kreiszeitung v. 20.08.2011, Nach 40 Jahren: Mordfall Carmen Kampa aufgeklärt.

257 *Swoboda*, StV 2013, 461 (463).

258 *Ternieden*, Spiegel Online v. 08.02.2012, Urteil gegen Serientäter – Mörderischer Frustabbau.

259 *Ternieden*, Spiegel Online v. 09.03.2012, Verbrechensbekämpfung – Die Spuren der Mörder.

Ähnlichkeit zwischen einer abgegebenen Probe und dem genetischen Material vom Tatort bestand.[260] Die Sachverständige klärte durch biostatistische Berechnungen, dass die Ähnlichkeit der Spuren nicht auf einen bloßen Zufall zurückzuführen war, sondern auf eine Verwandtschaft mit dem Täter hinwies, und informierte die Ermittlungsbehörden.[261] Da das freiwillig abgegebene DNA-Profil den Probanden nicht als Täter überführen konnte, seine DNA-Probe jedoch gleichzeitig eine hohe Ähnlichkeit mit der Tatortspur aufwies, wurden die Ermittlungsbehörden auf den Bruder und späteren Angeklagten aufmerksam, der so mit einer Tat in Verbindung gebracht werden konnte.[262] Nach seiner Festnahme gestand er schließlich mehrere Verbrechen, sodass der gesuchte Täter in Fällen, die zwischen 1969 und 1984 begangen wurden, 27 Jahre nach der letzten Tat schließlich mittels eines Beinahetreffers überführt und verurteilt werden konnte.[263]

dd) Stellungnahme

Das Bemerkenswerte an diesem Urteil des Kieler LG ist, dass sich der BGH zum entscheidenden Zeitpunkt der Untersuchung zu der Handhabe von Beinahetreffern noch nicht geäußert hatte. Doch die Revision des Angeklagten aus dem Dörpener Vergewaltigungsfall war bereits anhängig. Es handelte sich nicht um einen Einzelfall, dass Ermittlungsbehörden Beinahetreffer zur Überführung des Tatverdächtigen nutzten. Es ist wohl der freiwilligen Einlassung des Angeklagten im Kieler Fall geschuldet, dass trotz der Verwertung des Beinhatreffers durch die Sachverständige und die Ermittlungsbehörden keine Revision angestrebt wurde. In jedem Fall ist dieses dokumentierte Vorgehen der Ermittlungsbehörden gemeinsam mit den übrigen Fällen ein Hinweis darauf, dass der Dörpener Vergewaltigungsfall kein Einzelfall war

---

260 *Ternieden*, Spiegel Online v. 09.03.2012, Verbrechensbekämpfung – Die Spuren der Mörder; *Ternieden*, Spiegel Online v. 08.02.2012, Urteil gegen Serientäter – Mörderischer Frustabbau.

261 Ternieden, Spiegel Online v. 09.03.2012, Verbrechensbekämpfung – Die Spuren der Mörder.

262 *Ternieden*, Spiegel Online v. 08.02.2012, Urteil gegen Serientäter – Mörderischer Frustabbau.

263 *Ternieden*, Spiegel Online v. 08.02.2012, Urteil gegen Serientäter – Mörderischer Frustabbau.

und die Ermittlungsbehörden Beinahetreffer nicht nur einmal bis zum BGH-Urteil verwertet haben. Die anhängige Revision hätte zudem im Kieler Fall ein gewisses Problembewusstsein auslösen müssen. Dieses ist im Vorgehen der Ermittlungsbehörden nicht zu erkennen. Stattdessen wurde der Ermittlungserfolg in den Vordergrund gerückt und auf etwaige Rechtsverstöße durch die Verwertung des Beinahetreffers nicht eingegangen.[264] Es mag dem Zufall geschuldet sein, dass nahezu zeitgleich in zwei Fällen in der Bundesrepublik Beinahetreffer den entscheidenden Tatverdächtigen offenbarten. Es zeigt auch, dass die Ermittlungsbehörden nur die Vorteile dieses Handelns sahen und dieses Vorgehen fortgesetzt hätten, wenn der BGH die Verwertung von Beinahetreffern nach der alten Rechtslage nicht für unzulässig erklärt hätte. Beide Fällen haben gemeinsam, dass ohne die Aufmerksamkeit der Sachverständigen die Ermittlungsbeamten nicht auf das Verwandtschaftsverhältnis zwischen Probanden und Spurenverursacher gestoßen wären. Dies verdeutlicht, dass die Sachverständigen, die mit der Auswertung der Reihenuntersuchung beauftragt werden, bei der Sachverhaltsaufklärung eine entscheidende Rolle innehaben und die Ermittlungsbeamten auf den entscheidenden Ermittlungsansatz hinweisen können. Ihre unterstützende Tätigkeit liefert den Ermittlungsbeamten Hinweise, welche diese so nicht erlangt hätten. Ein solches Vorgehen entspricht prinzipiell dem Grundgedanken, wieso Sachverstände hinzugezogen werden. Problematisch ist allerdings, wenn die nützliche Zuarbeit auf Kosten der Rechte der Betroffenen geschieht, was wiederum auf einem fehlenden Problembewusstsein seitens der Sachverständigen beruht.

b) Biostatistische Berechnung

In einem Spurengutachten wird bei der klassischen DNA-Analyse davon ausgegangen, dass eine Spur mit dem DNA-Profil eines Tatverdächtigen übereinstimmt, wenn kein einziger Ausschluss in einem STR-System besteht und die Identitätswahrscheinlichkeit mit 99,9% berechnet werden konnte.[265] Eine andere Herangehensweise bei der Auswer-

---

264 *Ternieden*, Spiegel Online v. 09.03.2012, Verbrechensbekämpfung - Die Spuren der Mörder.

265 *Dettmeyer/Veit/Verhoff*, Rechtsmedizin, S. 272.

tung der Ergebnisse muss gewählt werden, wenn auch geringere Wahrscheinlichkeiten als Ermittlungsansatz verwertet werden dürfen, denn diese müssen von zufälligen Übereinstimmungen unterschieden werden. Da Verwertungen von Verwandtschaftsabgleichen bis zum dritten Verwandtschaftsgrad zulässig sind, müssen Methoden angewandt werden, mit denen Übereinstimmungen höheren Verwandtschaftsgrades von zulässigen Verwandtschaftsabgleichen unterschieden werden können.

Dies wirft auch die Frage auf, ob hierdurch womöglich eine Verschiebung eines nun bekannten Problems stattfindet. Wenn Beinahetreffer in der Vergangenheit nach Auffassung des BGH von den Sachverständigen nicht ignoriert werden konnten, so muss basierend auf der neuen Gesetzeslage sichergestellt werden, dass die angewandten Untersuchungsmethoden Verwandtschaftsverhältnisse bis zum dritten Grad von solchen des vierten Grades differenzieren. Letztere dürfen nach dem neuen und sehr klaren Gesetzeswortlaut nicht verwertet werden. Sollten Sachverständige durch Zufall nun auf ein solches nicht verwertbares Verwandtschaftsverhältnis stoßen, so dürften sie dieses Ergebnis den Ermittlungsbehörden nicht mitteilen. Dies beruht auf der Annahme, dass es biostatistische Verfahren gibt, welche eine solche Differenzierung erlauben und mit an Sicherheit grenzender Wahrscheinlichkeit feststellbar ist, ob ein zulässiger Beinahetreffer vorliegt oder irrtümlicherweise ein entfernter Blutsverwandter identifiziert wurde, dessen DNA nach § 81h Abs. 1 StPO nicht zur Ermittlung des Spurenverursachers verwertet werden darf.

Tatsächlich geht der Gesetzgeber davon aus, dass bei Verwandtschaftsverhältnissen des ersten Grades eine Übereinstimmung von einem Merkmal je Merkmalssystem angenommen werden kann.[266] Bei Großeltern-Enkel oder Geschwisterverwandtschaft (zweiter Verwandtschaftsgrad) geht man im ersten Fall von einem Viertel der Merkmale aus, welche übereinstimmen sollten, während Geschwisterverwandtschaft in der Übereinstimmung der Merkmale variabel ist, durchschnittlich jedoch bei 50% der Merkmalssysteme liegt.[267] Um zu bestimmen, ob eine verwandtschaftliche Beziehung gegeben ist,

266 BT-Drucks. 19/4354, S. 3.
267 BT-Drucks. 19/4354, S. 3.

werden deshalb nicht nur die Teilübereinstimmungen betrachtet, sondern die Wahrscheinlichkeiten für eine Verwandtschaft oder Nichtverwandtschaft gegenübergestellt. Die eingesetzten Untersuchungskits der Sachverständigen sollen diese Verwandtschaftsverhältnisse recht zuverlässig bestimmen können.[268] Anders gestaltet es sich hingegen bei Verwandtschaftsverhältnissen des dritten Grades, zu denen Urgroßeltern, Neffen/Nichten und Onkel/Tanten gehören, die wesentlich schlechter bestimmt werden können und bei denen die Identifizierung eines echten Beinahetreffer nur eingeschränkt möglich ist.[269] Sogar bei verwandtschaftlichen Beziehungen zwischen Großeltern und Enkeln gibt es ernstliche Bedenken, diese von Zufallstreffern bzw. falsch positiven Treffern unterscheiden zu können.[270] Dem Gesetzgeber ist diese Schwierigkeit durchaus bewusst, er geht sogar davon aus, dass bei Konstellationen, welche den dritten Verwandtschaftsgrad betreffen, echte Treffer nur zu einem geringen Prozentsatz von Zufallstreffern zu unterscheiden sind, insbesondere wenn viele Personen an einer solchen Reihenuntersuchung teilnehmen.[271]

Es besteht die Gefahr, dass zufällige Übereinstimmungen in den STR-Systemen auf ein vermeintliches Verwandtschaftsverhältnis hinweisen, obwohl Probengeber und Spurenverursacher unverwandt sind, insbesondere wenn Verwandtschaftsverhältnisse bis zum dritten Grad zulässig sind. Hier ist somit das Verfahren zur Auswertung der Ergebnisse besonders relevant, mit dem solche Beinahetreffer identifiziert werden. Es ist gleichzeitig zu hinterfragen, ob das übliche Verfahren erweitert werden muss, um bei einem Beinahetreffer sicherzugehen, dass tatsächlich ein Verwandtschaftsverhältnis zwischen Probengeber und Spurenverursacher vorliegt, und ob dieses Verwandtschaftsverhältnis innerhalb des rechtlich verwertbaren Rahmens liegt. Eine genaue Handlungsanleitung für Sachverständige ist auf Grund der erst kürzlich entstandenen Relevanz der Beinahetreffer in der bisherigen Fachliteratur noch nicht zu finden. Sie wird allerdings notwendig sein, um die Auswertung der Ergebnisse einer Reihenuntersuchung zuzüglich der Beinahetreffer zu vereinheitlichen und sicherzustellen, dass

268 BT-Drucks. 19/4354, S. 4.
269 BT-Drucks. 19/4354, S. 4.
270 BT-Drucks. 19/4354, S. 4.
271 BT-Drucks. 19/4354, S. 4.

Sachverständige nur verwertbare Informationen an die Ermittlungsbehörden weiterleiten.

Hierbei muss beachtet werden, dass in der DNA-Analyse mehrere Untersuchungsmethoden existieren, welche Verwandtschaftsverhältnisse zwischen zwei Probanden nachweisen sollen. In der Fachliteratur wurde beispielsweise eine Methode diskutiert, mit welcher die Beurteilung von fraglichen Geschwister- bzw. Halbgeschwisterfällen ermöglicht wird.[272] Erste Erfahrungen mit diesem Programm haben gezeigt, dass die Unterscheidung von zufälligen Übereinstimmungen bei zwei unverwandten Personen gegenüber gemeinsam ererbten Merkmalen bei maternalen Halbgeschwistern kompliziert und fehleranfällig ist.[273] Diese Erkenntnis ist auf eine spezielle Software bezogen, welche eigens zur Beurteilung von Geschwisterbeziehungen herangezogen wurde. Das Ergebnis der Untersuchung wirft Fragen auf, wie es den Sachverständigen möglich sein soll, im Rahmen einer DNA-Reihenuntersuchung, Halbgeschwisterfälle von zufälligen Übereinstimmungen zu unterscheiden. Bei der Reihenuntersuchung liegt der Fokus nicht auf gegebenenfalls komplizierten Geschwisterfällen und es kommt keine besondere Software zum Einsatz. Dies könnte dazu führen, dass solche Geschwisterfälle nicht sicher identifiziert werden können. Immerhin sind Geschwisterfälle Beziehungen des zweiten Verwandtschaftsgrades und die Verwertbarkeit wird ebenso wie bei Beziehungen zu den Großeltern und Enkeln vom Gesetzeswortlaut gedeckt. Wenn spezialisierte Untersuchungsmethoden die Sachverständigen herausfordern, solche Verwandtschaftsverhältnisse zu identifizieren, muss man sich damit auseinandersetzen, wie dies erfolgreich bei einer DNA-Reihenuntersuchung gelingen soll, bei der vorrangig nach einem Spurenverursacher und nicht nach seinen Angehörigen gesucht wird. Der Gesetzgeber geht währenddessen davon aus, dass Geschwisterfälle im Rahmen einer Reihenuntersuchung unter Standardbedingungen mit einer statistischen Fehlerquote von ca. 1% identifiziert werden können.[274] In anderen Konstellationen des zweiten und dritten Verwandtschaftsgrades werden zwar keine bezifferten Angaben gemacht,

---

272 *Hering/Schönefeldt/Edelmann/Augustin*, Rechtsmedizin 2016, 273.

273 *Hering/Schönefeldt/Edelmann/Augustin*, Rechtsmedizin 2016, 273 (275).

274 BT-Drucks. 19/4354, S. 4.

die Fehlerquote wird jedoch wesentlich höher eingeschätzt.[275] Ob diese Fehlerquote auch das geschilderte Problem der Halbgeschwister berücksichtigt, ist nicht bekannt.

Auch Paternitätsuntersuchungen werden bereits seit mehreren Jahren durchgeführt und basieren wie die spurenkundlichen DNA-Analysen auf der Untersuchung von STR-Systemen, die mittels der PCR vervielfältigt werden.[276] Das Verfahren wurde in der Vergangenheit differenzierter und ermöglicht mittels unterschiedlicher Methoden eine durchaus verlässliche Aussage, um eine Vaterschaft auszuschließen oder zu bestätigen. Bemerkenswert ist, dass bei der Untersuchung zur Klärung der Abstammung mindestens 15 STR-Systeme analysiert werden,[277] darunter auch jene Allele, welche als unerlässliche väterliche Erbmerkmale bezeichnet werden, da ihr Fehlen als Ausschlusskonstellation zu werten ist.[278] Bereits auf Grund der unterschiedlichen Anzahl an untersuchten STR-Systemen kann die DNA-Analyse bei einer Reihenuntersuchung andere Ergebnisse herbeiführen als eine Paternitätsbegutachtung. Zudem ist fraglich, ob jeweils identische STR-Systeme untersucht werden. Es bestehen somit grundsätzlich Parallelen zwischen der DNA-Analyse, wie sie bei der Reihenuntersuchung vorgenommen wird, und der Abstammungsuntersuchung im Rahmen einer Paternitätsbegutachtung. Gleichzeitig sind beide Verfahren auf ihre jeweilige Art und Weise derart spezialisiert und verfeinert worden, dass sie sich in den ausschlaggebenden Details unterscheiden. Die DNA-Reihenuntersuchung hat somit nicht ohne weiteres dieselbe Aussagekraft für eine Verwandtschaft zwischen Spurenverursacher und Probengeber wie eine klassische Paternitätsbegutachtung. Dieser Umstand muss bei der Auswertung der Ergebnisse einer Reihenuntersuchung berücksichtigt werden, insbesondere von den Ermittlungsbeamten, die sich nicht täglich mit den unterschiedlichen DNA-Analysemethoden auseinandersetzen.

Insgesamt bedarf die Umsetzung des neugefassten § 81h StPO klarer Richtlinien, welche Übereinstimmungen von den Sachverständigen an

275 BT-Drucks. 19/4354, S. 4.

276 *Schneider*, in: Madea (Hrsg.) Rechtsmedizin, S. 826 f.

277 *Schneider*, in: Madea (Hrsg.) Rechtsmedizin, S. 827.

278 *Schneider*, in: Madea (Hrsg.) Rechtsmedizin, S. 823.

die Ermittlungsbeamten weitergeleitet werden dürfen, um sicherzustellen, dass bei der Verwertung der Untersuchungsergebnisse ausschließlich innerhalb des gesetzlichen Rahmens agiert wird. Insbesondere muss sichergestellt werden, dass die DNA-Analyse belastbare Ergebnisse hinsichtlich des angenommenen Verwandtschaftsgrades ermöglicht. Die Abstammungsuntersuchung muss bei Beinahetreffern eventuelle Zufallstreffer ausschließen. Da Beinahetreffer in der Vergangenheit als selten auftretendes Phänomen eingestuft wurden, wäre es ein vertretbarer zusätzlicher Aufwand, wenn Sachverständige durch konkrete Analysen der Beinahetreffer im Rahmen des derzeit Möglichen sichergingen, dass es sich tatsächlich um einen Angehörigen des Spurenverursachers handelt. Beinahetreffer gehören generell zu den Ausnahmeerscheinungen bei einer Reihenuntersuchung. Der entstehende Zusatzaufwand wäre, verglichen mit dem Gesamtaufwand, kaum signifikant. Angesichts der Konsequenzen, mit denen der den Beinahetreffer hervorrufende Proband und seine Angehörigen konfrontiert wären, ist dieser zusätzliche Aufwand sinnvoll und angemessen. Wo dies nicht möglich ist und die Gefahr eines Zufallstreffers als sehr hoch eingeschätzt wird, werden die Sachverständigen mit einer erheblichen Verantwortung konfrontiert, welche Informationen in welcher Form an die Ermittlungsbeamten weitergeleitet werden.

c) Ethnische Gruppen

Einen Sonderfall stellen verschiedene ethnische Hintergründe dar. Dies ist nicht zwangsläufig ein DNA-spezifisches Problem. Der Umgang mit täterbezogenen Informationen im Ermittlungsverfahren muss grundsätzlich mit dem Bewusstsein erfolgen, dass die Veröffentlichung diskriminierende Wirkung haben kann.[279] Diese Gefahr spitzt sich bei der neugefassten DNA-Reihenuntersuchung allerdings zu. Denn Beinahetreffer müssen nicht immer auf Verwandtschaftsverhältnissen beruhen. Sie können auch auf einen gemeinsamen ethnischen Hintergrund verweisen.[280]

279 *Becker*, in: FS Graf-Schlicker, 429 (434).
280 *Swoboda*, StV 2013, 461 (463).

Um die Individualität eines DNA-Identifizierungsmusters zu bestimmen, werden die Allelfrequenzen unterschiedlicher Populationen untersucht. Die Unterschiede in den Häufigkeitsverteilungen seien zwar innerhalb der europäischen Bevölkerung klein und bei biostatistischen Berechnungen nahezu zu vernachlässigen.[281] Anders gestaltet es sich hingegen, wenn man klar abgrenzbare kontinentale Hauptgruppen vergleicht, welche zum Teil deutlich messbare Unterschiede in den Häufigkeitsverteilungen aufweisen, die in den Berechnungen entsprechend zu berücksichtigen sind.[282] Wenn Probengeber und Spurenverursacher denselben ethnischen Hintergrund teilen, kann eine Übereinstimmung in der Allelfrequenz daher kommen, dass diese Frequenz in der konkreten ethnischen Gruppe häufiger vorzufinden ist als in anderen. Wenn die Vergleichspopulation für die Häufigkeitsberechnung dies nicht berücksichtigt, da sie auf der Häufigkeitsverteilung einer anderen ethnischen Gruppe basiert, könnte ein Beinahetreffer mit einer zufälligen Übereinstimmung auf Grund desselben ethnischen Hintergrunds verwechselt werden.

Das bestehende Diskriminierungsrisiko, sofern der Angeklagte einer fremden Ethnie angehört und die Überzeugung über seine Täterschaft durch einer im Zusammenhang mit der Übereinstimmung von DNA-Identifizierungsmustern vorgenommenen Wahrscheinlichkeitsberechnung begründet wird, gleicht der BGH in seiner ständigen Rechtsprechung dadurch aus, dass der Tatrichter darzulegen hat, inwieweit dieser Umstand bei der Auswahl der Vergleichspopulation von Bedeutung war.[283] Gleichzeitig geht der BGH davon aus, dass bei der Untersuchung von bis zu zwölf STR-Systemen eine Unterscheidung auf Grund der ethnischen Herkunft nicht mehr von Bedeutung sei.[284]

In diesen unterschiedlichen Wertungen desselben Sachverhalts besteht ein Widerspruch, der unerklärt bleibt.[285] Dieser widersprüchlichen Auffassung des BGH wird auch mit Kritik begegnet, unter anderem

---

281 *Schneider et al.*, NStZ 2013, 693 (696).

282 *Schneider et al.*, NStZ 2013, 693 (696).

283 BGH, NStZ 2016, 490 (491).

284 BGH, NStZ 2016, 490 (491); Es ist davon auszugehen, dass dies erst recht gilt, wenn mehr als 12 Systeme untersucht werden. Dies entspricht auch der heutigen Praxis.

285 *Artkämper*, StV 2017, 553 (555).

da die Referenzdatenbank, welche die Gesamtbevölkerung Mitteleuropas repräsentieren soll, nur wenige hundert Datensätze für jeden der 19 enthaltenen europäischen Staaten enthält. Sie ist damit gar nicht in der Lage, das Vorhandensein von Subpopulationen abzubilden.[286] Auch den zu vernachlässigenden Unterschieden der Allelfrequenzen zwischen verschiedenen Ethnien kann nur eingeschränkt zugestimmt werden, insbesondere da bei dieser Annahme der Rechtsprechung nicht deutlich wird, ob dies für alle Ethnien zutrifft oder nur jene innerhalb Europas. Wobei wiederum nicht zu erkennen ist, ob dies auch Subpopulationen innerhalb Europas einschließt.[287] Zudem ist auch nichtzutreffend, dass die Vergleichspopulation nur auf Angehörigen der Mehrheitsbevölkerung basiert, wobei bei letzterer außerdem unklar ist, wie diese zu definieren sei.[288]

Der Umgang der Rechtsprechung mit fremden Ethnien im Zusammenhang mit DNA-Analysen ist somit teilweise von Widersprüchen und unzutreffenden Annahmen geprägt, die vor der Erweiterung des § 81h StPO nicht beseitigt wurden. Dies ist in Bezug auf Beinahetreffer besonders kritisch zu betrachten. Während bei dem Abgleich von zwei DNA-Identifizierungsmustern die Rechtsprechung davon ausgeht, dass bei einer ausreichenden Anzahl an STR-Mustern eine ausreichend hohe Identitätswahrscheinlichkeit ungeachtet einer möglichen fremden Ethnie angenommen werden dürfe, besteht bei einem Beinahetreffer gerade keine Übereinstimmung in allen zu untersuchenden STR-Systemen. Hinweise auf den ethnischen Hintergrund des Spurenverursachers liegen nur in seltenen Fällen vor. Doch nur mit Hilfe solcher Hinweise kann eine entsprechende Vergleichspopulation für die DNA-Analyse gewählt werden. Die Gefahr, dass ein Zufallstreffer auf Grund eines gemeinsamen ethnischen Hintergrunds mit einem Beinahetreffer verwechselt wird, kann somit trotz verschiedener Vergleichspopulationen, die gewählt werden könnten, nicht ausgeräumt werden. Im Gegenteil, die Gefahr von falsch positiven Ergebnissen bzw. Zufallstreffern wächst nicht unerheblich, wenn die Einzelwahrscheinlichkeiten für die Allelfrequenzen, die den Berechnungen zu Grunde liegen, einer Ver-

286 *Eisenberg/Müller*, NStZ 2016, 490 (495).
287 *Eisenberg/Müller*, NStZ 2016, 490 (495).
288 *Eisenberg/Müller*, NStZ 2016, 490 (495).

gleichspopulation zuzuschreiben sind, welcher der Spurenverursacher nicht angehört.[289]

Vor diesem Hintergrund ist es wichtig sich vor Augen zu führen, dass Beinahetreffer immer eine Spur begründen, welche weiterverfolgt werden kann, sodass hier ein hohes Diskriminierungsrisiko besteht.[290] Erkennen die Ermittlungsbehörden nicht, dass es sich um einen Zufallstreffer handelt und halten an der zwangsläufig fruchtlosen Suche nach dem Angehörigen fest, kann dies zu erheblichen Eingriffen in das Familiengefüge des Probanden führen.[291] Es ist zu hinterfragen, wie verlässlich sich die genetische Übereinstimmung auf Grund derselben ethnischen Zugehörigkeit von der Ähnlichkeit der genetischen Fingerabdrücke von zwei verwandten Menschen unterscheiden lässt. Entscheidend ist, inwiefern die Expertise der Sachverständigen ausreicht, um solche Zufallstreffer zuverlässig von echten Beinahetreffern zu differenzieren. Bereits 2013 wurde diese Frage damit beantwortet, dass bestimmte ethnische Gruppen bei der DNA-Analyse von Zufallstreffern eher betroffen seien als andere und so ein erhebliches Diskriminierungsrisiko bestehe.[292] Die Verwertung von Beinahetreffern wurde von Kritikern als eine Rasterfahndung bezeichnet, welche biologisch motiviert sei und die Teilübereinstimmungen würden mit einer nicht unerheblichen statistischen Wahrscheinlichkeit ein unzutreffendes Bild vermitteln, wer als Spurenverursacher in Frage käme.[293] Abgeordnete des Bundestages zweifelten deshalb die Verhältnismäßigkeit der Reihenuntersuchung angesichts der Unschuldigen, welche fälschlicherweise in den Fokus der Ermittler geraten könnten, an.[294]

Inwiefern sich in der Zwischenzeit die Methoden verbessert haben, um Zufallstreffer und Beinahetreffer zu differenzieren, ist angesichts der noch kurzen Anwendungsdauer des neugefassten § 81h StPO ungeklärt. Mangels einer Dokumentation der durchgeführten Reihenuntersuchungen in der Bundesrepublik lässt sich zudem nicht nachverfolgen,

289 *Fortier/Kim/Rosenberg*, G3 2020, 2893.

290 *Swoboda*, StV 2013, 461 (463); *Mansdörfer*, GSZ 2018, 45 (49).

291 *Rohlfs/Murphy/Song/Slatkin*, PloS ONE 8 (8), S. 9.

292 BT-Drucks. 19/4087, S. 1.

293 BT-Drucks. 19/4087, S. 1.

294 BT-Drucks. 19/4087, S. 1.

ob Zufallstreffer zu unzutreffenden Verdächtigungen geführt haben.[295] Der Gesetzgeber hat bereits eingeräumt, dass insbesondere Beinahetreffer des dritten Verwandtschaftsgrads nur unzureichend von Zufallstreffern unterschieden werden können, ebenso wie die Verwandtschaft von Großeltern und Enkeln.[296] Eine sichere Differenzierung ist jedoch unabdingbar, um den neugefassten § 81h StPO gesetzesgemäß anzuwenden.

Wie groß die statistische Größe ist, mit der davon ausgegangen werden muss, dass Mitglieder derselben ethnischen Gruppe fälschlicherweise im Rahmen einer DNA-Reihenuntersuchung für Verwandte gehalten werden, kann nicht allgemeingültig beantwortet werden. Diese Frage wird nur mittels empirischer Studien zu beantworten sein, welche in konkreten Bezug zu dem neugefassten § 81h StPO gesetzt werden müssen.

In den Vereinigten Staaten, die eine Verwertung von Beinahetreffern zulassen, wurden solche Studien bereits durchgeführt. Dort zeigen die empirisch gestützten Ergebnisse, dass bei verschiedenen Populationsgruppen das *familial searching* zu Ergebnissen führt, welche fälschlicherweise für Beinahetreffer gehalten werden, wenn die Vergleichspopulationen unzutreffend gewählt werden.[297] Die Rate an Zufallstreffern, die für Beinahetreffer gehalten werden können, ist dabei insgesamt signifikant höher, wenn die Vergleichspopulation nicht dem Hintergrund des Spurenverursachers entspricht und steht außer Verhältnis zu der sonst üblichen Rate an Zufallstreffern bzw. falsch positiven Beinahetreffern.[298] Diese empirischen Studien basieren auf dem *familial searching* wie es in den Vereinigten Staaten durchgeführt wird. Bei den Untersuchungen wurden die gesammelten DNA-Profile eines repräsentativen Bundesstaates zugrunde gelegt und das Verfahren des *familial searchings* auf Schwachstellen und falsch positive Treffer untersucht.[299] Eine dieser Schwächen ist, dass in den Datenbanken der Vereinigten Staaten einzelne ethnische Minderheiten überrepräsenta-

295 BT-Drucks. 19/4354, S. 4.
296 BT-Drucks. 19/4354, S. 4.
297 *Rohlfs/Fullerton/Weir*, PLoS Genetics 8 (2), S. 9.
298 *Fortier/Kim/Rosenberg*, G3 2020, 2893.
299 *Rohlfs/Murphy/Song/Slatkin*, PloS ONE 8 (8), S. 2.

tiv vertreten sind, was zu einer deutlichen Diskrepanz zwischen der Vergleichspopulation und den damit berechneten Einzelwahrscheinlichkeiten und den zum Abgleich verwendeten DNA-Profilen führt.[300] Die daraus resultierenden Gefahren der Diskriminierung sind vielseitig und führen zu erheblichen Eingriffen in die familiären Strukturen der Betroffenen, die fälschlicherweise für Angehörige des Spurenverursachers gehalten werden.[301] Es stimmt deshalb nicht, dass die Auswertung der Spur an und für sich neutral ist.[302] Bereits die einfache DNA-Analyse kann diskriminierende Faktoren beinhalten.

Die Einzelhäufigkeiten der Allelfrequenzen und die Subpopulationen, die diskriminierungsgefährdet sind, sind nicht mit der deutschen Vergleichspopulation und den hier vertretenen ethnischen Minderheiten identisch. Der DNA-Reihenuntersuchung liegt zudem bei jedem Verfahren eine neue und wesentlich kleinere Anzahl an DNA-Profilen zum Abgleich vor. Anders als in den Vereinigten Staaten wird die Tatortspur bei jeder DNA-Reihenuntersuchung mit einem neuen und zufällig gewählten Satz an DNA-Spuren abgeglichen. Die Wahrscheinlichkeiten zu falsch positiven Treffern und das erhöhte Diskriminierungsrisiko müssten deshalb bei jeder DNA-Reihenuntersuchung variieren. Es darf jedoch nicht kategorisch ausgeschlossen werden, dass die identifizierten Probleme des *familial searching* in abgewandelter Form bei der Verwertung von Beinahetreffern in Deutschland auftreten können. Es bedarf zur Vorbeugung diskriminierender Ermittlungsmaßnahmen ähnlicher Studien, wie sie in den Vereinigten Staaten durchgeführt wurden, um das Diskriminierungspotenzial der erweiterten DNA-Reihenuntersuchung offenzulegen.

Dass die Arbeit von Ermittlungsbeamten dokumentiert und auf rassistische Diskriminierung untersucht werden sollte, wurde der Bundesregierung in der Vergangenheit bereits durch den UN-Antirassismus-Ausschuss nahegelegt.[303] Dieser Aufforderung wurde noch nicht nachgegangen, obwohl es die menschenrechtlichen Standards verbes-

300 *Gershaw et al*, FSI: Genetics 2011, 16 (19).

301 *Rohlfs/Murphy/Song/Slatkin*, PloS ONE 8 (8), S. 9; *Rohlfs/Fullerton/Weir*, PLoS Genetics 8 (2), S. 9.

302 So vertreten von *Claus*, NStZ 2020, 57 (62).

303 CERD/C/DEU/CO/19–22, S. 5 ff.

sern würde.[304] Dass eine solche Studie zum *racial profiling* noch nicht erstellt wurde, liegt auch daran, dass ein solches Vorgehen nach der in Deutschland entwickelten Rechtsprechung nicht zulässig ist. Die in Art. 3 Abs. 3 GG verbotene Differenzierung soll verhindern, dass eine Maßnahme an eines der darin aufgeführten Diskriminierungsmerkmale geknüpft wird.[305] Dieses Verbot gilt auch dann, wenn die Maßnahme neben dem Diskriminierungsmerkmal auch an andere Gründe in einem Motivbündel anknüpft.[306] In Ausnahmefällen kann eine an sich verbotene Anknüpfung einer staatlichen Maßnahme an eines der in Art. 3 Abs. 3 GG genannten Merkmale nach Maßgabe verfassungsimmanenter Grenzen im Rahmen einer strengen Verhältnismäßigkeitsprüfung gerechtfertigt sein.[307] Dieses Verbot des *racial profilings* wird in der besonderen Konstellation des § 81h StPO die geschilderte Diskriminierungsgefahr nicht verhindern können. Hier liegt das Risiko darin, dass fälschlicherweise von verwandtschaftlichen Verhältnissen zwischen Täter und Proband ausgegangen wird, obwohl es sich um Angehörige derselben ethnischen Gruppe handelt. Die Diskriminierung basiert dann auf der fehlenden Trennschärfe in der Auswertung von Beinahetreffern und dem Heranziehen einer nicht repräsentativen Vergleichspopulation. Im Ergebnis wird eine Maßnahme an die Herkunft einer Person geknüpft. Dieses verbotene Anknüpfen an ein Differenzierungsmerkmal geschieht ohne Vorsatz seitens der Ermittlungsbeamten. Es sollte dennoch im Interesse eines Rechtsstaates sein, sicherzustellen, dass ausgeübte Maßnahmen keine versteckte Diskriminierung beinhalten.

Dass die Frage hinsichtlich des Diskriminierungspotenzials beantwortet wird, ist aus mehreren Gründen notwendig. Zunächst ist dies relevant für die Bestimmung der Verhältnismäßigkeit der Maßnahme, wofür auch bekannt sein muss, wie viele Unschuldige basierend auf Zufallstreffern theoretisch Gegenstand von Ermittlungsverfahren werden können. Zudem können nur bei Kenntnis über die Diskriminierungsgefahr effiziente Gegenmaßnahmen entwickelt werden. Diese würden wiederum Sachverständigen ermöglichen, echte Beinahetref-

304 *Liebscher*, NJW 2016, 2779 (2781).
305 OVG Münster, NVwZ 2018, 1497 (1499).
306 OVG Münster, NVwZ 2018, 1497 (1499); BVerfG, NZA 2011, 857 (858).
307 *Langenfeld*, in: Maunz/Dürig (Hrsg.), Art. 3 GG, Rn. 73.

fer zu identifizieren und Menschen diverser ethnischer Hintergründe nicht auf Basis unzutreffender Befunde zu diskriminieren.

4. Objektivität der Ergebnisse

Ein weiterer, nicht zu vernachlässigender, Punkt, der bei der Betrachtung der Ergebnisse einer DNA-Analyse zum Tragen kommt, ist die Frage nach der Objektivität der Ergebnisse. Diese muss nach dem aktuellen Erkenntnisstand auf mehreren Ebenen in Frage gestellt werden.

a) Sachverständigenauswahl und Kontaminierungsrisiken

Nur öffentlich bestellte oder als Amtsträger bzw. nach dem Verpflichtungsgesetz besonders verpflichtete Sachverständige sind gem. § 81f Abs. 2 StPO mit einer DNA-Analyse zu betrauen, wodurch Missbrauch der DNA-Analyse vermieden werden soll.[308] Die Amtsträger dürfen nicht der Dienststelle angehören, welche die Ermittlungen führt, und haben Sorge zu tragen, dass keine unzulässigen und über den Identifizierungszweck hinausgehenden Untersuchungen vorgenommen werden.[309] Gemäß der sonstigen Zuständigkeit im Ermittlungsverfahren steht bei einer rechtswirksamen Einwilligung in die Untersuchung die Wahl des Sachverständigen der Staatsanwaltschaft oder ihren Ermittlungsbehörden zu.[310] Die Staatsanwaltschaft ist zudem beschwerdeberechtigt, wenn der Ermittlungsrichter einen anderen als den von der Staatsanwaltschaft benannten Sachverständigen beauftragt, da sie die Rolle als „die Herrin des Ermittlungsverfahrens" einnimmt.[311] Indem die Staatsanwaltschaft den Sachverständigen für das Verfahren nach § 81h StPO bestimmt, stellt sie zum Teil auch die Weichen für das spätere Hauptverfahren.[312] Denn wie im Folgenden dargelegt wird, kann

308 *Frister*, in: Lisken/Denninger, HdB des PolR, F. Rn. 306.
309 *Frister*, in: Lisken/Denninger, HdB des PolR, F. Rn. 306.
310 *Lee*, Gesetzliche Vorschriften zur Gewinnung und Verwendung von DNA-Informationen, S. 91.
311 *Lee*, Gesetzliche Vorschriften zur Gewinnung und Verwendung von DNA-Informationen, S. 91.
312 *Hund*, Die Auswahl des Sachverständigen durch den Richter im Strafverfahren, S. 99.

die Wahl des Sachverständigen folgenreich für den weiteren Verlauf des Ermittlungsverfahrens sein.

Ungeachtet des naturwissenschaftlichen und empirischen Hintergrundes von DNA-Analysen, bleibt bereits die Auswahl der Sachverständigen, welche zu Rate gezogen werden, nicht ohne Auswirkungen auf Beurteilung und Gewichtung des Erkenntnisstandes.[313] Abseits der Frage, wer die Untersuchung durchführt, muss insbesondere die Analyse hohen Standards genügen, denn minimale Qualitätseinbußen können erhebliche Folgen haben. Doch trotz einer stetigen Verbesserung der Untersuchungsmethoden und der Pflicht Kontaminierungen zu vermeiden, kommt es regelmäßig zu Ergebnissen, die in ihrer Eindeutigkeit eigentlich nicht fehlinterpretiert werden können, doch letztlich auf einer Kontaminierung oder einem Zufall beruhen. Das Phantom von Heilbronn mag einer der bekanntesten Fälle dieser Art sein,[314] es ist jedoch bei weitem nicht der einzige.[315] Eine ausführliche Analyse der Kontaminationsrisiken hat gezeigt, dass mit Beginn des Vorgangs, das heißt bereits zum Zeitpunkt der Spurenlegung und bis zum Abschluss der Analyse, in jeder Phase des Gesamtprozesses, bestehend aus Tatortbearbeitung und Spurenanalyse, eine Kontaminationsgefahr besteht.[316] Jeder einzelne Schritt ist fehleranfällig und wird von Menschen ausgeführt, was wiederum dazu führt, dass es im Grunde genommen keine objektive Spur gibt, solange diese Fehlerquellen nicht gänzlich umgangen werden können.[317]

Absolute Sicherheiten werden in diesem Zusammenhang kaum zu garantieren sein. Es gilt, die Vermeidung von Kontaminationen zu der obersten Priorität im Rahmen der Analyse zu erklären.[318] Allgemeingültige Maßnahmen und eine Sensibilisierung der Kriminaltechniker für die potentiellen Fehlerquellen sind unerlässlich, um den Beweis-

---

313 *Eisenberg/Müller*, NStZ 2016, 490 (494).

314 *Kremer/Fritzsch/Stahl*, Chem. Unserer Zeit 2017, 384.

315 Ein medial mit viel Aufmerksamkeit verfolgter Fall betraf den NSU und die Kontaminierung eines Leichenfundorts mit der DNA eines Mitglieds dieser Terrorzelle. Es sollte sich herausstellen, dass Ermittlungsbeamte, die mit beiden Fällen befasst waren, die DNA versehentlich an dem Fundort hinterlassen hatten (vgl.: Artkämper, StV 2017, 553 (555)).

316 *Bastisch et al.*, Kriminalistik 2015, 112 (113).

317 *Artkämper*, StV 2017, 553 (555 f.).

318 *Bastisch et al.*, Kriminalistik 2015, 112 (113).

wert von DNA-Analysen zu stärken, damit es den Sachverständigen möglich ist, durch die Auswertung von Spuren Zeugenaussagen zu bestätigen und systematische Fehler zu vermeiden.[319] Die Anwendung kriminaltechnischer Richtlinien bei der DNA-Analyse soll zwar von dem überwiegenden Teil der nach § 81f Abs. 2 StPO zugelassenen Institute mittels der Teilnahme an Ringversuchen zur Qualitätssicherung sichergestellt werden.[320] Diese Verfahren werden auch kritisiert, da durch sie eine trügerische Sicherheit geschaffen werde, dass die Zertifizierung eine hohe Qualität der Untersuchung in den zertifizierten Laboren sicherstelle, was nicht der Fall sei.[321] Einzelne Qualitätskontrollen würden auch in deutschen Laboren auf erhebliche Defizite hinweisen und durch eine nur unvollständige Veröffentlichung der Ergebnisse der Kontrollen könne eine echte Transparenz nicht sichergestellt werden.[322] Solange es dem Sachverständigen überlassen bleibt zu entscheiden, ob und wie eine Spur ausgewertet wird, bleibt es denkbar, dass der Einsatz unterschiedlicher Sachverständiger zu unterschiedlichen Ergebnissen für die gleiche Entscheidung führen kann.[323] Dass Sachverständige zu miteinander unvereinbaren Ergebnissen kommen, wurde bereits festgestellt, dennoch finden das Fehlerpotenzial in den biostatistischen Berechnungsmethoden keine Berücksichtigung.[324]

Hier besteht somit Nachbesserungsbedarf, damit tatsächlich davon ausgegangen werden kann, dass die durchgeführten Analysen allgemeinen und dennoch hohen Standards genügen. Staatsanwaltschaften und Richter tendieren zudem dazu, jene Sachverständige zu beauftragen, mit denen sie positive Erfahrungen gesammelt haben.[325] Dass es zu unterschiedlichen Ergebnissen bei derselben Sachlage durch unterschiedliche Sachverständige kommen kann, droht durch die wiederholte Wahl derselben Sachverständigen unentdeckt zu bleiben. Diese Gefahr wird wiederum dadurch verstärkt, dass Richter aus Zeit- und

319 *Artkämper*, StV 2017, 553 (556).
320 *Mysegades*, CR 2019, 225 (226).
321 *Neuhaus*, in: MAH Strafverteidigung, § 62 Rn. 28.
322 *Mysegades*, CR 2019, 225 (226); *Neuhaus*, in: MAH Strafverteidigung, § 62 Rn. 28.
323 *Mysegades*, CR 2019, 225 (226).
324 *Kotsoglou/Biedermann/Vuille*, ZStW 2020, 891 (903, 919).
325 *Hund*, Die Auswahl des Sachverständigen durch den Richter im Strafverfahren, S. 93, 99.

Kostengründen oftmals jene Sachverständige für das Hauptverfahren übernehmen, die bereits durch die Staatsanwaltschaft im Ermittlungsverfahren gewählt wurden.[326]

b) Wertung durch die Justiz

Die entscheidende Wertung wird nicht durch Sachverständige vollzogen, sondern obliegt dem Richter, der die rechtsprechende Gewalt ausübt.[327] Sachverständige können nur ein Stück weit zur Entscheidungsfindung beitragen und haben sich hierbei neutral und verständlich zu den schwierigen streitgegenständlichen Fragen zu äußern.[328] Der Richter hat sich eine selbstständige Meinung über die Beantwortung der Beweisfrage zu bilden und hat die einzelnen Ausführungen des Gutachtens kritisch zu untersuchen.[329] Es ist in diesem Zusammenhang nach der Rechtsprechung des BGH dem Tatgericht überlassen, zu entscheiden, ob es sich auf Grund einer entsprechenden Wahrscheinlichkeit bei der DNA-Analyse von der Täterschaft überzeugt zeigt oder eine Sekundärübertragung durch eine andere Person als den Tatverdächtigen annimmt.[330] Ob das Tatgericht diese Möglichkeit wahrnimmt, ist einzelfallabhängig. Dass es sich bei der Identitätswahrscheinlichkeit lediglich um einen statistischen Wert handelt und die Spurenverursachung durch einen anderen Menschen niemals völlig auszuschließen ist, ist für das Tatgericht kein Ausschlussgrund, um seine Überzeugungsbildung gegebenenfalls ausschließlich auf die Übereinstimmung der DNA-Profile zu stützen.[331] Zur Überzeugungsbildung ist das Gericht generell befugt, ein einziges Beweisanzeichen wie einen Fingerabdruck oder eine DNA-Spur heranziehen und darauf die Überzeugung von der Täterschaft des Angeklagten zu stützen.[332]

Es sind damit verschiedene Gefahrenquellen zu unterscheiden. Zum einen kann trotz einer sehr hohen Wahrscheinlichkeit, dass ein DNA-

326 *Hund*, Die Auswahl des Sachverständigen durch den Richter im Strafverfahren, S. 99.

327 *Dettmeyer*, Rechtsmedizin 2016, 316 (317).

328 *Dettmeyer*, Rechtsmedizin 2016, 316 (317 f.).

329 *Dippel*, Die Stellung des Sachverständigen im Strafprozess, S. 30 f.

330 BGH, StraFo 2017, 457 (458).

331 BGH, StraFo 2017, 457 (458).

332 *Miebach*, NStZ 2020, 72; BGH, NStZ-RR 2018, 320 (321).

Profil einzigartig ist, nicht ausgeschlossen werden, dass die DNA-Spur nicht von dem Tatverdächtigen stammt. Gleichzeitig besteht die Option, dass molekulargenetisches Material des Spurenverursachers zwar von dem ermittelten Tatverdächtigen stammt, sein molekulargenetisches Material jedoch durch einen bloßen Zufall beispielsweise in Form einer Sekundär- oder Tertiärübertragung an den Tatort gelangt ist. Es kann als Fremd-DNA von Dritten am Tatort wissentlich oder nicht wissentlich hinterlassen worden sein, oder das untersuchte Material wurde durch Kontamination verfälscht. Ebenso denkbar ist, dass es sich bei dem am Tatort aufgefundenen Material um Hintergrund-DNA handelt, welche bereits vor dem Tatgeschehen vorhanden war und bei der Asservierung mitentnommen wurde.[333]

Zudem wurden die Folgen von Sekundär- und Tertiärübertragungen in der Vergangenheit noch als weitgehend unbedeutend eingestuft, sodass die Relevanz erst seit kurzer Zeit in das Bewusstsein der Untersucher vorgedrungen ist.[334] Transferszenarien sind vielseitig und hängen von verschiedenen Faktoren ab. Sachverständige können die Möglichkeit eines Sekundärtransferszenarios berechnen.[335] Bei Hautkontaktspuren sind die Einflussfaktoren beispielsweise die Frische der Antragung, beteiligte Oberflächen und die Transfermodalität.[336] Vor Gericht muss deshalb nicht nur die Frage der Identität des Spurenverursachers geklärt werden, sondern auch darauf eingegangen werden, wie die DNA an den Spurenträger gekommen ist, bzw. wie wahrscheinlich unterschiedliche Transferszenarien, Fehler, Kontaminationen und alternative Hypothesen (Aktivitätsebene) in dem konkreten Fall sein könnten.[337] Sachverständige tragen in solchen Fragen ohnehin eine besonders hohe Verantwortung, ihre fachliche Einschätzung mit der juristischen Seite zu teilen, da sie allein die notwendige Expertise besitzen, die Vereinbarkeit von Spurenart und bestimmten Szenarien zu bewerten.[338]

333 *Pfeifer/Miltner/Wiegand*, Rechtsmedizin 2016, 537 (538).
334 *Pfeifer/Miltner/Wiegand*, Rechtsmedizin 2016, 537 (542).
335 *Pfeifer/Miltner/Wiegand*, Rechtsmedizin 2016, 537 (544).
336 *Pfeifer/Miltner/Wiegand*, Rechtsmedizin 2016, 537 (544).
337 *Pfeifer/Miltner/Wiegand*, Rechtsmedizin 2016, 537 (548).
338 *Pfeifer/Miltner/Wiegand*, Rechtsmedizin 2016, 537 (548).

Es wird somit deutlich, dass das erkennende Gericht sehr von der Expertise und der vollständigen Darstellung aller relevanten Umstände des Sachverständigen abhängig ist. Es ist auf dessen Fachwissen und Interpretation der Ergebnisse angewiesen. Dies stützt die These, dass dieses eigentlich objektive Beweismittel erheblich davon abhängt, welcher Sachverständige für die Durchführung und Interpretation der Untersuchung verantwortlich ist. In diesem Abhängigkeitsverhältnis kommt ein weiterer Faktor zum Tragen, der vor Gericht erhebliche Konsequenzen haben kann. Durch die Produktregel entstehen bei der Errechnung der Merkmalswahrscheinlichkeit Zahlenwerte, welche sich jeder empirischen Kontrolle und Begründung entziehen.[339] Sie beruhen zwar in ihrer Berechnung auf empirischen Methoden, lassen sich jedoch nicht mit tatsächlichen Testreihen überprüfen. Es ist nicht möglich, herauszufinden, ob die Identitätswahrscheinlichkeit 1:300 Trilliarden[340] zutrifft, da es nicht möglich ist, 300 Trilliarden DNA-Profile zu überprüfen.[341] Gleichzeitig beeindrucken die berechneten Werte durch ihre Größe und erschlagen förmlich alle aufkeimenden Zweifel an einem möglichen falschen positiven Ansatz.[342] Die extrem hohen Werte des (wie man meinen sollte) objektiven Beweises münden in einer Wirkung, die sich als Zahlenhörigkeit bezeichnen lässt.[343]

An dieser Stelle ist es wichtig zu betonen, dass Merkmalswahrscheinlichkeit und Belastungswahrscheinlichkeit nicht identisch sind.[344] Letztere ist unter Einbeziehung der Anfangswahrscheinlichkeit zu berechnen und hängt erheblich von der Anzahl möglicher Tatverdächtiger ab.[345]Für Juristen ist die Handhabe der häufig exorbitant hohen Zahlen, die bei der Merkmalswahrscheinlichkeit ermittelt werden, herausfordernd, da die Wahrscheinlichkeitsberechnungen ein Ergebnis

339 *Artkämper*, StV 2017, 553 (555).

340 Die Identitätswahrscheinlichkeit beschreibt eine zufällige Übereinstimmung einer beliebigen Person mit einer Spur und ist nicht identisch mit der umgekehrten Wahrscheinlichkeit, dass eine Spur vom Angeklagten stammt.

341 *Kotsoglou/Biedermann/Vuille*, ZStW 2020, 891 (917).

342 *Artkämper*, StV 2017, 553 (555).

343 *Artkämper*, StV 2017, 553 (555).

344 *Artkämper*, StV 2017, 553 (557); ein Beispiel zum Unterschied zwischen diesen Wahrscheinlichkeiten findet sich bei *Neuhaus*, in: MAH Strafverteidigung, § 62 Rn. 44.

345 *Artkämper*, StV 2017, 553 (557).

suggerieren, von dem sich der Betroffene nur noch schwer entlasten kann. Zudem sind Teile der Justiz geneigt, Gutachten ergebnisorientiert zu betrachten und sich erst dann mit dem vollständigen Gutachten auseinanderzusetzen, wenn das Ergebnis nicht den Erwartungen entspricht.[346] Diese Vorgehensweise verhindert eine kritische Auseinandersetzung mit dem Gutachten und kommt erschwerend zur vollständigen Abhängigkeit der Juristen von dem Fachwissen der Sachverständigen hinzu. Doch selbst wenn letztere versuchen, alle relevanten Informationen und kritische Gesichtspunkte im Gutachten unterzubringen, kann dies fruchtlos bleiben, wenn die Adressaten des Gutachtens den Inhalt voreingenommen wahrnehmen und ihn somit nicht neutral betrachten.[347] Die möglichen Konsequenzen einer solchen Lesart sind dadurch eingeschränkt, dass die Interpretation eines Gutachtens keine Glaubenssache ist und die richterliche Überzeugungsbildung nicht intuitiv zu erfolgen hat.[348] Zwar muss die richterliche Beweiswürdigung auf einer tragfähigen verstandesmäßig einsichtigen Tatsachengrundlage zu beruhen und für logische Schlussfolgerungen statistische und anderen mathematische Methoden offenstehen.[349] Doch auch dieser Umstand kann nicht verhindern, dass das Ergebnis stützende Fakten vermehrt wahrgenommen werden und neutrale Faktoren im Sinne des (bekannten) Ergebnisses interpretiert werden.[350]

5. Folgen im Hinblick auf Beinahetreffer

Prinzipiell sind die dargestellten Risiken immer im Rahmen von DNA-Analysen zu beachten und gelten ungeachtet des Untersuchungszwecks. Ganz gleich mit welchem Ziel molekulargenetisches Material untersucht wird, müssen die oben dargestellten Fehlerquellen berücksichtigt und bei der Auswertung einbezogen werden.

Konzentriert man sich auf die Auswirkungen auf Beinahetreffer, muss man sich vor Augen führen, zu welchem Zeitpunkt eines Ermittlungs-

346 *Artkämper*, StV 2017, 553 (557).
347 *Artkämper*, StV 2017, 553 (557).
348 *Neuhaus*, in: MAH Strafverteidigung, § 62 Rn. 35.
349 BGH, NStZ 2016, 490 (491).
350 *Artkämper*, StV 2017, 553 (557).

verfahrens der Beinahetreffer zum Tragen kommt. Anders als in Fällen, in denen das erkennende Gericht sein Urteil auf die Übereinstimmung von molekulargenetischem Material am Tatort und dem Identifizierungsmuster eines Angeklagten stützt, bildet ein Beinahetreffer einen ersten Ermittlungsansatz, der zu weiteren Ermittlungen im familiären Umfeld des freiwilligen Probanden führt. Eine unmittelbare Konsequenz ergibt sich somit nur, wenn durch einen Beinahetreffer ein Angehöriger als möglicher Spurenverursacher identifiziert wurde, die sachbearbeitende Ermittlungsdienststelle ihn für tatverdächtig und weitere rechtliche Schritte für kriminalistisch geboten und rechtlich möglich hält.[351]

Nichtsdestotrotz sind die Untersuchungen der Proben einer Reihenuntersuchung entscheidend dafür, ob jemand im Rahmen eines weiteren DNA-Abgleichs entweder in den Fokus der Ermittlungen rückt oder entlastet wird. Man könnte zwar meinen, dass die Konsequenzen von Kontaminationen oder fehlerhafter Auswertung der Ergebnisse bei der DNA-Reihenuntersuchung weniger erheblich sind, da sich an den Beinahetreffer eine Mehrzahl an Ermittlungsschritten anschließen muss, bis es zu einer möglichen Anklage kommt. Etwaige Fehler müssten dabei früher oder später auffallen und die Ermittlungsrichtung korrigiert werden. Handelt es sich beispielsweise um eine fehlerhafte Interpretation durch einen Sachverständigen, der anhand der Ergebnisse eine tatsächlich nicht gegebene Verwandtschaft zwischen Spurenverursacher und Probengeber annimmt, kann sich dieses Missverständnis auflösen, wenn sich kein geeigneter Merkmalsträger im familiären Umfeld des Probengebers ermitteln lässt.

Dabei darf nicht außer Acht gelassen werden, dass die Probengeber freiwillig an der Maßnahme teilnehmen und sich der Möglichkeit aussetzen, dass in ihrem familiären Umfeld eine Untersuchung stattfindet, welche sie durch ihre Teilnahme an der Reihenuntersuchung auslösen. Die Gefahr eines unzutreffenden Verdachts muss deshalb so gering wie möglich gehalten werden, damit die Bereitschaft, freiwillig an der Reihenuntersuchung mitzuwirken, nicht zusätzlich gesenkt wird. Auch die Außenwirkung, welche eine unzutreffende Verdächtigung hat, darf nicht unterschätzt werden. Die Wahrscheinlichkeit, dass ein sich als

351 BT-Drucks. 19/4354, S. 5.

unzutreffend erweisender Ermittlungsansatz auf Grund eines übereinstimmenden ethnischen Hintergrundes ermittelt wird, steigt insbesondere bei Subpopulationen, die dem Diskriminierungsrisiko verstärkt ausgesetzt sind. Dieses Risiko kann im Gegenzug dazu führen, dass diejenigen, die sich dieser Subpopulation zugehörig fühlen, die Teilnahme an der Reihenuntersuchung verweigern und sich der Maßnahme entziehen, um den Generalverdacht von ihren Angehörigen abzuwenden. Eine solche verweigernde Haltung kann wiederum zur Stärkung von Vorurteilen und gesellschaftlicher Diskriminierung beitragen. Immerhin basiert die DNA-Reihenuntersuchung in speziellen Fällen gerade darauf, dass eine Erwartungshaltung der Mitmenschen geschaffen wird, die eine Teilnahme für selbstverständlich halten und damit andere dazu bewegen, ebenfalls freiwillig teilzunehmen.[352] Umgekehrt kann in einem solchen Szenario eine verweigerte Teilnahme vor einer solchen Erwartungshaltung des gesellschaftlichen Umfelds zu Ablehnung und Unverständnis führen.

Solche Entwicklungen sind, um des gesellschaftlichen Friedens willen, unbedingt zu vermeiden, weshalb verschiedene Maßnahmen zu ergreifen und noch offene Fragen und Probleme der DNA-Analyse im Zusammenhang mit Beinahetreffern zu erforschen sind. Darüber hinaus muss sichergestellt werden, dass Sachverständige die Ergebnisse nach allgemeingültigen Maßstäben analysieren und die Einhaltung von Qualitätsstandards durch transparente Kontrollmechanismen garantiert wird. Nur so kann das Vertrauen in der Bevölkerung aufrechterhalten werden, damit potenzielle Teilnehmer an der Reihenuntersuchung nicht befürchten müssen, dass es vom Zufall abhängt, ob sie oder ihre Angehörigen Ziel von weitergehenden Ermittlungsmaßnahmen werden. Schließlich muss bedacht werden, dass auch ein echter Beinahetreffer, der einen Angehörigen des Probanden mit der analysierten Tatortspur in Verbindung bringt, nichts darüber aussagt, unter welchen Bedingungen die DNA an den Tatort gelangt sein mag oder ob im Laufe des Untersuchungsprozesses eine Kontamination stattgefunden hat. Da die Reihenuntersuchung freiwillige und bis zum Untersuchungszeitpunkt unverdächtige Teilnehmer betrifft, ist von den

---

352 *Ronellenfitsch*, NJW 2006, 321 (325); *Sauter*, DNA-Massentests im Strafverfahren, S. 195 f; *Volk*, NStZ 2002, 561 (563).

Sachverständigen sicherzustellen, dass die angesprochenen Fehlerquellen nach Möglichkeit minimiert werden, da die Wellen, welche ein (Beinahe-)Treffer schlagen kann, das familiäre Umfeld erheblich in Mitleidenschaft ziehen können. Dieser Verantwortung müssen sich die Justiz und die Ermittlungsbeamten bewusst sein und sie bei der Auswertung und Interpretation im selben Maße wie die Sachverständigen berücksichtigen.

Derzeit gibt es keine festgelegten Instanzen, welche einen einheitlichen Standard sicherstellen.[353] Es mangelt auf Bundes- und Landesebene an Ansprechpartnern für die Qualitätsüberprüfung beziehungsweise das Monitoring im Hinblick auf das Erkennen und Auswerten eines Beinahetreffers. Es existieren zumindest polizeiliche und wissenschaftliche Fachgruppen, die sich zu konkreten Fragestellungen in diesem Bereich austauschen.[354] In Anbetracht der bereits bestehenden Qualitätsunterschiede und -defizite, die trotz regelmäßiger Kontrollen in den zuständigen Laboren bestehen, bleibt nur zu hoffen, dass diese Fachgremien effizienter in der Durchsetzung hoher Qualitätsstandards sind, als es derzeit der Fall ist. Eine einheitliche Handhabung ist auf Grund der sehr individuellen Fallgestaltung und der stets variierenden Anzahl an Teilnehmern an einer Reihenuntersuchung eine erhebliche Herausforderung. Allgemeine Qualitätsstandards sind notwendig, um sicherzustellen, dass Ergebnisse nicht deshalb variieren, weil unterschiedliche Sachverständige beauftragt werden.

Der Nachbesserungsbedarf besteht nicht nur bei der Sicherstellung einheitlicher qualitativer Standards. Bereits das Erkennen eines echten Beinahetreffers kann die Sachverständigen vor erhebliche Herausforderungen stellen. Immerhin hat der Gesetzgeber bewusst Verwandtschaftsverhältnisse bis zum dritten Verwandtschaftsgrad als verwertbare Beinahetreffer deklariert, obwohl bereits zum Zeitpunkt der Gesetzesänderung bekannt war und weiterhin offenkundig ist, dass eine Differenzierung zwischen echten Beinahetreffern und Zufallstreffern bei einem derart weit gefassten Verwertungsrahmen wesentlich erschwert ist. Wie die Ermittlungsbeamten mit verwertbaren Ergebnissen einen Ermittlungsansatz anhand einer solchen Faktenlage verfolgen sollen,

353 BT-Drucks. 19/4354, S. 6.

354 BT-Drucks. 19/4354, S. 6.

ist fraglich. Sogar verwandtschaftliche Beziehungen zwischen Großeltern und Enkeln sind fehleranfällig und der Gesetzgeber hat keine Handlungsanweisung geschaffen, wie mit diesen möglichen Zufallstreffern umzugehen ist. Insbesondere fehlt es an Ansätzen, wie das Risiko reduziert werden soll, Beinahetreffer und Zufallstreffer zu verwechseln.

Indem der Gesetzgeber eine Maßnahme erschafft, deren Voraussetzungen in den forensischen Untersuchungen nicht erfüllt werden können, erhöht er nicht nur das Diskriminierungsrisiko, welches insbesondere ethnische Gruppen trifft. Der Gesetzeswortlaut verlangt eine konkrete Feststellung, ob das Spurenmaterial von dem Probengeber oder einem Angehörigen stammt. Die DNA-Analyse hingegen liefert nur Wahrscheinlichkeiten basierend auf der Übereinstimmung des untersuchten Spurenmaterials, welche bei einer einfachen Identitätswahrscheinlichkeit mit einer hohen Prozentzahl angenommen werden können. Anders gestaltet es sich bei einem Verwandtschaftsverhältnis, welches nicht mit derselben Sicherheit angenommen werden kann, sodass zu vermuten ist, dass wesentlich häufiger Annahmen produziert werden, die nicht mit der Realität übereinstimmen. Obwohl der Gesetzeswortlaut die Untersuchungsziele gleichsetzt, können Beinahetreffer nicht mit demselben Maß an Sicherheit festgestellt werden. Da die Gesetzeserweiterung sicherstellen sollte, dass künftig Beinahetreffer verwertbare Untersuchungsergebnisse sind, hat der Gesetzeswortlaut die verwertbaren Beinahetreffer klar umrissen. Dabei unterblieb die Kontrolle, ob diese deutliche Wortlautgrenze (bis zum dritten Verwandtschaftsgrad) in der DNA-Analyse tatsächlich einzuhalten ist. Da der Beinahetreffer auf ein Verwandtschaftsverhältnis bis zum dritten Grad hinweisen muss und solche Beinahetreffer nur unzureichend von Zufallstreffern unterschieden werden können, stellt sich die Frage, wie sichergestellt werden soll, dass die DNA-Analyse und Auswertung diesen Anforderungen gerecht werden soll. Zudem droht die Verwertung eines Beinahetreffers, der fälschlicherweise dem dritten Verwandtschaftsgrad zugeordnet wurde, der allerdings einem weiter entfernten Angehörigen zuzuordnen ist. Solche sind der klaren Wortlautgrenze nach nicht verwertbar. Die notwendigen Informationen können sich erst im Lauf weitere Ermittlungen ergeben, wenn das familiäre Umfeld eines Probanden untersucht wird. Ungeklärt ist, wie der dritte Verwandtschaftsgrad bereits im Rahmen der DNA-Analyse von dem vierten Grad unterschieden werden soll, wenn sogar die Differenzierung zwischen Beinahetreffern und Zufallstreffern erhebliche Schwierigkeiten bereitet.

6. Verbesserungsmöglichkeiten

Die geschilderte Sachlage verlangt im Grund genommen von dem Sachverständigen, dass er eine Vorauswahl trifft, welche mögliche Verwandtschaftsverhältnisse des dritten Verwandtschaftsgrads ausklammert, obwohl diese Kategorie vom Wortlaut klar erfasst ist und Teil der zulässigen Untersuchung des DNA-Materials ist. Anders könnte nicht sichergestellt werden, dass nur Ergebnisse im weiteren Verlauf des Strafverfahrens verwertet werden, welche nicht fälschlicherweise für verwertbare Beinahetreffer gehalten werden. Diese Differenzierung den beauftragten Sachverständigen aufzubürden, ist weder im Gesetzeswortlaut vorgesehen, noch kann hierdurch garantiert werden, dass das Verfahren mit der notwendigen Objektivität gehandhabt wird. Insbesondere da es bereits derzeit zu erheblichen Abweichungen je nach Wahl des Sachverständigen kommen kann, würde dieser Umstand durch zusätzliche Abwägungskompetenzen höchstwahrscheinlich zusätzlich verschärft werden.

a) Neufassung des § 81h Abs. 1 StPO

Ein Ansatz, um mehrere der dargelegten Probleme zu mildern, wäre eine gesetzliche Beschränkung der verwertbaren Beinahetreffer auf den zweiten Verwandtschaftsgrad, sodass der Wortlaut eine Auswertung des dritten Verwandtschaftsgrades nicht zulassen würde. Diese verwandtschaftlichen Beziehungen weisen eine geringere Fehlerquote auf und lassen sich vergleichsweise zuverlässig bestimmen, jedenfalls zuverlässiger als solche des dritten Verwandtschaftsgrades.[355] Da die Teilübereinstimmungen zwischen den DNA-Spuren des Probanden und der Spur vom Tatort hier hoch ausfallen, sollten Zufallstreffer

355 BT-Drucks. 19/4354, S. 4.

mit relativ hoher Sicherheit auszuschließen sein. Auch die Übereinstimmungen auf Grund desselben ethnischen Hintergrundes sind wesentlich niedrigschwelliger als solche basierend auf dem zweiten Verwandtschaftsgrad, weshalb eine Verwechslung mit einem Angehörigen dieses Verwandtschaftsgrades zu vermeiden sein sollte. Hierfür wäre eine Gesetzesänderung notwendig, welche die verwertbaren Beinahetreffer beschränkt.

Diese Beschränkung ist bereits auf Basis der wissenschaftlichen Möglichkeiten angebracht. Unberücksichtigt bleibt bei dieser Einschätzung, inwiefern sich verfassungsrechtliche Bedenken auf die erweiterte DNA-Reihenuntersuchung auswirken könnten. Ungeachtet der folgenden Ausführungen zeigt sich bereits auf der Ebene der forensischen Untersuchungen, dass diese nicht dem Anspruch des Gesetzgebers genügen können und der wissenschaftliche Stand der DNA-Analyse dem Gesetzeszweck nicht mit der notwendigen Sicherheit gerecht werden kann.

Die sinnvolle Lösung, um auf Ebene der DNA-Analyse erhebliche Diskriminierungspotenziale zu entschärfen, wäre somit eine Änderung des § 81h Abs. 1 StPO und eine Begrenzung der Verwertung der Beinahetreffer auf den ersten und zweiten Verwandtschaftsgrad. In diesem Fall würde sich wenig im Vergleich zur derzeitigen Rechtslage ändern. Beinahetreffer würden weiterhin verwertbar bleiben innerhalb des gesetzlichen Rahmens, der enger wäre als derzeit. Davon unberührt bliebe die unumgängliche Auswertung durch Sachverständige, die zwangsläufig auch auf Beinahetreffer stoßen, welche außerhalb des gesetzlich verwertbaren Rahmens liegen. Dies ist auch nach der derzeitigen Gesetzeslage der Fall und die Verantwortung der Ermittlungsbehörden, Beinahetreffer nicht zu verfolgen, die nicht den verwertbaren Verwandtschaftsgraden zugeordnet werden können, trifft diese auch *de lege lata*.

b) Sensibilisierung der Verantwortlichen

Eine ebenso effiziente Vorgehensweise ist die Aufklärung über die dargelegten Schwachstellen der DNA-Analyse insbesondere in Bezug auf die DNA-Reihenuntersuchung. Sind etwaige Schwachstellen und Fehlerquellen im Bewusstsein der Ermittlungsbeamten verankert, lassen sich vorschnelle Schlüsse und unzutreffende Ermittlungsansätze wesentlich schneller erkennen. Es bedarf also nicht nur einer Anpassung der gesetzlichen Grundlage für das staatliche Handeln an die Möglichkeiten der Wissenschaft. Zusätzlich muss der Wissensstand derjenigen kontinuierlich mitwachsen, die mit diesen Normen die Strafverfolgung betreiben.

Hier darf die Verantwortung nicht vollständig auf die Sachverständigen übertragen werden. Dem wird durch eine Spezialisierung der Ermittlungsbeamten bereits entgegengewirkt. Die Katalogstraftaten des § 81h StPO liegen im Bereich der schweren Kriminalität und fallen damit regelmäßig in den Aufgabenbereich der Kriminalpolizei des jeweils zuständigen Landeskriminalamts.[356] Die Ermittlungsbeamten dieser Behörde werden für die speziellen Einsatzbereiche geschult und ausgebildet. Schließlich müssen die Ermittlungsbeamten in der Lage sein, die DNA-Reihenuntersuchung kritisch zu hinterfragen und die Vorgehensweise im Rahmen der Ermittlungen entsprechend sensibel zu gestalten. Die Unschuldsvermutung gilt immerhin insbesondere dann, wenn die Ermittlungsmethoden nicht über alle Zweifel erhaben sind. Es ist deshalb zu begrüßen, dass in der Literatur, welche für die Ausbildung genutzt wird, auf einzelne der hier aufgeführten Aspekte bereits hingewiesen wird. Es wird darauf eingegangen, dass die Qualität des molekulargenetischen Spurenmaterials und eine mögliche Kontamination der Spur berücksichtigt werden müssen.[357] So soll eine Überbewertung der Ergebnisse der DNA-Analyse verhindert und das Urteilsvermögen geschult werden. Die Kontaminationsgefahr wird hierbei in den Vordergrund gestellt und auch, dass von Beginn besondere Vorsicht im Umgang mit potenziell relevanten DNA-Spuren herrschen muss.[358] Die Besonderheiten von Beinahetreffern und damit verbundene Schwierigkeiten bei der Differenzierung zwischen Zufalls- und Beinahetreffern sowie das Diskriminierungspotenzial werden in diesem Zusammenhang nicht ausführlich behandelt. Hier besteht Nachbesserungsbedarf in der Darstellung der DNA-Reihenuntersuchung nach der Neufassung der Norm.

356 Vgl. bspw. § 79 Abs. 1 SOG LSA.
357 *Roll*, in: Ackermann/Clages/Roll, Handbuch für Kriminalistik, S. 496 f.
358 *Menzer*, in: Clages/Ackermman (Hrsg.), Der rote Faden, S. 407.

III. Unvermeidbarkeit des Erkenntnisgewinns

Ein zentrales Element in der Entscheidung des Bundesgerichtshofs war, dass es der Sachverständigen nicht möglich gewesen sei, die Beinahetreffer *nicht* wahrzunehmen.[359] Das mag unter der Verwendung der genannten Systeme zum Abgleich richtig gewesen sein. Dennoch wirft es die Frage auf, ob es nicht möglich wäre, die Darstellung der Untersuchungsergebnisse so zu gestalten, dass Sachverständige und Ermittlungsbeamte nicht in die Situation kommen, mit Beinahetreffern konfrontiert zu werden. Auch wenn dies der neuen gesetzlichen Regelung zu widersprechen scheint, sprechen mehrere Gründe dafür, sich mit dieser Frage auseinanderzusetzen.

Zum einen wurde im Umgang mit dem Phänomen der Beinahetreffer der Eindruck vermittelt, dass es notwendigerweise ohnehin eine Erkenntnis sei, die gewonnen werden würde und eine Verwertung dann nicht unterbleiben könne. Zum anderen wäre es eine sinnvolle Änderung des automatisierten Abgleichs, um dem neugefassten § 81h StPO gerecht zu werden und sicherzugehen, dass allein Verwandtschaftsverhältnisse bis zum dritten bzw. zweiten Verwandtschaftsgrad[360] verwertet werden, indem entferntere Verwandtschaftsverhältnisse gar nicht erst angezeigt werden.

Hier lohnt es sich, die Entwicklungen im Bereich der Computerprogramme zu beobachten, welche bei Grenzfällen eine bessere Aufklärungsquote aufweisen und Fehlerquellen minimieren.[361] Diese Software ist in der deutschen Gerichtspraxis noch nicht angekommen, Sachverständige machen sich jedoch mittlerweile jedenfalls teilweise mit ihr vertraut.[362] Im Ergebnis wird die Auswertung der DNA-Analyse von einem statistischen Computerprogramm ausgeführt, das in den Vereinigten Staaten bereits seit einigen Jahren angewendet wird.[363] Die statistischen Computerprogramme dienen vor allem der Aufklärung bei degenerierten Proben, kontaminierten Proben oder Misch-

359 BGHSt 58, 84 (92).

360 Unter Berücksichtigung des hier unterbreiteten Verbesserungsvorschlags zur Beschränkung der verwertbaren Beinahetreffer.

361 *Mysegades*, CR 2019, 225.

362 *Mysegades*, CR 2019, 225.

363 *Mysegades*, CR 2019, 225 (228).

spuren.[364] Die Schwierigkeiten, diese Verfahren in der deutschen Gerichtspraxis zu implementieren, lassen sich auch auf die oben aufgeworfene Frage anwenden. Angenommen, es wäre möglich, eine Software derart zu programmieren, dass nur Ergebnisse angezeigt werden würden, die dem gesetzlichen Rahmen des § 81h Abs. 1 StPO entsprächen, so würde dies Fragen nach der Zulässigkeit dieses Verfahrens aufwerfen. Denn die Berechnung der Wahrscheinlichkeit, mit welcher Häufigkeit ein Merkmal oder eine Merkmalskombination auftritt, ist kein standardisiertes Verfahren im Sinne der Rechtsprechung.[365] Es handelt sich um subjektive Wertungsfragen, die interpretiert und begründet werden müssen. Diese würde man einem Computerprogramm übertragen, damit der Sachverständige vor nicht verwertbaren Ergebnissen die Augen verschließen könnte bzw. nicht Gefahr liefe, Fehler bei der Interpretation des Verwandtschaftsgrades zu produzieren. Eine solche Übertragung der Auswertung würde es in der Folge auch für das Tatgericht erschweren, sich von der Nachvollziehbarkeit des Sachverständigengutachtens zu vergewissern.[366] Der Sachverständige müsste zumindest in der Lage sein, die Funktionsfähigkeit und Geeignetheit des Programms zu beurteilen und in seinem Gutachten darzulegen.[367] Das Gutachten würde infolgedessen nicht nur die Ergebnisse der DNA-Analyse beinhalten, sondern müsste auch in einer für das Gericht nachvollziehbaren Art und Weise das verwendete Programm erläutern.

In welchem Umfang dies geschehen muss, ist auch in Ländern mit erprobter Anwendung solcher Software umstritten. So wird vertreten, dass hierfür dem Sachverständigen der Quellcode bekannt sein muss. Er muss sogar in der Lage sein, diesen erklären zu können. Nur so könne die Verteidigung die Methodik überprüfen, welche zur Verdachtsbegründung gegen den Angeklagten beigetragen habe.[368] Da Open-Source-Quellcodes bei kommerziellen Anbietern solcher Programme nicht üblich sind, entsteht ein neuer Interessenkonflikt, der noch keine Lösung gefunden hat. Ungeachtet dieser speziellen Proble-

364 *Mysegades*, CR 2019, 225.
365 BGH, NStZ 2013, 177 (178).
366 *Mysegades*, CR 2019, 225 (228).
367 *Mysegades*, CR 2019, 225 (228).
368 *Chessman*, California Law Review 105 (2017), 179 (183).

matik müsste den Sachverständigen abverlangt werden, dass sie die Software einerseits derart durchdrungen und geprüft haben, dass sie nachvollziehbar die Funktionsweise, Geeignetheit und damit auch die Richtigkeit der Ergebnisse bewerten könnten. Gleichzeitig würden sie nur einen Teil der Ergebnisse kennen und müssten dem Programm vertrauen, dass es die Auswertung korrekt vorweggenommen hat. Diese Vorselektion durch einen automatisierten Vorgang widerspricht dem Erfordernis, dass der Prozessschritt der Ergebnisauswertung gerade nicht standardisiert sein darf.

Es ist nicht ausgeschlossen, dass die DNA-Analyse zu einem späteren Zeitpunkt vollständig standardisiert ausgeführt wird. Doch wie bereits dargestellt wurde, ist das Verfahren hiervon derzeit noch weit entfernt. Programmen subjektive Wertungsfragen zu übertragen, ist kompliziert und vor deutschen Gerichten im Zusammenhang mit DNA-Analysen keine tägliche Praxis. Zu verhindern, dass Sachverständige mit Ergebnissen konfrontiert werden, die nicht verwertbar sind, verstößt gegen den Anspruch, dass die Auswertung durch wertende Entscheidungen des Sachverständigen erfolgt. Die Unvermeidbarkeit des Erkenntnisgewinns ist insofern noch Zukunftsmusik. Die forensische DNA-Analyse soll zwar nach dem Gesetzeswortlaut in § 81h StPO automatisiert erfolgen, der Automatisierung des Verfahrens sind allerdings Grenzen gesetzt.

IV. Zwischenfazit

Der Wortlaut der DNA-Reihenuntersuchung nach § 81h StPO muss geändert und der Untersuchungsumfang begrenzt werden. Dass der Gesetzgeber sich dazu entschieden hat, das Gesetz entgegen der Einschätzung von Experten zu formulieren, kann nur damit erklärt werden, dass er vermutlich Konstellationen wie den Dörpener Vergewaltigungsfall in künftigen Untersuchungen legitimieren wollte. Dieser Wunsch und die forensischen Möglichkeiten sind nicht zu vereinbaren. Diese Unvereinbarkeit war vor der Neufassung des Gesetzes bekannt. Es ist nicht nachzuvollziehen, wie trotz der bestehenden Defizite und bekannten Einwände der Gesetzgeber sich darüber hinwegsetzen konnte, dass die DNA-Analyse nicht mit dem Gesetzesumfang mithalten kann. Dies schadet der reibungslosen Umsetzung der DNA-Reihenuntersuchung und provoziert Ergebnisse, die nicht verwertet werden dürfen. Eine Änderung der Norm ist damit ungeachtet weiterer rechtlicher Probleme ohnehin notwendig.

D. Auswirkungen der Erweiterung auf die einzelnen Bestandteile der Maßnahme

Nachdem die biochemischen Hintergründe der Erweiterung der DNA-Reihenuntersuchung erläutert und die DNA-Analyse dargestellt wurden, bleiben weitere Punkte offen, welche einer genaueren Betrachtung bedürfen. Da eine Gesetzesänderung ohnehin notwendig ist, sollte diese genutzt werden, um weitere Defizite des § 81h StPO aufzuarbeiten. Welche dies sind, wird in den folgenden Kapiteln untersucht. Es werden zunächst die wichtigsten Kernelemente der DNA-Reihenuntersuchung aufgeführt, die durch § 81h StPO gesetzlich geregelt werden. Im Einzelnen wird untersucht, inwiefern sich die Neufassung darauf auswirkt.

I. Die richtige Bezeichnung unter Berücksichtigung des Untersuchungszwecks

1. Vom Reihengentest bis zum Massenscreening

Die StPO sieht keine eigene Bezeichnung der Maßnahme nach § 81h StPO vor, was wiederum das Bedürfnis geweckt hat, dem unbestimmten Verfahren einen Namen zu geben. In der Literatur finden sich unterschiedliche Bezeichnungen für das Verfahren nach § 81h StPO, was jeweils auf das unterschiedliche Verständnis von Sinn und Zweck der Ermittlungsmaßnahme hinweist, obwohl grundsätzlich jede der Bezeichnungen den § 81h StPO greifbar machen soll.[369] Die jeweils unterschiedlichen Vorstellungen entstanden noch vor der Erweiterung der Norm auf Beinahetreffer. Für die folgenden Ausführungen ist es wichtiger, das Verfahren und die Abläufe darzustellen, als vorneweg

369 *Ademi*, Der Massengentest und § 81h StPO, S. 6.

über die richtige Begrifflichkeit zu diskutieren, insbesondere wenn die zur Verfügung stehenden Bezeichnungen dem (womöglich) neuen Charakter der Norm nicht mehr gerecht werden. Denn ob mit der erfolgten Gesetzesänderung die Bezeichnungen, welche den § 81 h StPO bis 2017 benennen sollten, überhaupt noch taugen, kann erst nach einer genauen Untersuchung der neugefassten Norm entschieden werden. Im Folgenden wird deshalb „DNA-Reihenuntersuchung" verwendet, ohne dafür zu beanspruchen, dass es sich um die einzige richtige Bezeichnung handelt.

2. Die Bezeichnung ‚Beinahetreffer' auf dem Prüfstand

Interessant ist die Frage, ob ‚Beinahetreffer' noch die richtige Bezeichnung für das Erkenntnisprodukt ist. In der Vergangenheit wurde es lediglich als zufällige, technisch bedingte Nebenerkenntnis abgetan, die nicht dem Zweck der Norm entspricht, jedoch unweigerlich bei der Ausführung des eigentlich angestrebten Ziels der Ermittlungsmaßnahme anfällt.[370] Die Erweiterung der Norm hat nun den Untersuchungszweck derart vergrößert, dass es sich nicht länger um eine zufällige Erkenntnis handelt, welche bei der Analyse zum eigentlichen Untersuchungszweck hinzutritt. Stattdessen behandelt die Norm nun den Verwandtschaftsabgleich in § 81h StPO gleichrangig neben der Feststellung, ob der Probengeber auch der Spurenverursacher ist. Wenn die Untersuchungsergebnisse nicht länger binär erfasst werden[371] und stattdessen unterschiedliche Erkenntnisse mit der Maßnahme gewonnen werden können und sollen, so ist ein Ergebnis, bei dem der Sachverständige die mutmaßliche Verwandtschaft eines Probanden mit dem Spurenverursacher feststellt (und feststellen darf) nicht länger nur ‚beinahe' das, was dem Wortlaut nach mit der DNA-Reihenunter-

370 *Brocke*, StraFo 2011, 298 (300).

371 Bislang handelte es sich um einen positiven oder negativen Feststellungerfolg, der entsprechend der gesetzgeberischen Zielsetzung auf die Antwort, ob der Spurenverursacher eine unwahrscheinlich hohe Übereinstimmung mit dem Probengeber aufweist, die auf eine Täterschaft hinweisen kann, nur die Antwortmöglichkeiten „Ja" oder „Nein" kannte (*Brocke*, StraFo 2011, 298 (299)). Nun tritt die Erkenntnis „Nein, doch ein Verwandtschaftsverhältnis ist wahrscheinlich." hinzu.

suchung bezweckt wird. Entscheidend ist, worauf sich ‚beinahe' in der bisher gängigen Bezeichnung bezieht. Wenn damit verdeutlicht werden soll, dass beim eigentlichen Erkenntnisgewinn ein Nebenprodukt gewonnen wurde, das nur nahezu dem Normzweck entspricht, kann diese Bezeichnung mit dem erweiterten Untersuchungszweck nicht länger vereinbart werden. Soll damit stattdessen verdeutlicht werden, dass im Einzelfall die DNA-Identifizierungsmuster eine wesentliche, doch gleichzeitig keine vollständige Übereinstimmung aufweisen, ist die Bezeichnung des Beinahetreffers auch nach der Gesetzesänderung zutreffend für dieses Untersuchungsergebnis.

Eine der ersten Auseinandersetzungen mit der Problematik eines Beinahetreffers erfolgte durch *Brocke,* der ihn als ein Untersuchungsergebnis bezeichnete, das auf Grund der hohen, aber nicht vollständigen Übereinstimmung der DNA-Identifizierungsmuster bei den Untersuchungsparametern auf eine Verwandtschaft der geprüften Personen hinweise.[372] Er legte damit den Grundstein für die Benennung dieses Phänomens und leitete die Bezeichnung aus der Beziehung der geprüften DNA-Identifizierungsmuster zueinander ab. Das ‚beinahe' bezog sich somit nicht auf den knapp verfehlten Untersuchungszweck. Bei genauerer Betrachtung der Auseinandersetzung mit der Entscheidung des Bundesgerichtshofs und dem zugrunde liegenden Sachverhalt in der Literatur,[373] zeigt sich, dass die Definition von *Brocke* auch in späteren Publikationen aufgegriffen wird.[374] In der Gesetzesbegründung wird deutlich, dass die Bezeichnung des Beinahetreffers auf der Definition beruht, welche zuvor in der Literatur Eingang gefunden hat.[375] Da auch in der Rechtsprechung des Bundesgerichtshofs auf *Brocke* verwiesen wurde,[376] finden sich in Literatur, Rechtsprechung und Gesetzesbegründung keine widersprechenden Interpretationen des Beinahetreffers. Stattdessen wird deutlich, dass sich die Bezeich-

372 *Brocke*, StraFo 2011, 298.

373 BVerfG, medstra 2015, 363 (368) für einen Überblick über die vertretenen Literaturmeinungen zum BGH-Urteil.

374 *Hüttenrauch*, NJ 2013, 218; *Magnus*, medstra 2015, 363 (369); *Swoboda*, StV 2013, 461; *Rogall*, in: SK-StPO, § 81h Rn. 7; *Mansdörfer*, GSZ 2018, 45 (49) mit Verweis auf BR-Drucks. 796/16, S. 17.

375 BR-Drucks. 796/16, S. 17.

376 BGHSt 58, 84 (92).

nung auf die Übereinstimmung zwischen den geprüften DNA-Identifizierungsmustern bezieht und nicht den früheren Untersuchungszweck spiegeln soll. Der Begriff ist nach der Gesetzesänderung und Erweiterung des Untersuchungszwecks weiterhin zutreffend und kann folglich verwendet werden, um Untersuchungsergebnisse nach dem neugefassten § 81h Abs. 1 StPO zu beschreiben, die auf eine Verwandtschaft zwischen Spurenverursacher und Teilnehmer der Reihenuntersuchung hinweisen.

II. Voraussetzungen für ein Verfahren nach § 81h Abs. 1 StPO

Eine DNA-Reihenuntersuchung ist nur sinnvoll, wenn die Auswertung des Tatorts der aufzuklärenden Straftat eine ermittlungsrelevante DNA-Spur ergibt, die sich nicht mit bereits in der Datenbank befindlichen Datensätzen deckt. Darüber hinaus müssen die Voraussetzungen des § 81h Abs. 1 StPO erfüllt sein, damit die Maßnahme zulässig ist.

1. Operative Voraussetzungen

Zu den operativen Voraussetzungen der DNA-Analyse nach § 81h StPO zählt, dass bestimmte Tatsachen auf ein Verbrechen hinweisen, welches gegen das Leben, die körperliche Unversehrtheit, die persönliche Freiheit oder die sexuelle Selbstbestimmung begangen worden ist. Verbrechen sind gem. § 12 Abs. 1 StGB Straftaten, die mindestens mit einem Jahr Freiheitsstrafe sanktioniert werden. Auch der Versuch der Tat genügt, es bedarf im Falle einer unvollendeten Tat eines Anfangsverdachts auf eine solche Straftat.[377] Das Vorliegen einer qualifizierten Verdachtslage für diesen Straftatenkatalog wurde bei Einführung des Gesetzes als zu eng angesehen.[378] Dies ist insbesondere auffällig im Vergleich mit § 81g StPO, dessen Anwendung ebenfalls ein Straftatenkatalog zu Grunde liegt, der allerdings weiter gefasst ist als der in § 81h StPO. Ausgehend von einem Verbrechen wie in § 81h StPO beschrie-

377 *Schmitt*, in: Meyer-Goßner/Schmitt, § 81h StPO Rn. 3.
378 *Rogall*, in: FS F.C Schröder, 691 (710).

ben, müssen alle vorausgehenden Ermittlungsmaßnahmen ergebnislos geblieben sein.[379] Denn § 81h StPO ist die *ultima ratio*, um einen ersten Tatverdächtigen aufzuspüren – jedenfalls mittels DNA-Analyse.[380] Dabei handelte es sich mitnichten um eine Neubewertung des Eingriffs, der mit § 81 h StPO in die Rechte des Betroffenen verbunden ist. Reihengentests wurden schon vor der gesetzlichen Regulierung als letztes Mittel der Tataufklärung herangezogen, wenn auf Grund von teilweise bereits seit Jahren andauernden Ermittlungen keine verdachtsbegründenden Hinweise existierten und nur noch diese Möglichkeit zur Aufklärung des Falls bestand.[381] Adressaten der Maßnahme sind, das folgt aus der Voraussetzung, dass andere Ermittlungsansätze erfolglos geblieben sind, freiwillige Probanden, die einem durch bestimmte Merkmale umgrenzten Personenkreis angehören.[382] Von den Ermittlungsbehörden ist zu erwarten, dass mögliche Ermittlungsansätze soweit wie möglich verfolgt werden, bevor ein Verfahren nach § 81h StPO initiiert wird. An diesen Anforderungen hat sich durch die Neufassung der Norm nichts geändert.

2. Richterliche Anordnung

Zur Durchführung bedarf es einer schriftlichen richterlichen Anordnung nach § 81h Abs. 2 StPO. Es handelt sich um einen absoluten Richtervorbehalt, er ist somit nicht abdingbar.[383] Zuständig ist gem. § 162 Abs. 1 StPO der Ermittlungsrichter, in dessen Bezirk die Staatsanwaltschaft ihren Sitz hat. In der Anordnung muss die Maßnahme begründet und die Prüfungsmerkmale, die den betroffenen Personenkreis bestimmen sollen, müssen aufgeführt werden.[384] Die richterliche Anordnung ist nicht anfechtbar, dies gilt jedoch nur für die Anordnungsentscheidung selbst.[385] Der Staatsanwaltschaft steht gegen die

379 *Schmitt*, in: Meyer-Goßner/Schmitt, § 81h StPO Rn. 5.
380 *Schmitt*, in: Meyer-Goßner/Schmitt, § 81h StPO Rn. 5; BT-Drucks. 15/5674, S. 9, 13.
381 *Sauter*, DNA-Massentests im Strafverfahren, 60 f., 137.
382 *Schmitt*, in: Meyer-Goßner/Schmitt, § 81h StPO Rn. 1, 5.
383 *Trück*, in: MüKo StPO, § 81h, Rn. 10.
384 *Schmitt*, in: Meyer-Goßner/Schmitt, § 81h StPO Rn. 9.
385 *Hadamitzky*, in: KK StPO, § 81h Rn. 10.

Ablehnung eines entsprechenden Antrags nach § 304 Abs. 1 StPO die Beschwerde zu.[386] Die Anordnung setzt nicht voraus, dass bereits eine ausreichend große Zahl an Probanden ihre Einwilligung zur Maßnahme erteilt hat.[387] Die richterliche Anordnung der Maßnahme ist Voraussetzung dafür, dass anschließend die Merkmalsträger von den Ermittlungsbeamten um ihre Mitwirkung an der Maßnahme gebeten werden können.[388] Die Einwilligung der Teilnehmenden kann im Gegensatz zu § 81g Abs. 3 StPO den Richtervorbehalt nicht ersetzen. Der Vorbehalt ist die Voraussetzung dafür, dass die Einwilligung der Teilnehmenden eingeholt werden darf.

Diese Kombination eines absoluten Richtervorbehalts nach § 81h Abs. 2 StPO und der ebenfalls unabdingbaren Belehrung über die Freiwilligkeit der Maßnahme in § 81h Abs. 4 StPO ist ein Alleinstellungsmerkmal dieser Ermittlungsmaßnahme und wird bisweilen sogar als Absurdität bezeichnet.[389] Gerechtfertigt wurde diese Besonderheit vom Gesetzgeber insbesondere durch die Streubreite der Maßnahme. Sie sei notwendig, da die Reihenuntersuchung ausschließlich Menschen betreffe, gegen die kein Anfangsverdacht bestehe.[390] Es finden sich auch Fürsprecher für einen Richtervorbehalt im Zusammenhang mit DNA-Analysen.[391] Die Bedeutung und Notwendigkeit des Richtervorbehalts bemessen sich insbesondere an den betroffenen Rechtsgütern, was bei DNA-Analysen im Strafprozess regelmäßig auch das Recht auf informationelle Selbstbestimmung betrifft. Die moderne Datenverarbeitungstechnik schafft Verknüpfungsmöglichkeiten, welche in Kombination mit Informationen über das Erbgut der Betroffenen erhebliche Beeinträchtigungen für das Recht auf informationelle Selbstbestimmung ermöglicht.[392] Dem Richtervorbehalt soll in diesem Zusammenhang eine wichtige Kontrollfunktion zukommen.[393]

386 *Hadamitzky*, in: KK StPO, § 81h Rn. 10; BT-Drucks. 15/5674, S. 14.
387 *Rogall*, in: SK-StPO, § 81h Rn. 14.
388 *Rogall*, in: SK-StPO, § 81h Rn. 14.
389 *Kretschmer*, HRRS 2012, 185; *Rogall*, FS F. C. Schroeder, 691 (711).
390 BT-Drucks. 15/5674, S. 9.
391 *Busch*, StraFo 2002, 46 (50).
392 *Busch*, StraFo 2002, 46 (50).
393 *Busch*, StraFo 2002, 46 (50).

Der Gesetzgeber beabsichtigte die Gewährleistung, dass die Feststellung der materiellen Anordnungsvoraussetzungen durch die Strafverfolgungsbehörden einer richterlichen Kontrolle unterliegt.[394] Der Richtervorbehalt soll sicherstellen, dass die materiellen Voraussetzungen der Reihenuntersuchung vorliegen. Er beugt auch einem Missbrauch der Maßnahme vor. Mit dem Richtervorbehalt kann sichergegangen werden, dass durch die Auswertung der Proben und nicht über die Verweigerung der Teilnahme zu ein Anfangsverdacht gelangt wird.[395]

Prinzipiell ist die Nützlichkeit, die Reihenuntersuchung der richterlichen Kontrolle zugänglich zu machen, nicht von der Hand zu weisen und für sich betrachtet auch durchaus üblich im Zusammenhang mit DNA-Analysen im Strafprozess.[396] Diese Bedingung wurde durch die Erweiterung der Norm auf Beinahetreffer nicht verändert und verlangt deshalb weiterhin von dem zuständigen Richter eine sorgfältige Prüfung der Anordnungsvoraussetzungen. Inwiefern sich die einzelnen Anordnungsvoraussetzungen durch die Erweiterung des § 81h StPO und weitere Gesetzesvorhaben verändert haben könnten, wird im Folgenden untersucht.

III. Wessen DNA wird untersucht?

Ist ein verwertbares DNA-Profil im Zusammenhang mit der verfolgten Tat analysiert und ein DNA-Identifikationsmuster erstellt worden, muss es mit weiteren DNA-Profilen abgeglichen werden. Die Teilnehmer an dem Verfahren nach § 81h StPO werden hierbei nicht willkürlich bestimmt. Die DNA-Reihenuntersuchung setzt bekanntermaßen da an, wo die vorherigen Ermittlungsmaßnahmen größtenteils ins Leere führten. Die Teilnehmer an der Maßnahme sind im Vorfeld nicht als Beschuldigte zu behandeln, müssen aber bestimmte, auf den Täter vermutlich zutreffende Prüfungsmerkmale erfüllen.[397] Da-

394 BT-Drucks. 15/5674, S. 14.
395 *Kühne*, Strafprozessrecht, Rn. 495.
396 So auch vorgesehen in §§ 81a Abs. 2; 81f Abs. 1; 81c Abs. 1; 81g Abs. 3 StPO.
397 *Brauer*, in: Heidelberger Kommentar StPO, § 81h Rn. 4.

bei darf nicht vergessen werden, dass der Täter nicht zwangsläufig Teil der priorisierten Gruppe sein muss.[398] Auf Grund der recht allgemein gehaltenen Prüfungsmerkmale ist üblicherweise von einer relativ großen Anzahl an Merkmalsträgern auszugehen.[399] Die Eigenschaft als Merkmalsträger schließt die Eigenschaft als Beschuldigter nicht aus. Doch nicht jeder Merkmalsträger kann gleichzeitig Beschuldigter sein, da die Kombination aus unspezifischen Prüfungsmerkmalen und dem nahezu unüberschaubaren Kreis an Merkmalsträgern die Inkulpation jedes einzelnen verhindert.[400] Da § 81e Abs. 1 StPO nur auf Beschuldigte angewandt werden kann,[401] ist gegenüber der Gruppe der priorisierten Probanden eine zwangsweise Durchführung eines Gentests unverhältnismäßig und dadurch unzulässig. Die Probanden unterscheiden sich von der übrigen Bevölkerung nur dadurch, dass bestimmte Merkmale wie ihr Geschlecht, ihr Alter oder ihr Wohnort dem des Täters entsprechen könnten.[402]

1. Klassisches Bestimmen der Merkmale

Damit eine Gruppe von Prüfungsmerkmalträgern identifiziert werden kann, müssen basierend auf dem Ermittlungsstand bestimmte Merkmale angenommen werden können, welche den Personenkreis, aus dem der Täter mutmaßlich stammt, umgrenzen.[403] Diese Merkmale werden im Vorfeld konventionell ermittelt, sodass ein Täterprofil erstellt wird, welches den Kreis der Merkmalsträger eingrenzen soll.[404] Es genügt hierbei nicht jedes beliebige Täterprofil, stattdessen muss der Personenkreis hinreichend deutlich abgegrenzt sein und eine ausreichende Anzahl an Merkmalen erfassen.[405] Solche Merkmale können das Alter, Geschlecht, Größe, Haar- oder Augenfarbe, Wohnort als auch weitere Eigenschaften betreffen (z. B. ob der Täter Fahrzeughalter

398 *Pommer*, JA 2007, 621 (626).
399 *Rogall*, in: SK-StPO, § 81h Rn. 14.
400 *Rogall*, in: SK-StPO, § 81h Rn. 14.
401 *Lorenz*, JZ 2005, 1121 (1128).
402 *Wickert*, Der DNA-Massentest nach § 81h StPO, S. 43.
403 *Saliger/Ademi*, JuS 2008, 193 (195).
404 *Saliger/Ademi*, JuS 2008, 193 (195).
405 *Saliger/Ademi*, JuS 2008, 193 (195).

ist).[406] Die Staatsanwaltschaft als Herrin des Ermittlungsverfahrens (vgl. §§ 160, 161 StPO) kann die Ermittlungen entweder selbst durchführen oder durch die Polizeibehörden durchführen lassen. Konventionelle Ermittlungsmethoden helfen bei der Auswertung des vermuteten Tathergangs und Analyse des Tatorts und erfassen beispielsweise gem. § 161a StPO die Zeugen- und Sachverständigenvernehmung. Begonnen wird mit der örtlichen Eingrenzung, bevor eine personelle Eingrenzung vorgenommen wird.[407] Besonders hilfreich sind, sofern verfügbar, Aussagen des Opfers zu dem Äußeren der Täter. Führen diese konventionellen Ermittlungen zu einem verwertbaren Ergebnis, kann ein Täterprofil erstellt werden.

2. Die erweiterte DNA-Analyse

Das Verfahren zur Ermittlung der Merkmale, die vermutlich auf den Täter zutreffen, wurde durch eine Gesetzesänderung drastisch verändert. Mit der Änderung des § 81e StPO ist es den Ermittlungsbehörden seit dem 13.12.2019 bundesweit erlaubt, weitere Merkmale festzustellen, die auf das äußere Erscheinungsbild schließen lassen sollen. Dieses Verfahren wird auch erweiterte DNA-Analyse genannt.

Die Erweiterung wirkt sich erheblich auf die Reihenuntersuchung aus. Ein möglicher Einsatzbereich liegt in der Einschränkung des Teilnehmerkreises, indem nur Träger der ermittelten äußeren Merkmale priorisiert werden. Die DNA-Reihenuntersuchung könnte dann weniger eingriffsintensiv ausgestaltet werden, da weniger Menschen betroffen wären.[408] Um sich ein vollständiges Bild zu verschaffen, ob diese Ziele realistisch sind, werden im Folgenden der Gang der Gesetzgebung, das forensische Verfahren und die Folgen des neugefassten § 81e StPO genauer untersucht und diskutiert.

406 *Brauer*, in: Heidelberger Kommentar StPO, § 81h Rn. 4.
407 *Ademi*, Der Massengentest und § 81h StPO, S. 17.
408 *Becker*, in: FS Graf-Schlicker, 429 (435).

a) Die Einführung der erweiterten DNA-Analyse

Bereits 2008 befasste sich *Hasselbach* mit der Möglichkeit eines ‚genetischen Phantombilds'.[409] Diese damals noch vergleichsweise wenig diskutierte Möglichkeit, die Untersuchung der DNA auf eine Vielzahl von Merkmalen auszuweiten,[410] wird mittlerweile nicht nur in der Literatur diskutiert, sondern hat auch Eingang in mehrere Gesetze gefunden. Entgegen der bisherigen Methoden bringt die erweiterte DNA-Analyse keinen Zahlencode hervor, sondern soll persönliche Eigenschaften der Person benennen. Dies war zunächst innerhalb der Europäischen Union nur in der Slowakei und den Niederlanden zulässig.[411] Wie dieses umstrittene Verfahren Eingang in die StPO gefunden hat, bedarf einer genaueren Betrachtung der Hintergründe des Gesetzgebungsprozesses. In diesem Zusammenhang muss zunächst auf die Entwicklungen in den Polizeigesetzen der Länder eingegangen werden, welche weitreichende Veränderungen bei der Auswertung von DNA-Spurenmaterials unbekannter Herkunft mit sich gebracht haben. Dies hatte Auswirkungen auf die Regelungen der StPO, welche ebenfalls dahingehend angepasst wurde, dass persönliche Eigenschaften des Täters anhand der DNA ermittelt werden dürfen.[412]

Vorreiter ist in diesem Zusammenhang das PAG, welches am 25.05.2018 in Bayern in Kraft getreten ist. Wie das Gesetz zustande kam, verdient besondere Aufmerksamkeit. Bereits im Februar 2017 brachte die baden-württembergische Landesregierung im Bundesrat den Gesetzesvorschlag ein, § 81e StPO dahingehend zu erweitern, dass bei der Auswertung von DNA-Spurenmaterial unbekannter Herkunft künftig auch Feststellungen über das Geschlecht, die Augen-, Haar-, und Hautfarbe sowie das biologische Alter der Person erlaubt seien.[413] Die bayerische Landesregierung unterstützte diesen Vorstoß und brachte einen Änderungsantrag ein, welcher die erweiterte DNA-Analyse zusätzlich um Feststellungen zur Herkunft des Spurenverursachers

409 *Hasselbach*, Die Novellierung der forensischen DNA-Analyse, S. 159.
410 *Hasselbach*, Die Novellierung der forensischen DNA-Analyse, S. 160.
411 *Zieger/Roewer*, Rechtsmedizin 2019, 415.
412 *Zieger/Roewer*, Rechtsmedizin 2019, 415.
413 *Rath*, GSZ 2018, 67 (68).

ergänzen sollte.[414] Dieser Vorschlag einer erweiterten DNA-Analyse fand nicht genügend Unterstützung im Bundesjustizministerium und wurde nicht umgesetzt.[415] Als erstes Bundesland nahm sich Bayern vor, die erweiterte DNA-Analyse im Rahmen der Landesgesetze umzusetzen und reformierte das Gefahrenabwehrrecht mit weitreichenden Veränderungen, die nicht nur positive Resonanz hervorriefen und auf deutliche Kritik stießen.[416]

Die erweiterte DNA-Analyse findet sich nun im bayerischen Gefahrenabwehrrecht in Art. 32a Abs. 1 S. 2 PAG. Dies ist bereits die zweite Fassung der erweiterten DNA-Analyse im bayerischen PAG. Bis zum 31.07.2021 war die erweiterte DNA-Analyse in Art. 32 Abs. 1 S. 2 PAG geregelt. Demnach war den Ermittlungsbehörden gestattet, bei der Erhebung personenbezogener Daten die molekulargenetische Untersuchung aufgefundenen Spurenmaterials unbekannter Herkunft „zum Zwecke der Feststellung des DNA-Identifizierungsmusters, des Geschlechts, der Augen-, Haar- und Hautfarbe, des biologischen Alters und der biogeographischen Herkunft des Spurenverursachers" durchzuführen, wenn die Abwehr der Gefahr auf andere Weise aussichtslos oder wesentlich erschwert wäre. Das Merkmal der biogeographischen Herkunft war hierbei eine Besonderheit des PAG und darf nach § 81e StPO nicht ermittelt werden. Art. 32 Abs. 1 S. 2 PAG verwies bei den Anwendungsvoraussetzungen auf Art. 32 Abs. 1 Nr. 1 und so wiederum auf Art. 2 Abs. 1 PAG. Die erweiterte DNA-Analyse war angebracht, wenn sie der Gefahrenabwehr diente, insbesondere zur vorbeugenden Bekämpfung von Straftaten und zu Zwecken des Personenschutzes, soweit sich die diesbezügliche Gefahrenabwehr auf ein in Art. 11 Abs. 3 Satz 2 Nr. 1 bis 3 oder Nr. 5 genanntes bedeutendes Rechtsgut bezog. Dann konnten die oben genannten Merkmale anhand der DNA-Analyse des Spurenmaterials unbekannter Herkunft durch die Polizeibehörden ermittelt werden, vorausgesetzt das bayerische PAG war einschlägig. Seit dem 01.08.2021 ist eine neue Fassung der erweiterten DNA-Analyse nach dem PAG in Kraft, die die Maßnahme in entscheidenden Faktoren verändert. So findet sich die bio-

414 BR-Drucks. 117/1/17, S. 2.
415 *Rath*, GSZ 2018, 67 (68).
416 *Weinrich*, NVwZ 2018, 1680.

geographische Herkunft nicht länger in dem Untersuchungsumfang wieder. Ferner bedarf es nun eines Richtervorbehalts, gleichzeitig ist die Voraussetzung entfallen, dass die Abwehr der Gefahr auf andere Weise aussichtslos oder wesentlich erschwert wäre. Diese Neufassung war eine Reaktion auf die erhebliche Kritik, die der Einführung der erweiterten DNA-Analyse entgegenschlug. Um diese Kritik, die Neufassung und die Bezüge zur DNA-Analyse nach der StPO nachvollziehbar aufzuzeigen, wird im Folgenden die erweiterte DNA-Analyse nach dem PAG in der ersten Fassung erläutert.

b) Gefahrenabwehr oder Strafverfolgung

Grundsätzlich stellt sich die Frage, ob Normen aus dem Gefahrenabwehrrecht Auswirkungen auf die DNA-Reihenuntersuchung haben können. Soll eine am Tatort aufgefundene DNA-Spur ausgewertet werden, so dient dies prinzipiell dem Ziel, den Täter ausfindig zu machen, sodass die Maßnahme demnach repressiv wirkt. Wird jedoch aus präventiven Gründen eine Auswertung vorgenommen, wie es in Art. 32 Abs. 1 PAG a.F. angenommen wird, könnten Informationen über äußere Merkmale des Täters gewonnen werden, die sich wiederum auf die Ermittlungen zum Täterprofil auswirken. Schließlich dürfen Erkenntnisse, die gefahrenabwehrrechtlich zulässigerweise gewonnen wurden, gem. § 161 Abs. 2 StPO im Strafverfahren verwendet werden.[417]

Bevor darauf eingegangen wird, welche Vor- und Nachteile die Einbeziehung von Art. 32 Abs. 1 S. 2 PAG a.F. bzw. Art. 32a Abs. 1 PAG in den Anwendungsbereich der DNA-Reihenuntersuchung haben kann, ist festzustellen, ob ein Verfahren nach § 81h StPO mit den Voraussetzungen der erweiterten DNA-Analyse nach dem PAG prinzipiell kompatibel ist. Ist dies der Fall, ist es in der Folge denkbar, dass zur Spezifizierung des Täterprofils das aufgefundene Spurenmaterial auf sensible Informationen analysiert und basierend auf diesen Erkenntnissen ein ‚genetisches Phantombild' erstellt wird.[418] Dieses könnte anschließend dazu verwendet werden, die Probanden für die Reihenuntersuchung

417 BGH, NStZ-RR 2017, 176.
418 *Rath*, GSZ 2018, 67 (69).

zu priorisieren.[419] Sollte dies der Fall sein, steht die Angemessenheit eines solchen Vorgehens zur Debatte. Denn die erweiterte DNA-Analyse ist nicht grundlos eher verhalten aufgenommen worden, als der Gesetzesvorschlag im ersten Anlauf auf Bundesebene eingebracht wurde. Bereits die Wortwahl der Befürworter, welche die erweiterte DNA-Analyse als Mittel zum Zweck eines ‚genetischen Phantombilds sehen', wird auf eine völlig überzogene und realitätsferne Erwartungshaltung zur DNA-Phänotypisierung zurückgeführt und kritisiert.[420]

Grundsätzlich ist zu unterscheiden, ob man sich im Bereich der repressiven Strafverfolgung oder der präventiven Gefahrenabwehr bewegt. Diese Unterscheidung ist auf mehreren Ebenen relevant, sie betrifft die Gesetzgebungskompetenz und die maßgebliche Rechtsgrundlage für das polizeiliche Handeln.[421] Für die Strafverfolgungstätigkeit regelt die StPO abschließend die Befugnisse der Ermittlungsbehörden, wohingegen die Befugnisse für präventivpolizeiliche Maßnahmen in erheblichem Umfang im Landesrecht und in Bundesrecht geregelt sind.[422] Die polizeilichen Befugnisse zur Strafverfolgung können vom Landesgesetzgeber nicht über den Rahmen der StPO hinaus erweitert werden, denn die entsprechenden Regelungen sind abschließend getroffen.[423] In Bezug auf § 81h StPO gilt zudem, dass es sich um eine abschließende Spezialnorm handelt, welche den Rückgriff auf andere allgemeine Befugnisnormen verhindern soll.[424] Die DNA-Reihenuntersuchung in der Form, dass Unschuldige zur Mitwirkung aufgefordert werden, um ihre DNA-Identifizierungsmuster mit denen eines Tatverdächtigen abzugleichen, ist somit ausschließlich nach der StPO zu handhaben. Die Auswertung des DNA-Spurenmaterials zum Zwecke der DNA-Reihenuntersuchung ist abschließend in der StPO dahingehend geregelt, dass durch den Verweis in § 81h Abs. 3 StPO auf § 81f Abs. 2 StPO, welcher wiederum auf § 81e Abs. 1 StPO verweist, keine

419 Als die erweiterte DNA-Analyse im BR diskutiert wurde, war dies einer der antizipierten Anwendungsbereiche (BR-Drucks. 117/17, S. 5).

420 *Weichert*, Stellungnahme des Netzwerks Datenschutzexpertise BayPAG, S. 10.

421 *Schoch*, Jura 2013, 1115.

422 *Griesbaum*, in: KK StPO, § 163 Rn. 22.

423 *Schenke*, Polizei- und Ordnungsrecht, Rn. 416.

424 *Krause*, in: LR StPO, § 81h Rn. 5.

Feststellungen hinsichtlich der biogeographischen Herkunft zulässig sind.

Im Umkehrschluss würde dies bedeuten, dass erweiterte DNA-Analyse nach dem PAG zur Auswertung von Spurenmaterial unbekannter Herkunft keinerlei Auswirkungen auf die DNA-Reihenuntersuchung hätte, jedenfalls sofern man von einem rein repressiven Charakter der Maßnahme ausgeht. Anders gestaltet es sich, wenn man annimmt, dass die DNA-Reihenuntersuchung auch einen präventiven Charakter aufweisen könnte. Denn eine Maßnahme kann sowohl in die Zukunft wirken als auch für einen in der Vergangenheit liegenden Sachverhalt bei dessen Aufklärung sachdienlich sein.[425] In der StPO sind solche Normen zudem nicht unbekannt; so können Befragungen, Freiheitsentziehungen, Identitätsfeststellungen, Durchsuchungen und Sicherstellungen sowohl einen repressiven als auch präventiven Charakter aufweisen.[426] Betrachtet man die Analyse des aufgefundenen Spurenmaterials als eigenständige Maßnahme, ist diese sowohl mit präventiven als auch repressiven Motiven möglich, sie findet sich sowohl als Voraussetzung für die repressive DNA-Reihenuntersuchung, als auch im präventiven Gefahrenabwehrrecht nach dem PAG.

Man erkennt eine gewisse Übereinstimmung in den Anwendungsbereichen der erweiterten DNA-Analyse und der DNA-Reihenuntersuchung, immerhin bedarf es für beide Maßnahmen DNA-Spurenmaterials unbekannter Herkunft. Zudem hatten beide einen *Ultima-ratio*-Charakter, indem sie nur angewandt werden durften, wenn andere Maßnahmen erfolglos geblieben waren (§ 81h StPO) bzw. weniger aussichtsreich erschienen (Art. 32 Abs. 1 S. 2 PAG a.F.).[427] Es stellt sich die Frage, ob die Auswertung des aufgefundenen Spurenmaterials unbekannter Herkunft einen repressiven oder einen präventiven Charakter hat, d. h. eher der Gefahrenabwehr oder der Strafverfolgung zuzuordnen sei. Die Auswertung des Materials unbekannter Herkunft auf äußere Merkmale des Verursachers ließe sich mit der DNA-Reihenuntersuchung kombinieren, indem sie verwendet werden könnte, um die Ermittlung der mutmaßlichen Merkmale des Gesuchten durch die

425 *Roggan*, GSZ 2018, 52.

426 *Roggan*, GSZ 2018, 52.

427 Diese Voraussetzung ist in der Neufassung in Art. 32a Abs. 1 PAG entfallen.

Auswertung des Spurenmaterials abzukürzen und die Erstellung des Profils mittels DNA-Phänotypisierung zu beschleunigen. Dies könnte einen erheblichen zeitlichen Vorteil bedeuten und die Ermittlung des Spurenverursachers effizienter gestalten.

aa) Präventiver Charakter einer DNA-Analyse

Konkret wird die Gefahr im Gefahrenabwehrrecht definiert als eine Sachlage, welche im Einzelfall tatsächlich oder jedenfalls aus der prospektiven Sicht des für die Polizei handelnden Amtswalters bei verständiger Würdigung in absehbarer Zeit die hinreichende Wahrscheinlichkeit eines Schadenseintritts zu Lasten der öffentlichen Sicherheit oder Ordnung in sich birgt.[428] Der Schadenseintritt muss nicht in besonderer zeitlicher Nähe zu erwarten sein.[429] Die öffentliche Sicherheit erfasst die Unversehrtheit von Leben, Gesundheit, Freiheit, Ehre und Vermögen des Einzelnen sowie den Bestand und das Funktionieren des Staates und seiner Einrichtungen.[430] Es handelt sich somit um einen Schutz von Individual- und Gemeinschaftsgütern.[431] Die öffentliche Ordnung erfasst wiederum Regeln der Sitte und Moral, in denen die Wertvorstellungen einer Gemeinschaft ihren Niederschlag gefunden haben; wobei diese Wertvorstellungen ihrerseits oftmals durch Normen der Rechtsordnung geschützt werden und somit Bestandteile der öffentlichen Sicherheit sind.[432] Präventive Maßnahmen der Polizeibehörden richten sich darauf, diesen Gefahreneintritt zu verhindern.

Die DNA-Reihenuntersuchung kommt basierend auf den Katalogstraftaten primär bei erfolgten Sexual- und Kapitalverbrechen zum Einsatz bzw. bei einem Versuch solcher Taten. Wortlaut und Zweck schließen den Einsatz der DNA-Reihenuntersuchung in einem frühen Stadium der Ermittlungen prinzipiell nicht aus und gerade bei Sexualdelikten wird die hohe Wiederholungsgefahr bei der Bewertung der Angemessenheit der Anwendung der Maßnahme einbezogen.[433] An dieser Stel-

---

428 *Schenke*, Polizei- und Ordnungsrecht, Rn. 69.
429 *Schenke*, Polizei- und Ordnungsrecht, Rn. 69.
430 *Schenke*, Polizei- und Ordnungsrecht, Rn. 53.
431 *Schenke*, Polizei- und Ordnungsrecht, Rn. 53.
432 *Schenke*, Polizei- und Ordnungsrecht, Rn. 62.
433 *Bosch*, in: KMR StPO, § 81h StPO Rn. 12.

le ist hinzuzufügen, dass nicht auf jedes Sexualdelikt pauschal eine Wiederholungstat folgen muss. Um die Wahrscheinlichkeit einer solchen Wiederholungstat einzuschätzen, bedarf es einer individuellen Prognose durch eine entsprechend ausgebildete Person.[434] Geht man von einem erwachsenen Täter aus, kann jedoch schon eine einmalige Verfehlung auf schwere Persönlichkeitsmängel hindeuten, die weitere Taten befürchten lassen.[435] Mit diesem Erfahrungshorizont ist es nachvollziehbar, dass bei Sexualdelikten, bei denen der Täter unbekannt ist, eine erhöhte Wiederholungsgefahr angenommen wird.

Bereits in dem Begriff ‚Wiederholungsgefahr' wird ein ganz elementarer Zweck der präventiven Maßnahmen aufgegriffen, denn diese sollen Gefahren abwehren. Die Anlasstaten, die den Anwendungsbereich einer DNA-Reihenuntersuchung bestimmen, betreffen insbesondere Leben und Gesundheit der Opfer. Die Verhinderung einer Wiederholungstat weist einen starken präventiven Charakter im Sinne des Gefahrenabwehrrechts auf, sodass der rein repressive Zweck des § 81h StPO in besonderen Fällen angezweifelt werden darf. Sollen mittels einer Maßnahme nach § 81h StPO nicht nur repressive Zwecke verfolgt, sondern auch Wiederholungstaten durch den noch nicht gefassten Täter verhindert werden, fällt die drohende Gefahr, welche abgewandt werden soll, in den Bereich der öffentlichen Sicherheit. Der Zweck der DNA-Reihenuntersuchung deckt sich somit in den Fällen, in denen eine Wiederholungstat vermutet und verhindert werden soll, mit dem Anwendungsbereich einer erweiterten DNA-Analyse nach dem bayerischen Gefahrenabwehrrecht.

Es besteht somit prinzipiell die Möglichkeit, dass die Maßnahme nicht nur einen in der Vergangenheit liegenden Sachverhalt aufklärt, sondern zugleich auch eine noch nicht verwirklichte Straftat verhindern kann.

bb) Echte Doppelfunktion einer Maßnahme

Man spricht von einer echten Doppelfunktion einer Maßnahme, wenn die maßnahmenbedingten Effekte nicht nur präventiver Natur sind,

434 *Guhra*, Neue Kriminalpolitik 2016, 296 (297 f).
435 *Guhra*, Neue Kriminalpolitik 2016, 296 (300).

sondern auch strafverfolgenden Zwecken dienen und letztere nicht nur notwendige oder auch unvermeidbare Begleiterscheinungen sind.[436] In solchen Konstellationen stellt sich die Frage, ob die strafprozessualen oder polizeirechtlichen Normen entscheidend sind.[437] Bislang ging man davon aus, dass die Gefahrenabwehr und Strafverfolgung grundsätzlich nebeneinander und somit in einem Exklusivitätsverhältnis zu einander stehen,[438] welches wiederum dazu führte, dass die Polizeibehörden vor dem Ergreifen der Maßnahme mittels der Schwerpunkttheorie ermitteln mussten, ob der repressive oder präventive Zweck der Maßnahme überwiegt.[439] Wendet man die Schwerpunkttheorie auf die Ausgangslage an, dass man nach einer begangenen Tat eine DNA-Spur unbekannter Herkunft am Tatort auswertet, um den Täter zu identifizieren und eine Wiederholungstat zu verhindern, so überwiegt zunächst auf Grund der bereits begangenen Tat der repressive Charakter. Dass eine Gefahr droht, erfahren die Polizeibehörden nur durch das Vorliegen einer bereits verwirklichten Tat, die ebenso schwer wiegt, wie das vielleicht eintretende Folgedelikt. Der Schwerpunkt der Maßnahme liegt deshalb in der repressiven Strafverfolgung.

Der Schwerpunkttheorie wird jedoch mit Kritik begegnet. Vorgeworfen wird unter anderem, dass sie die möglichen und notwendigen Differenzierungen verdecke und gleichzeitig die Maßstäbe nicht offenlege, nach denen der Schwerpunkt der Maßnahme ermittelt werden soll.[440]

Der Bundesgerichtshof hat in seiner jüngsten Rechtsprechung die Schwerpunkttheorie stellenweise in Frage gestellt.[441] Demnach steht der polizeirechtlichen Rechtmäßigkeit einer Maßnahme nicht entgegen, dass zum Zeitpunkt der Durchführung Anhaltspunkte vorlagen, welche auch ein Vorgehen nach den Normen der StPO gerechtfertigt hätten.[442] Es besteht auch kein Anwendungsvorrang von strafprozessualen Normen gegenüber jenen des Gefahrenabwehrrechts, stattdes-

436 *Roggan*, GSZ 2018, 52.
437 *Roggan*, GSZ 2018, 52.
438 *Gusy*, Polizei- und Ordnungsrecht, Rn. 169.
439 *Roggan*, GSZ 2018, 52.
440 *Schoch*, Jura 2013, 1115 (1118).
441 BGH, NStZ 2017, 651; *Roggan*, GSZ 2018, 52.
442 BGH, NStZ 2017, 651 (654).

sen seien die Normen grundsätzlich nebeneinander anwendbar.[443] Daraus lässt sich schließen, dass die isoliert betrachtete Rechtmäßigkeit der präventiven Maßnahme ausreichend sei, um sie nach polizeirechtlichen Maßstäben zu legitimieren, auch wenn die wiederum nur eingebettet sei in einem im Übrigen auf strafprozessualer Grundlage geführten Verfahren.[444] Dies könnte bedeuten, dass trotz eines repressiven Schwerpunkts der Analyse des aufgefundenen DNA-Spurenmaterials unbekannter Herkunft die erweiterte DNA-Analyse nach dem bayerischen PAG als präventive Maßnahme zulässig sei. Anschließend sei die Verwertung der gewonnenen Informationen aus der erweiterten DNA-Analyse im Rahmen der Erstellung des Täterprofils auf Basis des § 161 Abs. 2 StPO möglich, welches zur Priorisierung der Probanden für die Maßnahme nach § 81h StPO verwendet werden würde.

Die Rechtsprechung des BGH bezieht sich allerdings nur auf Fälle der echten Doppelfunktionalität von Maßnahmen.[445] Ausgenommen sind Maßnahmen, bei denen die ‚Prävention durch Repression' eintritt, d. h. der Betroffene durch die Festnahme an der Fortsetzung seiner Handlung gehindert wird.[446] Im Falle der DNA-Analyse zum Zwecke der Verhinderung einer Wiederholungstat wird dieser präventive Effekt gerade dadurch erwirkt, dass der Täter bei Erfolg der Maßnahme an einer Fortsetzung seiner Taten gehindert wird. Insofern handelt es sich nicht um eine Maßnahme mit echter Doppelfunktion, sondern um ‚Prävention durch Repression'. Der vom Bundesgerichtshof entwickelte Ansatz findet keine Anwendung auf Fälle, in denen DNA-Spurenmaterial sowohl zu präventiven als auch repressiven Zwecken ausgewertet werden könnte. Die erweiterte DNA-Analyse, wie sie im bayerischen PAG vorgesehen ist, kann deshalb nicht in der dargestellten Art und Weise mit der DNA-Reihenuntersuchung kombiniert werden. Damit ist die DNA-Phänotypisierung in der diskutierten Kombination aus repressiven und präventiven Normen des PAG und der StPO für die Auswahl der Probanden einer Reihenuntersuchung nicht relevant.

---

443 BGH, NStZ 2017, 651 (654).
444 *Brodowski*, JZ 2017, 1124 (1126); *Roggan*, GSZ 2018, 52 (53 f.).
445 BGH, NStZ 2017, 651 (653).
446 BGH, NStZ 2017, 651 (653); *Götz/Geis*, Allgemeines Polizei- und Ordnungsrecht, § 18 Rn. 19.

c) Ermittlung der Merkmale anhand der erweiterten DNA-Analyse

Bei Art. 32 PAG war grundsätzlich unklar, ob die Norm verfassungsgemäß war und sie nicht womöglich Art. 1 GG durch einen Eingriff in den absolut geschützten Kernbereich privater Lebensgestaltung verletzte.[447] Ihr dauerhafter Bestand in der bayerischen Rechtsordnung und die regelmäßige Anwendung stand somit von vorneherein auf wackeligen Füßen. Damit sprechen zunächst mehrere Gründe gegen eine DNA-Phänotypisierung, die konventionelle Ermittlungsmethoden zur Erstellung des mutmaßlichen Täterprofils abzulösen droht.

Nichtsdestotrotz muss man sich mit den Folgen eines solchen Szenarios auseinandersetzen, denn während die erweiterte DNA-Analyse für einige Zeit nur Eingang in das bayerische Gefahrenabwehrrecht gefunden hat, handelte es sich nicht nur um ein Vorpreschen der Landesregierung. Zwar scheiterte der erste Gesetzesvorschlag, die erweiterte DNA-Analyse in der StPO zu etablieren. Doch bereits vor Verabschiedung des PAG wurde gemutmaßt, dass es als Muster für weitere Polizeigesetze in Bund und Ländern fungieren soll.[448] Dies wurde auf Grund zahlreicher Proteste und widerstreitenden Einschätzungen zur Verfassungskonformität zunächst ausgebremst.[449] Auch wenn die landesrechtlichen Regelungen der Gefahrenabwehr die präventiven Ermittlungsmaßnahmen betreffen und die bundesrechtliche StPO die repressive Strafverfolgung regelt, muss man sich nur den Gesetzgebungshintergrund des bayerischen PAG vor Augen halten. So ist leicht zu erkennen, dass die Frage, in welchem Umfang die Merkmale bestimmt werden, früher oder später auch im Rahmen der StPO eine erhebliche Rolle spielen musste. Obwohl in der alten Fassung des § 81e Abs. 2 StPO die erweiterte Auswertung von DNA-Spuren auf andere Dinge als Identität, Abstammung und Geschlecht untersagt war (§ 81e Abs. 2 StPO), wurde seit einem Mordfall in Freiburg 2016 im Bundesrat über eine weitere Lockerung der inhaltlichen Auswertung von DNA-Spuren diskutiert.[450]

447 *Petri*, ZD 2018, 453 (457).
448 *Weichert*, Stellungnahme des Netzwerks Datenschutzexpertise zum BayPAG, S. 2.
449 *Petri*, ZD 2018, 453.
450 *Rath*, GSZ 2018, 67 f.

In der 19. Wahlperiode des Bundestages konnten sich schließlich die Befürworter einer erweiterten DNA-Auswertung durchsetzen und vereinbarten im Koalitionsvertrag, dass der § 81e StPO dahingehend geändert werden soll, dass zukünftig die Auswertung von DNA-Spuren auf Haarfarbe, Augenfarbe und das Alter erlaubt sein soll.[451] Die anfängliche Zurückhaltung 2017 auf Bundesebene war somit nur ein vorübergehendes Hindernis. Die Bundesregierung zeigte ihre konkreten Vorstellungen zur Ausgestaltung der erweiterten DNA-Analyse in dem Eckpunktepapier zur Modernisierung des Strafverfahrens Bestrebungen. Es sah vor, § 81e Abs. 2 StPO um die erweiterte DNA-Analyse zu ergänzen.[452] In einem zweiten Anlauf waren diese Bestrebungen schließlich erfolgreich und mit der Änderung des § 81e Abs. 2 StPO vom 10.12.2019 wurde die erweiterte DNA-Analyse auch bundesgesetzliche Realität.

Die Ergänzung gilt seit dem 13.12.2019 und lässt zu, dass molekulargenetische Untersuchungen an aufgefundenem, sichergestelltem oder beschlagnahmtem Material auch hinsichtlich der wahrscheinlichen Haar-, Augen und Hautfarbe sowie des Alters des Spurenlegers durchgeführt werden.[453] Damit bleibt diese Normerweiterung hinter der erweiterten DNA-Analyse nach Art. 32 Abs. 1 PAG a.F. zurück, denn Wahrscheinlichkeiten über die biogeographische Herkunft (engl. "*biogeographical ancestry*", im Folgenden: BGA) des Spurenverursachers dürfen *de lege lata* nicht ermittelt werden. Erkenntnisse über die BGA eines Spurenverursachers dürfen nach Art. 32a PAG n.F. nun auch nach dem bayerischen Gefahrenabwehrrecht nicht mehr gewonnen werden, sodass die erweiterte DNA-Analyse nach der StPO, jedenfalls hinsichtlich des Untersuchungsumfangs, der nach dem aktuellen bayerischen PAG gleicht. Im Gesamten zeigt sich dennoch eine deutliche Tendenz, welche die erweiterte strafprozessuale DNA-Analyse an präventiv wirkende Normen wie dem bayerischen PAG annähert. Insbesondere vor dem Hintergrund der manchmal fehlenden Trennschärfe zwischen präventiven und repressiven Ermittlungsmaßnahmen und dem Vorgreifen einzelner Bundesländer ist zu erwarten, dass die er-

451 *Rath*, GSZ 2018, 67 (68).
452 BT-Drucks. 19/10388, S. 4.
453 BT-Drucks. 19/10388, S. 4.

weiterte DNA-Analyse früher oder später in einem noch umfangreicheren Rahmen in die StPO aufgenommen wird.

Es ist deshalb zu untersuchen, welche Konsequenzen eine erweiterte DNA-Analyse in Kombination mit der DNA-Reihenuntersuchung hat, da die DNA-Reihenuntersuchung in der Durchführung der DNA-Analyse mit § 81e StPO verknüpft ist. Als vorrangiger Anwendungsbereich der erweiterten DNA-Analyse wird schließlich das Erstellen des mutmaßlichen Täterprofils gesehen, welches Anhaltspunkte liefern soll, welche Probanden priorisiert werden.[454] Dabei ist nicht konkretisiert, wie sich diese Maßnahme in die polizeiliche Ermittlungsarbeit einfügen soll. Denkbar ist, dass die erweiterte DNA-Analyse bereits bei Abgleich des DNA-Identifizierungsmusters mit gespeicherten Mustern durchgeführt wird. Die Erkenntnisse können mit Ergebnissen der konventionellen Ermittlungsarbeit auf Übereinstimmungen abgeglichen und ein mögliches Täterprofil entwickelt werden. Eine andere Option besteht darin, sich vollständig auf die Ergebnisse der erweiterten DNA-Analyse zu verlassen und basierend auf den Merkmalen, welche die höchste Wahrscheinlichkeit aufweisen, ein Täterprofil zu erstellen. Mangelt es an anderen Hinweisen auf das äußere Erscheinungsbild, könnte dies sogar die einzige Option sein, um hierüber Informationen zu gewinnen. Die erweiterte DNA-Analyse dient damit ausschließlich der Ermittlungsarbeit. Die Ergebnisse der forensischen DNA-Phänotypisierung erlauben keine individuelle Identifizierung von Personen, als entsprechendes Beweismittel vor Gericht ist nur die STR-Profilanalyse zugelassen.[455]

Dass es denkbar ist, die erweiterte DNA-Analyse sinnvoll in die Ermittlungsarbeit einzubinden, sagt jedoch noch nichts darüber aus, welche rechtlichen Hürden und Probleme hierdurch entstehen könnten. Aus diesem Grund wird im Folgenden die erweiterte DNA-Analyse zum Zwecke der Erstellung eines ‚genetischen Phantombilds' einer kritischen Prüfung unterzogen. Neben verfassungsrechtlichen und datenschutzrechtlichen Bedenken, welche bereits zu dem bayerischen PAG geäußert wurden, wird die erweiterte DNA-Analyse auch wegen der potenziellen Diskriminierung von Minderheiten und überhöhten

---

454 *Beck*, KriPoZ 2017, 160 (163).

455 *Schneider/Prainsack/Kayser*, Deutsches Ärzteblatt 51–52/2019, 873 (875).

Erwartungen seitens der Anwender und der Bevölkerung kritisiert.[456] Diese Kritikpunkte werden im Folgenden einzeln untersucht.

aa) Ein ‚wahrscheinliches Phantombild' basierend auf den äußeren Merkmalen

Der erweiterten DNA-Analyse zur Ermittlung äußerer Merkmale wird generell mit viel Skepsis begegnet. So sei Art. 32 Abs. 1 S. 2 PAG a.F. eine Befugnisnorm, welche ohne erkennbaren Anlass und ohne Notwendigkeit geschaffen wurde, ohne Klarheit zu haben, ob sie in den absolut geschützten Kernbereich privater Lebensgestaltung nach Art. 1 Abs. 1 GG eingreife.[457] Ähnliche Vorwürfe werden nun auch gegen den neugefassten § 81e Abs. 2 StPO erhoben. Doch man muss sich generell mit der Zweckmäßigkeit des Erstellens eines ‚genetischen Phantombilds' auf Basis der molekulargenetischen Untersuchung auseinandersetzen, da die praktische Anwendung mit verschiedenen Problemen und Unzulänglichkeiten verbunden ist. Denn die erweiterte DNA-Analyse bezeichnet im Ergebnis nur die Wahrscheinlichkeit, mit welcher der Spurenverursacher Träger eines bestimmten Merkmals ist, sodass immer von Prognosen, nicht aber Feststellungen die Rede sein kann.[458] Aussagen zur Körpergröße, Gesichtsform, Haarstruktur und Haarausfall ließen sich auf Basis der DNA-Phänotypisierung generell noch nicht treffen, sodass der Vergleich der DNA-Phänotypisierung mit der Erstellung eines genetischen Phantombilds mangels hierfür notwendiger Merkmale nichtzutreffend sei.[459] Ein Phantombild könne mithilfe der in § 81e Abs. 2 StPO vorgesehenen Merkmalen nicht gezeichnet werden, weshalb das Ergebnis der erweiterten DNA-Analyse kaum als genetisches Phantombild bezeichnet werden kann. Stattdessen führe diese Bezeichnung zu einer unrealistischen Vorstellung über die Leistungsfähigkeit der DNA-Phänotypisierung, die sich jedoch be-

456 *Schneider/Prainsack/Kayser*, Deutsches Ärzteblatt 51–52/2019, 873 (878).
457 *Petri*, ZD 2018, 453 (457).
458 *Rath*, GSZ 2018, 67 (68).
459 *Rath*, GSZ 2018, 67 (69).

reits bei den treibenden Kräften hinter dem Gesetzesvorhaben durchgesetzt habe.[460]

Als der entsprechende Gesetzesvorschlag im Bundesrat diskutiert wurde, ging man davon aus, nur folgende Merkmale mit einer relativ hohen Wahrscheinlichkeit feststellen zu können: Die Augenfarben blau oder braun seien mit bis zu 90–95% Wahrscheinlichkeit zu prognostizieren; die Haarfarben rot, blond, braun oder schwarz könnten mit 75–90% Wahrscheinlichkeit prognostiziert werden und ob der Spurenverursacher einen hellen oder dunklen Hauttyp besitze, sei mit 98% zu erkennen.[461] Bei Augenfarben, die nicht blau oder braun sind, ist die Wahrscheinlichkeit der zutreffenden Prognose bereits deutlich geringer und lässt keine zuverlässigen Ergebnisse zu.[462] Auch bei intermediären Hauttypen liegt die Vorhersagewahrscheinlichkeit nur noch bei 84%.[463] Die Prognose der Haarfarbe unterliegt ebenfalls Schwankungen, da sich Haare mit voranschreitendem Alter dunkler färben können – ein Phänomen, welches die Bildung grauer Haare noch nicht einbeziehe.[464] Es entzieht sich somit der Vorhersagbarkeit, in welchem Maße und durch welche genetischen Faktoren die Haare eines Menschen zwischen Kindesalter und Erwachsenenalter eine farbliche Veränderung durchlaufen können.[465] Die Vorhersage des Alters kann bei Personen zwischen 20 und 60 Jahren auf drei bis fünf Jahren genau vorgenommen werden.[466] Doch die dabei bisher etablierten Methoden

460 *Weichert*, Stellungnahme des Netzwerks Datenschutzexpertise zum BayPAG, S. 9 mit Verweisen auf verschiedene Äußerungen einzelner Befürworter der erweiterten DNA-Analyse.

461 *Schneider*, Stellungnahme der Spurenkommission zu den Möglichkeiten und Grenzen der DNA-gestützten Vorhersage äußerer Körpermerkmale, S. 2. Eine tabellarische Aufzählung der verfügbaren forensischen DNA-Testsysteme für die Augen-, Haar-, und Hautfarbe und den jeweiligen Testgenauigkeiten findet sich bei *Schneider/Prainsack/Kayser*, Deutsches Ärzteblatt 51–52/2019, 873 (874 f.).

462 *Schneider*, Stellungnahme der Spurenkommission zu den Möglichkeiten und Grenzen der DNA-gestützten Vorhersage äußerer Körpermerkmale, S. 2.

463 *Schneider*, Stellungnahme der Spurenkommission zu den Möglichkeiten und Grenzen der DNA-gestützten Vorhersage äußerer Körpermerkmale, S. 2.

464 *Schneider*, Stellungnahme der Spurenkommission zu den Möglichkeiten und Grenzen der DNA-gestützten Vorhersage äußerer Körpermerkmale, S. 2.

465 *Jansen*, ZIS 2020, 233 (234); *Caliebe et al.*, FSI: Genetics 2017, 203 (208).

466 *Schneider*, Stellungnahme der Spurenkommission zu den Möglichkeiten und Grenzen der DNA-gestützten Vorhersage äußerer Körpermerkmale, S. 4.

zur Ermittlung des Alters basieren auf einer Untersuchung von Blutproben, für die Anwendung auf andere Tatortspuren, die zur DNA-Analyse geeignet sein könnten (bspw. Speichel oder Spermasekret), müssten erst noch vergleichbare Methoden etabliert werden.[467]

Die oben geschilderten Prognosesicherheiten, welche der Gesetzesänderung zu Grunde lagen, seien nichtzutreffend, so jedenfalls die Stellungnahme des *Netzwerks Datenschutzexpertise*, welches die angegebenen Wahrscheinlichkeiten als irreführend hoch bezeichnet.[468] Die angegebenen Werte lassen nur auf die Testgenauigkeit schließen, was jedoch nicht mit der Genauigkeit von individuellen Testergebnissen verwechselt werden darf.[469]

Die mangelnde Übertragbarkeit der Prognosen auf die Untersuchung einer ‚echten' Tatortspur beginnt bereits bei dem Material, welches zur Analyse verwendet wird. Während bei den bisherigen Studien mit hochwertigem Versuchsmaterial gearbeitet wurde, ist die Vorhersagewahrscheinlichkeit bei DNA-Degradierung des Spurenmaterials oder Kontamination durch die DNA Dritter noch unzureichend untersucht.[470] Aus DNA-Mischspuren können keine eindeutigen Vorhersagen abgeleitet werden, sodass nur Untersuchungsmaterial in Frage kommt, welches von einer Person stammt.[471] Es steht zu befürchten, dass eine Vielzahl an Spuren nicht für die erweiterte DNA-Analyse zugelassen werden dürfte, sodass die Geeignetheit der Maßnahme bereits an dem zur Verfügung stehenden Spurenmaterial scheitern könnte.[472] Gelingt eine Untersuchung, ist davon auszugehen, dass die Prognosewahrscheinlichkeiten niedriger ausfallen und je nach untersuchter Gruppe und Eigenschaft erheblichen Schwankungen unterliegen dürften.[473] Denn die angegebenen Wahrscheinlichkeiten zu den einzelnen Merkmalen basieren auf einer ‚idealen' DNA-Phänotypisie-

467 *Schneider*, Stellungnahme der Spurenkommission zu den Möglichkeiten und Grenzen der DNA-gestützten Vorhersage äußerer Körpermerkmale, S. 4.

468 *Weichert*, Stellungnahme des Netzwerks Datenschutzexpertise zum BayPAG, S. 10.

469 *Jansen*, ZIS 2020, 233; *Schneider, Prainsack, Kayser,* Deutsches Ärzteblatt 51–52/2019, 873 (876).

470 *Weichert*, Stellungnahme des Netzwerks Datenschutzexpertise zum BayPAG, S. 11.

471 *Schneider*, Stellungnahme der Spurenkommission zu den Möglichkeiten und Grenzen der DNA-gestützten Vorhersage äußerer Körpermerkmale, S. 2.

472 *Weichert*, Stellungnahme des Netzwerks Datenschutzexpertise zum BayPAG, S. 11.

473 *Caliebe/Krawczak/Kayser*, FSI: Genetics 2018, e7 (e8).

rung, bei der nicht klar ist, ob sich die Ergebnisse als populationsunabhängig erweisen.[474] Es ist somit nicht sinnvoll, pauschale forensische Wahrscheinlichkeitsaussagen zu tätigen. Solche müssten stattdessen für jedes Merkmal individuell unter Bezugnahme auf das angewandte Modell und die verfügbaren Referenzdaten getroffen werden.[475]

Zudem bestehen Unklarheiten über korrelierende Faktoren, welche ebenfalls kausal für die Haar-, Augen- und Hautfarbe sein können, sodass die DNA-Phänotypisierung in ihren Methoden und Modellen, die zur Vorhersage verwendet werden, unvollständig ist.[476] So können genetische Marker, die noch nicht in diesem Zusammenhang identifiziert wurden, Bevölkerungszugehörigkeit und Umweltfaktoren die Vorhersagen beeinflussen.[477]

Ein weiteres Risiko besteht bei ohnehin seltenen auftretenden Merkmalen. Am Beispiel der Augenfarbe zeigen weiterführende Analysen, dass die Vorhersagewahrscheinlichkeit für braune Augen in Populationen, in denen dieses Merkmal selten auftritt, auf bis zu 65% sinkt.[478] Dies weist auf eine Gefahr der Doppeldiskriminierung hin: Die Genauigkeit der Vorhersage bei seltenen Merkmalen kann ungenauer werden, doch gerade bei seltenen Merkmalen erscheint es hilfreich, sich auf diese kleinere Gruppe der Merkmalsträger zu konzentrieren, sodass systembedingt ein doppeltes Diskriminierungsrisiko entsteht.[479] Dieses Risiko liegt nicht nur in der neutralen wissenschaftlichen Untersuchung. Es schlägt sich auch in der Veröffentlichung der Ergebnisse nieder. Hierbei ist zu beachten, dass in der breiten Bevölkerung Ergebnisse aus der DNA-Analyse womöglich unkritischer für wahr gehalten werden. Die Wahrscheinlichkeiten werden dann mit Tatsachen verwechselt und weniger hinterfragt als ein von Zeugenaussagen erstelltes Phantombild.[480] Diesem Diskriminierungspotenzial muss mit entsprechender Kommunikation seitens der Ermittlungsbehörden begegnet werden.

---

474 *Buchanan* u.a., FSI: Genetics 2018, e13.
475 *Weichert*, Stellungnahme des Netzwerks Datenschutzexpertise zum BayPAG, S. 10.
476 *Buchanan u.a.*, FSI: Genetics 2018, e13.
477 *Buchanan u.a.*, FSI: Genetics 2018, e13.
478 *Weichert*, Stellungnahme des Netzwerks Datenschutzexpertise zum BayPAG, S. 10.
479 *Weichert*, Stellungnahme des Netzwerks Datenschutzexpertise zum BayPAG, S. 10.
480 *Becker*, in: FS Graf-Schlicker, 429 (434).

Zwar sehen die Neufassungen des § 81e StPO und Art. 32a Abs. 1 PAG n.F. keine Rückschlüsse auf die BGA des Spurenverursachers vor, dennoch werden die Bedenken hierzu der Vollständigkeit halber aufgenommen. Immerhin haben sich in der Vergangenheit im Bundesrat bereits mindestens zwei Bundesländer gefunden, welche diesen Erkenntnisgewinn für notwendig halten und für drei Jahre durften DNA-Spuren unbekannter Herkunft in Bayern zur Gefahrenabwehr auf die BGA untersucht werden. Es steht somit zu befürchten, dass die erweiterte DNA-Analyse in der StPO um dieses Merkmal ergänzt werden könnte. Zu dem Merkmal der BGA ist zunächst festzustellen, dass sich daraus keine Rückschlüsse auf das äußere Erscheinungsbild eines Menschen gewinnen lassen.[481] Die für die Ergebnisse entscheidenden Referenzdatenbanken sind in Deutschland auf reine Bevölkerungsgruppen ausgerichtet.[482] Sie basieren auf der Untersuchung der mitochondrialen bzw. Y-chromosomalen Marker, die jeweils die väterliche oder mütterliche Abstammung beschreiben, da diese Marker in der väterlichen oder mütterlichen Linie weitervererbt werden und sich über mehrere Generationen zurückverfolgen lassen. Diese Methode ist allerdings nicht geeignet, um multiethnische Gesellschaften, Beziehungen zwischen Menschen unterschiedlicher Herkunft und Migration widerzuspiegeln.[483] Ein Phänotyp kann anhand der Information nicht ermittelt werden. Gegenteiliges kann man nur behaupten, wenn man biogeographische Herkunft mit Ethnizität verwechselt und aufgrund von Vorurteilen vermutet, dass sich daraus definierte äußere Merkmale herleiten ließen.[484] Sollte versucht werden aus den Erkenntnissen über die biogenetische Herkunft Informationen für den Kreis der Merkmalsträger zu gewinnen, ist überaus fraglich, wie geeignet diese Erkenntnisse sind, um daraus ein Täterprofil zu erstellen.[485] Zum einen, weil etwaige Probanden höchstwahrscheinlich ihre eigene biogeographische Herkunft ohne entsprechenden Test nicht kennen und sich der Gruppe der Merkmalsträger unter Umständen nicht zugehörig fühlen. Zum anderen wäre es nicht zielführend, basierend auf

481 *Buchanan u.a.*, FSI:Genetics 2018, e13.
482 *Weichert*, Stellungnahme des Netzwerks Datenschutzexpertise zum BayPAG, S. 10.
483 *Weichert*, Stellungnahme des Netzwerks Datenschutzexpertise zum BayPAG, S. 10.
484 *Weichert*, Stellungnahme des Netzwerks Datenschutzexpertise zum BayPAG, S. 10.
485 *Weinrich*, NVwZ 2018, 1680 (1684).

den Erkenntnissen der BGA den Phänotypen bestimmen zu wollen und das Untersuchungsergebnis mit definierten äußeren Merkmalen verbinden zu wollen.[486] Dies würde, wie in Stellungnahmen zum bayerischen PAG treffend formuliert wurde, an „dunkle Zeiten der deutschen Geschichte" erinnern.[487]

Die vorangehende Auseinandersetzung bezieht sich zunächst nur darauf, dass die Prognosen bei der DNA-Phänotypisierung noch nicht weit genug ausgereift sind, um die Ergebnisse dazu zu nutzen, ein ‚genetisches Phantombild' zu erstellen, obwohl in der Diskussion von den Befürwortern oftmals genau dieser Eindruck erweckt wird. Doch selbst wenn eine zutreffende Prognose vorliegt, heißt dies nicht, dass damit zuverlässig ein äußeres Merkmal des Spurenverursachers identifiziert wurde. Immerhin lässt sich die Haarfarbe ohne viele Umstände färben, auch die Augenfarbe kann im Laufe der Zeit variieren oder durch Kontaktlinsen modifiziert werden.[488] Sogar das biologische und das nach außen erkennbare Geschlecht können divergieren.[489] Auch die Hautfarbe ist nachträglich veränderbar.[490] In diesem Kontext ist zu berücksichtigen, dass diese Argumente keineswegs neu sind. *Hasselbach* hat eben diese bereits 2008 vorgebracht, um zu erläutern, wieso ein genetisches Phantombild allein anhand der phänotypischen Merkmale nicht erstellt werden könne.[491] Trotz ständiger Fortschritte im Bereich der DNA-Analyse bestehen damit auch Jahre später dieselben Bedenken und Lücken im Forschungsstand. Es ist zu vermuten, dass die entsprechenden Gene und Wechselwirkungen der DNA augenscheinlich immer noch nicht ausreichend bekannt sind.

Dass die DNA-Phänotypisierung keineswegs unfehlbar ist, lässt sich anschaulich mit einem Fall aus der praktischen Anwendung stützen. Große Bekanntheit erlangte der Fall des ‚Heilbronner Phantoms', bei dem zur Aufklärung des Mordes an einer Polizistin infolge der Nut-

486 *Weichert/Momsen*, Focus v. 14.05.2018, DNA-Analyse im neuen Polizeigesetz ist voller Rechtsfragen und Risiken.
487 *Weichert/Momsen*, Focus v. 14.05.2018, DNA-Analyse im neuen Polizeigesetz ist voller Rechtsfragen und Risiken.
488 *Weinrich*, NVwZ 2018, 1680 (1684).
489 *Weinrich*, NVwZ 2018, 1680 (1683 f.).
490 *Weinrich*, NVwZ 2018, 1680 (1684).
491 *Hasselbach*, Die Novellierung der forensischen DNA-Analyse, S. 177.

zung eines gesetzlichen Graubereichs eine erweiterte DNA-Analyse durchgeführt wurde und infolgedessen öffentlich nach einer Frau ‚aus dem Zigeuner-Milieu' gefahndet wurde.[492] Schließlich stellte sich nach zahlreichen Untersuchungen Unschuldiger heraus, dass die Spur von einer Mitarbeiterin jener Firma stammte, welche die von den Forensikern verwendeten Wattestäbchen hergestellt hatte.[493] Dieser Vorfall beschreibt eindrucksvoll, wie groß die Gefahr einer ‚Hexenjagd' ist und dass basierend auf der erweiterten DNA-Analyse Pauschalverdächtigungen zu Lasten von Minderheiten um sich greifen können.[494]

Die molekulargenetische Untersuchung zum Erkenntnisgewinn über die äußeren Merkmale des Spurenverursachers weist deshalb erhebliche Risiken auf, welche sorgfältig abgewogen werden müssen.[495] Die DNA-Phänotypisierung ist weit davon entfernt, zu sicheren Ergebnissen zu führen. Die Prognosewahrscheinlichkeiten fallen zwar zunächst hoch aus, schaffen es allerdings nicht, jede Merkmalskombination mit derselben Sicherheit und Reliabilität abzubilden. Um diese Defizite auszuräumen, wurde ein von der Europäischen Union gefördertes Projekt ins Leben gerufen, welches gerade den Fokus hat, die erweiterte DNA-Analyse zu verbessern und darauf basierend das Erstellen eines Phantombilds zu ermöglichen.[496] Sollte das Projekt der Europäischen Union Erfolge verbuchen, kämen diese verspätet im Hinblick auf die bereits gesetzlich legitimierte erweiterte DNA-Analyse. Diese darf und soll durchgeführt werden mit den derzeit noch limitierten Möglichkeiten. Doch auch wenn sich die Prognose äußerer Merkmale des Spurenverursachers durch die Fortentwicklung bestehender Methoden verbessern ließe, hindert es den Spurenverursacher nicht daran, sein Äußeres derart zu verändern, dass das prognostizierte Äußere und tatsächliche Erscheinungsbild auseinanderfallen.

Bezugnehmend auf die denkbaren Anwendungsbereiche ist davon abzuraten, allein basierend auf der erweiterten DNA-Analyse Rückschlüsse auf das äußere Erscheinungsbild herzuleiten. Es besteht die

492 *Schreiber*, ZRP 2019, 105 (107).
493 *Schreiber*, ZRP 2019, 105 (107).
494 *Schreiber*, ZRP 2019, 105 (107).
495 *Weinrich*, NVwZ 2018, 1680 (1684).
496 BT-Drucks. 18/13411, S. 9.

erhebliche Gefahr, unzutreffendes aus den Wahrscheinlichkeiten abzuleiten. Stattdessen empfiehlt es sich, die erweiterte DNA-Analyse mit konventionellen Ermittlungsmethoden zu kombinieren und die Wahrscheinlichkeiten zu den äußeren Merkmalen als Hinweise, keinesfalls jedoch als Tatsachen einzuordnen. Können konventionell ermittelte Hinweise auf das äußere Erscheinungsbild mit einer relativ hohen Wahrscheinlichkeit durch die erweiterte DNA-Analyse angenommen werden, kann aus ihnen ein Täterprofil erstellt werden. Sollte aus Mangel an Hinweisen überhaupt kein Täterprofil erstellt werden können, sind im Interesse der Eingrenzung des Probandenkreises Wahrscheinlichkeiten zu einem möglichen Täterprofil wertvoller als eine nahezu willkürliche Auswahl an Probanden. Dies stellt eine besondere Interessenlage dar, welche nicht voreilig angenommen werden darf, um die Ermittlungsarbeit abzukürzen. Ob die ermittelten Wahrscheinlichkeiten tatsächlich zur Priorisierung der Probanden angewandt werden, muss zudem im Einzelfall anhand der ermittelten Werte entschieden werden.

bb) Datenschutzrechtliche Erwägungen

Obwohl Polizei- und Strafverfahrensrecht Wesenskern der staatlichen Souveränität ist, unterliegt das Sicherheits(verfassungs)recht zunehmend der Europäisierung.[497] Das neue EU-Datenschutzrecht ist von erheblicher Bedeutung und ist verankert in der Charta der Grundrechte der Europäischen Union (GR-Charta),[498] weshalb die Bedeutung dieser Regelungen im nationalen Recht nicht unterschätzt werden darf.[499]

Im Kontext der DNA-Analyse ist die Kompetenz der EU für den Datenschutz und den freien Datenverkehr nach Art. 16 Abs. 2 AEUV besonders relevant. Basierend auf dieser Kompetenz entstanden die DS-GVO (Datenschutz-Grundverordnung) und gleichzeitig die DSRL-JI (vollständiger Titel: Richtlinie (EU) 2016/680 zum Schutz natürlicher Personen bei der Verarbeitung personenbezogener Daten durch die

---

497 *Schwabenhauer*, in: Lisken/Denninger, HdB des PolR, G. Rn. 337 f.

498 *Albrecht*, CR 2016, 88 (89).

499 *Schwabenhauer*, in: Lisken/Denninger, HdB des PolR, G. Rn. 380.

zuständigen Behörden zum Zwecke der Verhütung, Ermittlung, Aufdeckung oder Verfolgung von Straftaten oder der Strafvollstreckung sowie zum freien Datenverkehr und zur Aufhebung des Rahmenbeschlusses 2008/977/JI).[500] Der sachliche Anwendungsbereich des DS-GVO enthält mehrere Ausnahmen, eine davon betrifft die Straftatenbekämpfung und Gefahrenabwehr.[501] Hier greift die DSRI-JI (im Folgenden JIRL genannt), welche Anwendung findet bei Verfahren, die der Verhütung, Ermittlung, Aufdeckung oder Verfolgung von Straftaten oder Ordnungswidrigkeiten dienen.[502] Die JIRL regelt dabei nicht nur die Zusammenarbeit und den Austausch zwischen den zuständigen Behörden der Mitgliedstaaten, sie reguliert auch erstmals die rein innerstaatliche Datenverarbeitung.[503] Sie soll den Besonderheiten des Strafverfolgungs- und Gefahrenabwehrrechts spezifisch Rechnung tragen und ist vorrangig vor der DS-GVO anzuwenden (vgl. Art. 2 Abs. 2 d) DS-GVO).[504] Die europarechtliche Richtlinie gilt wie die DS-GVO für die ganz oder teilweise automatisierte Verarbeitung personenbezogener Daten sowie für die nichtautomatisierte Verarbeitung personenbezogener Daten, die in einem Dateisystem gespeichert sind oder gespeichert werden sollen.[505]

Genetische Daten werden in der DS-GVO in Art. 4 Nr. 13 aufgegriffen und wortgleich in Art. 3 Nr. 12 JIRL definiert als Daten über die ererbten oder erworbenen genetischen Eigenschaften einer Person, die aus der Analyse einer biologischen Probe der betreffenden natürlichen Person, insbesondere durch eine Chromosomen-, Desoxyribonukleinsäure- oder Ribonukleinsäureanalyse oder der Analyse eines anderen Elements, durch welche gleichwertige Informationen gewonnen werden können.[506] Die Ergebnisse einer DNA-Analyse, die im Rahmen des § 81e bzw. § 81h StPO vorgenommen wird, fallen somit in jedem

500 *Albrecht*, CR 2016, 88 (89).

501 *Roßnagel*, in: Simitis/Hornung/Spieker (Hrsg.), Datenschutzrecht, Art. 2 DSGVO Rn. 37.

502 *Schwabenhauer*, in: Lisken/Denninger, HdB des PolR, G. Rn. 372.

503 *Schwabenhauer*, in: Lisken/Denninger, HdB des PolR, G. Rn. 342.

504 *Schwabenhauer*, in: Lisken/Denninger, HdB des PolR, G. Rn. 343.

505 *Roßnagel*, in: Simitis/Hornung/Spiecker (Hrsg.), Datenschutzrecht, Art. 2 DS-GVO Rn. 38.

506 *Weichert*, in: Däubler/Wedde/Weichert/Sommer (Hrsg.), EU-DSGVO und BDSG, Art. 4 DSGVO Rn. 124.

Fall unter den Begriff der genetischen Daten und unterliegen den europarechtlichen Vorschriften zum Datenschutz. Zudem handelt es sich bei genetischen Daten um biometrische Identifizierungsdaten, die eine sichere personale Zuordnung ermöglichen, weshalb auch Art. 4 Nr. 14 DS-GVO bzw. vorrangig Art. 3 Nr. 13 JIRL einschlägig ist.[507] Die Verarbeitung von genetischen oder biometrischen Daten ist nach Art. 10 JIRL, nur dann erlaubt, wenn sie unbedingt erforderlich ist und vorbehaltlich geeigneter Garantien für die Rechte und Freiheiten der betroffenen Personen erfolgt und a) nach dem Unionsrecht oder dem Recht der Mitgliedsstaaten zulässig ist, b) der Wahrung lebenswichtiger Interessen der betroffenen oder einer anderen natürlichen Person dient oder c) wenn sie sich auf Daten bezieht, welche die betroffene Person offensichtlich öffentlich gemacht hat.

EU-Richtlinien gelten im Gegensatz zu EU-Verordnungen nicht unmittelbar und allgemein. Stattdessen sind die Mitgliedstaaten angehalten, die verbindlichen Ziele der Richtlinie in ihr nationales Recht umzusetzen.[508] Dieser Pflicht zur Richtlinienumsetzung in nationales Recht ist die Bundesrepublik im Rahmen des neugefassten BDSG nachgekommen, dessen 3. Teil die Bestimmungen zur Verarbeitung zu Zwecken gem. Art. 1 Abs. 1 der JIRL enthält.[509] In § 46 Nr. 11 BDSG werden genetische Daten im Sinne der europäischen Vorschriften definiert, ebenso wie biometrische Daten in § 46 Nr. 12 BDSG. Genetische und biometrische Daten werden zusammen mit Daten, aus den aus denen die rassische oder ethnische Herkunft, politische Meinungen, religiöse oder weltanschauliche Überzeugungen oder die Gewerkschaftszugehörigkeit hervorgehen, Gesundheitsdaten und Daten zum Sexualleben oder zur sexuellen Orientierung als ‚besondere Kategorien personenbezogener Daten' in § 46 Nr. 14 BDSG zusammengefasst. Der Gesetzgeber hat somit im Grunde genommen die Definitionen nach Art. 4 DS-GVO wörtlich übernommen. Lediglich der Begriff der ‚besonderen Kategorien personenbezogener Daten' ist nicht in Art. 4 DS-

507 *Weichert*, in: Däubler/Wedde/Weichert/Sommer (Hrsg.), EU-DSGVO und BDSG, Art. 4 DSGVO Rn. 130 f.; *Weichert*, Stellungnahme des Netzwerks Datenschutzexpertise zum BayPAG, S. 5.

508 *Schwabenhauer*, in: Lisken/Denninger, HdB des PolR, G. Rn. 380.

509 *Weichert*, in: Däubler/Wedde/Weichert/Sommer (Hrsg.), EU-DSGVO und BDSG, Einleitung BDSG Rn. 20.

GVO definiert, sondern wird in Art. 9 Abs. 1 DS-GVO aufgegriffen.[510] Kleinere Abweichungen zwischen § 46 BDSG und den Definitionen der DS-GVO sind überwiegend rein sprachlicher Natur und führen in der Praxis zu keinen maßgeblichen Auswirkungen.[511]

Für diese besonderen Kategorien personenbezogener Daten gilt nach Art. 48 Abs. 1 BDSG, dass ihre Verarbeitung nur zulässig ist, wenn sie zur Aufgabenerfüllung unbedingt notwendig ist und sie unter geeigneten Garantien für die Rechtsgüter der betroffenen Personen erfolgt. Mit diesen Vorschriften des BDSG hat der Gesetzgeber Art. 10 JIRL umgesetzt. Allerdings verfolgt das BDSG einen anderen Ansatz als die JIRL, indem die Verarbeitung sensibler Daten nicht wie in der Richtlinie generell untersagt wird und nur bei spezifischen Ausnahmen von dem Verbot abgewichen darf. Stattdessen wird die Verarbeitung der Daten dieser besonderen Kategorie für zulässig erklärt, sofern sie zur Aufgabenerfüllung der öffentlichen Stelle unbedingt erforderlich ist, was im Grunde zur Schaffung eines eher weiten Tatbestands führt.[512]

Im Falle der erweiterten DNA-Analyse nach § 81e StPO mangelt es an einer Gesetzesbegründung, welche die unbedingte Erforderlichkeit belegen könnte. Die Untersuchungsmethode soll stattdessen lediglich der Vermehrung der Erkenntnismöglichkeiten dienen und in ihrer Funktion einer Zeugenaussage ähneln.[513] Betrachtet man die erweiterte DNA-Analyse im PAG, muss man feststellen, dass auch hier die JIRL nicht ausreichend berücksichtigt wurde und eine Begründung der Erforderlichkeit der Verarbeitung der sensiblen und besonders geschützten Daten nicht erfolgte.[514] Fraglich ist, wie die Rechte und Freiheiten des Betroffenen in geeigneter Weise garantiert werden könnten. Generell kann es sich bei diesen Garantien um materiell-rechtliche Anforderungen handeln, um einen spezifischen Kernbereichsschutz und Diskriminierungsverbote oder um Anforderungen an das Verfahren, an Kontrollen, Standards, an Zertifizierungen oder an Evaluierun-

510 *Plath*, in: Plath (Hrsg.), DSGVO/BDSG, § 46 BDSG Rn. 2.
511 *Plath*, in: Plath (Hrsg.), DSGVO/BDSG, § 46 BDSG Rn. 4.
512 *Plath*, in: Plath (Hrsg.), DSGVO/BDSG, § 48 BDSG Rn. 2.
513 BT-Drucks. 19/14747, S. 27.
514 *Weichert*, Stellungnahme des Netzwerks Datenschutzexpertise zum BayPAG, S. 5.

gen.[515] Hinsichtlich der Garantien, welche die betroffenen Rechtsgüter bei der Verarbeitung schützen sollen, finden sich in § 48 Abs. 2 BDSG konkrete mögliche Maßnahmen. Geeignete Garantien können demnach insbesondere sein:

1. *spezifische Anforderungen an die Datensicherheit oder die Datenschutzkontrolle,*
2. *die Festlegung von besonderen Aussonderungsprüffristen,*
3. *die Sensibilisierung der an Verarbeitungsvorgängen Beteiligten,*
4. *die Beschränkung des Zugangs zu den personenbezogenen Daten innerhalb der verantwortlichen Stelle,*
5. *die von anderen Daten getrennte Verarbeitung,*
6. *die Pseudonymisierung personenbezogener Daten,*
7. *die Verschlüsselung personenbezogener Daten oder*
8. *spezifische Verfahrensregelungen, die im Fall einer Übermittlung oder Verarbeitung für andere Zwecke die Rechtmäßigkeit der Verarbeitung sicherstellen.*

Prinzipiell regeln die §§ 81e ff. StPO, dass die DNA-Analyse nur für Delikte von erheblicher Bedeutung vorgesehen ist, welche in jedem Einzelfall anhand einer individuellen Abwägung festgestellt werden muss und nicht pauschal festgestellt werden darf.[516] Dennoch besteht die berechtigte Sorge, dass die erweiterte DNA-Analyse auf Grund der niedrigen Materialkosten trotz eines einschränkenden rechtlichen Rahmens, der die dargestellten Maßnahmen aufgreift, zu einer Standardmaßnahme mutiert.[517]

Diese Negativprognose stützt sich insbesondere darauf, dass derzeit die strafprozessrechtlichen Maßnahmen der DNA-Erhebung, -Speicherung und -Nutzung in der Praxis weit über das gesetzlich zugelassene Maß hinaus angewendet werden, sodass die bestehenden Rechtsschutzmöglichkeiten nicht genügen, um eine rechtskonforme Praxis sicherzustellen.[518] Angesichts der besonderen Kategorie, welcher die sensiblen Daten der DNA angehören, reichen die bestehenden Maßnahmen somit nicht aus, um den Datenschutz im Sinne

515 *Weichert*, DuD 2018, 358 (359).
516 *Weichert*, DuD 2018, 358 (360).
517 *Weichert*, DuD 2018, 358 (360).
518 *Weichert*, DuD 2018, 358 (360).

der JIRL und des BDSG zu garantieren. Die dahingehende Erweiterung des Wortlauts des § 81e Abs. 2 StPO, welcher die DNA-Phänotypisierung ermöglicht, ist nicht ausreichend, um das Verfahren datenschutzrechtlich zulässig zu gestalten. Stattdessen forderten auch Befürworter der erweiterten DNA-Analyse, dass ihre Einführung einherginge mit einer gesetzlich verankerten Subsidiaritätsklausel der DNA-Phänotypisierung im Verhältnis zur bereits zulässigen DNA-Vergleichsuntersuchung, einem Richtervorbehalt, einem ausdrücklichen Beweisverwertungsverbot für etwaige Überschussinformationen sowie einem abschließenden Katalog jener Straftaten, welche eine erweiterte DNA-Analyse legitimieren.[519]

Diese Maßnahmen haben keinen Eingang in den neugefassten § 81e Abs. 2 StPO gefunden. Auch wenn sie in Zukunft Teil des neugefassten § 81e Abs. 2 StPO werden sollten, bleibt zu beachten, dass die (noch) im dreistelligen Bereich angesiedelten Kosten der DNA-Phänotypisierung mit fortlaufender Entwicklung des Verfahrens weiterhin sinken werden und die Hemmschwelle, die erweiterte DNA-Analyse anzuwenden, ebenfalls niedriger angesiedelt sein wird.[520] Da bereits hinsichtlich anderer Verfahren mit Bezug zur DNA-Analysen ähnliches beobachtet wurde, wäre es eine sinnvolle Maßnahme, die bestehenden Rechtsschutzmöglichkeiten für die Betroffenen auszubauen. Ein Ansatz hierfür zeigt sich in §§ 55 ff. BDSG. Doch da die erweiterte DNA-Analyse an Spurenmaterial unbekannter Herkunft durchgeführt wird, bleibt zu befürchten, dass diese Rechtsschutzmaßnahmen ohnehin ins Leere führen, da der Betroffene sich des fragwürdigen Umgangs mit seinen sensiblen Daten nicht bewusst sein kann. Ein Eingriff in das Recht auf informationelle Selbstbestimmung scheidet jedoch nicht bereits deshalb aus, weil der Spurenleger von der Untersuchung keine Kenntnis hat.[521] Stattdessen muss die Bedeutung des Datenschutzes und insbesondere der sensiblen Daten durch erhöhte Kontrollmaßnahmen und Sanktionen bei Verstößen bei den zuständigen Behörden und öffentlichen Stellen in den Vordergrund gerückt werden. Ähnlich wie die DSGVO neue Dokumentations- und Auskunftspflichten

519 *Schreiber*, ZRP 2019, 105 (107).
520 *Weichert*, DuD 2018, 358 (360).
521 *Graalmann-Scheerer*, ZRP 2002, 72 (73).

im Bereich des Datenschutzes eingeführt hat, müssen entsprechende Pflichten, welche den Verantwortlichen oder den Auftragsverarbeiter nach §§ 62 ff. BDSG treffen, im Anwendungsbereich der Datenverarbeitung zu Zwecken der Gefahrenabwehr oder Strafverfolgung konsequent eingehalten werden.

cc) Verfassungsrechtliche Bedenken

Nicht nur auf europarechtlicher Ebene bestehen Schwierigkeiten und rechtliche Fallstricke für die erweiterte DNA-Analyse, auch das Verfassungsrecht ist von erheblicher Bedeutung und kann diese Maßnahme womöglich gänzlich zu Fall bringen. Zwar kann in das Recht auf informationelle Selbstbestimmung auf Grund eines allgemeinen Gesetzesvorbehalts in Art. 2 Abs. 1 GG eingegriffen werden. Dies gilt allerdings nicht für den unantastbaren Kernbereich der Persönlichkeit, der durch die Menschenwürdegarantie in Art. 1 Abs. 1 GG vor jeglichen Eingriffen geschützt wird.[522] Diese Differenzierung spielt bei DNA-Analysen eine ganz erhebliche Rolle. Immerhin hat das Bundesverfassungsgericht in der Vergangenheit den codierenden Anteil der DNA als absolut geschützten Kernbereich der Persönlichkeit klassifiziert. Eine Eingriffsermächtigung in diesen Anteil der DNA wäre nicht verfassungsgemäß, da Rückschlüsse auf persönlichkeitsrelevante Merkmale wie Erbanlagen, Charaktereigenschaften oder Krankheiten des Betroffenen, also auf ein Persönlichkeitsprofil, gezogen werden könnten. So wäre der absolut geschützt Kernbereich der Persönlichkeit betroffen.[523]

Um zu entscheiden, ob die Verfassungsrechte desjenigen, dessen DNA einer erweiterten Untersuchung unterzogen wird, verletzt werden, muss untersucht werden, wie weit diese Analyse in die Rechte aus Art. 1 Abs. 1 GG eingreift. Besonders kritisch ist die Unklarheit, inwiefern die erweiterte DNA-Analyse den codierenden Bereich der DNA betrifft und somit die molekulargenetische Untersuchung Rückschlüsse auf persönlichkeitsrelevante Merkmale wie Erbanlagen, Charakter-

522 BVerfG, NJW 1990, 563.
523 BVerfG, NJW 2001, 879 (880).

eigenschaften oder Krankheiten des Betroffenen ermöglicht.[524] Vom bayerischen Gesetzgeber wurde diese Problematik jedenfalls nicht geklärt, sondern nur festgelegt, dass andere Merkmale als die gesetzlich normierten nicht festgestellt werden dürfen. Somit ist noch offen, inwiefern der codierende Anteil der DNA bei der molekulargenetischen Untersuchung betroffen ist und ob eine molekulargenetische Untersuchung codierender Anteile der DNA womöglich zwingend Feststellungen mit sich bringt, welche den Kernbereich der Persönlichkeit betreffen.[525]

In diesem Zusammenhang finden sich auch Stimmen, welche von Gesetzgebung und Rechtsprechung ein Aufgeben der Unterteilung in codierenden und nicht-codierenden Anteil der DNA fordern.[526] Der Gesetzgeber hat die molekulargenetischen Untersuchungen bewusst nicht auf die nicht-codierenden Bereiche beschränkt. Stattdessen geht die Differenzierung auf die Rechtsprechung des Bundesgerichtshofs und des Bundesverfassungsgerichts zurück.[527] Zudem hat der Gesetzgeber mit der Eingriffsermächtigung hinsichtlich des Ermittelns des Geschlechts bereits argumentiert, dass dies ein Merkmal sei, welches äußerlich erkennbar und weniger schutzwürdig sei. Er eröffnete somit den Argumentationsspielraum, dass das Auswerten der DNA auf äußerlich erkennbare Merkmale keinen Eingriff in den absolut geschützten Kernbereich der Persönlichkeit darstelle.[528] Insofern könne man die erweiterte DNA-Analyse ohne Schwierigkeiten auf weitere äußerlich erkennbare Merkmale erweitern, da das Feststellen dieser Merkmale nicht mit der Ausforschung schutzbedürftiger genetischer Anlagen des Betroffenen zu vergleichen sei.[529]

Zudem sei zweifelhaft, ob jede Untersuchung im codierenden Bereich pauschal als nicht zu rechtfertigender Eingriff in das Recht auf informationelle Selbstbestimmung eingeordnet werden könne.[530] Weiterhin sei auf dem heutigen Stand der Wissenschaft nicht länger vertretbar,

524 *Petri*, ZD 2018, 453 (457).
525 *Petri*, ZD 2018, 453 (458).
526 *Beck*, KriPoZ 2017, 160 (161).
527 *Beck*, Die DNA-Analyse im Strafverfahren, 106.
528 *Beck*, Die DNA-Analyse im Strafverfahren, 108.
529 BT-Drucks. 19/14747, S. 27.
530 *Beck*, Die DNA-Analyse im Strafverfahren, 107.

dass es sich bei den nicht-codierenden Bereichen wirklich um inhaltsleere „Junk"-DNA handelt, deren Auswertung keine Rückschlüsse auf Krankheitsbilder zuließe.[531] Verschiedene Beispiele aus der DNA-Forschung würden auf Zusammenhänge zwischen den Informationen aus so genannten nicht-codierenden DNA-Abschnitten und verschiedenen Krankheitsbildern hinweisen, sodass nicht von völlig inhaltsfreien Bereichen gesprochen werden könne.[532] Somit käme es auch bei der Untersuchung der nicht-codierenden Bereiche zu Erkenntnissen, die sensible Informationen hinsichtlich möglicher Erbkrankheiten betreffen und dem absolut geschützten Kernbereich nahe kommen.[533]

Es sei die logische Schlussfolgerung, von der Unterscheidung zwischen dem codierenden und nicht-codierenden Bereich der DNA Abstand zu nehmen und die Eingriffsintensität der DNA-Analyse danach zu bestimmen, wie sensibel die Informationen seien, die ermittelt werden.[534] Nur dann könne verlässlich bestimmt werden, ob tatsächlich der absolut geschützte Kern des Persönlichkeitsrechts betroffen sei.[535] Einhergehend damit könne im Rahmen der DNA-Phänotypisierung ungeachtet des betroffenen Bereichs der DNA argumentiert werden, dass bei dieser Untersuchung ohnehin nur Merkmale betroffen seien, welche äußerlich erkennbar seien und deshalb nicht dem absolut geschützten Kernbereich angehörten.[536] Der Informationsgewinn sei viel mehr mit der Auswertung von Bild- oder Videomaterial oder Zeugenaussagen zu vergleichen.[537] Auch bei solchen Ermittlungsmethoden werden Hinweise auf das Äußere des Spurenverursachers ausgewertet, was wiederum nicht als Eingriff in den absolut geschützten Kernbereich begriffen wird.[538] Entsprechendes müsse auch für die Auswertung der DNA auf äußere Merkmale gelten, womit diese Maßnahme nicht intimer sei, als die Verwertung von Zeugenaussagen oder Videoaufzeichnungen.[539]

---

531 *Beck*, KriPoZ 2017, 160 (165).
532 *Beck*, KriPoZ 2017, 160 (165).
533 *Schreiber*, ZRP 2019, 105 (106).
534 *Schreiber*, ZRP 2019, 105 (106); *Beck*, KriPoZ 2017, 160 (165).
535 *Schreiber*, ZRP 2019, 105 (106).
536 BT-Drucks. 19/14747, S. 27.
537 *Claus*, NStZ 2020, 57 (62).
538 *Schneider*, NStZ 2018, 692 (694).
539 BT-Drucks. 19/14747, S. 27; *Claus*, NStZ 2020, 57 (62).

Diese Argumentation ist auf mehreren Ebenen problematisch. Wie bereits dargestellt, sind nicht alle optischen Merkmale zwingend übereinstimmend mit den genetischen Informationen. So ist es beispielsweise höchst fragwürdig davon auszugehen, dass die biogeografische Herkunft ein äußerlich erkennbares Merkmal sei. Wie bereits dargestellt, lassen sich aus dieser Information keine Rückschlüsse auf das äußere Erscheinungsbild eines Menschen ziehen.[540] Zudem reicht der bloße Hinweis darauf, dass sich in den bislang als nicht-codierend bezeichneten DNA-Abschnitten Informationen über Erbkrankheiten befinden, nicht aus, um das Prinzip aufzugeben, dass der Eingriff in den codierenden Bereich der DNA immer den absolut geschützten Kernbereich betrifft.

Anstatt den Schutz vor Eingriffen in den codierenden Bereich zu schwächen, sollte der Umgang mit dem nicht-codierenden Teil mit dem Forschungsstand in Einklang gebracht werden und differenzierter betrachtet werden. Wenn Informationen über Krankheiten aus diesen zuvor als „Junk"-DNA bezeichneten Abschnitten gewonnen werden können, muss untersucht werden, ob diese zwangsläufig bei jeder DNA-Analyse gewonnen werden oder aber nur bei zielgerichteten Untersuchungen, die eben diese Krankheiten ermitteln sollen. Die Erkenntnis, dass der (eigentlich) nicht-codierende Bereich womöglich schutzbedürftiger ist als zuvor angenommen, kann nicht die automatische Schlussfolgerung haben, dass ausgerechnet der codierende Bereich nach diesem Erkenntnisgewinn weniger schutzbedürftig ist. Das Erfordernis nach mehr Schutzmaßnahmen für den nicht-codierenden Bereich kann nicht begründen, wieso der codierende Bereich künftig mit weniger Schutzmaßnahmen vor Eingriffen ausgestattet werden soll.

Außerdem muss der wiederholte Vergleich der erweiterten DNA-Analyse und die darauf aufbauende DNA-Phänotypisierung mit der Auswertung von Bild- und Videomaterial oder von Zeugenaussagen genauer betrachtet werden. Hierfür muss man sich zunächst fragen, wie das Videomaterial gewonnen wird. Handelt es sich um öffentlich zugängliche Räume, ist die Überwachung durch optisch-elektronische Einrichtungen nur unter den Voraussetzungen des § 4 BDSG möglich. Die Überwachung ist ferner gem. § 4 Abs. 2 BDSG erkennbar zu

540 So jedoch vertreten von *Schreiber*, ZRP 2019, 105 (106).

machen und durch Angaben zu Namen und Kontaktdaten des Verantwortlichen soll die Videoüberwachung möglichst transparent erfolgen.[541] Damit ist es dem Betroffenen möglich, von der Überwachung Kenntnis zu erlangen und sich damit auseinanderzusetzen, ob er eine Videoaufzeichnung seines äußeren Erscheinungsbilds in Kauf nehmen möchte oder umgehen will. Der Eindruck, der durch den Vergleich der erweiterten DNA-Analyse mit der Auswertung von Videomaterial suggeriert werden soll, ist vermutlich, dass es sich um unbedenklich gewonnene Informationen handelt. Doch die Überwachung öffentlich zugänglicher Räume, welche oftmals das entsprechende Videomaterial zur Auswertung für Sicherheitsbehörden liefert, ist durch verschiedene Vorgaben restriktiv zu handhaben und erkennbar zu machen. Damit tritt der Gesetzgeber der Auffassung entgegen, dass es sich um ein völlig unbedenkliches Vorgehen handeln würde, jemanden aufzuzeichnen, der sich in der Öffentlichkeit aufhält.

Darüber hinaus soll die Fehleranfälligkeit der DNA-Phänotypisierung mit der Auswertung von Zeugenaussagen vergleichbar sein. Letztere sind ebenfalls durch Irrtümer oder gar bewusste Täuschungen ähnlich oft fehlerbehaftet. Dennoch werden Zeugenbefragungen angewandt, sodass der Zeugenbeweis trotz dieser Schwierigkeiten erheblichen Raum im Strafverfahren einnimmt; der Strafprozess sei ohne Zeugen und ihre Aussagen sogar im Grunde nicht denkbar.[542] Um die Fehleranfälligkeit auszugleichen, würden Juristen dahin ausgebildet, zu erkennen, welcher Beweiswert einer Zeugenaussage zuzusprechen sei, wie man die Glaubhaftigkeit und Glaubwürdigkeit bestimme und wie im Grundsätzlichen mit diesem Beweismittel umzugehen sei.[543] Eine ähnliche Sensibilisierung der Juristen und Ermittlungsbeamten sei auch im Hinblick auf die Aussagekraft von DNA-Phänotypisierung denkbar und übertragbar, sodass diese sich dessen bewusst sein sollten, dass lediglich mit Wahrscheinlichkeiten hinsichtlich des äußeren Erscheinungsbilds des Spurenverursachers ermittelt wird.[544]

541 *Starnecker*, in: Gola/Heckmann (Hrsg.), BDSG, § 4 Rn. 52.
542 *Beck*, KriPoZ 2017, 160 (165).
543 *Beck*, KriPoZ 2017, 160 (165).
544 *Beck*, KriPoZ 2017, 160 (165).

Ganz abgesehen davon, dass diese Sensibilisierung eine Selbstverständlichkeit ungeachtet des Umfangs der DNA-Analyse sein sollte, muss man sich vor Augen führen, dass diese nicht erst mit Einführung der erweiterten DNA-Analyse erfolgen muss, sondern generell für Ergebnisse aus DNA-Analysen gilt. Es handelt sich dabei immer nur um Wahrscheinlichkeiten, die entsprechend interpretiert und nicht als unumstößliche Wahrheiten hingenommen werden sollten. Dieser kritische Umgang muss dauerhaft Teil der Schulung im Umgang mit DNA-Analysen sein. Andernfalls könnte es ein besorgniserregender Hinweis sein, wie unkritisch in der Vergangenheit DNA-Analysen von Juristen und Ermittlungsbeamten gehandhabt wurden.

Die Tatsache, dass man die erweiterte DNA-Analyse kritisch auswerten muss, sagt allerdings wenig darüber aus, ob die verfassungsrechtlichen Hürden gewahrt werden, wenn man die menschliche DNA auf äußere Erscheinungsmerkmale untersucht. Bei einer Zeugenaussage kann man zunächst davon ausgehen, dass der Zeuge die Person, welche er oder sie beschreibt, tatsächlich wahrgenommen hat. Dass diese Beschreibung womöglich nicht der Realität entspricht und kritisch von Juristen und Ermittlungsbeamten zu hinterfragen ist, ändert prinzipiell wenig an der Tatsache, dass der Zeuge einen öffentlich wahrnehmbaren Vorgang wiedergibt. Der signifikante Unterschied zur erweiterten DNA-Analyse ist somit, dass sie Wahrscheinlichkeiten und Informationen zu Tage fördert, die zum Teil nicht einmal dem Spurenverursacher selbst bekannt sind, und deshalb besonders sensibel und schützenswert sind. Die verfassungsrechtliche Unbedenklichkeit der DNA-Phänotypisierung damit zu begründen, dass diese ebenso fehleranfällig und bisweilen aussageschwach ist, wie der allgemein anerkannte Zeugenbeweis, vermag nicht zu überzeugen.

Die Argumente der Befürworter der DNA-Phänotypisierung können insgesamt die Zweifel an der Verfassungsmäßigkeit dieser Maßnahme nicht zerstreuen. Die Einordnung, dass das molekulargenetische Spurenmaterial ein stummer Zeuge sei und man nicht mehr sehen wolle, als ein anderer Zeuge auch sehen und berichten könne, klammert die entscheidende Frage aus, inwieweit eine molekulargenetische Untersuchung codierender Anteile der DNA nicht zwingend Feststellungen mit sich bringt, die den Kernbereich der Persönlichkeit betreffen.[545] Das Bundesverfassungsgericht hat die DNA-Analyse, die Rückschlüsse auf persönlichkeitsrelevante Merkmale wie Erbanlagen, Charaktereigenschaften oder Krankheiten ermöglicht, zum Eingriff in den absolut geschützten Kernbereich des Persönlichkeitsrechts erklärt.[546] Doch gerade auf solche geschützten Erbanlagen wird bei der Untersuchung der erweiterten DNA-Analyse geschlossen.[547]

Da die Grenzen des unantastbaren Kernbereichs der DNA nicht ansatzweise abschließend wissenschaftlich untersucht wurden und somit die Basis fehlt, um richterlich die DNA nach Bereichen unterschiedlicher Schutzbedürftigkeit zu differenzieren, ist dem zuzustimmen, dass die deutliche Trennung von codierendem und nicht-codierendem Bereich der DNA langfristig nicht haltbar sein wird.[548] Die darauf basierende Schlussfolgerung, dass kein Eingriff in den absolut geschützten Kernbereich vorliege, weil lediglich äußerlich erkennbare Merkmale ausgewertet werden würden, greift deutlich zu kurz. Denn die gesetzlich zugelassenen Merkmale lassen teilweise in einem sehr hohen Maß Aussagen für andere hoch diskriminierungsträchtige oder hoch sensitive Merkmale zu.[549] Abgesehen von Krankheitsgenen, welche bei Menschen eines bestimmten ethnischen Hintergrunds häufiger verbreitet sein können als bei anderen Menschen,[550] sind aus der genetischen Ableitung von äußerlich erkennbaren Merkmalen in vielen Fällen Schlüsse auf gesundheitliche und charakterliche Dispositionen möglich, was wiederum den unantastbaren Kernbereich tangieren kann.[551] Es kommt somit nicht darauf an, ob mit der erweiterten DNA-Analyse äußerlich erkennbare Merkmale ermittelt werden sollen, sondern ob für den Informationsgewinn in den absolut geschützten Kernbereich der Persönlichkeit eingegriffen werden muss. Nicht das

545 *Weichert*, DuD 2018, 358 (363); *Petri*, ZD 2018, 453 (458).

546 BVerfG, NJW 2001, 879 (880).

547 *Weichert*, DuD 2018, 358 (363).

548 Dies ist kein Plädoyer gegen die strafprozessuale DNA-Analyse im Allgemeinen. Die Durchführung soll nicht abgeschafft werden. Die DNA-Analyse wird sich allerdings an neuen Maßstäben messen lassen müssen, die mit der weitergehenden Analyse der verschiedenen Bereiche der DNA erarbeitet werden.

549 *Weichert*, DuD 2018, 358 (363).

550 *Weichert*, DuD 2018, 358 (363) mit weiteren Nachweisen.

551 *Weichert*, DuD 2018, 358 (363).

Ziel der Maßnahme, sondern wie diese Informationen beschafft werden, ist entscheidend für die Frage der Verfassungsmäßigkeit. Dass die DNA-Phänotypisierung Hinweise auf Informationen liefern kann, die dem Kernbereich angehören, muss berücksichtigt werden. Ob der absolut geschützte Kernbereich zwangsläufig verletzt wird, ist jedoch noch nicht abschließend festgestellt worden.

dd) Verhältnismäßigkeit der Maßnahme

Es bestehen somit erhebliche Zweifel daran, ob die erweiterte DNA-Analyse nicht zwangsläufig den unantastbaren Kernbereich der Persönlichkeit betreffen muss und somit verfassungswidrig ist. Ob dies tatsächlich der Fall ist, bedarf weiterer wissenschaftlicher Untersuchung. Hier müssen die bisher noch bestehenden Lücken durch zielgerichtete Forschung geschlossen werden, um wiederum eine eindeutige Rechtslage sicherstellen zu können. Anzuraten ist deshalb, von der erweiterten DNA-Analyse Abstand zu nehmen, da andernfalls womöglich gegen Art. 19 Abs. 2 GG verstoßen und eine Maßnahme toleriert wird, die in den absolut geschützten Kernbereich der privaten Lebensgestaltung eingreift.

Verlässt man sich hingegen so wie der Gesetzgeber darauf, dass der unantastbare Bereich der Persönlichkeit gerade so noch nicht betroffen sei, kommt man dennoch nicht umhin eine erhöhte Eingriffsintensität in sensible und schützenswerte Bereiche des Betroffenen zu bejahen. Immerhin werden Erbanlagen ausgewertet und analysiert. Hier stößt man auf einen weiteren Aspekt, der in der verfassungsrechtlichen Diskussion bei den Befürwortern oftmals zu kurz kommt. Selbst wenn auf Grund des derzeitigen Forschungsstands nicht abschließend bestimmt werden kann, ob die DNA-Phänotypisierung zwingend den absolut geschützten Kernbereich betrifft und man davon ausgeht, dass es sich um einen Eingriff handelt, der gerechtfertigt werden kann, so muss eine verfassungsrechtliche Verhältnismäßigkeitsprüfung erfolgen.[552] Hiervon wurde in den bisherigen Entwürfen oder gesetzlichen Vorschriften kein Gebrauch gemacht. Es mangelt an einer Begrenzung im Verwendungszweck (bspw. einer Anwendung nur bei schweren Straftaten)

552 *Weichert*, DuD 2018, 358 (363).

oder Abwägungsparametern bzw. verfahrensrechtlichen Vorkehrungen. Solche Begrenzungen würden verdeutlichen, dass die Gefahr, in den absolut geschützten Kernbereich einzugreifen, vom Gesetzgeber wahrgenommen und durch entsprechende Gegenmaßnahmen eingedämmt wurde.[553] Der Gesetzgeber stellt in der Begründung lediglich fest, dass bei Unverhältnismäßigkeit der Maßnahme diese nicht durchgeführt werden darf.[554] Wann dies der Fall sein soll, wird nicht konkretisiert.

Während der Gesetzgeber die Verhältnismäßigkeit für unproblematisch zu halten scheint und die Voraussetzungen angesichts einer Ausweitung der DNA-Analyse nicht verschärft, finden sich auf Seiten der Befürworter unterschiedliche Auffassungen, in welcher Form sich die Verhältnismäßigkeit in den Voraussetzungen für die Anwendung der erweiterten DNA-Analyse widerspiegeln sollte. Einerseits wird vertreten, dass die juristischen Grenzen dessen, was mittels DNA-Analyse festgestellt werden kann, ausgeweitet werden sollten, ohne die Voraussetzungen zu lockern.[555] Da die erweiterte DNA-Analyse nach dieser Auffassung verfassungsrechtlich unbedenklich sei, bestehe kein Handlungsbedarf, um die Voraussetzungen in § 81e StGB zu verschärfen.[556] Angesichts der bereits dargestellten Problemfelder und der noch ausbaufähigen wissenschaftlichen Erkenntnisse hinsichtlich der Reichweite eines Eingriffs in die Rechte des Betroffenen, kann dies bei der erweiterten DNA-Analyse keine angemessene Lösung darstellen.

Nach einer differenzierteren Auffassung sollen andererseits verschiedene Maßnahmen die verfassungsrechtliche Unbedenklichkeit der DNA-Phänotypisierung sicherstellen. Ein erster Schritt ist, dass die einzelnen Merkmale, welche durch die erweiterte DNA-Analyse erhoben werden sollen, abschließend im Wortlaut des § 81e StPO normiert werden.[557] Dies entspreche den zuvor geäußerten Empfehlungen, soll der Missbrauchsprophylaxe dienen und verhindern, dass unter den allgemeinen Begriff der äußerlich erkennbaren Merkmale auch äußerlich sichtbare Krankheiten fielen.[558] Da § 81e StPO die zulässigen Merk-

553 *Weichert*, DuD 2018, 358 (363).
554 BT-Drucks. 19/14747, S. 27.
555 *Schneider*, NStZ 2018, 692 (698).
556 *Schneider*, NStZ 2018, 692 (698).
557 *Schneider*, NStZ 2018, 692 (698); *Zöller/Thörnich*, ZIS 2017, 331 (338).
558 *Zöller/Thörnich*, ZIS 2017, 331 (338).

male aufgeschlüsselt nennt und auch in Art. 32a Abs. 1 S. 3 PAG im Wortlaut verankert ist, dass andere Feststellungen als jene im Wortlaut aufgeführten nicht getroffen werden dürfen, wurde zumindest dieses Missbrauchsrisiko teilweise berücksichtigt. Auch der neugefasste § 81e StPO muss deshalb ein Beweisverwertungsverbot hinsichtlich solcher Merkmale enthalten, die nicht explizit genannt werden.

Dies stellt nur ein Mindestmaß an verfassungsrechtlicher Sicherheit dar. Denn ungeklärt ist die Frage, ob nicht zwangsläufig bei der erweiterten DNA-Analyse weitergehende Erkenntnisse gewonnen werden, welche ähnlich den Beinahetreffern nach § 81h StPO von den Sachverständigen bei der Auswertung zwangsläufig gewonnen werden müssen und über den gesetzlich begrenzten Umfang der zulässigen Feststellungen hinausgehen. Ob dies langfristig die Verhältnismäßigkeit sicherstellen kann, muss man ohnehin kritisch hinterfragen, wenn man den Gesetzgebungshintergrund des § 81h StPO betrachtet. Immerhin waren die Kenntnisnahme und die Verwertung von Beinahetreffern nach der alten Fassung der Norm nicht zulässig, da sie nicht vom Untersuchungszweck der Norm erfasst waren. Eines der Argumente, welches schließlich zu der Erweiterung der Norm geführt hat, war gerade die Tatsache, dass es den verantwortlichen Sachverständigen nicht möglich gewesen sein soll, vor diesem nicht vorgesehenen Untersuchungsergebnis die Augen zu verschließen. Ein ausreichendes Mittel, um die Verhältnismäßigkeit sicherzustellen, ist diese Begrenzung des Untersuchungsumfangs durch die Wortlautgrenze nicht.

Ein anderes Mittel, um die Verhältnismäßigkeit sicherzustellen, soll eine Subsidiaritätsklausel sein, welche die erweiterte DNA-Analyse von der bisherigen DNA-Analyse nach § 81e StPO abgrenzen und die erhöhte Eingriffsintensität verdeutlichen soll.[559] Demnach wäre die erweiterte DNA-Analyse erst bei festgestellter Erforderlichkeit anzuwenden, wenn andere Ermittlungsmaßnahmen, wie bspw. die Feststellung des DNA-Profils, keinen Treffer herbeiführen konnte, was jeweils durch eine einzelfallabhängige Begutachtung festgestellt werden müsste.[560] Da aus dem Rechtsstaatsprinzip der Verhältnismäßigkeitsgrundsatz abgeleitet wird und dieser somit ohnehin zu berücksichtigen

559 *Zöller/Thörnich*, ZIS 2017, 331 (339).
560 *Zöller/Thörnich*, ZIS 2017, 331 (339).

wäre, würde diese Klausel den Ermittlungsbehörden einerseits nur vor Augen führen, was notwendigerweise durchzuführen wäre.[561] Dass eine konkrete Auseinandersetzung mit dem Einzelfall erfolgen muss, um über die angemessenen Maßnahmen zu entscheiden, sollte eine Selbstverständlichkeit sein. Andererseits lässt sich das Gesetz auch so auslegen, dass zunächst eine Untersuchung des DNA-Identifizierungsmusters erfolgen muss, bevor das Spurenmaterial auf äußere Merkmale des Verursachers untersucht wird.[562] Zudem findet sich das auch in der Begründung im Regierungsentwurf eine entsprechende Formulierung wieder, die auf die Subsidiarität hinweist.[563] Obwohl die Subsidiaritätsklausel dieses allgemeingültige Erfordernis nur wiedergibt, ohne dem etwas Neues hinzuzufügen, würde sie faktisch verhindern, dass in Fällen, in denen der Täter auch ohne DNA-Phänotypisierung ermittelt werden kann, diese Maßnahme angewandt werden würde. Sie stellt somit eine sinnvolle Ergänzung dar und hatte nicht ohne Grund Eingang in Art. 32 PAG a.F. gefunden.

Einem weiteren Vorschlag zufolge müssen die Anlassstraftaten beschränkt werden.[564] Nach dem derzeitigen Stand wird § 81e StPO zwar auf Grund einer verfassungskonformen Reduktion nicht bei Bagatellstraftaten angewandt, ist allerdings dem Wortlaut nach nicht an Delikte eines besonderen Schweregrades gebunden.[565] Bei der erweiterten DNA-Analyse wäre es jedoch auf Grund des erheblichen Eingriffs in die Rechte des Betroffenen sinnvoll, sie nur bei Straftaten mit erheblichem Gewicht zuzulassen. Dies würde einerseits widerspiegeln, dass die DNA-Analyse eine signifikante Erweiterung erfahren hat, welche sich in der Verhältnismäßigkeit der Maßnahme niederschlägt. Andererseits ist es angesichts des primär geplanten Anwendungsbereichs, der Ermittlung eines möglichst zutreffenden Täterprofils, welches bei der Priorisierung der Probanden der DNA-Reihenuntersuchung helfen soll, sinnvoll, diese Maßnahme an die Anlassstraftaten des § 81h StPO zu binden. Damit würde die Verbindung zwischen der DNA-Phänotypisierung und der DNA-Reihenuntersuchung verdeutlicht und ein

561 *Zöller/Thörnich*, ZIS 2017, 331 (339).
562 *Jansen*, ZIS 2020, 233 (237).
563 *Jansen*, ZIS 2020, 233 (237); BT-Drucks. 19/14747, S. 26.
564 *Zöller/Thörnich*, ZIS 2017, 331 (339).
565 LG Ravensburg, NStZ-RR 2010, 18; *Trück*, in: MüKo StPO, § 81e StPO Rn. 23.

Ausufern der Anwendung der erweiterten DNA-Analyse verhindert werden. Würde man an die derzeitig vorgenommene Reduktion anknüpfen, könnte man nur Bagatelltaten von dem Anwendungsbereich ausschließen, was der erweiterten DNA-Analyse und ihrem Eingriff in die Rechte des Betroffenen nicht gerecht werden würde. Es ist zu befürchten, dass ihr Anwendungsbereich mangels einer gesetzlichen Zweckbindung verwässert werden würde. Der Gesetzgeber sollte sich mit der Grundsatzfrage auseinandersetzen, an welche Maßstäbe er die Angemessenheit der DNA-Analyse knüpfen will. Dass dies ohne eine gesetzliche Beschränkung zu einem Ausufern der Anwendung führen kann, hat sich bereits bei der Erweiterung des Anwendungsbereichs des § 81g StPO gezeigt. Da ein Richtervorbehalt allein nicht ausreicht, um eine angemessene Anwendung sicherzustellen, liegt es nahe, die Anlasstaten zu konkretisieren. Eine Beschränkung der Anlasstaten sollte dem eigentlichen Zweck der Gesetzesänderung und Erweiterung nicht widersprechen, wenn der Anwendungsbereich der DNA-Phänotypisierung tatsächlich schwerpunktmäßig auf der DNA-Reihenuntersuchung liegt.

Ein weiteres Mittel wäre ein Richtervorbehalt, welcher nach derzeitigem Recht bei der DNA-Analyse nach § 81e StPO auf Grund des Verweises auf § 81f StPO nicht für eine DNA-Analyse an aufgefundenem, sichergestelltem oder beschlagnahmten DNA-Material gilt (§ 81e Abs. 2 StPO). Würde man diesen auf jene Fälle erweitern, in denen ein Beschuldigter noch nicht ermittelt werden konnte, würde man der Erhöhung der Eingriffsqualität durch die erweiterte DNA-Analyse Rechnung tragen.[566] Auch hier spricht angesichts des primären Anwendungsbereichs (DNA-Reihenuntersuchungen) die Systematik der DNA-Analysen in der StPO für einen Richtervorbehalt. Schließlich erfolgt die DNA-Reihenuntersuchung nur nach einer richterlichen Anordnung. Der Richtervorbehalt würde nicht zu einem schmaleren Anwendungsbereich führen und es könnte wiederum verdeutlicht werden, dass beide Ermittlungsmaßnahmen erheblich in die Rechte der Betroffenen eingreifen und die Erforderlichkeit einzelfallbezogen und individuell abgewogen werden muss. Zudem ist die erweiterte DNA-

566 *Zöller/Thörnich*, ZIS 2017, 331 (339).

Analyse nach Art. 32a Abs. 1 PAG ebenfalls nur nach entsprechendem Richtervorbehalt durchzuführen.

Nun könnte man den Richtervorbehalt bei der erweiterten DNA-Analyse für überflüssig erachten, da er bereits die DNA-Reihenuntersuchung absichert. Dies wäre eine undifferenzierte Auffassung, welche auch verkennt, wann die erweiterte DNA-Analyse sinnvoll eingesetzt werden kann. Da der Einsatzbereich der DNA-Reihenuntersuchung unterschiedliche Ausgangssituationen kennt, muss die erweiterte DNA-Analyse trotz des unbekannten Spurenverursachers nicht automatisch in jedem Fall zielführend sein. So ist bei „geschlossenen Fällen" die Priorisierung der Probanden auf Grund der mutmaßlichen Teilnahme des Täters an einer örtlich und zahlenmäßig begrenzten Veranstaltung vergleichsweise unproblematisch.[567] Hier die erweiterte DNA-Analyse durchzuführen, erscheint unverhältnismäßig angesichts der Möglichkeit, den Probandenkreis von vorneherein einzugrenzen. Da die DNA-Reihenuntersuchung ihrerseits *Ultima-ratio*-Charakter aufweist, könnte man dies auch auf die erweiterte DNA-Analyse übertragen und würde sie optimalerweise nur bei Ausschöpfung aller anderen Ermittlungsmethoden zur Bestimmung des Täterprofils anwenden, sofern ihre Angemessenheit durch den zuständigen Richter feststellt wird. Die richterliche Anordnung des Reihengentests kann jedoch zu diesem Zeitpunkt noch gar nicht erfolgen, sodass der Richtervorbehalt bei der Reihenuntersuchung keine unverhältnismäßige DNA-Phänotypisierung verhindern könnte.

Da die DNA-Reihenuntersuchung einem eigenen Richtervorbehalt unterliegt, könnten sich aus der erweiterten DNA-Analyse auch Konsequenzen für die richterliche Anordnung eines Reihengentests ergeben. Die zuständigen Richter müssten sich künftig nicht nur damit auseinandersetzen, ob die ermittelten Merkmale das Täterprofil zu Genüge konkretisieren, um eine Eingrenzung des Probandenkreises zu ermöglichen. Hinzu käme auch die Auseinandersetzung mit der Ermittlungsmaßnahme, welche das Täterprofil zustande gebracht hat. Immerhin dient der Richtervorbehalt dazu, vorbeugenden Rechtsschutz zu leisten und Fehler im Ermittlungsverfahren nicht den Betroffenen auf-

567 *Saliger/Ademi*, JuS 2008, 193 (196).

zubürden.[568] Da Richter im Gegensatz zu den Ermittlungsbehörden nicht unter dem psychologischen Druck stehen, zwingend einen Tatverdächtigen zu präsentieren, wird davon ausgegangen, dass sie eher geneigt sind, nicht nur belastendes Material aufzuspüren.[569] Die besondere richterliche Neutralität und Weisungsfreiheit erlaubt die objektive Betrachtung der Situation und soll die Achtung der Rechte des Beschuldigten gewährleisten.[570] Im Umkehrschluss bedeutet dies, dass die Maßnahme nur genehmigt wird, wenn sie objektiv betrachtet erfolgsversprechend ist. Diese Neutralität ist besonders notwendig angesichts eines unweigerlichen Interessenkonflikts. Immerhin gilt grundsätzlich die Anforderung, dass die Merkmale in genügender Zahl und konkret bestimmt sind. Gleichzeitig sinkt die Wahrscheinlichkeit, dass die DNA-Phänotypisierung das äußere Erscheinungsbild realitätsnah wiedergibt, mit jedem Merkmal. Da der Richtervorbehalt vorbeugend die Grundrechtsträger vor Fehlern schützen soll und diese im Falle der Reihenuntersuchung keinem Verdachtsgrad unterliegen, sind mögliche Fehlerquellen besonders kritisch zu untersuchen. Bedenkt man, dass bereits in der Vergangenheit davon ausgegangen wurde, dass der Gesetzgeber eine nachvollziehbare Abgrenzung des Personenkreises ermöglichen will und dafür eine strenge gerichtliche Kontrolle der Prüfmerkmale verlangt werden darf,[571] so ist es im Grunde nur eine Weiterentwicklung dieser Auffassung, dass diese strenge Kontrolle auch hinsichtlich des *Ermittelns* der Merkmale gelten müsse. Die Prüfungskompetenz des Richters ist schließlich unbegrenzt und erfasst sowohl die gesetzlichen Zulässigkeitsvoraussetzungen als auch die Zweckmäßigkeit der Maßnahme.[572]

Als Erweiterung des bisherigen Verfahrens erfordert eine gerichtliche Anordnung nach § 81h Abs. 2 S. 3 StPO von dem zuständigen Richter künftig nicht nur die Prüfung, ob die Merkmale den Probandenkreis ausreichend klar bestimmen, sondern auch, mit welchen Wahrscheinlichkeiten die Merkmale bestimmt wurden. Die erweiterte DNA-Ana-

568 *Stam*, NZV 2018, 155.
569 *Ottow*, Grundrechtseingriffe im Ermittlungsverfahren, S. 72.
570 *Stam*, NZV 2018, 155; *Ottow*, Grundrechtseingriffe im Ermittlungsverfahren, S. 72.
571 *Saliger/Ademi*, JuS 2008, 193 (197).
572 *Ottow*, Grundrechtseingriffe im Ermittlungsverfahren, S. 72.

lyse wäre so zweifacher gerichtlicher Prüfung unterworfen. Sowohl die Verhältnismäßigkeit der Anordnung als auch Beweiskraft im weiteren Verfahren der Reihenuntersuchung müssten bejaht werden, bevor die Reihenuntersuchung stattfinden könne.

Problematisch ist, dass die von den Ermittlungsbehörden übermittelten Informationen meistens die einzige Erkenntnisquelle des zuständigen Ermittlungsrichters sind, sodass der Richter den Sachverhalt oftmals durch die Brille der Ermittlungsbeamten wahrnimmt.[573] Zeitdruck der Richter, Überlegenheit der spezialisierten Ermittlungsbeamten in dem relevanten Bereich und ganz generell unvollständige Anträge, welche nicht den gesetzlichen Mindestanforderungen entsprechen, erschweren in der Praxis den zuständigen Richtern ganz erheblich eine differenzierte Auseinandersetzung, sodass trotz erheblicher Mängel nur eine minimale Anzahl an Anträgen durch die Richter abgelehnt wurde.[574] Dies nimmt dem Richtervorbehalt seine Rechtsschutz- und Kontrollfunktion,[575] sodass es nicht genügt, ihn nur gesetzlich vorzusehen. Stattdessen müssen Maßnahmen ergriffen werden, welche es dem Richtervorbehalt ermöglichen, tatsächlich als Kontrollinstrument die Rechte der Grundrechtsträger zu schützen.[576] Damit es sich dabei wirklich um eine sinnvolle Kontrolle handeln kann, ist es unumgänglich, dass eine Schulung im Umgang mit den Ergebnissen aus der erweiterten DNA-Analyse stattfindet und die zuständigen Stellen in der Lage sind, die Wahrscheinlichkeiten einzuordnen. Darüber hinaus wäre es eine langfristig lohnende Entwicklung, die Tätigkeit des Ermittlungsrichters ausschließlich von hierauf spezialisierten Richtern ausüben zu lassen.[577] So könnten die Fortbildungsmaßnahmen gebündelt werden und die Kompetenzen jener Richter erhöht werden, welche sich mit dem speziellen Bereich auskennen müssen.

In Anlehnung an die Handhabung in den Niederlanden findet sich auch der Vorschlag, eine Ethikkommission einzuführen, welche sich

573 *Lilie*, ZStW 1999, 807 (815 f.); *Ottow*, Grundrechtseingriffe im Ermittlungsverfahren, S. 76.
574 *Ottow*, Grundrechtseingriffe im Ermittlungsverfahren, S. 76 f.
575 *Lilie*, ZStW 1999, 807 (815 f.); *Ottow*, Grundrechtseingriffe im Ermittlungsverfahren, S. 79.
576 *Ottow*, Grundrechtseingriffe im Ermittlungsverfahren, S. 79.
577 *Ottow*, Grundrechtseingriffe im Ermittlungsverfahren, S. 80.

mit der erweiterten forensischen DNA-Analyse beschäftigt und optimalerweise aus Juristen, Polizeivertretern, Ethikern und Genetikern zusammengesetzt wäre.[578] Die Ermittlungsbehörde, welche die Durchführung einer entsprechenden Maßnahme beabsichtige, müsste bei der Ethikkommission einen Antrag auf Durchführung einer erweiterten DNA-Analyse einreichen, woraufhin sich die Kommission mit der Verhältnismäßigkeit im Einzelfall auseinandersetzen und der Frage nachgehen würde, ob die gewünschte Untersuchung ausreichend wissenschaftlich fundiert sei.[579] Die Ethikkommission würde nach dem Mehrheitsprinzip entscheiden und bei der Abstimmung wäre darauf zu achten, dass die Mitglieder keinem Gewissenskonflikt unterliegen, sollten sie beispielsweise nicht nur der Kommission, sondern auch der antragstellenden Behörde angehören. Sie wäre zudem verpflichtet, regelmäßig Rechenschaftsberichte der sie beaufsichtigenden Behörde vorzulegen.[580]

Eine solche Ethikkommission hätte erhebliche Vorteile, indem einerseits eine tatsächlich einzelfallabhängige Verhältnismäßigkeitsprüfung durchgeführt werden würde, welche auf Grund der interdisziplinären Zusammensetzung alle Aspekte und Zusammenhänge bei der Verhältnismäßigkeitsprüfung berücksichtigen könnte.[581] Gegenüber dem Richtervorbehalt hätte sie den Vorteil, dass das notwendige Fachwissen bereits bei den Kommissionsmitgliedern vorhanden wäre und sie nicht allein auf die Darstellung der Ermittlungsbeamten angewiesen wären Zudem wäre der Arbeitsauftrag der Ethikkommission auf Entscheidungen über die erweiterte DNA-Analyse begrenzt, sodass sie sich einerseits mit den Anträgen in der entsprechenden Detailtiefe auseinandersetzen könnte und andererseits die Arbeitsbelastung der Richter nicht zusätzlich erhöht werden würde.

Zieger/Roewer, welche die Diskussion hinsichtlich einer Ethikkommission angestoßen haben, schlagen zudem vor, dass diese auch eine Evaluation durchführt, indem sie über den Fortgang der Untersuchung nach einer Antragsbewilligung von der zuständigen Ermittlungsbehör-

578 *Zieger/Roewer*, Rechtsmedizin 2019, 415 (416).
579 *Zieger/Roewer*, Rechtsmedizin 2019, 415 (416).
580 *Zieger/Roewer*, Rechtsmedizin 2019, 415 (416).
581 *Zieger/Roewer*, Rechtsmedizin 2019, 415 (416).

de unterrichtet wird.[582] Tatsächlich sprechen diese und andere Argumente durchaus für die Einführung einer solchen Ethikkommission. Problematisch ist, dass sich der Gesetzgeber bis jetzt zu einem solchen Gremium nicht geäußert hat. Ähnlich wie bei der vorgeschlagenen Umstrukturierung des Aufgabenfeldes von Ermittlungsrichtern finden sich klare Fürsprecher für solche Maßnahmen, welche die Grundsätze des Rechtsstaates schützen und eine einzelfallabhängige und verhältnismäßige Abwägung ermöglichen, welche der Schwere der drohenden Grundrechtsbeeinträchtigung gerecht werden würde. Inwiefern solche Maßnahmen tatsächlich Realität werden, ist eine ganz andere Frage. Insofern ist festzuhalten, dass die von *Zieger/Roewer* vorgeschlagene Kommission die wohl zielführendste Lösung wäre, um die Verhältnismäßigkeit der erweiterten DNA-Analyse sicherzustellen. Ihre Umsetzbarkeit hängt davon ab, inwiefern der Gesetzgeber bereit ist einzugestehen, dass die erweiterte DNA-Analyse gerade nicht mit der Auswertung von Zeugenaussagen oder Bildmaterial zu vergleichen, sondern wesentlich eingriffsintensiver ist.

ee) Schlussfolgerung

Die DNA-Phänotypisierung ist kein verlässliches Mittel zur Ermittlung eines Tatverdächtigen.[583] Sie zu verwenden, um die Merkmale zu bestimmen, nach denen der Probandenkreis festgelegt wird, birgt viele Risiken. Die Wahrscheinlichkeiten, mit denen die Merkmale auf den Spurenverursacher zutreffen, sind in der Praxis nicht mit den Werten zu vergleichen, die unter optimalen Laborbedingungen ermittelt wurden. Da in der Wissenschaft keine Einigkeit darüber besteht, welche Merkmale mit welchen Wahrscheinlichkeiten bestimmt werden können, hat der Gesetzgeber hier voreilig gehandelt. Welcher individuelle Wahrscheinlichkeitswert für eine Merkmalsausprägung ausreicht, damit das Aussehensmerkmal von investigativem Nutzen ist, kann nicht wissenschaftlich beantwortet werden. Die Forschung sieht bei solchen operativen Entscheidungen die Verantwortung bei den Ermittlungsbehörden.[584] Diese wiederum stellen Erwartungen an die forensische

582 *Zieger/Roewer*, Rechtsmedizin 2019, 415 (416).
583 *Weinrich*, NVwZ 2018, 1680 (1684).
584 *Schneider/Prainsack/Kayser*, Deutsches Ärzteblatt 51–52/2019, 873 (876).

DNA-Phänotypisierung, die realitätsfern sind. Im Ergebnis wird die Verantwortung für eine diskriminierungsfreie, ethisch vertretbare und nützliche Anwendung der erweiterten DNA-Analyse zwischen den Parteien hin und her geschoben.

Es fehlt zudem bislang an Sicherheitsmechanismen, die dem Datenschutz und insbesondere dem Schutz der Grundrechte gerecht werden würden, sodass hier dringender Handlungsbedarf besteht, um Lücken zu schließen.

Da sich der Gesetzgeber entschieden hat, die erweiterte DNA-Analyse in den Strafprozess einzubinden, hätte dies unter Berücksichtigung der Verhältnismäßigkeit geschehen müssen. Eine Lösung, um eine verhältnismäßige Norm und ihre Anwendung sicherzustellen, verspricht eine abschließende Aufzählung jener Merkmale, welche ermittelt werden dürfen, und ein Beweisverwertungsverbot, welches die Verwertung darüberhinausgehender Feststellungen unterbindet. Dies sollte, gemeinsam mit einer Subsidiaritätsklausel, einem Richtervorbehalt und einem abschließenden Straftatenkatalog, welcher die Anlasstaten konkretisiert,[585] Eingang in die gesetzliche Regelung der erweiterten DNA-Analyse finden. Eine andere Lösung ersetzt den Richtervorbehalt durch die Entscheidung einer regelmäßig tagenden Ethikkommission, die durch die interdisziplinäre Besetzung der Kommission wohl am ehesten in der Lage wäre, die Verhältnismäßigkeit der Maßnahme objektiv zu bewerten. Der Einsatz einer solchen Ethikkommission wird allerdings nur vereinzelt besprochen. Keine dieser Maßnahmen ist bislang Teil des neugefassten § 81e Abs. 2 StPO geworden, weshalb hier deutlicher Nachbesserungsbedarf besteht.

Die Gefahr ist groß, dass bei der Adressatenwahl für die Folgemaßnahmen eine fehlerhafte Entscheidung getroffen wird.[586] Die erweiterte DNA-Analyse sollte nicht nur innerhalb der DNA-Reihenanalyse einen eigenen *Ultima-ratio*-Rang einnehmen. Auch die Eingriffsintensität spricht dafür, dass sie nur angewandt wird, wenn es sich nicht um geschlossene Fälle handelt. Im Ermittlungsverfahren sind unterschiedliche Szenarien denkbar, welche den Einsatz der erweiterten DNA-Analyse rechtfertigen könnten. Der primäre Anwendungsbereich sollte

585 *Schreiber*, ZRP 2019, 105 (107).
586 *Weinrich*, NVwZ 2018, 1680 (1684).

darin bestehen, bereits konventionell ermittelte Merkmale zu bestätigen, sofern eine Mehrzahl widersprüchlicher Hinweise eine Eingrenzung und Erstellung eines Täterprofils nicht ermöglicht. In Ausnahmefällen kann sie auch eingesetzt werden, wenn keine Ermittlungsansätze für das äußere Erscheinungsbild bestehen. Dies ist höchst risikoreich und die Ergebnisse sind nicht verlässlich. Stattdessen empfiehlt es sich, eine Kombination aus konventionellen Ermittlungsmethoden und den Erkenntnissen aus der erweiterten DNA-Analyse vorzuziehen.

Insgesamt kann ein gewisser Nutzen der erweiterten DNA-Analyse im Rahmen der DNA-Reihenuntersuchung nicht abgestritten werden. Dieser wurde in der Vergangenheit überschätzt und der bloße Nutzen darf die Frage der Verfassungsmäßigkeit und Verhältnismäßigkeit nicht in den Hintergrund rücken lassen. Zudem bedarf es nicht nur der schwerpunktmäßigen Forschung, wie ein ‚genetisches Phantombild' erstellt werden kann, sondern auch der differenzierten Auseinandersetzung mit der Frage, wann der absolut geschützte Kernbereich der Persönlichkeit betroffen ist und ob der Eingriff unvermeidbar ist. Sind DNA-Phänotypisierung und Eingriff in diesen Schutzbereich nicht voneinander zu trennen, so hilft kein Vergleich mit ähnlichen, weniger intensiven Maßnahmen wie der Auswertung von Zeugenaussagen. Im Falle einer solchen nicht zu rechtfertigenden Grundrechtsverletzung muss sich der Gesetzgeber von der DNA-Phänotypisierung distanzieren und darf den Grundrechtsschutz nicht dadurch relativieren, dass auf Informationen über äußerlich erkennbare Merkmale zugegriffen wird. Dies würde auch bedeuten, dass die bereits eingeführte erweiterte DNA-Analyse aus dem § 81e Abs. 2 StPO gestrichen werden müsste.

Der Fokus bei der Erstellung eines Täterprofils zur Priorisierung der Probanden einer DNA-Reihenuntersuchung sollte auch weiterhin auf konventionellen Ermittlungsmethoden liegen. Dies liegt nicht nur an der Verhältnismäßigkeit, welchen den Einsatz der erweiterten DNA-Analyse begrenzt, sondern auch an den Möglichkeiten, welche die DNA-Phänotypisierung mit sich bringt. Sie kann womöglich verhindern, dass die Untersuchung uferlos wird und unterstützend den notwendigen Hinweis liefern, welche Probanden priorisiert werden sollen. Die Erwartungen, welche die Fürsprecher dieser Maßnahme geweckt haben, wird sie jedoch bei dem derzeitigen Forschungsstand nicht erfüllen können. Dies liegt auch daran, dass die Tatumstände weitaus mehr Hinweise über den Täter und die Verbindung zum Opfer enthalten als die Auswertung der DNA ergeben kann.

Zusammengefasst wird es bei der Ermittlung der Merkmale, anhand derer die Probanden priorisiert werden sollen, trotz des ehrgeizigen Willen des Gesetzgebers auch mit der erweiterten DNA-Analyse bei einem Schwerpunkt auf den konventionellen Ermittlungsmethoden bleiben müssen. Hierfür sprechen die noch ungeklärte Vereinbarkeit mit dem Grundgesetz, die Verhältnismäßigkeit und zugleich die noch limitierten Möglichkeiten, äußere Merkmale anhand der DNA zu bestimmen.

3. Ermitteln der Merkmalsträger

Nach § 81h StPO a.F. traf die Maßnahme nur jene Personen, welche die Prüfungsmerkmale erfüllen, welche vermutlich auch auf den Täter zutreffen. Mit der Erweiterung der Norm steht zu befürchten, dass dieses Prinzip auf die ein oder andere Weise aufgegeben wird. Während in der Vergangenheit konkrete Ergebnisse aus dem Ermittlungsverfahren eine freiwillige Inanspruchnahme der Personen rechtfertigen konnten, indem der eingeladene Teilnehmer tatsächlich Bezugspunkte zur Straftat aufweisen musste, entfällt mit der Verwertung von Beinahetreffern dieses Erfordernis für die genetisch Verwandten des Teilnehmers.[587]

a) Mittelbarer Ansatz zur Erweiterung der Probengeber

Der Verzicht auf diese Form der Verbindung kann sich auf verschiedenen Ebenen auswirken und trifft bei der Auswertung der Untersuchungsergebnisse unweigerlich die genetisch Verwandten der Probanden. Die Teilnahme eines Probanden ermöglicht, Rückschlüsse über die Beteiligung seiner genetisch Verwandten zu ziehen, ohne dass diese zum Zeitpunkt der Priorisierung der Probanden in einer Verbindung zur Tat standen. Man könnte dies als eine indirekte Erweiterung

587 *Petri*, ZD 2015, 423 (427).

der Probengeber bezeichnen, indem die Ergebnisse der Untersuchung Aufschluss über mehr Personen geben, als zu Beginn an der Maßnahme teilgenommen und ihre DNA-Probe zur Verfügung gestellt haben. Nach der Neufassung des § 81h StPO wurde dieser Zweck mindestens einmal verfolgt, indem Ermittlungsbehörden eine DNA-Reihenuntersuchung durchführten, um ein Tötungsdelikt mit diesem Ermittlungswerkzeug aufzuklären. Dieser Fall wurde gezielt aufgerollt, um mit der Erweiterung auf Beinahetreffer bei der Durchführung einer Reihenuntersuchung 23 Jahre nach dem Tatgeschehen mehr Personen mit der Überprüfung erfassen zu können.[588] Die zuständigen Ermittler betonten hierbei, dass sie dies in der Hoffnung taten, dass die Verwertung von Beinahetreffern den erhofften Ermittlungsansatz für eine Überführung des Täters liefern würde. Bei der Priorisierung der Probanden zeigte sich jedoch keine Besonderheit. Wie der Schilderung in den Medien zu entnehmen ist, wurden in dem konkreten Fall weiterhin Personen priorisiert, die einen Bezugspunkt zu dem Ort des Geschehens hatten oder noch haben.

b) Unmittelbarer Ansatz zur Erweiterung der Probengeber

Ein anderer Ansatz wäre die unmittelbare Erweiterung des Kreises der Probengeber. So könnte es sich in Vergewaltigungsfällen lohnen, auch Frauen anzusprechen, um über Beinahetreffer den Sohn oder Bruder als Täter zu ermitteln.[589] Die DNA-Analysemethoden würden dies zudem erlauben, indem die mtDNA-Analyse und Y-chromosomale Untersuchung zum Nachweis eines Verwandtschaftsverhältnisses herangezogen würden. Insbesondere in solchen Fällen, in denen das aufgefundene Zellmaterial nicht ausreicht, um ein DNA-Identifizierungsmuster zu erstellen. Es würde sich hier um eine direkte Erweiterung der Probengeber handeln, welche ebenfalls darauf beruht, dass Betroffene der Maßnahme nicht länger im unmittelbaren Zusammenhang zur Tat stehen müssen.

---

588 So geschehen bei den Ermittlungen in Grevenbroich zur Aufklärung eines Mordfalls aus dem Jahr 1996; nachzulesen bei *Ohne Autor*, welt.de, veröffentlicht am 02.12.2019, https://www.welt.de/regionales/nrw/article203978002/Kindesmord-Massen-Gentest-im-Fall-Claudia-Ruf.html, zuletzt abgerufen am 04.12.2021.

589 *Mansdörfer*, GSZ 2018, 45 (49).

Ein solches Vorgehen wirft bereits in der Theorie viele Fragen auf und ist sehr kritisch zu betrachten. Eine derartige Erweiterung, wie *Mansdörfer* sie beschreibt, wäre nahezu grenzenlos, da eine Priorisierung aufgegeben und die Anzahl der Teilnehmer nicht einmal nach Geschlecht begrenzt werden würde, obwohl die Tatortspur eine solche Eingrenzung ermöglicht. Dies würde auch die erweiterte DNA-Analyse obsolet machen, welche zweckmäßig dabei helfen soll, Merkmale des Täters in einer höheren Zahl als zuvor zu ermitteln, um wiederum eine präzisere Auswahl der Prüfungsmerkmalträger zu ermöglichen. Außerdem könnte ein solches Vorgehen, wie von *Mansdörfer* vorgeschlagen, dazu führen, dass gezielt Angehörige von Merkmalsträgern, die der Teilnahme an der Reihenuntersuchung nicht zugestimmt haben, ins Auge gefasst werden, um auf Umwegen Informationen über ihr DNA-Identifizierungsmuster zu gewinnen. Ein solcher Umweg ist zum einen nicht notwendig, da es nach wie vor möglich ist, bei Beschuldigten nach §§ 81a ff. StPO eine DNA-Probe zu erlangen und eine molekulargenetische Untersuchung nach §§ 81e, f StPO durchzuführen.

Hier ist anzumerken, dass es durchaus strittig ist, unter welchen Bedingungen bei verweigerter Teilnahme an einer Reihenuntersuchung daraus ein Anfangsverdacht abgeleitet werden darf, welcher eine Maßnahme nach §§ 81a, c i. V. m. 81e StPO rechtfertigen könnte.[590] Insofern ist es durchaus denkbar, dass stattdessen gezielt genetisch Verwandte mit einer freiwilligen Teilnahme an der Reihenuntersuchung einen Beinahetreffer liefern sollen, der weitere Untersuchungen rechtfertigen würde. Dies wäre, insbesondere da die Freiwilligkeit der Teilnahme an der Reihenuntersuchung erheblich in Frage gestellt wird, jedoch womöglich eine Umgehung des Untersuchungsverweigerungsrechts nach § 81c Abs. 3 S. 2 StPO. Denn die Entnahme von Körperzellen bei Dritten kann von den Betroffenen aus den gleichen Gründen wie das Zeugnis verweigert werden,[591] sodass hiervon gerade die Angehörigen des Beschuldigten profitieren.

Würde versucht werden, das genetische Material Dritter statt über § 81c StPO durch eine Reihenuntersuchung nach § 81h StPO zu erlangen, müsste debattiert werden, ob hierdurch das Untersuchungs-

590 *Rogall*, in: FS F.C. Schröder, 691 (710).
591 *Beck*, Die DNA-Analyse im Strafverfahren, S. 95.

verweigerungsrecht umgangen wird. Doch ungeachtet dessen wäre das gezielte Priorisieren von Probanden, welche mit dem mutmaßlichen Täter lediglich verwandt sein können, ein deutlicher Verstoß gegen den Wortlaut des § 81h Abs. 1 StPO. Dieser verlangt weiterhin, dass nur jene Personen aufgefordert werden dürfen, freiwillig an der Reihenuntersuchung teilzunehmen, die bestimmte Prüfungsmerkmale erfüllen, die vermutlich auch auf den Täter zutreffen. Ein solches Vorgehen, wie es von *Mansdörfer* skizziert wird, ist auch nach der neugefassten Norm nicht möglich. Bereits in der Vergangenheit galt das Gebot, dass nur Merkmalsträger zur Reihenuntersuchung zu laden sind, welches gleichzeitig das Verbot impliziert, Nichtmerkmalsträger zur Reihenuntersuchung zu verpflichten.[592] Da sich an dieser Anforderung auch nach der Neufassung der Norm nichts geändert hat, muss man davon ausgehen, dass eine direkte Erweiterung des Kreises der Betroffenen nicht durch die Erweiterung der Norm vom Gesetzgeber beabsichtigt war.

c) Zwischenfazit

Veränderungen bei der Priorisierung der Probanden sind angesichts der erweiterten DNA-Analyse zu erwarten. Sie sind aber nicht auf die Neufassung des § 81h StPO zurückzuführen. Die Erweiterung des § 81h StPO auf Beinahetreffer wirkt sich nicht auf die Ermittlung der Merkmalsträger aus. Es muss bei der Priorisierung der Probanden weiterhin vorausgesetzt werden, dass sie mit dem Täter Merkmale gemeinsam haben, welche auf den Gesuchten vermutlich zutreffen. Basierend auf diesen Übereinstimmungen werden sie Adressaten der Maßnahme. Nur ein solches Vorgehen lässt sich mit dem Gesetzeswortlaut vereinbaren. Andernfalls wäre die Auswahl der Probengeber im Grunde genommen willkürlich und würde zu einer Massenüberwachung der Bevölkerung führen, was wiederum eine verhältnismäßige Maßnahme ausschließen würde.

592 *Swoboda*, StV 2013, 461 (463).

IV. Erforderlichkeit und Verhältnismäßigkeit

Wie jede Maßnahme mit Eingriffscharakter muss auch die Reihenuntersuchung erforderlich und verhältnismäßig sein. Mit der Bezeichnung des § 81h StPO als *ultima ratio,* ist der Charakter der Norm jedoch noch nicht abschließend beschrieben. Nach dem Willen des Gesetzgebers handelt es sich nicht um eine Standardmaßnahme, sondern um ein Ausnahmeverfahren.[593] Prinzipiell fehlt es an der Erforderlichkeit, wenn die Ermittlungslage eine Inkulpation einer oder mehrerer Personen ermöglicht und auf dieser Basis gegen die Beschuldigten eine Anordnung nach §§ 81a, 81e StPO vorgenommen werden kann.[594] Ergeben die Auswertungen des Tatorts und weitere Ermittlungen, dass kein verwertbares Spurenmaterial gewonnen werden konnte, welches für einen Abgleich der DNA-Identifizierungsmuster brauchbar wäre, fehlt es wiederum in sachlicher Hinsicht an der Erforderlichkeit einer Anordnung nach § 81h StPO.[595] Die Erweiterung der Norm auf Beinahetreffer wirkt sich auf diesen Umstand zunächst nicht aus.

Dem Gesetzgeber war bereits bei der Einführung der Norm bewusst, dass bei jeder einzelnen DNA-Reihenuntersuchung eine Vielzahl an Betroffenen erfasst wird, schließlich wurden Reihenuntersuchungen auch vor der gesetzlichen Regelung durchgeführt. Hier konnte auf einen gewissen Erfahrungswert zurückgegriffen werden. Diese Erfahrung zeigte auch, dass DNA-Reihenuntersuchungen in nahezu hoffnungslosen Fällen zu Ermittlungserfolgen führen können. Anfang der 2000er waren ungefähr 50% der durchgeführten DNA-Reihenuntersuchungen ursächlich für die anschließende Aufklärung der jeweiligen Straftaten.[596]

Die hohe Zahl der Betroffenen ist abzuwägen gegen die realistische Möglichkeit und staatliche Pflicht, ein schweres Verbrechen aufzuklären. Die Verhältnismäßigkeitsprüfung ist deshalb einzelfallbezogen und vergleichsweise komplex. Das Missverhältnis zwischen dem einzelnen Täter und der nahezu unbegrenzten Anzahl der betroffenen

593 BT-Drucks. 15/5674 S. 14; *Brauer*, in: Heidelberger Kommentar StPO, § 81h Rn. 6.
594 *Krause*, in: LR StPO, § 81h Rn. 16.
595 *Trück*, in: MüKo StPO, § 81h Rn. 8.
596 *Sauter*, DNA-Massentests im Strafverfahren, S. 25 f.

Personen erfordert eine wohlüberlegte Abwägung und die Einbeziehung von weiteren Faktoren.[597] Im Fokus stehen dabei die Schwere der Tat, das Interesse an ihrer Aufklärung und die ungefähre Anzahl der von der Maßnahme betroffenen Personen.[598] Dieses Inverhältnissetzen der Anzahl der Betroffenen und der Schwere der Tat ist nicht abschließend. Dies wird durch den Wortlaut der Norm in § 81h Abs. 1 StPO deutlich, der die Verhältnismäßigkeit „insbesondere" von diesem Gleichgewicht zwischen Tat und Betroffenen abhängig macht. Doch dies lässt auch weitere Faktoren bei der Abwägung zu.[599] So könnten die Erfolgsaussichten, die zu erwartenden Kosten bei einer hohen Anzahl an Teilnehmern[600] und die Reduzierung der Wiederholungsgefahr[601] in die Abwägung einbezogen werden. Die Schwere der Tat ist dabei der wohl am wenigsten volatile Aspekt angesichts der Katalogstraftaten, auf die nach dem Wortlaut des Gesetzes bestimmte Tatsachen hinweisen müssen. Die Fallkonstellationen sind dennoch überaus vielschichtig und pauschale Grenzziehungen sind kritisch zu betrachten.[602] Im Folgenden sollen vor allem zwei Aspekte der Verhältnismäßigkeit und Erforderlichkeit betrachtet werden: zum einen das Erfordernis, die Reihenuntersuchung als *ultima ratio* durchzuführen und zum anderen das angemessene Verhältnis zwischen Tatschwere und Anzahl der Betroffenen.

1. Außergewöhnliche Maßnahme und *ultima ratio*

In der Literatur finden sich widersprüchliche Ansichten über den notwendigen Verfahrensgang vor der DNA-Reihenuntersuchung. Überwiegend wird gefordert, dass vorherige Ermittlungen vollständig ausgeschöpft und ergebnislos geblieben sind.[603] Dies spiegelt auch den

597 *Brauer*, in: Heidelberger Kommentar StPO, § 81h Rn. 6.
598 *Brauer*, in: Heidelberger Kommentar StPO, § 81h Rn. 6.
599 *Beck*, Die DNA-Analyse im Strafverfahren, S. 273.
600 *Schmitt*, in: Meyer-Goßner/Schmitt, § 81h StPO Rn. 5.
601 *Brauer*, in: Heidelberger Kommentar StPO, § 81h Rn. 6; *Bosch*, in: KMR StPO, § 81h Rn. 12.
602 *Brauer*, in: Heidelberger Kommentar StPO, § 81h Rn. 6.
603 LG Dortmund, NStZ 2008, 175 (176); *Ademi*, Der Massengentest und § 81h StPO, S. 258 ff.; *Saliger/Ademi*, JuS 2008, 193 (195); *Krause*, in: LR StPO, § 81h Rn. 16.

Willen des Gesetzgebers wieder, der in § 81h Abs. 1 StPO normiert hat, dass die Maßnahme am Verhältnismäßigkeitsgebot zu messen ist und gerade kein Standardverfahren darstellen soll.[604] Der dabei entstehende zeitliche Abstand zwischen Tat(-versuch) und Reihenuntersuchung steht insbesondere bei Sexualdelikten im Widerspruch zur Reduzierung der Wiederholungsgefahr.[605] Das Mittel befindet sich somit im Konflikt mit dem Verlangen der Bürger nach einer schnellen Aufklärung und den Rechten der Betroffenen.[606] Prinzipiell ist der Gedanke nachvollziehbar, dass bei Tötungs- und Sexualdelikten das Aufklärungsinteresse besonders hoch ist und ein schneller Einsatz der Ermittlungsmethode erfolgen muss. Schließlich besteht die Gefahr, dass die Tat andernfalls unaufgeklärt bleibt.[607] Als Gegenauffassung zum gesetzgeberischen Willen wird deshalb vertreten, dass bereits in einem frühen Ermittlungsstadium der Einsatz einer DNA-Reihenuntersuchung möglich sein müsse, um die Wiederholungsgefahr einzudämmen und eine mögliche Folgetat zu verhindern.[608] Dies beruht aber auf der Einschätzung, dass es abgesehen von kostenbasierten Bedenken, welche zunächst zu konventionellen Ermittlungsmethoden zwingen, keine grundrechtlichen Erwägungen gäbe, welche den Ausnahmecharakter der Norm rechtfertigen würden, weshalb der frühe Einsatz des Reihengentests unproblematisch sei.[609] Diese Auffassung überrascht, denn es gibt mittlerweile kaum einen Bereich des Strafverfahrens, der nicht von verfassungsrechtlichen Maßstäben geprägt ist.[610] Deshalb steht dem frühen Einsatz des § 81h StPO die Ansicht gegenüber, dass es sich bei der DNA-Reihenuntersuchung um einen Grundrechtseingriff außerordentlichen Gewichts handelt, der nur mit Einwilligung des Betroffenen zulässig sei.[611] Hier muss eine differenzierte Auseinandersetzung erfolgen, welche insbesondere die neue Gesetzeslage miteinbezieht. Immerhin liegt dieser Debatte noch die alte

604 *Pommer*, JA 2007, 621 (626); BT-Drucks 15/5674 S. 14.
605 *Trück*, in: MüKo StPO, § 81h Rn. 8.
606 *Pommer*, JA 2007, 621 (625).
607 *Hoppmann*, Kriminalistik 2013, 291 (295 f.).
608 *Bosch*, in: KMR StPO, § 81h Rn. 12; *Trück*, in: MüKo StPO, § 81h, Rn. 7.
609 *Bosch*, in: KMR StPO, § 81h Rn. 11 f.
610 *Löffelmann*, in: Räume der Unfreiheit: 42. Strafverteidigertag, 465 (477).
611 *Singelnstein/Derin*, NJW 2017, 2646 (2648).

Gesetzeslage zu Grunde, sodass die Folgen der Neufassung noch nicht berücksichtigt werden konnten.

a) Verletzung des Rechts auf informationelle Selbstbestimmung (Art. 2 Abs. 1 i. V. m. Art. 1 Abs. 1 GG)

Ein Grundrechtseingriff wird klassischerweise als Beeinträchtigung definiert, die gezielt stattfindet; durch einen Rechtsakt und nicht bloß durch rein tatsächliches Handeln erfolgt, dabei eine unmittelbare Konsequenz staatlichen Handelns ist und durch Befehl und Zwang durchgesetzt werden kann.[612] Da sich dieser Eingriffsbegriff auf Grund von Veränderungen bei staatlichen Eingriffsformen als zu eng erwies, wurde er im Laufe der Jahre modifiziert, insbesondere um auch mittelbare bzw. faktische Eingriffe abzubilden.[613]

Dieser moderne Eingriffsbegriff erfasst jedes staatliche Handeln, welches ein grundrechtlich geschütztes Verhalten erschwert oder unmöglich macht bzw. ein Rechtsgut beeinträchtigt.[614] Bei der DNA-Reihenuntersuchung fehlt es gegenüber den Betroffenen an der Rechtsförmigkeit des Eingriffs, sodass der klassische Eingriffsbegriff nicht in Betracht kommt und stattdessen ein faktischer Eingriff nach der neueren Definition angenommen wird.[615] Dies ändert wenig an der potenziellen Erheblichkeit dieses Eingriffs. Es kommt darauf an, ob das Vorgehen der Ermittlungsbehörden gegenüber den Betroffenen Eingriffscharakter aufweist.

aa) Allgemeine Einschätzung bei DNA-Analysen

Der BGH geht davon aus, dass jede Untersuchung und Verwendung des DNA-Identifizierungsmusters in das durch Art. 2 Abs. 1 i. V. m. Art. 1 Abs. 1 GG verbürgte allgemeine Persönlichkeitsrecht, hier in der Ausprägung des Rechts auf informationelle Selbstbestimmung, eingreift.[616] Das Recht auf informationelle Selbstbestimmung ist zwar

612 *Voßkuhle/Kaiser*, JuS 2009, 313.
613 *Voßkuhle/Kaiser*, JuS 2009, 313.
614 *Voßkuhle/Kaiser*, JuS 2009, 313.
615 *Bosch*, in: Satzger/Schluckebier/Widmaier (Hrsg.), § 81h StPO, Rn. 4.
616 BGH, NJW 2005, 497 (498).

gesetzlich nicht normiert, seine verfassungsrechtliche Verbürgung und Ableitung aus dem allgemeinen Persönlichkeitsrecht sind jedoch seit dem Volkszählungsurteil des Bundesverfassungsgerichts allgemein anerkannt.[617] Dieses enthält die Befugnis des Einzelnen, grundsätzlich selbst über die Preisgabe und weitere Verwendung seiner persönlichen Daten zu bestimmen.[618] Mit dieser Idee der freien Persönlichkeitsentfaltung wäre ein völliger Kontrollverlust darüber, wem die persönlichkeitsrelevanten Informationen bekannt werden können, unvereinbar.[619]

Das so begründete Recht wurde in der Vergangenheit weiter entwickelt und erfasst nun sowohl intime als auch belanglose Informationen, sofern sie einen Persönlichkeitsbezug aufweisen.[620] Auch anonymisierte Angaben sind von diesem Grundrecht erfasst, sofern eine Zuordnung der Daten in irgendeiner Form möglich ist.[621] Unterschiedslos erfasst sind dabei jegliche personenbezogene Informationen, die von der Telefonnummer bis hin zu Krankheiten und Familienverhältnissen reichen können.[622] Im Mittelpunkt stehen der Verwendungszweck und der weitere Verarbeitungsweg, um die persönlichkeitsrechtliche Bedeutung festzustellen.[623] Augenscheinlich bewertungsneutrale Daten können bei Unwissenheit über die weitere staatliche Verwendung den Betroffenen verunsichern, sodass das selbstbestimmte Handeln eingeschränkt wird. Auf bestimmte Handlungen wird in der Folge verzichtet, aus Sorge, dass diese als von der Norm abweichend oder unpassend angesehen werden und eine Stigmatisierung erfolgt.[624] Die Befugnis, über die eigenen Daten zu bestimmen, ist unerlässlich, um Handlungs- und

617 BVerfG, NJW 1984, 419 (419 ff.); *Wickert*, Der DNA-Massentest nach § 81h StPO, S. 150.

618 BVerfG, NJW 2001, 879 (880); *Lorenz*, JZ 2005, 1121 (1126) mit weiteren Nachweisen.

619 BVerfG, NJW 1984, 419 (421); *Wickert*, Der DNA-Massentest nach § 81h StPO, S. 150 f.

620 *Wickert*, Der DNA-Massentest nach § 81h StPO, S. 151; *Schoch*, Jura 2008, 352 (355 f.).

621 *Wickert*, Der DNA-Massentest nach § 81h StPO, S. 151.

622 *Lorenz*, JZ 2005, 1121 (1126).

623 BVerfG, NJW 1984, 419 (422).

624 BVerfG, NJW 1984, 419 (422).

Mitwirkungsfähigkeit der Bürger zu erhalten.[625] Das Recht auf informationelle Selbstbestimmung soll im Ergebnis sicherstellen, dass der Einzelne in seiner Handlungsfreiheit nicht gehemmt wird.[626]

Das Recht der Probanden auf informationelle Selbstbestimmung ist generell bei jeder DNA-Analyse betroffen[627] und auch bei der Reihenuntersuchung gilt diesbezüglich, dass die darüber erhobenen genetischen Informationen dem Schutzbereich des Rechts auf informationelle Selbstbestimmung unterfallen. Dieser Umstand wird aber teilweise auf Grund der Einwilligung der Probanden für irrelevant im Rahmen der Verhältnismäßigkeit erachtet. Dies wird damit begründet, dass eine Einwilligung den Eingriff ausschließt, oder aber dass eine Einwilligung die Rechtfertigung des Eingriffs darstellt.[628] Ungeachtet der Verortung, d. h. an welcher Stelle die Einwilligung den Eingriff in das Rechtsgut nun verhindert, ist dies eine Auslegung, welche sich allein auf die betroffenen Grundrechte der Teilnehmenden erstreckt. Die neugefasste Norm sieht jedoch in § 81h Abs. 4 Nr. 3 StPO die Verwertung von Ergebnissen zu Lasten der Angehörigen des Probanden vor. Dass der Gesetzgeber davon ausgeht, dass Ergebnisse gewonnen werden können, welche zu Lasten der Angehörigen ausgelegt werden, legt nahe, dass diese Ergebnisse aus Informationen bestehen, welche sich den Angehörigen zuordnen lassen. Deshalb wird im Folgenden untersucht, ob das Recht auf informationelle Selbstbestimmung der Angehörigen durch die Erweiterung des § 81h StPO berührt wird.

bb) Die Untersuchung sensibler Daten bei der DNA-Reihenuntersuchung

Für die Neufassung des § 81h StPO besonders relevant ist die Rechtsprechung des Bundesverfassungsgerichts, wonach Daten mit Informationen über genetische Merkmale einer Person, aus denen sich im Abgleich mit den Daten einer anderen Person Rückschlüsse über die Abstammung gewinnen lassen, einen Teil des verfassungsrechtlich

625 BVerfG, NJW 1984, 419 (422).
626 *Welsing*, Das Recht auf informationelle Selbstbestimmung im Rahmen der Terrorabwehr, S. 44.
627 *Lorenz*, JZ 2005, 1121 (1127).
628 *Sauter*, DNA-Massentests im Strafverfahren, S. 197 f.

geschützten Gutes auf informationelle Selbstbestimmung darstellen.[629] Mit dem neugefassten § 81h StPO stellt sich die Frage, ob diese Erweiterung auf Beinahetreffer und die konkrete Maßnahme das Recht auf informationelle Selbstbestimmung der Angehörigen betreffen.

Denn Ziel der Erweiterung des Untersuchungszwecks ist es, so vermittelt es § 81h Abs. 1 StPO, auch über die Abstammung der Angehörigen des Betroffenen Rückschlüsse zu ziehen. Doch selbst wenn dies der Fall wäre, bedeutet dies nicht gleichzeitig, dass das Verfahren verfassungswidrig wäre, denn das Recht auf informationelle Selbstbestimmung ist nicht schrankenlos gewährleistet.[630] Insbesondere muss der Einzelne Einschränkungen dieses Rechts hinnehmen, die im überwiegenden Interesse anderer oder der Allgemeinheit liegen. Diese Einschränkungen dürfen wiederum nicht weiter gehen, als es zum Schutz des öffentlichen Interesses notwendig ist.[631] Solche Beschränkungen bedürfen einer gesetzlichen Grundlage, aus der sich die Voraussetzungen und der Umfang der Beschränkungen ergeben und die dem Grundsatz der Verhältnismäßigkeit entspricht.[632] Eine Verarbeitung personenbezogener Daten ist nämlich in jedem Fall rechtfertigungsbedürftig.[633] Diese Fragen zur Rechtfertigung eines potenziellen Eingriffs bedürfen zunächst eine Klärung der Ausgangsfrage.

Der folgenden Bewertung dieser Frage wird der moderne Eingriffsbegriff zu Grunde gelegt. Immerhin sind die Teilnehmenden die unmittelbar Betroffenen der Maßnahme, wohingegen die Angehörigen erst im Rahmen der Verwertung der gewonnenen Informationen hinzutreten. Es fehlt somit an der Unmittelbarkeit der Beeinträchtigung des Grundrechtsträgers, indem die handelnde Behörde sich nicht direkt an den Grundrechtsträger wendet.[634] Da der klassische Eingriffsbegriff solche Konstellationen auf Grund der Erforderlichkeit der Unmittelbarkeit nicht erfassen würde, ist es notwendig die moderne Definition zu verwenden. Andernfalls wäre man nicht in der Lage, das sich

629 *Schoch*, Jura 2008, 352 (355 f.); BVerfG, NJW 2007, 753 (754).
630 BVerfG, NJW 2007, 753 (754).
631 *Krehl/Kolz*, StV 2004, 447 (448).
632 BVerfG, NJW 1984, 419 (422).
633 *Singelnstein*, NStZ 2012, 593 (594).
634 Zum Merkmal der Unmittelbarkeit s. *Hufen*, Staatsrecht II, § 8 Rn. 5 und zum mittelbaren Eingriff s. *Hufen*, Staatsrecht II, § 8 Rn. 9.

wandelnde staatliche Handeln abzubilden und zu überprüfen, auch wenn dieses letztlich ebenso schwerwiegende Folgen für den Einzelnen haben kann wie solches, welches unter den klassischen Eingriffsbegriff fällt. Gebote und Verbote, welche dem klassischen Eingriffsbegriff unterfallen, reichen nicht länger aus, um das differenzierte Handlungsinstrumentarium der Hoheitsträger abzubilden.[635] Viel mehr kann auch faktisches und unmittelbares Handeln ebenso negative Folgen für Grundrechte bewirken.[636] Es kommt also im Grunde genommen jedes staatliche Handeln in Betracht, um Grundrechte zu beeinträchtigen. Dies ist hier durch die Ermittlungsbehörden, welche die DNA-Probe erlangen und verwerten, gegeben.

Es finden sich verschiedene Argumente für die Auffassung, dass die DNA-Reihenuntersuchung nach § 81h StPO keinen Eingriff in das Recht auf informationelle Selbstbestimmung darstellt, der nicht zu rechtfertigen wäre. Zum einen wird vertreten, dass bei der Erstellung des genetischen Fingerabdrucks kein Eingriff in den absolut eingriffsresistenten Kernbereich privater Lebensgestaltung stattfinde.[637] Wenn dies bereits für den Probengeber gilt, kann auch nichts anderes für die Angehörigen gelten, auf deren Merkmalsmuster nur indirekt über das DNA-Identifizierungsmuster des Probengebers Rückschlüsse möglich werden.

Diese Auffassung beruht darauf, dass das Erstellen eines DNA-Identifikationsprofils allein die nicht-codierenden Abschnitte der DNA betrifft, was wiederum keine Rückschlüsse auf die Persönlichkeit zulässt und deshalb den unberührbaren Bereich der DNA, nämlich den codierenden, nicht betrifft.[638] Wie bereits ausgeführt wurde, ist diese strikte Trennung von codierender und nicht-codierender DNA überholt und spiegelt nicht den tatsächlichen Informationsgehalt der so betitelten „Junk-DNA" wider. Wenn man sich damit auseinandersetzt, welche Informationen tatsächlich bei der Erstellung eines DNA-Identifizierungsmusters gewonnen werden, so ist wohl zutreffend, dass dieses Merkmalmuster nicht mit dem Erstellen eines individuellen

---

635 *Hufen*, Staatsrecht II, § 8 Rn. 6.
636 *Hufen*, Staatsrecht II, § 8 Rn. 9 f.
637 *Swoboda*, StV 2013, 461 (466).
638 *Lorenz*, JZ 2005, 1121 (1127).

Persönlichkeitsprofil zu vergleichen ist, ungeachtet der untersuchten DNA-Abschnitte.

Dass kein Eingriff in den absolut geschützten Kernbereich des Persönlichkeitsrechts vorliegt, schließt nicht aus, dass ein besonders sensibler Bereich des Persönlichkeitsrechts tangiert wird.[639] Die genetischen Identifizierungsmerkmale auf der einen Seite, aber auch insbesondere die Abstammungsinformationen andererseits, die durch den Fokus auf Beinahetreffer gewonnen werden können, sind Daten, die in ihrer Bedeutung den DNA-Informationen aus dem absolut geschützten Intimbereich nahe kommen.[640] Sie sind nur zulässig, wenn der Betroffene in diesen Eingriff einwilligt oder der Eingriff von einer gesetzlichen Grundlage gedeckt ist.[641] Gesetzlich normierte Ausforschungseingriffe in diesen sehr sensiblen, aber noch nicht absolut geschützten Kernbereich, bedürfen einer strengen Verhältnismäßigkeitskontrolle.[642] Der Versuch, diesen Anforderungen an die Verhältnismäßigkeit Rechnung zu tragen, zeigt sich durch das Gebot, die DNA-Proben und Identifizierungsmuster Nichtverdächtiger zu anonymisieren sowie die Pflicht, die DNA-Proben nach Abschluss des Verfahrens zu vernichten.[643] Der Richtervorbehalt soll zudem eine objektive Überprüfung der verhältnismäßigen Anwendung der Norm sicherstellen und stellt insofern eine weitere Schutzmaßnahme dar.[644] Auch wenn die Probengeber in die Maßnahme einwilligen und freiwillig teilnehmen sollen, wird die Maßnahme gleichzeitig durch diese zusätzlichen Vorkehrungen gestützt. Es handelt sich schließlich immerhin um einen erheblichen Eingriff in das allgemeine Persönlichkeitsrecht des Probengebers, der einer strengen Verhältnismäßigkeitsprüfung standhalten müsste.

Vorkehrungen wie der Richtervorbehalt werden teilweise für unerheblich gehalten, da die vollumfängliche Freiwilligkeit der Teilnehmer durch die schriftliche Einwilligung gesichert sei und sie in die Maßnahme eingewilligt hätten, sodass die Verhältnismäßigkeitsprüfung

---

639 BVerfG, NJW 2001, 879 (880); *Swoboda*, StV 2013, 461 (466).
640 *Di Fabio*, in: Maunz/Dürig (Hrsg.), Art. 2 GG, Rn. 159, 176.
641 *Di Fabio*, in: Maunz/Dürig (Hrsg.), Art. 2 GG, Rn. 177.
642 *Di Fabio*, in: Maunz/Dürig (Hrsg.), Art. 2 GG, Rn. 159.
643 *Swoboda*, StV 2013, 461 (467).
644 *Lorenz*, JZ 2005, 1121 (1126).

kaum noch Relevanz hätte.[645] Ob Freiwilligkeit tatsächlich gegeben ist, ist höchst umstritten. Diese Debatte hat ihren Platz an späterer Stelle, wohingegen hier zunächst darauf eingegangen werden soll, ob ein Eingriff in das Recht auf informationelle Selbstbestimmung der Betroffenen denkbar ist. Ob dieser Eingriff durch eine Einwilligung oder strenge Anforderungen an die Verhältnismäßigkeit gedeckt ist, kann erst im weiteren Verlauf ermittelt werden.

Im vorliegenden Fall ist insbesondere darauf einzugehen, inwiefern die Einbeziehung von Beinahetreffern neue Betroffene der Maßnahme generiert. Ob ein Eingriff in das allgemeine Persönlichkeitsrecht in seiner Ausprägung als Recht auf informationelle Selbstbestimmung der Angehörigen eines Teilnehmers an der Reihenuntersuchung vorliegt, hängt von den Informationen ab, die im Rahmen der Auswertung der Untersuchung über diese Menschen gesammelt werden können. Das DNA-Material des Probengebers wird in einem automatisierten Abgleich darauf untersucht, ob es mit dem des Spurenverursachers am Tatort identisch ist, oder von einem Verwandten bis zum dritten Verwandtschaftsgrad stammt. Dass hierbei potenziell ein Eingriff in das Recht informationelle Selbstbestimmung der nahen Verwandten der Teilnehmer einer Reihenuntersuchung vorliegen könnte, hat auch der Gesetzgeber gesehen. Im Ergebnis hat er den Eingriff jedoch abgelehnt.[646] Der Gesetzgeber begründete dies damit, dass nur das molekulargenetische Material der Probengeber untersucht werde und das Ergebnis der Reihenuntersuchung nur ein statistischer Wert sei, der erst durch weitere Maßnahmen ermögliche, einen Bezug zu einer konkreten Person herzustellen.[647]

Dieser Auffassung wird mit Kritik begegnet, sodass sich auch Argumente dafür finden, dass ein Eingriff in das Recht auf informationelle Selbstbestimmung gegeben sein muss. Schließlich werden im Fall eines negativen Ergebnisses zwangsläufig auch Informationen über diese Angehörigen gesammelt und verarbeitet.[648] Es handelt sich dabei um jene Informationen, die der Probengeber und der jeweilige Angehörige

645 *Trück*, in: MüKo StPO, § 81h Rn. 11 ff.; *Rogall*, in: SK-StPO, § 81h Rn. 20.
646 BT-Drucks. 18/11277, S. 21.
647 BT-Drucks. 18/11277, S. 21.
648 *Mansdörfer*, GSZ 2018, 45 (49); *Swoboda*, StV 2013, 461 (461).

in ihren Erbinformationen teilen, welche Basis für die Ergebnisse sind. Wenn das Untersuchungsziel ist, den Probengeber oder mit ihm verwandte Personen mit der Tatortspur in Verbindung zu bringen, dann kann dies nur gelingen, wenn auch Informationen über die Angehörigen gewonnen werden. Es handelt sich um Erbinformationen, welche die familiäre Verbindung zwischen Probanden und Angehörigen nachweisen, d. h. jene Bereiche der DNA, welche basierend auf der Vererbung in beiden Identifizierungsmustern zu finden sind. Doch nur weil sie bei beiden nachzuweisen sind, mindert dieser Umstand nicht den persönlichen Charakter der Information.

Anhand des vom Gesetzgeber gewählten Mittels der DNA-Analyse ist es dementsprechend eine naheliegende Schlussfolgerung, dass durch die Maßnahme auch das Recht auf informationelle Selbstbestimmung der Angehörigen betroffen sein muss. Andernfalls ließe sich keine Aussage darüber treffen, ob sie in Frage kämen, die Tatortspur verursacht zu haben. Immerhin gibt das DNA-Identifizierungsprofil des Probengebers Aufschluss darüber, mit welcher Wahrscheinlichkeit er oder seine nahestehenden Verwandten die Tatortspur verursacht haben könnten. Bei einem negativen Ergebnis kann davon ausgegangen werden, dass die DNA-Identifizierungsprofile der Verwandten derart beschaffen sind, dass sie als Spurenverursacher nicht in Frage kommen und keine Identitätswahrscheinlichkeit[649] angenommen werden kann. Gleichzeitig gibt es Aufschluss über die Abstammung, indem auf Verwandtschaftsverhältnisse geschlossen werden kann bzw. diese negiert werden können, wenn die Untersuchung der Proben negativ ausfällt. Es handelt sich hierbei um Informationen, die vom Schutzbereich des Rechts auf informationelle Selbstbestimmung erfasst sind. Dieses dient dem Schutz der persönlichen Daten und schützt generell vor der staatlichen Erhebung und Verarbeitung personenbezogener Daten.[650] Der Schutzbereich dieses Grundrechts ist immer dann zu eröffnen, wenn der Bürger seine personenbezogenen Daten nicht aufgrund einer

649 Die Identitätswahrscheinlichkeit bezieht sich auf den statistischen Wert, mit dem eine Übereinstimmung zwischen zwei DNA-Identifikationsmustern angegeben wird.

650 *Murswiek/Rixen*, in: Sachs (Hrsg.), Art. 2 GG Rn. 72 f.

selbst bestimmten Entscheidung preisgibt.[651] Diese Entscheidung fehlt offensichtlich bei den Angehörigen. Die Vererbung der DNA findet auf Grund von biologischen Gegebenheiten statt, sodass ihnen nicht der Entscheidungsspielraum offensteht, ihre Daten unter Verschluss zu halten. Denn willigt eine priorisierte Person ein, an der DNA-Reihenuntersuchung mitzuwirken, können die Verwandten nicht verhindern, dass gemeinsame genetische Informationen ausgewertet werden.

Wird nun dennoch der Grundrechtseingriff verneint, weil nicht die DNA der Angehörigen eines Teilnehmers an der Reihenuntersuchung untersucht wird, so wird damit übersehen, dass es nicht auf die Form ankommt, in welcher die Daten gespeichert sind, sondern auf die Informationen, welche gewonnen werden können. Nur weil nicht die DNA der Angehörigen untersucht wird, heißt dies nicht, dass keine Informationen über das DNA-Profil dieser Personen gewonnen werden können. Der Gesetzgeber beschränkt in seiner Argumentation das Recht auf informationelle Selbstbestimmung auf jene Fälle, in denen der Träger der Informationen identisch ist mit demjenigen, dessen Daten verarbeitet werden. Dies widerspricht dem Ziel zu verhindern, dass der Betroffene bei systematischer Datensammlung zu einem bloßen Objekt staatlicher Stellen wird.[652] Gerade vor dem Hintergrund, dass dem Einzelnen oftmals nicht bewusst ist, wo welche Daten über ihn gesammelt werden, soll das Recht auf informationelle Selbstbestimmung als Ausprägung eines sich an moderne Entwicklungen anpassenden Selbstdarstellungsschutzes dem entgegenwirken.[653] Die Möglichkeiten, welche die DNA-Analyse mit steter Weiterentwicklung bietet, sind angesichts der Informationen, welche aus der Untersuchung des molekulargenetischen Profils mittlerweile gewonnen werden können, Teil der modernen Entwicklungen, welche immer mehr Daten über Betroffene offenlegen können.

Das Recht auf informationelle Selbstbestimmung hat zudem den Zweck, dem Einzelnen die Befugnis zuzusprechen, selbst zu entscheiden, wann und innerhalb welcher Grenzen persönliche Lebenssach-

651 *Welsing*, Das Recht auf informationelle Selbstbestimmung im Rahmen der Terrorabwehr, S. 45.

652 *Di Fabio*, in: Maunz/Dürig (Hrsg.), Art. 2 GG Rn. 173.

653 *Di Fabio*, in: Maunz/Dürig (Hrsg.), Art. 2 GG Rn. 173.

verhalte offenbart werden.[654] Wenn nun argumentiert wird, dass das Grundrecht nur betroffen sei, wenn die Daten bei dem Betroffenen unmittelbar und nicht über Dritte erhoben werden, höhlt man diesen Schutz erheblich aus. Indem mittelbar Daten über Personen erhoben werden, welche bei unmittelbarem Informationsgewinn einer Rechtfertigung des Grundrechtseingriffs bedurft hätten, wird dieses Erfordernis mit dieser Argumentation umgangen. Dem Betroffenen wird so die Entscheidungshoheit über seine Daten und deren Offenlegung genommen, welche ihm im Sinne eines funktionierenden Grundrechtsschutz zusteht. Auch dass es für sich betrachtet nur ein statistischer Wert ist, der erhoben wird, schließt einen Grundrechtseingriff nicht kategorisch aus. Das Recht auf informationelle Selbstbestimmung wird unabhängig von der qualitativen Aussagekraft der betroffenen persönlichen Daten gewährt.[655] Entscheidend ist gerade die Synthese der verfügbaren Informationen und ihre Nutzbarkeit und Verwendungsmöglichkeit.[656] Insofern ist es beispielsweise das Zusammenspiel aus der Wahrscheinlichkeit, ob ein Angehöriger eines Probengebers eine Tat verursacht haben könnte und den Möglichkeiten, die Angehörigen zu ermitteln und zu identifizieren, welches den Schutzbereich des Grundrechts berührt. Der Argumentation des Gesetzgebers, wieso kein Eingriff in das Recht auf informationelle Selbstbestimmung vorliegt, kann nicht gefolgt werden.

cc) Zwischenergebnis

Da eine Verletzung des Rechts auf informationelle Selbstbestimmung nicht länger negiert werden kann, kommt es nun auf eine mögliche Rechtfertigung dieses Eingriffs an. Andernfalls sind der Eingriff und die entsprechende gesetzliche Regelung verfassungswidrig. An einer Einwilligung in den Eingriff in die Grundrechtsposition dieser Personen mangelt es jedenfalls, da nur der Probengeber in die Maßnahme einwilligt.[657] Der Auffassung von *Bosch*, dass kein Grundrechtseingriff vorliegt, ist demnach spätestens mit der Erweiterung der Norm nicht

654 *Murswiek/Rixen*, in: Sachs (Hrsg.), Art. 2 GG Rn. 72 f.; BVerfG, NJW 1988, 2031.
655 *Di Fabio*, in: Maunz/Dürig (Hrsg.), Art. 2 GG Rn. 173.
656 *Di Fabio*, in: Maunz/Dürig (Hrsg.), Art. 2 GG Rn. 174.
657 *Mansdörfer*, GSZ 2018, 45 (49).

zu folgen. Dies gilt ungeachtet der Fragestellung, inwiefern die Einwilligung so, wie von ihm bezweckt, hinsichtlich der Rechte der Probanden wirkt. Es bedarf stattdessen, wie bereits angesprochen, der strengen Verhältnismäßigkeit der DNA-Reihenuntersuchung, da die gewonnenen Daten über genetische Identifizierungsmerkmale und die Abstammung dem besonders sensiblen Bereich der Informationen zuzuordnen sind. Dieser hier festgestellte Eingriff muss gegen das staatliche Interesse an der Aufklärung und Verfolgung schwerer Straftaten abgewogen werden.[658] Dieses staatliche Interesse ist hoch zu gewichten, insbesondere da die DNA-Reihenuntersuchung auf einen speziellen Straftatenkatalog beschränkt ist, der diese Maßnahme nur bei erheblichen Straftaten zulässt.[659] Diese Abwägung entspricht der bisherigen Handhabe. DNA-Analysen stehen immer im Spannungsfeld zwischen der verfassungsrechtlichen Pflicht des Staates zur Aufklärung schwerer Straftaten und den betroffenen Persönlichkeitsrechten.[660] Entscheidend ist, welche Informationen über wie viele Personen gesammelt werden und wie anschließend mit den Daten verfahren wird.[661] Zwar sind DNA-Untersuchungen nicht per se unzulässig, umgekehrt gilt allerdings auch, dass es keinen Automatismus für ihre Zulässigkeit gibt. Richtig ist, dass die gewonnenen Informationen über die Angehörigen eines Probengebers weniger umfassend sind als ein vollständiges DNA-Identifizierungsmuster. Dafür werden von einer unübersehbaren Vielzahl an Personen Fragmente der DNA und Abstammungsinformationen ausgewertet. Diese Quantität darf nicht ignoriert werden. Die Art der gewonnen Informationen mag dazu führen, dass dem Aufklärungsinteresse ein höherer Stellenwert beigemessen wird. Allerdings kann dies auch eine gefährliche Signalwirkung haben. Erklärt man die Anzahl der mittelbar Betroffenen bei der Abwägung für irrelevant, kann mit dem Ziel, ein Verbrechen aufzuklären, zukünftig das nahezu unbegrenzte Sammeln von Daten zur Regel werden. Staatliche Stellen müssten nur darauf achten, dass die Daten minimal unter der Grenze der Erheblichkeit liegen, um die Schutzwirkung des Rechts auf informationelle Selbstbestimmung zu umgehen. Es kann jedoch nicht mit

658 *Rosenau/Dorneck*, in: FS Merkel, 1301 (1316).
659 *Becker*, in: FS Graf-Schlicker, 429 (440).
660 *Becker*, in: FS Graf-Schlicker, 429 (433).
661 *Becker*, in: FS Graf-Schlicker, 429 (433).

der Verhältnismäßigkeit vereinbar sein, dass irrelevant ist, wie viele Personen von einer solchen Datenverwertung betroffen sind.

Ungeachtet der möglichen Rechtfertigung dieser Eingriffe in das Recht auf informationelle Selbstbestimmung der Probengeber und seiner Verwandten bis zum dritten Verwandtschaftsgrad, ist festzuhalten, dass grundrechtlich geschützte Positionen dieser Personengruppen betroffen sind. Die DNA-Reihenuntersuchung stellt einen Eingriff in das Recht auf informationelle Selbstbestimmung dar, welcher strengen Verhältnismäßigkeitsanforderungen genügen muss. Dies gilt insbesondere, da nur der Probengeber die Möglichkeit hat, der Maßnahme zuzustimmen. Da die Verwandten des Probengebers gar nicht einwilligen können, erreichen die Anforderungen an die Verhältnismäßigkeit hierdurch eine neue Dimension, da mit der erweiterten Reihenuntersuchung wesentlich mehr Personen in ihrem Recht auf informationelle Selbstbestimmung durch die Reihenuntersuchung betroffen sind. Die Prüfung der Verhältnismäßigkeit bedarf wesentlich mehr Aufmerksamkeit, als diesem Aspekt in der Vergangenheit teilweise zugesprochen wurde.

b) Verletzung des Art. 6 Abs. 1 GG

Abgesehen von der Auseinandersetzung mit dem Recht auf informationelle Selbstbestimmung steht die Frage im Raum, ob noch ein weiterer Grundrechtseingriff zu berücksichtigen ist. Immerhin negiert *Bosch*, dass Grundrechtseingriffe vorliegen, die eine frühzeitige Anwendung der Reihenuntersuchung unverhältnismäßig und damit unzulässig machen würden. Hauptargument von *Bosch* lautet, dass ein Grundrechtseingriff auf Grund der Einwilligung der Probanden in den Abgleich der DNA-Identifizierungsmuster ausscheide und maximal ein faktischer Grundrechtseingriff auf Grund des Entscheidungsdrucks bestehe, dass Probanden sich womöglich gezwungen fühlen, einzuwilligen, um sich nicht verdächtig zu machen oder sozialem Druck ausgesetzt zu sein.[662] Letzteres akzeptiert *Bosch* innerhalb seiner Auffassung maximal als angreifbare These.[663] Fragen zur Einwilligung

662 *Bosch*, in: KMR StPO, § 81h Rn. 11 f.
663 *Bosch*, in: KMR StPO, § 81h Rn. 11.

und Freiwilligkeit der Probanden bilden eigene Themenschwerpunkte, auf die an dieser Stelle noch nicht eingegangen wird. Bevor somit diskutiert wird, ob eine Einwilligung möglich ist und diese freiwillig erfolgt, muss untersucht werden, in welche Art des Eingriffs der Proband einwilligen soll und welche Schutzgüter des Einzelnen betroffen sind. Nur wenn die Folgen und Reichweite der Reihenuntersuchung umgrenzt werden, kann sich der Betroffene vollumfänglich damit auseinandersetzen, welche Konsequenzen seine Einwilligung haben wird. Die Frage des Grundrechtseingriffs hat mit der Verwertbarkeit von Beinahetreffern eine neue Reichweite erreicht, die sich nach ersten objektiven Gesichtspunkten auch auf den grundrechtlich garantierten Schutz der Familie nach Art. 6 GG erstreckt, indem der innerfamiliäre Frieden, d. h. der Schutz aus Art. 6 Abs. 1 GG gefährdet wird.[664]

aa) Schutzgüter Familie und innerfamiliärer Frieden

Auf Grund des nun gesetzlich legitimierten Verwandtschaftsabgleichs, liegt die Prüfung eines Eingriffs in das Schutzgut Familie nach Art. 6 Abs. 1 GG nahe, immerhin betreffen Beinahetreffer immer Blutsverwandte des Probengebers.

Verfassungsrechtlich genießt die Familie gem. Art. 6 Abs. 1 GG besonderen staatlichen Schutz. Familie ist nach ständiger Rechtsprechung die Gemeinschaft von Eltern und ihren Kindern,[665] wobei diese nicht zwangsläufig in einem Haushalt zusammenleben müssen.[666] Geschützt ist insbesondere der personelle Raum kindlicher Entfaltungsmöglichkeiten, der Schutzbereich geht aber auch über diesen Zweck hinaus.[667] Art. 6 Abs. 1 GG zielt generell auf den Schutz der spezifisch psychologischen und sozialen Funktion familiärer Bindungen,[668] wie sie auch zwischen erwachsenen Mitgliedern[669] einer Familie und auch – wenngleich weniger stark ausgeprägt – über mehrere Generationen hinweg zwischen den Mitgliedern einer Großfamilie (z. B. Großeltern und En-

664 *Doege/Frahm*, in: FS Ostendorf, S. 227 (237).
665 BVerfG, NJW 1959, 1483; BVerfG, NJW 1978, 2289 (2290).
666 BVerfG, NJW 2011, 1793 (1795).
667 BVerfG, NJW 2014, 2853 (2854).
668 BVerfG, NJW 2013, 847 (850).
669 BVerfG, NJW 1989, 2195 (2196).

keln) bestehen können.[670] Letzteres wird insbesondere durch die Auffassung des Europäischen Gerichtshofs für Menschenrechte (EGMR) gestützt, der nach Art. 8 EMRK auch nahe Verwandte wie Großeltern und Enkel als feste Bestandteile eines Familienlebens zuordnet.[671] Die Berücksichtigung der Rechtsprechung des EGMR folgt aus der völkerrechtlichen Verpflichtung der Bundesrepublik, Konventionsverstöße zu vermeiden und die Bindungswirkung je nach Zuständigkeitsbereich der staatlichen Organe zu achten.[672] Die Völkerrechtsfreundlichkeit des Grundgesetzes führt schließlich auch dazu, dass die EMRK und die Rechtsprechung des EGMR bei der Auslegung des GG und der Grundrechte ebenfalls herangezogen werden.[673]

Der Verwandtschaftsabgleich nach § 81h Abs. 1 StPO erlaubt Rückschlüsse über die mögliche Beteiligung Verwandter in gerader Linie oder in der Seitenlinie bis zum dritten Grad aus dem familiären Umfeld des Betroffenen. Treffer zu Lasten Verwandter in gerader Linie (§ 1589 Satz 1 BGB), also Eltern, Kinder, Großeltern, Enkel, Urgroßeltern, Urenkel dürfen verwertet werden. In der Seitenlinie (§ 1589 Satz 2 BGB) kommt die Verwertung bei voll- und halbbürtigen Geschwistern sowie Geschwisterkindern (Nichten, Neffen) in Betracht. Damit ist die Konstellation, die der Überführung des Täters im Dörpener Vergewaltigungsfall zu Grunde lag, vollständig gesetzlich legitimiert.[674]

Betroffen sind in jedem Fall jene familiären Strukturen und Beziehungen, die vom Schutzbereich des Art. 6 Abs. 1 GG erfasst werden. Der Schutz des Art. 6 Abs. 1 GG erstreckt sich ferner nicht nur auf die spezifische Privatsphäre für Ehe und Familie, sondern schützt auch vor staatlichen Maßnahmen, welche die Familie schädigen, stören oder sonst beeinträchtigen.[675] Dass ein Eingriff in das Schutzgut Familie vor diesem gesetzlichen Hintergrund vorliegen könnte, ist auch dem Gesetzgeber nicht entgangen.[676] Ein Eingriff in die verfassungsrecht-

670 BVerfG, NJW 2014, 2853 (2854).
671 EGMR, NJW 1979, 2249 (2252).
672 BVerfG, NJW 2004, 3407 (3408).
673 BVerfG, NJW 2004, 3407 (3408).
674 *Niedernhuber*, JA 2018, 169 (170).
675 BVerfG, NJW 1957, 417 (418).
676 BR-Drucks. 796/16, S. 18.

lich geschützte Familie liege allerdings nicht vor, da Art. 6 Abs. 1 GG keinen Schutz vor Familienmitgliedern vermittle, welche freiwillig zur Strafverfolgung eines Verwandten beitragen.[677]

Diese Auffassung beschäftigt sich jedoch nur mit einer von vielen Konstellationen: nämlich damit, dass die freiwillige Mitwirkung eines Betroffenen zu einem brauchbaren Beinahetreffer führt. Ein solcher Beinahetreffer lenkt den Tatverdacht auf einen Angehörigen des Probanden und berechtigt zu Ermittlungen im familiären Umfeld des Betroffenen gegen den in Frage kommenden Angehörigen. Doch auch wenn man nicht das Recht hat, vor Angehörigen geschützt zu werden, die freiwillig ihre Familienmitglieder der Strafverfolgung ausliefern, so übersieht der Gesetzgeber weitere Konstellationen, die in jedem Fall das enge persönliche Verhältnis innerhalb familiärer Strukturen berühren.[678]

Bereits die Verweigerung der Teilnahme an der Reihenuntersuchung vor dem Hintergrund des Wunsches, Familienmitglieder zu schützen, kann das Verhältnis einzelner Familienmitglieder zueinander erheblich belasten.[679] Der bloße Verdacht, ein Angehöriger könne eine der Katalogtaten des § 81h StPO begangen haben, kann das Ehrgefühl und das Vertrauensverhältnis nachhaltig erschüttern, selbst wenn die Verweigerung im vermeintlich besten Sinne erfolgen sollte.[680] Der Gesetzgeber geht zudem von dem günstigsten Fall aus, nämlich dass der Probengeber nicht aus einer Zwangslage heraus an der Reihenuntersuchung teilnimmt, sondern frei von Zwängen diese Entscheidung trifft und ebenso freiwillig in Kauf nimmt, dass Angehörige Ziel weiterführender Ermittlungen werden könnten. Der priorisierte Proband muss sich dieser Optionen vollumfänglich bewusst sein, um die Konsequenzen abwägen zu können. Doch auch ein Proband, der angesichts der Verfolgungsgefahr für seine Angehörigen nicht zögert teilzunehmen, kann mit dieser Haltung Streit und Misstrauen innerhalb der Familie provozieren. Dies kann wiederum den vertrauensvollen Austausch von

677 BR-Drucks. 796/16, S. 18.
678 *Mansdörfer*, GSZ 2018, 45 (49).
679 *Mansdörfer*, GSZ 2018, 45 (49).
680 *Mansdörfer*, GSZ 2018, 45 (49).

Meinungen verhindern, indem Angehörige ihre Vorbehalte gegen die Teilnahme nicht äußern, um sich nicht verdächtig zu machen.

Diese Gedankengänge sind durchaus relevant, denn der Grundrechtsschutz erstreckt sich nicht nur auf die Schutzbedürftigkeit eines heranwachsenden Kindes innerhalb des familiären Umfelds.[681] Stattdessen handelt es sich bei der Familie um eine Lebensform, die durch die staatliche Rechtsgemeinschaft zu respektieren und zu schützen ist.[682] Die erheblichen Zweifel an der Freiwilligkeit der Teilnehmenden müssen genauer untersucht werden. Es kann nicht ausgeschlossen werden, dass die engen familiären Bindungen bei dem Abwägungsprozess in Mitleidenschaft gezogen werden, indem der potenzielle Probengeber sich mit seinen Wahlmöglichkeiten auseinandersetzen und abwägen muss, welche Prioritäten gesetzt werden sollen.[683] Prinzipiell damit konfrontiert zu sein, durch die Teilnahme an einer Reihenuntersuchung den Fokus der Ermittlungsbeamten auf einen nahestehenden Angehörigen zu lenken, der dann einer schweren Straftat verdächtigt wird, kann sich als folgenreich für das familiäre Gefüge erweisen.

Zudem wird die Vielschichtigkeit des familiären Gefüges missachtet, denn es ist dem Probengeber nicht möglich, selektiv vorzugehen und eventuell einzelne Familienmitglieder gezielt vor der möglichen staatlichen Verfolgung auszunehmen. Betrachtet man den Dörpener Vergewaltigungsfall, der sich schließlich durch den Beinahetreffer zu einem minderjährigen Täter zurückverfolgen ließ, muss man sich zwangsläufig fragen, ob womöglich durch die Beinahetreffer insbesondere Eltern von noch minderjährigen Kindern benachteiligt werden. Der noch minderjährige Angeklagte kam für die Reihenuntersuchung gar nicht in Betracht, sodass erst die Teilnahme seiner volljährigen Angehörigen die Ermittlungsbehörden auf seine Spur brachte. Die Brutalität der Tat hatte dazu geführt, dass derart junge Täter nicht für die Maßnahme priorisiert wurden. Nun sind Minderjährige nicht vor der Strafverfolgung geschützt und müssen sich ab dem vollendeten 14. Lebensjahr gem. § 19 StGB für ihre Taten verantworten. Da das Schutzgut nach Art. 6 GG sicherstellen soll, dass Kindern die leibliche und seelische

681 *Badura*, in: Maunz/Dürig (Hrsg.), Art. 6 GG Rn. 60a.
682 *Badura*, in: Maunz/Dürig (Hrsg.), Art. 6 GG Rn. 60a.
683 *Mansdörfer*, GSZ 2018, 45 (49).

Entwicklung innerhalb eines geschützten Rahmens ermöglicht wird, muss im Umkehrschluss den Eltern die Möglichkeit geboten werden, die verantwortliche Elternschaft entsprechend der Schutzbedürftigkeit des heranwachsenden Kinders auszuüben.[684] Dies wird zwangsläufig beeinträchtigt, wenn Eltern, die zur Teilnahme an einer Reihenuntersuchung aufgefordert werden, ihre Kinder vor den Ermittlungsmaßnamen der Strafverfolgungsbehörden nicht abschirmen können. Das Interesse, die Kinder vor Verdächtigungen zu schützen, ist auch insbesondere deshalb groß, weil die Reihenuntersuchung im Rahmen der Auswertung der Ergebnisse einen unzutreffenden Ermittlungsansatz liefern kann. Dass diese Gefahr nicht ausgeschlossen werden kann, ist nur einer der Gründe, wieso das geschützte Rechtsgut der Familie nach Art. 6 GG von der neugefassten Reihenuntersuchung betroffen ist. Immerhin besteht für den Staat die Pflicht, die Beziehung von Kindern und Eltern zu fördern und sicherzustellen, dass die zu schützenden Familienbeziehungen tatsächlich hergestellt und aufrechterhalten werden können.[685] Wie dieser Pflicht nachgegangen werden soll, wenn Eltern nicht die Möglichkeit haben, ihre Kinder vor Verdächtigung und Verfolgung abzuschirmen, auch wenn sie prinzipiell gewillt sind, an der Reihenuntersuchung teilzunehmen, bleibt in der Neufassung des § 81h StPO ungeklärt.

Ein weiterer Aspekt sind die Informationen, welche über das Familienleben offengelegt werden können, die nicht öffentlich gemacht werden sollten. Hierzu zählen insbesondere uneheliche Kinder, inzestuöse Beziehungen oder Väter, die unzutreffend zu den Blutsverwandten gezählt wurden. Die DNA-Reihenuntersuchung kann offenlegen, wer genetisch gesehen zu der Familie zählt, auch wenn nach außen ein anderes Bild vermittelt wurde.[686] Das Offenlegen dieser Informationen kann die familiären Strukturen erschüttern und nachhaltig schädigen, sodass der staatliche Eingriff mehr betrifft als nur die Entscheidung, ob jemand bereit ist, seine Angehörigen womöglich weitergehenden Ermittlungsmaßnahmen auszusetzen. Die Maßnahme nach § 81h StPO betrifft auch andere Familienmitglieder, denen gar nicht die Möglich-

684 *Badura*, in: Maunz/Dürig (Hrsg.), Art. 6 GG Rn. 60.
685 *Esser*, in: LR-StPO, Band 11, Art. 8 EMRK Rn. 111.
686 *Swoboda*, StV 2013, 461 (467).

keit geboten wurde, in diesen Eingriff in das Familiengefüge einzuwilligen.

bb) Berücksichtigung des Art. 8 EMRK

In diesem Zusammenhang ist zu berücksichtigen, dass der EGMR bereits betont hat, dass der Schutz personenbezogener Daten, wie sie bei einer DNA-Analyse gesammelt werden, erhebliche Bedeutung für die Ausübung des Rechts auf Achtung des Privat- und Familienlebens einer Person hat, wie es in Art. 8 EMRK garantiert wird.[687]

In der Beschwerdesache Marper gegen das Vereinigte Königreich ging es um die damalige Praxis des Vereinigten Königreichs, wonach Fingerabdrücke, DNA-Profile und DNA-Proben der Vorratsdatenspeicherung unterlagen, obwohl die Betroffenen freigesprochen wurden oder keine weitere Strafverfolgung drohte.[688] Diese gespeicherten Daten wurden im Rahmen des *familial searching* verwendet, um in Kriminalfällen erheblichen Gewichts und *cold cases* die DNA-Spur vom Tatort mit den gespeicherten DNA-Identifikationsmustern zu vergleichen und auf Grund von Übereinstimmungen in den DNA-Profilen Angehörige des Spurenverursachers zu identifizieren.[689] Im Prinzip basierte dieses Vorgehen ebenfalls auf der DNA-Analyse und dem Abgleich von STR-Mustern.[690] Allerdings erfolgte die Akquise der DNA-Proben nicht in Form einer DNA-Reihenuntersuchung. Stattdessen ermöglichte es die damalige gesetzliche Regelung, die Fingerabdrücke und Proben einer Person, die im Zusammenhang mit strafrechtlichen Ermittlungen abgenommen wurden, aufzubewahren.[691] Die so stetig wachsende Datenbank ermöglichte die Identifizierung nahestehender Angehöriger von Spurenverursachern, nach denen im Zusammenhang mit anderen Taten gesucht wurde.[692] Diese Vorratsdatenspeicherung erwies sich als unvereinbar mit Art. 8 EMRK, sodass der EGMR dieses

687 EGMR, NJOZ 2010, 696 (700).
688 EGMR, NJOZ 2010, 696 f.
689 *Maguire/McCallum/Storey/Whitaker*, FSI:Genetics 2014, 1.
690 *Maguire/McCallum/Storey/Whitaker*, FSI:Genetics 2014, 1 (3).
691 EGMR, NJOZ 2010, 696 (700).
692 *Maguire/McCallum/Storey/Whitaker*, FSI:Genetics 2014, 1 (5).

Vorgehen in seiner Rechtsprechung als unzulässig erachtete.[693] Daraufhin beendete das Vereinigte Königreich nicht nur seine Praxis, die DNA-Profile von Personen zu speichern, die freigesprochen oder nicht länger verfolgt wurden, sondern auch die Vorratsdatenspeicherung von DNA-Profilen, sodass das *familial searching* in seiner bis zum Urteil des EGMR betriebenen Form nicht länger fortgesetzt werden konnte.[694]

Bei der Analyse der Folgen der Neufassung des § 81h StPO ist auf Grund der Völkerrechtsfreundlichkeit des Grundgesetzes die Entscheidung des EGMR einzubeziehen, denn nicht nur die Untersuchungsmethode des *familial searching* ähnelt der Verwertung von Beinahetreffern.

Die Beschwerdeführer vor dem EGMR wurden hinsichtlich der ersten Tat, durch die sie Gegenstand von strafrechtlichen Ermittlungen geworden sind, freigesprochen bzw. das Strafverfahren gegen den Betroffenen wurde eingestellt. Dennoch blieben ihre Daten in der *National DNA Database* (NDNAD) gespeichert, welche für das *familial searching* verwendet wurde.[695] Treffer bei diesem Verfahren konnten nicht direkt mit der Anlasstat oder dem *cold case* für das *familial searching* in Verbindung gebracht werden, da die Übereinstimmung nicht auf eine Identitätswahrscheinlichkeit hinwies. Da sie ähnlich den Probanden der Reihenuntersuchung nicht genügend Übereinstimmung mit der DNA vom Tatort aufwiesen, um eine Identitätswahrscheinlichkeit anzunehmen, waren die Personen, die über dieses Verfahren ermittelt wurden, keine Tatverdächtigen.[696] Stattdessen wurden relevante Übereinstimmungen in den DNA-Profilen genutzt, um Verwandte zu identifizieren, welche die Tat begangen haben könnten. Anders als bei der DNA-Reihenuntersuchung verwendete man bei diesem Vorgehen die auf Vorrat gespeicherten Daten von Personen, die ihre sensiblen Daten im Zusammenhang mit strafrechtlichen Ermittlungen den Ermittlungsbehörden überlassen mussten.[697]

693 EGMR, NJOZ 2010, 696 (700).
694 *Maguire/McCallum/Storey/Whitaker*, FSI:Genetics 2014, 1 (7).
695 *Maguire/McCallum/Storey/Whitaker*, FSI:Genetics 2014, 1 (3).
696 *Maguire/McCallum/Storey/Whitaker*, FSI:Genetics 2014, 1 (4).
697 EGMR, NJOZ 2010, 696 (700).

Es fehlte somit an der Einwilligung und der freiwilligen Teilnahme an dem DNA-Abgleich. Der Fokus des EGMR lag maßgeblich auf dem Vorgang der Vorratsdatenspeicherung, sodass die entwickelten Maßstäbe sich nicht vollumfänglich auf die Verwertung von Beinahetreffern nach deutschem Recht anwenden lassen. Hervorzuheben ist, dass der EGMR in seiner Entscheidung betont, dass der durch Art. 8 EMRK gewährte Rechtsschutz in unzumutbarer Art und Weise geschwächt wird, wenn die Verwendung moderner wissenschaftlicher Techniken um jeden Preis zugelassen werden würde, ohne die möglichen Vorteile des umfassenden Einsatzes solcher Techniken gegen wesentliche Interessen der Schutzgüter abzuwägen.[698] Das besondere Augenmerk lag deshalb auf ausreichenden und stichhaltigen Argumenten, die bei der Vorratsdatenspeicherung mit einer möglichen Verwertung im Rahmen eines *familial searchings* nicht vorgebracht werden konnten, sodass die Maßnahme unverhältnismäßig war.[699]

Die Datenbank, welche bei dem EGMR-Urteil zur Debatte stand, lässt sich am ehesten mit der DAD des BKA vergleichen. Nach dem derzeitigen Stand ist ca. über 1% der Bevölkerung der Bundesrepublik in der DAD registriert, wodurch sich für die meisten Einwohnerinnen und Einwohner rein statistisch gesehen ein Verwandter dritten Grades in der Datenbank finden lässt.[700] Würde man Beinahetreffer also auf die DAD anwenden, ließe sich, sofern gleichmäßig und unvoreingenommen DNA-Identifizierungsmuster gesammelt werden, jeder Einwohner und jede Einwohnerin über die DNA-Analyse mittels eines Beinahetreffers ermitteln.[701]

Die bei einer DNA-Reihenuntersuchung erhobenen Daten müssen nach Abschluss der Untersuchung gem. § 81h Abs. 3 StPO vernichtet werden, sodass eine Speicherung der erstellten DNA-Profile in der DNA-Analyse-Datei des BKA nicht zulässig ist.[702] Auch ist die Verwertung von Beinahetreffern bei anderen Untersuchungen als nach § 81h StPO nicht gestattet, sodass dies der einzige Rahmen für die

698 EGMR, NJOZ 2010, 696 (701).
699 EGMR, NJOZ 2010, 696 (701 f.).
700 BT-Drucks. 19/4087, S. 2.
701 BT-Drucks. 19/4087, S. 2.
702 *Pommer*, JA 2007, 621 (626).

Verwertung von Beinahetreffern bleiben soll.[703] Auf Grund der Programmstruktur der DAD, welche eine Erkennung von Beinahetreffern gar nicht ermöglichen kann, würde es bereits an der technischen Umsetzbarkeit scheitern. Zudem ist nicht geplant, etwas an der fehlenden Rechtsgrundlage zu ändern.[704] Außerdem sollte die Datenbank des Vereinigten Königreichs wohl langfristig dazu dienen, jeden Einwohner zu registrieren oder zumindest die Datenbank erheblich zu erweitern.[705] Eine derart umfangreiche Datenbank ist in Deutschland auf Grund der verfassungsrechtlichen Grundlagen nicht umsetzbar, auch wenn Reformideen zur Ausweitung der DAD wiederholt geäußert wurden.[706]

Die Abwägungen des EGMR zur Vorratsdatenspeicherung berühren den neugefassten § 81h StPO nicht unmittelbar. Dennoch muss die Verwertung von Beinahetreffern auf Grund des Bezuges zu Art. 8 EMRK verhältnismäßig erfolgen, um den Menschenrechtsschutz nicht auszuhöhlen. Der EGMR betont, dass ein DNA-Profil erhebliche Mengen einzigartiger personenbezogener Daten enthält.[707] Damit bestätigt das Gericht die hier vertretene Auffassung, dass ein DNA-Profil nicht nur eine neutrale Identifizierung ermöglicht. Ungeachtet dessen, dass die Information kodiert und nur unter Einsatz spezieller Technologien lesbar sind, betrifft sie doch das Privatleben der Betroffenen. Die Verwendungsmöglichkeit zum Zwecke der Aufdeckung genetischer Verbindungen zwischen Personen ist dementsprechend heikel und bedarf strenger Kontrollen.[708] Die Vorratsdatenspeicherung, um diesem Zweck nachgehen zu können, ist ein Eingriff in das Recht auf Achtung des Privatlebens.[709] Dieser Argumentation folgend, ist nicht die bloße Vorratsdatenspeicherung, sondern der Zweck zur Datenspeicherung relevant. Der Zweck, sensible Daten zu speichern, um verwandtschaftliche Beziehungen zu Zwecken der Strafverfolgung aufdecken zu können, ist unverhältnismäßig. Die Maßnahme hat Eingriffscharakter

703 BT-Drucks. 19/4354, S. 3.
704 BT-Drucks. 19/4354, S. 6.
705 *Antonow*, JR 2005, 99 (102).
706 BR-Drucks. 465/03, S. 6 f.; *Antonow*, JR 2005, 99 (102).
707 EGMR, NJOZ 2010, 696 (698).
708 EGMR, NJOZ 2010, 696 (698).
709 EGMR, NJOZ 2010, 696 (698); *Syndercombe-Court*, FSI: Genetics 2018, 203 (204).

und Daten hierfür auf Vorrat zu speichern, verstößt gegen die EMRK. Auch wenn sich der EGMR nicht gegen das Verfahren des *familial searching* an sich ausgesprochen hat, hat er deutlich gemacht, dass im Zusammenhang mit dem Recht auf Privat- und Familienleben Verhältnismäßigkeit zu wahren ist.

Es sollte zu bedenken geben, dass Großbritannien nicht nur die Praxis beendete, von Freigesprochenen und bei eingestellten Verfahren die DNA-Proben zu speichern, sondern die Datenbank generell aufgelöst und damit die Grundlage für *familial searching* in der zuvor durchgeführten Form aufgegeben hat. Dies geschah, obwohl das Urteil des EGMR sich zunächst nur auf die spezielle Situation der Beschwerdeführer und deren Anspruch auf die Unschuldsvermutung bezog.[710] Dieses Vorgehen kann auf mehreren Faktoren beruhen und nicht vollständig auf die deutsche Gesetzgebung umgemünzt werden. Eine rechtsvergleichende Analyse der Verfahrensarten ist zudem nicht der hier gelegte Schwerpunkt. Nichtsdestotrotz belegt dieses Urteil, dass die EMRK und die Rechtsprechung des EGMR weitreichende Folgen haben können und die Erweiterung der DNA-Analyse nicht nur das nationale Verfassungsrecht betrifft, sondern auch die Verpflichtung der Bundesrepublik das Völkerrecht zu achten, berührt.

cc) Zwischenergebnis

Es zeigt sich, dass mit der Neufassung des § 81h StPO nicht länger nur die informationelle Selbstbestimmung des Probengebers debattiert werden muss, sondern auch der erhebliche Eingriff in Art. 6 GG und die hierbei verschiedenen betroffenen Ebenen und Personengruppen berücksichtigt werden müssen. Ebenso kommt auch Art. 8 EMRK zum Tragen und erfordert eine differenzierte Auseinandersetzung mit dem Für und Wider der automatisierten Datenverarbeitung im Bereich der DNA-Analyse. Der EGMR hat beim Verwandtschaftsabgleich auf Verhältnismäßigkeit gepocht und diese beim *familial searching* in Großbritannien verneint.

Man muss sich an diesem Punkt fragen, inwiefern all diese Bedenken mit der schriftlichen Einwilligung der Probanden nach § 81h StPO

710 EGMR, NJOZ 2010, 696 (703).

ausgeglichen werden können und ob eine freiwillige Zustimmung ausreichen kann, wenn nicht länger nur der Proband zu den Betroffenen der Maßnahme zählt, sondern auch sein Angehörigenkreis. Diese Fragen schließen sich an die Prüfung der freiwilligen Einwilligung an. Die hohe Eingriffsintensität hinsichtlich des Art. 6 GG weist jedoch bereits auf eine potenzielle Verfassungswidrigkeit der Maßnahme hin.

c) Verletzung des Nemo-tenetur-Prinzips

Möglicherweise geht mit der Teilnahme an der Reihenuntersuchung eine Verletzung des Rechts auf Selbstbelastungsfreiheit einher. Dieses leitet sich aus dem Grundsatz *nemo tenetur se ipsum accusare* ab, welches wiederum dem Rechtsstaatsprinzip zuzuordnen ist.[711] Es basiert auch auf der Menschenwürdegarantie nach Art. 2 Abs. 1 i. V. m. Art. 1 Abs. 1 GG,[712] wonach niemand gezwungen werden könne, gegen sich selbst auszusagen.[713] Zudem ist es völkerrechtlich verankert in Art. 6 EMRK. Der EGMR hat in der Beschwerdesache Jalloh gegen Deutschland geurteilt, dass die Selbstbelastungsfreiheit Kernstück des in Art. 6 EMRK garantierten, fairen Verfahrens ist[714]. Dieser Grundsatz darf auch durch die Suche nach materieller Wahrheit oder die Effizienz des Strafverfahrens nicht relativiert werden.[715] So manifestiert sich das *Nemo-tenetur*-Prinzip im heutigen Strafverfahrensrecht in dem Aussageverweigerungsrecht des Beschuldigten, den Zeugnisverweigerungsrechte und dem Auskunftsverweigerungsrecht des Zeugen.[716] Diese Rechte haben wiederum unterschiedliche Schwerpunkte. Sie unterscheiden sich im Anwendungsbereich oder den damit geschützten Interessen der Begünstigten, sind jedoch alle Ausprägungen desselben Prinzips und auf verschiedene Verfahrensstadien anwendbar.

711 *Eisenhardt*, Das nemo tenetur-Prinzip: Grenze körperlicher Untersuchungen beim Beschuldigten, S. 194.

712 *Kretschmer*, in: NK StGB, § 142 Rn. 19.

713 *Kopf*, Selbstbelastungsfreiheit und Genomanalysen im Strafverfahren, S. 39; BVerfG, NJW 1975, 103 (105).

714 EGMR, NJW 2006, 3117 (3123).

715 *Bosch*, Aspekte des nemo-tenetur-Prinzips aus verfassungsrechtlicher und strafprozessualer Sicht, S. 31 f. mit weiteren Nachweisen.

716 *Jugl*, Fair trial als Grundlage der Beweiserhebung und Beweisverwertung im Strafverfahren, S. 39.

Der § 81h StPO ermöglicht ausschließlich die freiwillige DNA-Reihenuntersuchung, sodass nach dem Wortlaut der Norm davon ausgegangen werden muss, dass kein Zwang zur Teilnahme und infolge dessen zur eventuellen Selbstbelastung vorliegt.[717] Entscheidend für eine Verletzung des *Nemo tenetur*-Prinzips ist, ob die Teilnahme tatsächlich wie gesetzlich gefordert freiwillig erfolgen kann. Diese Fragestellung wird bei der Freiwilligkeit der Einwilligung in die Maßnahme ausführlich behandelt.

d) Ermittlungserfolg bei zeitnahem Handeln

Eine zeitnahe Durchführung der DNA-Reihenuntersuchung könnte auch mit der Effektivität der Strafrechtspflege begründet werden. Daran angelehnt wird argumentiert, dass eine zügig durchgeführte Maßnahme nach § 81h StPO zu einem Ermittlungserfolg und der Verhinderung einer Folgetat führen würde, sodass sich die DNA-Reihenuntersuchung bereits im frühen Ermittlungsstadium anbietet.[718] Prinzipiell ist das allgemeine Interesse an einer effektiven Strafrechtspflege, da es aus dem Rechtsstaatsprinzip in Art. 20 Abs. 3 hergeleitet wird, ebenso wie die diskutierten Schutzgüter mit Verfassungsrang ausgestattet.[719] Dieses Prinzip wird nicht angezweifelt und dass es Verfassungsrang hat, wird nicht bestritten. Der Vorstoß von *Trück* orientiert sich allerdings nicht an einem Prinzip von Verfassungsrang, sondern ist motiviert von den augenscheinlich pragmatischen Vorteilen eines frühen Einsatzes einer Reihenuntersuchung. Dies soll den Ermittlungsprozess effizienter gestalten, was durchaus Bestandteil einer effektiven Rechtspflege ist. Fraglich ist, ob tatsächlich eine effizientere Aufklärung von Sachverhalten möglich ist, je eher die Reihenuntersuchung eingesetzt wird, sodass im Folgenden vor allem dieser Aspekt genauer untersucht wird.

Dass generell schnelles Handeln seitens der Ermittlungsbehörden erforderlich ist, um einen Ermittlungserfolg herbeizuführen, wird nicht bestritten. Allerdings bezieht sich das Erfordernis fokussierter und

717 *Wickert*, Der DNA-Massentest nach § 81h StPO, S. 212.
718 *Trück*, in: MüKo StPO, § 81h Rn. 7; *Bosch*, in: KMR StPO, § 81h StPO Rn. 12.
719 *Landau*, NStZ 2007, 121 (122 f.); BVerfG, NJW 1975, 103 (104).

ergebnisorientierter Ermittlungen auf alle zur Verfügung stehenden Ansätze, bevor man eine Maßnahme nach § 81h StPO initiiert.[720] Denn die DNA-Analyse kann nur im Zusammenspiel mit althergebrachten Methoden zum Erfolg führen.[721] Insbesondere, da auch in Fällen mit schlüssigen Hypothesen und einem für DNA-Reihenuntersuchungen idealen Sachverhalt die Maßnahme trotz der vermeintlichen optimalen Voraussetzungen nicht zum Ziel führen muss.[722] Zudem muss man sich vor Augen führen, welcher Aufwand für die Ermittlungsbeamten mit der Reihenuntersuchung verbunden ist. Zwar ist jeder Fall unterschiedlich gelagert und bedarf differenzierter Herangehensweisen, sodass hier keine pauschalen Aussagen zu Ermittlungsdauer und personellem Aufwand gemacht werden können.[723] Besonders aufwendige Untersuchungen wie die Reihenuntersuchung 2006 in Dresden, welche zum damaligen Zeitpunkt die höchste Probanden- und Teilnehmerzahl bei einer vergleichbaren Untersuchung aufwies, können eindrucksvoll veranschaulichen, wie viele Ressourcen der Ermittlungsbehörden diese Maßnahme binden und aufbrauchen kann.[724] Eine gleichwertige Aufteilung der polizeilichen Kräfte auf verschiedene Ermittlungsansätze und die gleichzeitige Durchführung einer Reihenuntersuchung kann zu Qualitätsverlusten führen. Dies kann den Prozess der Reihenuntersuchung zusätzlich in die Länge ziehen, wenn sich die Ermittlungsbeamten parallel auf unterschiedliche Maßnahmen mit teils erheblichem personellen Einsatz konzentrieren

720 *Hoppmann*, Kriminalistik 2013, 291 (297); Dieser Bericht aus der kriminalistischen Praxis wird von *Trück*, in: MüKo StPO, § 81h Rn. 7 als Quelle für seine Auffassung herangezogen, dass § 81h StPO frühzeitig angewandt werden müsse, um einen Ermittlungserfolg herbeiführen zu können. *Hoppmann* hingegen weist explizit am Ende seines Berichts darauf hin, dass auch bei Vorliegen verwertbaren Spurenmaterials die Reihenuntersuchung keineswegs ein Garant für einen schnellen Ermittlungserfolg ist.

721 *Hinze*, Der Kriminalist 2000, 168.

722 *Hoppmann*, Kriminalistik 2013, 291 (297).

723 Eine differenzierte Auflistung von 69 Fällen, in denen jeweils eine Reihenuntersuchung unterschiedlichen Umfangs zum Zeitpunkt der Erhebung 2003 durchgeführt wurde oder noch andauerte, findet sich bei *Sauter*, DNA-Massentests im Strafverfahren, S. 10 ff.

724 Der Ablauf dieser Reihenuntersuchung wird mit den relevanten Einzelschritten sehr ausführlich in *Ademi*, Der Massengentest und § 81h StPO, S. 15 ff. beschrieben.

müssen. Insbesondere kommt bei diesem Vorgehen zu kurz, dass auch andere Ermittlungsmaßnahmen als nur die Reihenuntersuchung bei zeitnahem Handeln einen Ermittlungserfolg herbeiführen können. Mit dem bloßen Verlangen nach einer schnellen Sachverhaltsaufklärung lässt sich diese Auffassung nicht überzeugend vertreten. Das Argument für einen möglichst frühen Einsatz der Reihenuntersuchung ist bereits für sich betrachtet nicht stichhaltig genug, um zu überzeugen.

e) Stellungnahme auf Basis der neuen Rechtslage

Setzt man sich vor dem Hintergrund der vorangegangenen Ausführungen mit der Auffassung auseinander, dass die Reihenuntersuchung keinen *Ultima-ratio*-Charakter habe und stattdessen wesentlich früher im Ermittlungsverfahren eingesetzt werden sollte, stellt man fest, dass diese nach der Neufassung des § 81h StPO nicht haltbar ist.

Generell gilt, dass die DNA-Reihenuntersuchung eine komplexe und aufwendige Maßnahme ist, welche nie die einzig sichere Option der Klärung bietet.[725] Im konkreten Anwendungsfall muss die Reihenuntersuchung nicht zwangsläufig zur Aufklärung der untersuchten Straftat führen, sodass ein früherer Einsatz keine Garantie dafür ist, den Täter dadurch zu identifizieren. Tatsächlich zeigt eine Statistik aus dem Jahr 2003, dass das Fahndungsinstrument der Reihenuntersuchung eine statistische Aufklärungs- bzw. Erfolgsquote von 45–52% hat.[726] Man muss der Maßnahme zugutehalten, dass bei scheinbar hoffnungslosen Fällen eine 50/50 Chance der Aufklärung des Verbrechens sehr viel wert ist und das Interesse der Ermittlungsbehörden, dieses Werkzeug einzusetzen, an dieser Stelle nachvollziehbar ist. Ob sich diese Aufklärungsquote verbessert hat, ist mangels aktueller Zahlen nicht nachzuverfolgen, sodass auch nicht nachvollzogen werden kann, inwiefern die Erhöhung der Anzahl der STR-Systeme zu einer Verbesserung der Aufklärungsquote geführt haben mag.

Zudem sind durch die DNA-Reihenuntersuchung diverse Grundrechtsgüter betroffen, sodass ein weiterer Grund besteht, wieso die Maßnahme nur als *ultima ratio* und nach Ausschöpfen aller anderer

725 *Hoppmann*, Kriminalistik 2013, 291 (297).
726 *Sauter*, DNA-Massentests im Strafverfahren, S. 25 f.

Ansätze angewandt werden darf. Erschwerend kommt hinzu, dass mit der Erweiterung der DNA-Reihenuntersuchung Grundrechtseingriffe nicht nur bei dem Probanden, sondern auch bei dessen nahestehenden Angehörigen zum Tragen kommen. Es steht in diesem Fall einerseits zur Debatte, ob eine freiwillige Teilnahme generell möglich ist, was bereits bei dem § 81h StPO a.F. diskutiert wurde. Andererseits ist unklar, ob die Grundrechtseingriffe in Schutzgüter der Angehörigen des Probengebers verhältnismäßig sind. In keinem Fall ist die Maßnahme verhältnismäßig, wenn man sie bereits vor Ausschöpfung aller anderen möglichen Ermittlungsmaßnahmen anwendet. Ob die DNA-Reihenuntersuchung generell nach der Neufassung verhältnismäßig ist, wird noch debattiert. Bei der Eingriffsintensität von § 81h StPO muss jedenfalls eine Anwendung im frühen Ermittlungsstadium abgelehnt werden. Die Auffassung, dass der *Ultima-ratio*-Charakter der DNA-Reihenuntersuchung hinfällig sei, ist deshalb spätestens mit der Erweiterung der Reihenuntersuchung auf Beinahetreffer überholt.

2. Betroffenenzahl und Tatschwere in Relation

a) Das gesetzliche Erfordernis einer zahlenmäßigen Verhältnismäßigkeit

Der § 81h Abs. 1 StPO verlangt, dass die durchgeführte Reihenuntersuchung im Hinblick auf die Anzahl der Betroffenen im Verhältnis zur Schwere der Tat stehen muss. Grundsätzlich bietet der Straftatenkatalog des § 81h Abs. 1 StPO einen Ansatz bei der Bewertung, ob die Maßnahme verhältnismäßig ist und auch der Wortlaut fordert, dass die Verhältnismäßigkeit zu wahren ist. Welche Anzahl an Betroffenen der jeweiligen Katalogstraftat gegenüberstehen darf, ist hingegen nicht gesetzlich geregelt. Ob und wie angesichts des Erfordernisses der Verhältnismäßigkeit die maximale Anzahl an Betroffenen geregelt werden soll, ist Gegenstand vielfacher Diskussionen.

b) Der bisherige Streitstand

Im Schrifttum besteht erhebliche Uneinigkeit, wie die Reihenuntersuchung in Bezug auf die Betroffenenzahl zu bewerten ist. Bei § 81h StPO a.F. wurde teilweise davon ausgegangen, dass die DNA-Reihenuntersuchung bei einem Verbrechen, welches stets vorliegen muss, und sorgfältiger Auswahl der Prüfungsmerkmale, anhand derer die Probanden priorisiert werden sollen, in der Regel verhältnismäßig sei und dem Wortlaut damit Genüge getan wäre.[727] Schließlich gestatte ein möglichst differenziertes Täterprofil eine Begrenzung der priorisierten Probanden und damit der Betroffenen, abgesichert durch das Erfordernis, dass nur Merkmalsträger zur Reihenuntersuchung gebeten werden dürfen. Dies soll im Ergebnis dazu führen, dass die Anzahl an Probanden regelmäßig in einem angemessenen Verhältnis zur untersuchten Tat stünde.[728]

Dem widersprechend fanden sich bereits in der Vergangenheit unterschiedliche Ansichten darüber, ob eine Deckelung im Sinne einer definitiv unverhältnismäßigen Anzahl an Probanden zulässig sei oder nicht.[729] Die Verhältnismäßigkeit der Maßnahme ist immerhin dem Wortlaut nach davon abhängig, dass sie mit Hinblick auf die Anzahl der Betroffenen nicht außer Verhältnis zur Schwere der Tat steht.[730] Die Katalogstraftaten sind bereits qualifizierte Verbrechen und richten sich allesamt gegen höchstpersönliche Rechtsgüter, sodass sie immer als besonders schwere Taten zu bezeichnen sind.[731] Dieser Teil der Relation ist somit nicht offen für eine Abwägung, da zwischen diesen gleichermaßen erheblichen Straftaten nicht differenziert und abgewogen werden kann. Dennoch ist der Gesetzgeber von einem Differenzierungspotenzial ausgegangen. Der Wortlaut und der Wille des Gesetzgebers widersprechen dem Automatismus, bei Verdacht auf Vorliegen einer Anlasstat regelhaft auf die Verhältnismäßigkeit zu schließen.[732] Es bleibt demnach nur die Teilnehmerzahl, welche für eine verhältnis-

727 *Rogall*, in: FS F.C. Schröder, 691 (710).

728 *Rogall*, in: FS F.C. Schröder, 691 (710).

729 Eine Grenze von bis zu 10.000 Personen wird von *Schmitt*, in: Meyer-Goßner/Schmitt, § 81h StPO Rn. 5 angedeutet, indem die Verhältnismäßigkeit auf Grund der hohen Kosten in Frage gestellt wird; gegen eine pauschale Grenzziehung *Bosch*, in: KMR StPO, § 81h Rn. 11.

730 *Rogall*, in: FS F.C. Schröder, 691 (710).

731 *Saliger/Ademi*, JuS 2008, 193 (196).

732 *Saliger/Ademi*, JuS 2008, 193 (196); *Krause*, in: LR StPO, § 81h Rn. 22; *Schmitt*, in: Meyer-Goßner/Schmitt, § 81h StPO Rn. 5; *Trück*, in: MüKo StPO, § 81h Rn. 9, dem widersprechend: *Walther*, in: AnwaltK StPO, § 81h Rn. 10.

mäßige Maßnahme im angemessenen Verhältnis zur Straftat stehen muss, sodass dies die variable Größe im Rahmen der Abwägung ist.

aa) Eine feste Größe als Lösung des gesetzlichen Erfordernisses?

Will man verhindern, dass ganze (Teil-) Populationen in den Probandenkreis einbezogen werden, ist eine Begrenzung der Probandenzahl zur Wahrung der Verhältnismäßigkeit sinnvoll.[733] Uneinigkeit besteht darüber, wie dies sichergestellt werden soll und bei welcher Grenze die zahlenmäßige Unverhältnismäßigkeit beginnen soll. Eine Reihenuntersuchung, bei der 100.000 Probanden zur Aufklärung von zwei Vergewaltigungen um ihre freiwillige Mitwirkung gebeten werden sollten, wurde wegen der Größe des Betroffenenkreises als unverhältnismäßig eingestuft.[734] Dies ist nicht die allgemein geltende Auffassung. Andere Stimmen halten auch 100.000 Probanden und mehr für verhältnismäßig.[735]

Doch gleichzeitig wird debattiert, ob mehr als 10.000 Probanden eine unverhältnismäßig hohe Zahl oder noch angemessen zum Aufspüren eines Täters sei, der ein schweres Verbrechen begangen hat.[736] Hier wird teilweise vorgebracht, dass eine pauschale Begrenzung der Vielschichtigkeit möglicher Fallgestaltungen nicht gerecht werden könnte und eine deutliche Festlegung, wann die Unverhältnismäßigkeit beginne, sich verbiete.[737] Zudem könne man die Zahl der Betroffenen verringern, indem die Art und Anzahl der Prüfungsmerkmale vernünftig zugeschnitten und präzisiert werden, wodurch wiederum der Probandenkreis eingegrenzt werde.[738] Außerdem sei es bei zu allgemein gefassten Prüfungsmerkmalen ohnehin unwahrscheinlich, die Einwilligung der Betroffenen zu erhalten, weshalb es auch für die

733 *Rogall*, in: SK-StPO, § 81h Rn. 20; *Saliger/Ademi*, JuS 2008, 193 (196).

734 *Saliger/Ademi*, JuS 2008, 193 (196); *Krause*, in: LR StPO, § 81h Rn. 22.

735 *Bosch*, in: Satzger/Schluckebier/Widmaier (Hrsg.), § 81h StPO Rn. 8.

736 Befürworter einer Obergrenze bei 10.000 Probanden *Schmitt*, in: Meyer-Goßner/Schmitt, § 81h StPO Rn. 5; *Trück*, in: MüKo StPO, § 81h Rn. 9; *Saliger/Ademi*, JuS 2008, 193 (196); Gegner dieser Ansicht: *Brauer*, in: Heidelberger Kommentar StPO, § 81h Rn. 6 mwN.

737 *Brauer*, in: Heidelberger Kommentar StPO, § 81h Rn. 6.

738 *Krause*, in: LR StPO, § 81h StPO Rn. 22; *Rogall*, in: SK-StPO, § 81h Rn. 20.

erfolgreiche Durchführung der Reihenuntersuchung sinnvoll sei, diese nicht zu einem grob gerasterten Verfahren zu transformieren.[739]

bb) Stellungnahme

Die stark auseinandergehenden Auffassungen hinsichtlich einer festen Größe, welche Indikator für die Verhältnismäßigkeit der Maßnahme sein soll, bedürfen einer genaueren Auseinandersetzung. Die neue Gesetzeslage kann nur in die Abwägung einbezogen werden, wenn eine grobe Orientierung hinsichtlich der Zulässigkeit einer generellen Begrenzung der Betroffenen besteht. Der oftmals als Beispiel einer noch angemessenen Anwendung des § 81h StPO genannte Fall mit über 100.000 Probanden stellt in der Geschichte der Reihenuntersuchung eine Ausnahme dar. Eine derart umfassende Untersuchung wurde seitdem nicht wiederholt. Dies mag womöglich auch daran liegen, dass die durchgeführten Reihenuntersuchungen in Form von Großveranstaltungen in diesem konkreten Fall ergebnislos blieben.[740] Stattdessen wurde auf klassische Ermittlungsarbeit und die Durchführung einer Rasterfahndung nach §§ 98a, 98b StPO zurückgegriffen, welche schließlich zum Tatverdächtigen führen sollten.[741] Zwar hatten auch diese Maßnahmen zum Ziel, Probanden für weitere Massenuntersuchungen zu priorisieren. Allerdings hatte die Ermittlung der Probanden schließlich zur Folge, dass der Tatverdächtige als eine von lediglich zwei Personen ermittelt werden konnte, auf die alle Kriterien zutrafen.[742] Infolgedessen wurde der Tatverdächtige bereits vor dem nächsten angesetzten Termin für eine DNA-Reihenuntersuchung aufgesucht und um eine freiwillige DNA-Probe gebeten, durch die er überführt werden konnte. Die geplante DNA-Reihenuntersuchung wurde somit obsolet, indem bereits die Auswertung bekannter Hinweise zu einem Tatverdächtigen führte.[743] Insgesamt wurden auch nicht 100.000 Menschen zur Reihenuntersuchung gebeten und als Probanden geprüft. Zwar bezog sich der Antrag der Ermittlungsbehörden

---

739 *Rogall*, in: SK-StPO, § 81h Rn. 20.

740 *Ademi*, Der Massengentest und § 81h StPO, S. 23.

741 *Ademi*, Der Massengentest und § 81h StPO, S. 23 f., 29.

742 *Ademi*, Der Massengentest und § 81h StPO, S. 29.

743 *Ademi*, Der Massengentest und § 81h StPO, S. 29.

auf diese Größenordnung, tatsächlich getestet wurden jedoch weniger als 15.000 Menschen, bis bei einer Neuausrichtung der Priorisierungsmerkmale schließlich zwei Personen ermittelt werden konnten.[744]

Dieser Fall zeigt, dass eine besonders hohe Anzahl an Probanden nicht zwangsläufig mit einem Ermittlungserfolg verknüpft sein muss, sodass hier die Geeignetheit einer solchen Maßnahme ins Auge gefasst werden müsste. Dass hinsichtlich des angemessenen Verhältnisses zwischen Betroffenen und Tatschwere häufig dieser Einzelfall je nach Auffassung als Beispiel einer verhältnismäßigen bzw. unverhältnismäßigen Anzahl an Probanden herangezogen wird, ist angesichts des konkreten Ermittlungsablaufs insgesamt nicht überzeugend. Schließlich gestaltete es sich gerade nicht so, dass 100.000 Menschen getestet und unter ihnen der Spurenverursacher ermittelt werden konnte. Zwar wurde der Tatverdächtige als Spurenverursacher und Täter überführt, dies geschah jedoch nicht im Rahmen der Reihenuntersuchung, sondern bereits im Vorfeld, indem die Priorisierung von Probanden im zweiten Anlauf ein nahezu eindeutiges Ergebnis herbeiführte. Da hierbei Hinweise verwendet wurden, welche der Polizei von Beginn an bekannt waren,[745] handelt es sich weniger um eine erfolgreiche Reihenuntersuchung als eine klassische Ermittlung des Tatgeschehens unter Zuhilfenahme von Zeugenaussagen. Der Fall unterstreicht stattdessen die Erforderlichkeit, alle zur Verfügung stehenden Hinweise auszuwerten.

Der Fall ist somit kein geeignetes Beispiel für eine verhältnismäßige Anwendung des § 81h StPO. Jedenfalls kann er nicht unterstützend für die genannten Ansichten herangezogen werden. Er spiegelt außerdem nicht das Gros der durchgeführten DNA-Reihenuntersuchungen wider. Aus der bloßen Tatsache, dass das Gericht die Anordnung erteilt hat, kann noch keine Verhältnismäßigkeit abgeleitet werden, sodass auf Grund dieses Einzelfalls nicht angenommen werden kann, dass 100.000 Probanden und mehr einer verhältnismäßigen Anwendung der Maßnahme nicht entgegenstehen. Stattdessen müssen die Möglichkeiten der Begrenzung der Probanden weiterhin im Fokus stehen

744 Eine vollständige Schilderung der einzelnen Ermittlungsschritte und Einbeziehung der gesammelten Erkenntnisse in das Täterprofil finden sich in *Ademi*, Der Massengentest und § 81h StPO, S. 23.

745 *Ademi*, Der Massengentest und § 81h StPO, S. 29.

und eine Lösung gefunden werden, wie ein angemessenes Gleichgewicht zwischen der Anzahl der Probanden und der Schwere der Tat sichergestellt werden kann.

Dies ist angesichts der Ausgangssituation für die Ermittlungsbeamten eine herausfordernde Aufgabe, da die Reihenuntersuchung ausschließlich für jene Fälle relevant ist, in denen nur wenige Aussagen über den Spurenverursacher und mutmaßlichen Täter mit großer Sicherheit getroffen werden können. Es ist somit widersprüchlich, zu verlangen, dass mehr Prüfungsmerkmale den Probandenkreis eingrenzen sollen, auch wenn dies sicherlich dazu beiträgt, die Anzahl der Betroffenen auf eine sinnvolle Art und Weise zu reduzieren. Wenn es ohne weiteres möglich wäre, die Prüfungsmerkmale zu präzisieren, bedürfte es nicht der Reihenuntersuchung, um einen Ermittlungsansatz hervorzubringen.

Inwiefern die priorisierten Probanden es zum Anlass nehmen, die Teilnahme zu verweigern, wenn die Anzahl der Prüfungsmerkmale zu gering ausfällt, ist angesichts möglicher Konsequenzen für den Einzelnen ebenfalls ungewiss. Diese Form der Selbstregulierung der Maßnahme würde zudem nicht dem Erfordernis gerecht werden, dass gem. § 81h Abs. 2 StPO gerichtlich die Art und Qualität der Merkmale zu prüfen sind, bevor die Reihenuntersuchung angeordnet wird. Nicht die Betroffenen haben zu bewerten, ob die angestrebte Reihenuntersuchung den gesetzlichen Anforderungen genügt. Diese Aufgabe obliegt dem Richtervorbehalt. Dieser soll sicherstellen, dass die Verhältnismäßigkeit und das erstellte Merkmalsprofil auf seine Tauglichkeit bewertet werden, bevor die Maßnahme umgesetzt und die priorisierten Probanden angefragt werden, an der Reihenuntersuchung teilzunehmen. Die Probanden müssen wiederum darauf vertrauen können, dass die Reihenuntersuchung den gesetzlichen Anforderungen entspricht. Für die Differenzierung zwischen einer verhältnismäßigen und unverhältnismäßigen Reihenuntersuchung bedarf es deshalb einer zumindest groben Orientierung, wie viele Betroffene der Reihenuntersuchung zur Aufklärung einer Straftat noch verhältnismäßig sind.[746]

746 *Saliger/Ademi*, JuS 2008, 193 (196).

c) Einbeziehung der neuen Erkenntnisse im Hinblick auf Beinahetreffer

Dieses Problem und die Frage, wie viele Betroffene einer Reihenuntersuchung zu viel seien, werden durch die Erweiterung der Norm auf Beinahetreffer neu aufgeworfen. Schließlich ist zu prüfen, ob die Verwandten der freiwilligen Probanden, welche hinsichtlich einzelner Rechtspositionen ebenfalls Betroffene im Sinne der Norm sind, das Verhältnis von Tatschwere und Betroffenenzahl derart beeinflussen, dass eine Obergrenze notwendig ist. Immerhin ist zu berücksichtigen, dass die Zahl der Betroffenen durch die Einbeziehung der Angehörigen bis zum dritten Verwandtschaftsgrad jedes einzelnen Probanden, in eine nahezu unermessliche Höhe zu steigen droht. In Folge der Gesetzeserweiterung muss man sich die Frage stellen, ob die Reihenuntersuchung selbst als *ultima ratio* noch verhältnismäßig sein kann, wenn eine Relation zwischen Schwere der Tat und der Anzahl der Betroffenen zu wahren ist.

aa) Auswirkungen auf die Anzahl der Betroffenen

Wie bereits dargestellt, sind die Blutsverwandten eines Probengebers in ihrem Recht auf informationelle Selbstbestimmung betroffen, indem sensible Daten und Informationen auch über sie erhoben und ausgewertet werden, um Aussagen darüber zu treffen, ob sie als Angehörige des Probengebers die Tatortspur verursacht haben könnten. Dieser Informationsgewinn ist nachweislich mit einem Grundrechtseingriff in die Rechte der Blutsverwandten verbunden. Zudem ermöglicht die Verwertung von Beinahetreffern die Offenlegung von Informationen über familiäre Strukturen, welche von den Betroffenen in der Vergangenheit geheim gehalten wurden. Auch die bloße Tatsache, dass sich die potenziellen Probengeber damit auseinandersetzen müssen, inwiefern ihre Verwandten von polizeilichen Maßnahmen auf Grund ihrer Mitwirkung an der Reihenuntersuchung betroffen sein könnten, wirkt sich auf den staatlich geschützten innerfamiliären Frieden aus. Dass grundrechtlich geschützte Rechtsgüter betroffen sind, lässt sich somit auch bei den Angehörigen des Probengebers bejahen.

Fraglich ist, wie man diese Information hinsichtlich einer zahlenmäßigen Verhältnismäßigkeit der Maßnahme umsetzt. Denkbar ist, dass man die Verhältnismäßigkeit weiterhin strikt auf die Relation zwischen priorisierten Probanden und der Schwere der Tat begrenzt, wie es auch vor der Neufassung des Gesetzes gehandhabt wurde. Dies könnte dem Wortlaut der Norm widersprechen. Denn in § 81h Abs. 1 StPO ist geregelt, dass die „Anzahl der von ihr [der Maßnahme] betroffenen Personen" im angemessenen Verhältnis zur Schwere der Tat stehen muss. Die Zahl ist nach dem Wortlaut gerade nicht auf die priorisierten Probanden beschränkt, sondern bezieht in die Verhältnismäßigkeitsprüfung zunächst alle Personen ein, die in einer nicht weiter differenzierten Art und Weise von der Norm betroffen sind. Dies würde dafürsprechen, dass der Wortlaut die Einbeziehung der Angehörigen der Probanden in die Verhältnismäßigkeit von Tatschwere und Betroffenenzahl ermöglicht.

Für eine solche Annahme muss der gesamte Wortlaut der Norm einbezogen werden. Von den betroffenen Personen ist auch in den weiteren Absätzen der Norm die Rede. So ist in § 81h Abs. 2 StPO die Priorisierung der betroffenen Personen anhand der gewählten Merkmale zu begründen. In § 81h Abs. 4 StPO werden die betroffenen Personen als jene konkretisiert, deren Einwilligung notwendig ist, um die Maßnahme durchzuführen. Dies bedeutet wiederum, dass ‚betroffene Personen' im Sinne der Norm nur die priorisierten Probanden sein können. Die allgemeine Formulierung des § 81h Abs. 1 StPO muss deshalb im Kontext der gesamten Norm betrachtet werden. Der Wortlaut ist weniger weit, als zunächst vermutet. Obwohl die Angehörigen dieser Probanden bei deren Teilnahme auch in ihren Grundrechten beeinträchtigt werden, sind sie im Sinne des Wortlauts nicht den betroffenen Personen zuzurechnen, da die Regelung betroffene Personen als Synonym für Probanden verwendet.

Doch nicht nur der Wortlaut ist zu berücksichtigen, wenn debattiert wird, welche Personen bei der Verhältnismäßigkeitsprüfung einbezogen werden müssen. Auch der Zweck der Norm spielt eine erhebliche Rolle. Die Blutsverwandten bei der Prüfung der Verhältnismäßigkeit nicht einzubeziehen, widerspricht dem klaren Regelungszweck, der vorsieht, dass gezielt Informationen über diese Personen gesammelt werden, auch wenn sie nicht zur DNA-Reihenuntersuchung geladen werden. Sie werden gewissermaßen mittelbare Probanden, indem sie sich der automatischen Untersuchung nicht entziehen können, sobald einer ihrer Angehörigen teilnimmt. Selbst wenn man annehmen sollte, dass der Verhältnismäßigkeitsgrundsatz bei freiwilliger Teilnahme nicht limitierend wirkt,[747] ist der Grundrechtseingriff in die Rechte der Blutsverwandten mangels Einwilligung dieser Personen nicht durch eine freiwillige Teilnahme der (anderen) Probanden zu legitimieren. Dass die Rechte der Angehörigen betroffen sind, muss deshalb in die Verhältnismäßigkeitsprüfung einfließen. Zudem kann der Wortlaut die notwendige Differenzierung zwischen Probanden und mitbetroffenen Personen nicht leisten, da die Erweiterung auf Beinahetreffer erst kürzlich ergänzt wurde, d. h. mehrere Jahre nachdem davon ausgegangen wurde, dass nur die DNA der Probanden untersucht wird. Da der Gesetzgeber eine Beeinträchtigung der Rechte der Angehörigen negiert, wurde eine entsprechende Unterscheidung zwischen Probanden und Verwandten bei den Betroffenen im Wortlaut nicht berücksichtigt. Es ist jedoch im Rahmen der Verhältnismäßigkeitsprüfung notwendig, alle hierfür relevanten Faktoren einzubeziehen. Dazu gehört auch die Anzahl derjenigen, deren Grundrechte beeinträchtigt werden. Aus dem Wortlaut ergibt sich, dass die Maßnahme verhältnismäßig ist, wenn sich Tatschwere und Anzahl der Betroffenen in einem angemessenen Verhältnis befinden. Dass auch die Angehörigen der Probanden in diese Relation einbezogen werden müssen, lässt sich auf den Sinn und Zweck der Verhältnismäßigkeitsprüfung zurückführen.

Es kommt somit erheblich auf die im Wortlaut geforderte Verhältnismäßigkeit von Betroffenenzahl und der Schwere der Tat an, um die erweiterte DNA-Reihenuntersuchung verhältnismäßig anzuwenden. Doch auch hier ist fraglich, wie die Maßnahmen gestaltet sein sollen, um dies sicherzustellen. Immerhin wirkt es sich auf die Angehörigen eines Probanden nur mittelbar aus, wenn die Merkmale den Probandenkreis präzisieren und eingrenzen. Zudem können sie sich auch nicht der DNA-Reihenuntersuchung entziehen, indem sie die Teilnahme verweigern. Eine verhältnismäßige Beschränkung der Einbeziehung von Beinahetreffern auf bestimmte Deliktsgruppen kommt in Anbetracht der bereits im Gesetzestext deutlich benannten De-

747 *Bosch*, in: Satzger/Schluckebier/Widmaier (Hrsg.), § 81h StPO Rn. 8.

liktsgruppen ebenfalls nicht in Betracht, da eine weitergehende Differenzierung nach der Schwere der Tat nicht möglich ist.[748]

Wenn man die Erweiterung des Kreises der Betroffenen zum Anlass nimmt, um eine maximale Anzahl an Betroffenen festzulegen, welche eine noch verhältnismäßige Maßnahme garantiert, stellt sich nicht nur die Frage, bei welcher Zahl die Grenze gezogen wird. Auch die Art, wie bestimmt werden soll, dass eine gewisse Anzahl an Probanden und der zusätzlich betroffenen Verwandten erreicht wurde, ist vage und erfordert einen erheblichen zusätzlichen Aufwand. Immerhin lässt sich nicht ohne weiteres pauschal festlegen, um wie viele Angehörige jeder einzelne Probengeber den Kreis an Betroffenen erweitert. Für eine genaue Benennung des Betroffenenkreises müsste der familiäre Hintergrund jedes Einzelnen potenziellen Probanden untersucht werden. Dieser erhebliche Aufwand und die Ausleuchtung des familiären Hintergrundes der weiterhin unschuldigen Probanden würde die DNA-Reihenuntersuchung weder praktikabel noch verhältnismäßig machen. Das Problem der verhältnismäßigen Maßnahme würde vorverlagert werden und die Reihenuntersuchung wäre mit erheblichem Zusatzaufwand verbunden. Die Bestimmung des Betroffenenkreises durch die Ermittlung aller Angehörigen der priorisierten Probanden führt nicht zu einer verhältnismäßigen Relation zwischen Tatschwere und Anzahl der Betroffenen.

bb) Beschränkung der Anzahl der Betroffenen

Es ist im Umkehrschluss eine nachvollziehbare Annahme, dass eine geringere Anzahl an Probanden auch den Kreis an Angehörigen begrenzen würde, die ebenfalls zu Betroffenen werden. Eine festgelegte Grenze, bis zu der die Anzahl der Probanden als verhältnismäßig gilt, würde sicherstellen, dass auch die mittelbar Betroffenen begrenzt werden. Eine zahlenmäßige Begrenzung der Probanden wird mit der Erweiterung der Betroffenen auf die Angehörigen der Teilnehmer der Maßnahme somit unumgänglich, denn die Aufklärung einer schweren Straftat kann nicht verhältnismäßig sein, wenn sie die Beeinträchtigung der Grundrechte einer unbegrenzten Anzahl an Unschuldigen

748 BT-Drucks. 19/4354, S. 3.

zur Folge hat. Diese Begrenzung auf die priorisierten Probanden zu begrenzen, entspricht wiederum dem Wortlaut des § 81h StPO.

Wie diese Obergrenze beziffert werden soll, war bereits in der Vergangenheit strittig. Starre Grenzen werden dem Einzelfall womöglich nicht gerecht und verhindern, dass die Maßnahme erfolgreich angewandt wird. Anstelle einer konkreten maximalen Anzahl an Betroffenen könnte allerdings zunächst eine andere Form der Begrenzung treten. Die Anzahl der priorisierten Probanden könnte zumindest auf die Hälfte der Anzahl der zum Zeitpunkt der Tat in der Nähe des Tatorts befindlichen Personen eingegrenzt werden. Diese Zahl muss nicht zwangsläufig auf die Bevölkerung zurückgeführt werden, ereignet sich eine Tat während eines Konzertes, eines Großereignisses oder eines Volksfestes, muss dieser Zuwachs an Menschen in die Berechnung miteinbezogen werden.

Diese Begrenzung wird in einem ersten Schritt den unterschiedlichen Bevölkerungsdichten gerecht, die wiederum zu variierenden Zahlen hinsichtlich der Probanden führen können. Gleichzeitig verhindert diese Begrenzung, dass in Fällen, die sich in Kleinstädten oder ländlichen Gegenden zutragen, eine unverhältnismäßig hohe Anzahl an Probanden aus einem immer höheren Radius zur Teilnahme aufgefordert wird. Da die DNA-Analyse die Feststellung des Geschlechts des gesuchten Spurenverursachers ermöglicht, ist von vorneherein bekannt, ob nach einem biologisch männlichen oder weiblichen Spurenverursacher gesucht wird. Bei einer ungefähr gleichmäßigen Verteilung der zwei biologischen Geschlechter kann eine Hälfte der Menschen aus dem potenziellen Probandenkreis ausgeschlossen werden. Zu beachten ist, dass diese Begrenzung keinen abschließenden Charakter hat. Immerhin wären bei einem schweren Verbrechen in einer Millionenstadt weiterhin 500.000 Probanden zulässig, was angesichts der Debatte über 100.000 Probanden in Dresden kaum einen Gewinn darstellt. Doch zumindest wird verhindert, dass ganze Teilpopulationen der Bevölkerung als mögliche Probanden herangezogen werden.

Es kann sich hierbei somit nur um einen Minimalkonsens handeln, der in einem ersten Schritt eine Mindestbegrenzung herbeiführen soll. Doch so könnte zumindest ein unbegrenztes Ausufern der DNA-Reihenuntersuchung verhindert werden. Da die forensischen Untersuchungen zunehmend günstiger werden, kann schließlich nicht mehr davon ausgegangen werden, dass der Kostenfaktor automatisch limitierend wirkt. Eine andere Lösung muss gefunden werden. Es ist den einzelfallbezogenen Umständen geschuldet, dass man sich in der Rechtswissenschaft generell schwertut, eine Begrenzung der Probanden als allgemeingültig festzuschreiben. Andererseits finden sich solche Begrenzungen auch in anderen Bereichen, die stark einzelfallbezogen sind. So kann man beispielsweise mit Altersgrenzen für Volljährigkeit und Schuldfähigkeit nicht jedem Individuum und seiner tatsächlichen Einsichtsfähigkeit gerecht werden. Dennoch wurden solche Grenzen festgelegt, wobei gleichzeitig Maßnahmen etabliert wurden, um die individuelle Entwicklung des Einzelnen in besonderen Fällen einzubeziehen. Ein vergleichbarer Mechanismus wäre im Rahmen der Reihenuntersuchung vorteilhaft, sodass eine Grenze gewählt werden sollte, die mit dem jeweiligen Fall mitwachsen und schrumpfen kann. Hierfür müssten zusätzlich zum Bevölkerungsschlüssel weitere Faktoren gefunden werden, die eine angemessene Probandenzahl zulassen. Dies wäre von der Ermittlung der Priorisierungsmerkmalen zur Identifizierung der möglichen Probanden abzugrenzen, da es andernfalls kaum zu einer Verbesserung des Problems käme. Denn das Interesse eine möglichst überschaubare Gruppengröße bei den Probanden herzuleiten, besteht auch bei der Priorisierung der Probanden.

Alternativ könnte ein Modell mit zwei Begrenzungen verwendet werden: In einem ersten Schritt wären die Ermittlungsbeamten angehalten, eine Größe von 10.000 Probanden nicht zu überschreiten. In dünn besiedelten Gebieten sollte dies ohnehin nahe liegen, da derart viele Probanden kaum zu finden sind. Zudem zeigte eine Auswertung aus dem Jahr 2003, dass von den damals 69 bekannten durchgeführten DNA-Reihenuntersuchungen nur drei DNA-Reihenuntersuchungen 10.000 oder mehr Probanden umfassten.[749] Sollte auch eine angemessene Anzahl der Merkmale zu einer Probandenzahl oberhalb dieser Grenze führen, müssten weitere Faktoren einbezogen werden, um die Angemessenheit der Probandenzahl festzustellen. Zu diesen gehören die bereits erwähnte Bevölkerungsdichte im unmittelbaren Umkreis

749 *Sauter*, DNA-Massentests im Strafverfahren, S. 10 ff. Hier ist allerdings noch hinzuzufügen, dass in drei der 69 Fälle die Probandenzahl unbekannt war.

des Tatorts, die Wahrscheinlichkeit, mit welcher der Täter in diesem Umfeld zu vermuten ist und der zeitliche Abstand zwischen DNA-Reihenuntersuchung und Tatgeschehen.

Diese würden je nachindividuellem Fall ermöglichen, die Anzahl der Probanden schrittweise zu erhöhen. Die Festlegung auf 10.000 Probanden als generell verhältnismäßige Zahl an Probanden würde nicht dazu führen, dass nie eine DNA-Reihenuntersuchung mit mehr Probanden durchgeführt werden dürfte, sie würde viel mehr einen sicheren Rahmen schaffen. Reihenuntersuchungen mit mehr Probanden wären zudem nicht automatisch ausgeschlossen, sondern strengeren Kriterien unterworfen, um eine richterliche Anordnung zu erhalten. Schließlich würde all dies dadurch begrenzt werden, dass letztlich die Hälfte der Menschen, die sich zum Tatzeitpunkt in der Nähe des Tatortes befanden, als Obergrenze fungiert. Innerhalb dieses flexiblen Rahmens, der durch objektive Kriterien an den Einzelfall angepasst werden kann, sollte es möglich sein, jedem individuellen Tatgeschehen in einem angemessenen Verhältnis zur Tatschwere gerecht zu werden.

cc) Eingrenzung der verwertbaren Beinahetreffer auf zwei Verwandtschaftsgrade

Ein weiteres Mittel wäre die Begrenzung der verwertbaren Verwandtschaftsgrade. Dass dies ein notwendiger Schritt ist, wurde bereits im Hinblick auf die DNA-Analyse und die Gefahr der Zufallstreffer und Verwechslung mit nicht verwertbaren Beinahetreffern bejaht.[750] Es würde auch helfen, die Anzahl der Betroffenen zu reduzieren, indem weniger Angehörige dem Kreis der verwertbaren und damit betroffenen Personen angehören. Inwiefern damit sichergestellt wäre, dass die Betroffenen in einem angemessenen Verhältnis zur Schwere der Tat stünden, bleibt noch unbeantwortet, denn auch zwei Verwandtschaftsgrade erhöhen die Zahl der Betroffenen ungemein. Es wäre jedoch ein Schritt, der gemeinsam mit der Reduzierung der Probanden den Weg zu einem angemessenen Verhältnis ebnen würde.

750 Siehe hierzu die Ausführungen zu C.II.6.a).

3. Zwischenfazit

Die Verhältnismäßigkeit der Maßnahme wird durch die Erweiterung des § 81h StPO auf mehreren Ebenen in Frage gestellt und bedarf entsprechender Gegenmaßnahmen, um eine verhältnismäßige DNA-Reihenuntersuchung zu gewährleisten. Eine davon ist die zahlenmäßige Begrenzung der Probanden, um die Anzahl an unmittelbar und mittelbar Betroffenen nicht ausufern zu lassen. Außerdem ist die DNA-Reihenuntersuchung keine Standardmaßnahme, sondern als *ultima ratio* erst nach anderen Ermittlungsansätzen anzuwenden. Die Neufassung des Gesetzes hat die Notwendigkeit dieser Aspekte verschärft. Die Verhältnismäßigkeit der Maßnahme erschöpft sich zudem nicht in diesen Punkten, sie findet sich darüber hinaus auch in anderen Voraussetzungen der Untersuchung. Das Gesetz nennt bezüglich der Verhältnismäßigkeitsprüfung zwar allein und beispielhaft die Anzahl der betroffenen Personen.[751] Es ist allerdings anhand dieser Formulierung offensichtlich, dass noch weitere Mittel ergriffen werden können und müssen. Wie die Verhältnismäßigkeit der Maßnahme darüber hinaus sichergestellt werden kann, wird nach der vollständigen Darstellung der Bestandteile der DNA-Reihenuntersuchung diskutiert, sodass zunächst die Einwilligung untersucht wird, bevor auf etwaige zusätzliche Maßnahmen und Verbesserungsvorschläge eingegangen wird. Es zeichnet sich bereits jetzt ab, dass die bisherigen Mittel, welche die Verhältnismäßigkeit des § 81h StPO a.F. sicherstellen sollten, angesichts der neuen Faktoren nicht ausreichen können und erheblicher Überarbeitung bedürfen. Andernfalls wird eine unverhältnismäßige Maßnahme zur Strafverfolgung angewandt, was angesichts der betroffenen Grundrechte wohl als verfassungswidrig einzuordnen wäre.

751 *Saliger/Ademi*, JuS 2008, 193 (196).

E. Die Einwilligung unter den neuen Bedingungen

Die gerichtliche Anordnung einer DNA-Reihenuntersuchung bedarf gem. § 81h Abs. 4 StPO kumulativ der Einwilligung jedes Teilnehmers nach umfassender schriftlicher Belehrung.[752] Der Begriff der Einwilligung wird definiert als eine jederzeit widerrufliche Erklärung, mittels welcher der Einwilligende kundtut, dass er eine Beeinträchtigung seines Rechtsguts durch einen anderen hinnehmen wird.[753]

Angesichts der aufgezeigten und neu hinzugetretenen Grundrechtsbeeinträchtigungen steigt die Bedeutung der Einwilligung in die strafprozessuale Maßnahme der Reihenuntersuchung an. Denn nach dem allgemeinen Rechtsgrundsatz *volenti non fit iniuria* wird davon ausgegangen, dass einem Einwilligenden kein Unrecht zugefügt werden kann.[754] Dieser Grundsatz kann dem hoheitlichen Handeln den Eingriffscharakter nur nehmen, wenn der Einwilligende abschließend darüber entscheidet, ob der Eingriff vorgenommen oder unterlassen wird.[755]

Im Zusammenhang mit der Einwilligung in strafprozessuale Eingriffe wird auch von einem Grundrechtsverzicht gesprochen.[756] Ein Grundrechtseingriff liegt dann von vorneherein nicht vor, wenn der Grundrechtsträger auf den grundrechtlichen Schutz verzichtet und das staatliche Handeln durch seine Zustimmung in Form einer Willensäußerung legitimiert hat.[757] Inwiefern der Grundrechtsverzicht oder die strafprozessuale Einwilligung die richtige Bezeichnung für dieses legitimierende Verhalten des Grundrechtsträgers sein kann, wird im

---

752 *Beck*, Die DNA-Analyse im Strafverfahren, S. 255.

753 *Amelung*, StV 1985, 257 (258); *Stief*, StV 2017, 470 (471) mit weiteren Nachweisen.

754 *Sprenger/Fischer*, NJW 1999, 1830 (1831); *Sauter*, DNA-Massentests im Strafverfahren, S. 197; *Ademi*, Der Massengentest und § 81h StPO, S. 63; *Kolz*, Einwilligung und Richtervorbehalt, S. 46.

755 *Benfer/Bialon*, Rechtseingriffe von Polizei und Staatsanwaltschaft, Rn. 15.

756 *Ademi*, Der Massengentest und § 81h StPO, S. 63.

757 *Manssen*, Staatsrecht II, Rn. 153; *Ademi*, Der Massengentest und § 81h StPO, S. 63.

Folgenden nicht debattiert, da es bereits an anderer Stelle vertieft diskutiert wurde.[758] Stattdessen wird der Auffassung gefolgt, dass es sich bei der Einwilligung um einen Unterfall des Grundrechtsverzichts handelt.[759] Im Folgenden wird angenommen, dass der einzig zu beachtende Unterschied ist, dass die strafprozessuale Einwilligung jederzeit bis zum staatlichen Eingriff widerrufen werden kann, während dies bei einem Grundrechtsverzicht nicht möglich ist.[760] Als Sonderfall des Grundrechtsverzichts unterliegt die strafprozessuale Einwilligung damit denselben Grundsätzen hinsichtlich Zulässigkeit und Wirksamkeit.[761] Da auch der Gesetzeswortlaut in § 81h Abs. 1, 4 StPO von einer Einwilligung spricht, wird dieser Begriff im Folgenden priorisiert verwendet.

Die Einwilligung in die Entnahme von Körperzellen zur molekulargenetischen Untersuchung macht die damit verbundenen Grundrechtseingriffe zulässig und ist Ausdruck des Rechts des Einzelnen, grundsätzlich selbst zu entscheiden, innerhalb welcher Grenzen persönliche Lebenssachverhalte im Sinne des Rechts auf informationelle Selbstbestimmung gem. Art. 2 Abs. 1 i. V. m. Art. 1 Abs. 1 GG offenbart werden.[762] Die schriftliche Einwilligung der Teilnehmer an der Reihenuntersuchung ist unter anderem auf Grund dieser angenommenen Wirkung seit jeher ein elementarer Bestandteil der Maßnahme[763] und wird auch weiterhin in § 81h Abs. 1, 4 StPO verlangt. Im Umkehrschluss bedeutet dies, dass eine unwirksame Einwilligung regelmäßig ein Verwertungsverbot begründet.[764]

Dass Beinahetreffer bei der Untersuchung verwertet werden, ist seit der Neufassung auch Bestandteil der Belehrung nach § 81h Abs. 4

758 Vgl. *Ademi*, Der Massengentest und § 81h StPO, S. 63 ff.; *Wickert*, Der DNA-Massentest nach § 81h StPO, S. 94 ff.

759 *Putzhammer*, Die Einwilligung in strafprozessuale Grundrechtsbeeinträchtigungen, S. 42.

760 Vgl. *Ademi*, Der Massengentest und § 81h StPO, S. 65; *Wickert*, Der DNA-Massentest nach § 81h StPO, S. 102; *Kolz*, Einwilligung und Richtervorbehalt, S. 44 f.

761 Vgl. *Ademi*, Der Massengentest und § 81h StPO, S. 65; *Wickert*, Der DNA-Massentest nach § 81h StPO, S. 102.

762 *Sauter*, DNA-Massentests im Strafverfahren, S. 197 f.; BVerfG, NJW 2001, 879 (880).

763 *Ademi*, Der Massengentest und § 81h StPO, S. 63.

764 *Krause*, in: LR StPO, § 81h Rn. 37.

Nr. 3 StPO. Inwiefern die Einwilligung unter diesen modifizierten Bedingungen möglich ist, muss genauer untersucht werden. Dabei muss bedacht werden, dass bereits die Einwilligung nach § 81h StPO a.F. stark kritisiert und die Freiwilligkeit der Probanden angezweifelt wurde.[765] Wie sich dies angesichts der neuen Gesetzeslage verhält, kann nur untersucht werden, wenn auch die Rahmenbedingungen für die Einwilligung unter den neuen Gesichtspunkten bekannt sind. Immerhin wird die Einwilligung nicht nur auf Grund der Neufassung des § 81h StPO kritisiert, sondern auch einhergehend mit der Reform des Datenschutzrechts erheblich in Frage gestellt.[766]

Auf Grund der engen Verwandtschaft zwischen dem Grundrechtsverzicht und der strafprozessualen Einwilligung müssen die entsprechenden Wirksamkeitsvoraussetzungen erfüllt sein,[767] weshalb geprüft werden muss, ob die DNA-Reihenuntersuchung nach der Gesetzesänderung eine Maßnahme ist, in die nach diesen anerkannten Merkmalen eingewilligt werden kann. Zudem kommt auch hier das Datenschutzrecht zum Tragen, denn die JIRL ist am 05.05.2016 in Kraft getreten und war bis zum 06.05.2018 in nationales Recht umzusetzen gem. Art. 63 Abs. 1 JIRL. Sie gilt gem. Art. 1 Abs. 1 JIRL in Fällen der Verarbeitung personenbezogener Daten durch die zuständigen Behörden zum Zwecke der Verhütung, Ermittlung, Aufdeckung oder Verfolgung von Straftaten oder der Strafvollstreckung, einschließlich des Schutzes vor und der Abwehr von Gefahren für die öffentliche Sicherheit. Für die Umsetzung der JIRL ist entscheidend, inwiefern in ihrem Anwendungsbereich eine Einwilligung der betroffenen Person in die Verarbeitung personenbezogener Daten zulässig ist.[768] Doch nicht nur die datenschutzrechtlichen Bezüge sind zu betrachten, sondern insbesondere die verfassungsrechtlichen Grenzen und Spielräume.

---

765 *Graalmann-Scheerer*, NStZ 2004, 297 (298); *Ronellenfitsch*, NJW 2006, 321 (325); *Mertin*, ZRP 2005, 37.

766 *Petri*, ZD 2018, 389 (390).

767 *Wickert*, Der DNA-Massentest nach § 81h StPO, S. 106.

768 *Golla/Skobel*, GSZ 2019, 140.

I. Anforderungen der JIRL

Da die DNA-Reihenuntersuchung in den Anwendungsbereich der JIRL fällt, muss die Einwilligung zur Datenverarbeitung den darin genannten Anforderungen an eine freie Mitwirkung genügen. In den Artikeln der Richtlinie wird auf die Einwilligung nicht eingegangen. Aufgegriffen wird sie in den Erwägungsgründen 35 und 37 der Richtlinie. Die Erwägungsgründe sind gleichermaßen Bestandteil des erlassenen EU-Rechtsaktes, weshalb die darin enthaltenen Aussagen bei der Auslegung der Vorgaben dieses Rechtsaktes zu beachten sind.[769] Die Einwilligung stellt in der JIRL nur für spezifische Maßnahmen die Rechtsgrundlage für die Datenverarbeitung dar.[770] Sie wird aber explizit im Zusammenhang mit DNA-Analysen in Erwägungsgrund 35 S. 6 JIRL als Rechtsgrundlage für eine Datenverarbeitung genannt.

Da der Gesetzgeber eine ausdrückliche rechtliche Regelung geschaffen hat, die zur Einholung der Einwilligung ermächtigt, wird § 81h StPO jedenfalls den formellen Anforderungen der JIRL gerecht, die notwendigerweise gegeben sein müssen, um von staatlicher Seite aus eine Einwilligung von einem Bürger zur Verarbeitung von dessen Daten einholen zu können.[771] Es ist jedoch anzumerken, dass weitere Anforderungen die Freiwilligkeit sicherstellen sollen, da die Freiwilligkeit bei der Einwilligung auch den kritischen Punkt im Anwendungsbereich der JIRL darstellt.[772] Auf diese wird an der entsprechenden Stelle eingegangen.

II. Disponibilität der betroffenen Rechtsgüter

Entscheidend ist die Dispositionsmöglichkeit über die angesprochenen Rechtsgüter. Nur wenn der Rechtsgutsträger die Verfügungsbefugnis über die entsprechenden Rechtsgüter besitzt, kann die Prüfung fortgesetzt werden, ob die notwendigen Voraussetzungen im speziellen Fall

769 *Stief*, StV 2017, 470 (473).
770 *Golla/Skobel*, GSZ 2019, 140 (141); *Bäcker*, in: Hill/Kugelmann/Martini (Hrsg.), Perspektiven der digitalen Lebenswelt, 63 (71).
771 *Golla/Skobel*, GSZ 2019, 140 (141).
772 *Golla/Skobel*, GSZ 2019, 140.

der Reihenuntersuchung gegeben sind.[773] Unterliegen die betroffenen Grundrechtsgüter der Verfügungsberechtigung des Einzelnen, kann die Einwilligung eine legitimierende Wirkung für die staatlichen Eingriffe entfalten.[774] Prinzipiell sind alle Grundrechte disponibel, solange sie nicht die Disponibilität als solche schützen.[775] Solange das betroffene Recht dem subjektiven Schutz des Einzelnen und nicht den objektiven Interessen anderer oder der Allgemeinheit dient, kann der Inhaber darüber disponieren.[776] Als unproblematisch gelten damit die Grundrechte der Person, welche sich per Definition auf die Sphäre des Grundrechtsträgers beziehen.[777]

Das Recht auf informationelle Selbstbestimmung aus Art. 2 Abs. 1 i. V. m. Art. 1 Abs. 1 GG steht der freiwilligen molekulargenetischen Reihenuntersuchung nicht entgegen.[778] Unabhängig von der Auslegung des zu Grunde liegenden Willensakts ist dieses Grundrecht prinzipiell disponibel.[779] Der Betroffene kann in die Beeinträchtigung seines Grundrechts durch die Reihenuntersuchung einwilligen.

Bei der DNA-Reihenuntersuchung wird in der Regel ein Wangenabstrich durchgeführt, um das notwendige Zellmaterial für die Durchführung eines Abgleichs mit der Tatortspur zu gewinnen. Mit einem speziellen Stäbchen werden Epithelzellen, d. h. Zellen der Mundschleimhaut, abgeschabt, aus denen die zu untersuchende DNA extrahiert wird.[780] Als weitere Methoden zur Gewinnung von Körperzellen ist auch eine Blutentnahme über die Fingerbeere oder das Ohrläppchen denkbar.

---

773 *Benfer/Bialon*, Rechtseingriffe von Polizei und Staatsanwaltschaft, Rn. 1510; *Wickert*, Der DNA-Massentest nach § 81h StPO, S. 155.

774 *Kopf*, Selbstbelastungsfreiheit und Genomanalysen im Strafverfahren, S. 186.

775 *Michael/Morlok*, Grundrechte Rn. 535.

776 *Michael/Morlok*, Grundrechte Rn. 535; *Sternberg-Lieben*, Die objektiven Schranken der Einwilligung im Strafrecht, S. 42.

777 *Amelung*, Die Einwilligung in die Beeinträchtigung eines Grundrechtsgutes, S. 33.

778 *Wickert*, Der DNA-Massentest nach § 81h StPO, S. 155; *Sauter*, DNA-Massentest im Strafverfahren, S. 204; *Kopf*, Selbstbelastungsfreiheit und Genomanalysen im Strafverfahren, S. 186 f.

779 *Wickert*, Der DNA-Massentest nach § 81h StPO, S. 155.

780 *Neuser*, Rechtsfragen der DNA-Analyse zum Zwecke der DNA-Identitätsfeststellung in künftigen Strafverfahren, S. 79.

Durchgesetzt hat sich der Wangenabstrich bei der freiwilligen Mitwirkung als Standardmaßnahme.[781] Je nach vertretener Auffassung kann auch dieser Wangenabstrich als invasive Maßnahme gewertet werden, was eine Verletzung des Grundrechts auf körperliche Unversehrtheit mit sich ziehen könnte.[782] Dieses Grundrecht steht der Durchführung einer DNA-Reihenuntersuchung auf freiwilliger Basis allerdings nicht entgegen.[783] Immerhin handelt es sich dabei um ein Individualgrundrecht, welches ausschließlich den Interessen des Grundrechtsträgers dient und insofern vom Einzelnen gegenüber Hoheitsträgern aufgegeben werden kann.[784]

Interessanter ist die Disponibilität des Grundrechts aus Art. 6 GG. Inwiefern der Betroffene in eine Grundrechtsbeeinträchtigung des Schutzguts Familie einwilligen kann, bedarf im Folgenden einer genaueren Betrachtung. Die Verfügungsbefugnis über einzelne Grundrechte wird grundsätzlich am Sinn und Zweck des betroffenen Grundrechts gemessen, wobei auf die Funktion der Grundrechte zurückgegriffen wird.[785] Dienen die betroffenen Grundrechte ausschließlich der persönlichen Freiheitsentfaltung des Einzelnen und handelt es sich bei der Einwilligung um einen Fall des Freiheitsgebrauchs, ist von der grundsätzlichen Dispositionsbefugnis des Grundrechtsträgers auszugehen.[786]

Das Bundesverfassungsgericht lässt es auch zu, dass staatliches Handeln durch Einverständnis und Einwilligungserklärungen beeinflusst wird.[787] Entscheidend für die Zulässigkeit einer solchen Disposition

781 *Neuser*, Rechtsfragen der DNA-Analyse zum Zwecke der DNA-Identitätsfeststellung in künftigen Strafverfahren, S. 79.

782 So vertreten von *Wickert*, Der DNA-Massentest nach § 81h StPO, S. 147; *Neuser*, Rechtsfragen der DNA-Analyse zum Zwecke der DNA-Identitätsfeststellung in künftigen Strafverfahren, S. 81; abweichend hingegen BVerfG, NJW 1963, 2368 (2369); BVerwG, NJW 1972, 1726 (1728).

783 *Wickert*, Der DNA-Massentest nach § 81h StPO, S. 149; *Kopf*, Selbstbelastungsfreiheit und Genomanalysen im Strafverfahren, S. 186 f.

784 *Wickert*, Der DNA-Massentest nach § 81h StPO, S. 149; *Sauter*, DNA-Massentest im Strafverfahren, S. 204.

785 *Kingreen/Poscher*, Grundrechte, Rn. 197 f.; *Ademi*, Der Massengentest und § 81h StPO S. 74 mit weiteren Nachweisen.

786 *Merten*, in: FS Schmitt Glaeser, 53 (63).

787 *Kingreen/Poscher*, Grundrechte, Rn. 198.

können zudem Dauer und Schwere des Eingriffs sowie die Gefahr des Missbrauchs der Verzichtmöglichkeit sein.[788] Die Garantien in Art. 6 GG dienen der objektiven Ordnung des Soziallebens und enthalten besondere staatliche Schutzverpflichtungen.[789] Doch bereits der Wortlaut des Art. 6 Abs. 3 GG öffnet dieses Grundrecht der Möglichkeit einer Einwilligung in eine mögliche Beeinträchtigung, indem der Grundrechtsschutz vom Willen des Grundrechtsträgers abhängig gemacht wird. Aus diesem Grund wird auch davon ausgegangen, dass der Schutz von Ehe und Familie einer Einwilligung in eine vorübergehende Beeinträchtigung zugänglich ist.[790] Dies wird darauf gestützt, dass die Zulassung einer Einwilligung in einigen Fällen den institutionellen Garantien sogar dienlich sein kann.[791] Dass das Schutzgut der Familie aus Art. 6 Abs. 1 GG durch die Reihenuntersuchung betroffen ist, steht somit einer Einwilligung der Teilnehmenden nicht entgegen.

III. Einwilligungsfähigkeit

Notwendig ist, dass die Teilnehmenden einwilligungsfähig sind.[792] Hierfür muss jeder der Teilnehmenden einer DNA-Reihenuntersuchung ein natürliches Einsichts- und Urteilsvermögen besitzen.[793] Die Einwilligungsfähigkeit muss sich zudem auf das Wesen, die Bedeutung und die Tragweite der Entscheidung erstrecken,[794] wobei auch die Fähigkeit, das Für und Wider abzuwägen und das eigene Handeln entsprechend anzupassen, unabdingbar sind.[795] Die von der Rechtsprechung entwickelte Formel bestehend aus Bedeutung, Tragweite und Wesen der Einwilligung wird als außerordentlich vage wahrgenom-

788 *Kingreen/Poscher*, Grundrechte, Rn. 201; *Manssen*, Staatsrecht II, Rn. 156.
789 *Manssen*, Staatsrecht II, Rn. 461; *Amelung*, Die Einwilligung in die Beeinträchtigung eines Grundrechtsgutes, S. 40.
790 *Amelung*, Die Einwilligung in die Beeinträchtigung eines Grundrechtsgutes, S. 40.
791 *Amelung*, Die Einwilligung in die Beeinträchtigung eines Grundrechtsgutes, S. 40.
792 *Sauter*, DNA-Massentests im Strafverfahren, S. 234.
793 BGH, NJW 1978, 1206; *Wickert*, Der DNA-Massentest nach § 81h StPO, S. 107 mit weiteren Nachweisen.
794 BGHSt 23, 1 (4).
795 BGH, NJW 1964, 1177 (1178).

men.[796] Erschwerend kommt hinzu, dass es kaum Rechtsregeln gibt, um die Einwilligungsfähigkeit festzustellen.[797] Wurde erkannt, dass eine freie Willensentschließung nicht möglich ist, kann die Einwilligungsfreiheit des Einzelnen auch beschränkt werden, beispielsweise wenn auf Grund von Geisteskrankheit oder angesichts des geringen Alters die Einsichtsfähigkeit fehlt.[798] Fehlt es an der erforderlichen Verstandesreife, tritt an die Stelle der eigenen Einwilligung des Betroffenen die des gesetzlichen Vertreters.[799]

IV. Einwilligungserklärung

Die Anforderungen an die Einwilligungserklärung sind im § 81h Abs. 4 StPO normiert und enthalten zunächst das Erfordernis der Aufklärung der Probanden über das Vorgehen und die möglichen Konsequenzen einer Teilnahme an einer Reihenuntersuchung. Dass die Maßnahme nur mit ausdrücklicher Erklärung der Zustimmung der Probanden durchgeführt werden darf, ist gem. § 81h Abs. 4 S. 1 StPO diesem gegenüber im Rahmen der schriftlichen Belehrung besonders hervorzuheben.

Sowohl die Belehrung als auch die Einwilligung bedürfen der Schriftform, was dokumentarischen Zwecken dient.[800] Wurde das Schriftlichkeitsgebot verletzt, bleiben die gewonnen Ergebnisse verwertbar, solange das Vorliegen einer wirksamen Einwilligung bewiesen werden kann.[801] Die Belehrung und die Einwilligung müssen zwangsläufig vor der Durchführung der Maßnahme erfolgen.[802] Lässt sich nicht nachvollziehen, ob die Belehrung erfolgt ist und hat der Betroffene die Freiwilligkeit und die Folgen der Einwilligung nicht gekannt, sind die

796 *Amelung*, in: Einwilligung und Einwilligungsfähigkeit, 24 (25).
797 *Amelung*, in: Einwilligung und Einwilligungsfähigkeit, 24 (36).
798 *Kolz*, Einwilligung und Richtervorbehalt, S. 62.
799 *Hadamitzky*, in: KK StPO, § 81c Rn. 8, 15.
800 *Beck*, Die DNA-Analyse im Strafverfahren, S. 255.
801 *Krause*, in: LR StPO, § 81h Rn. 37.
802 *Lee*, Gesetzliche Vorschriften zur Gewinnung und Verwendung von DNA-Informationen, S. 126.

gewonnen Beweismittel angesichts des hohen Rangs des *Nemo-tenetur*-Prinzips nicht verwertbar.[803]

V. Einwilligung des Teilnehmenden

Die angesprochenen Prüfungspunkte der Einwilligung erstrecken sich allein auf die Teilnehmenden an der Maßnahme, nicht aber auf die Angehörigen. Diese können, und so ist es gesetzlich bezweckt, auf Grund des mittelbaren Informationsgewinns zu ihrer Person gar nicht in die Maßnahme einwilligen. Es offenbart sich ein Problem, welches bislang nur am Rande erwähnt wurde. Eine Grenze der Freiheit des Einzelnen, in eine Grundrechtsbeeinträchtigung einzuwilligen, ergibt sich immer dann, wenn auch Rechte Dritter berührt werden.[804] In der Vergangenheit wurde dieses Problem anhand des entstehenden Teilnahmedrucks diskutiert, welcher bedinge, dass die Einwilligung eines Einzelnen Druck auf andere Betroffene ausübe, die daraufhin in ihrer Willensbildung nicht mehr frei seien.[805] Auf diese Debatte soll an dieser Stelle nicht vertieft eingegangen werden, da die neue Gesetzesfassung ein neues Problem aufgeworfen hat, welches so bislang noch nicht Bestandteil des § 81h StPO und der Auseinandersetzung mit dieser Norm war.

Während in der Vergangenheit strittig war, ob überhaupt Rechte anderer möglicher Probanden betroffen seien, wenn sich Betroffene entschließen, an der Reihenuntersuchung teilzunehmen,[806] ist mit der Neufassung des § 81h StPO eine Beeinträchtigung des Rechts auf informationelle Selbstbestimmung der Verwandten jedes einzelnen Testteilnehmers hinzugetreten. Ein Einwilligender wäre nach den bisherigen Ausführungen zur Neufassung der Reihenuntersuchung gezwungen, auch über das Recht auf informationelle Selbstbestimmung seiner

803 *Putzhammer*, Die Einwilligung in strafprozessuale Grundrechtsbeeinträchtigungen, S. 150.

804 *Putzhammer*, Die Einwilligung in strafprozessuale Grundrechtsbeeinträchtigungen, S. 120.

805 Ausführlich zu diesem Problem: *Ademi*, Der Massengentest und § 81h StPO, S. 69.

806 Vgl. *Ademi*, Der Massengentest und § 81h StPO, S. 69 ff.; *Sauter*, DNA-Massentests im Strafverfahren, S. 207 ff.

nahen Angehörigen zu disponieren.[807] Dies ist nicht mit dem Zweck der Einwilligung zu vereinbaren. Die Einwilligung nur eines Betroffenen genügt nämlich nicht, da der Unterlassungsanspruch der anderen gegen den Staat und dessen Repräsentanten für ihn nicht disponibel ist.[808] Eine Verfügungsbefugnis zu Lasten Dritter ist dem deutschen Recht prinzipiell fremd.[809]

Die Einwilligung der Teilnehmenden kann den Eingriff in die Rechte ihrer Angehörigen nicht verhindern. Ungeachtet dessen, ob der Einwilligende tatsächlich rechtmäßig einwilligt und damit verhindert, dass ihm durch die staatlichen Hoheitsträger Unrecht geschieht, vermag dieses Erfordernis somit nicht alle Grundrechtsbeeinträchtigungen abzufedern. Selbst wenn es hinsichtlich der Grundrechtsbeeinträchtigungen des Teilnehmenden ausreichend sein sollte, dass dieser in die Maßnahme einwilligt, bleiben die mittelbaren Grundrechtseingriffe zu Lasten der Angehörigen bestehen. Diese erfolgen mittelbar über den Teilnehmenden, sodass man zu einem Wertungsunterschied bei der Qualität der Grundrechtsbeeinträchtigungen kommen kann. Immerhin willigen die Teilnehmer in die unmittelbare Beeinträchtigung ihrer Grundrechtspositionen ein, welche als Vehikel genutzt wird, um gezielt auch Informationen über ihre Angehörigen zu sammeln. Die unmittelbare Grundrechtsbeeinträchtigung, die wegen der Einwilligung die Grundrechte des Teilnehmenden nicht verletzt, könnte die nur mittelbare und vergleichsweise marginale Beeinträchtigung der Grundrechtspositionen der Angehörigen aufwiegen. Die Beeinträchtigungen zu Lasten der Angehörigen der Teilnehmenden könnten so ausgeglichen werden.

Alternativ könnte man dem mittelbaren Charakter der Beeinträchtigung, die unmittelbar keine Grundrechtsverletzung zur Folge hat, dadurch Rechnung tragen, dass die Grundrechtseingriffe bei den Angehörigen einer Rechtfertigung bedürfen. An diese müssten geringere Anforderungen gestellt werden, sodass die Hürde der Verhältnismä-

807 *Frister*, in: Lisken/Denninger (Hrsg.), HdB des PolR, F. Rn. 304.

808 *Putzhammer*, Die Einwilligung in strafprozessuale Grundrechtsbeeinträchtigungen, S. 120.

809 *Putzhammer*, Die Einwilligung in strafprozessuale Grundrechtsbeeinträchtigungen, S. 120 mit weiteren Nachweisen.

ßigkeit an die geringere Intensität der Beeinträchtigung angepasst wird. Wie mit der mittelbaren Grundrechtsbeeinträchtigung umgegangen werden soll, hängt primär davon ab, ob die Willenserklärung der Teilnehmenden im Vorfeld der molekulargenetischen Untersuchung den Ansprüchen einer freiwilligen Einwilligung genügt. Nur dann kann folgerichtig geprüft werden, welche Grundrechtseingriffe einer Rechtfertigung bedürfen und ob die Maßnahme insgesamt verhältnismäßig ist.

VI. Freiheit von Willensmängeln

1. Täuschung und Irrtum

Die Einwilligung muss frei von Zwang und Täuschung bzw. Irrtum erfolgen.[810] Irrtümer können beispielsweise entstehen, wenn der Betroffene glaubt, zur Duldung der Grundrechtsbeeinträchtigung verpflichtet zu sein.[811] Dieser Irrtum soll durch die Aufklärungspflicht der staatlichen Hoheitsträger ausgeräumt werden, schließlich verlangt es so § 81h Abs. 4 StPO. Im Übrigen gilt, dass eine auf Täuschung beruhende Einwilligung die Rechtswidrigkeit der durch sie zugelassenen Handlung nicht beseitigt.[812] Für staatliches Handeln gilt deshalb, dass Einwilligungen, die auf Täuschungen beruhen, die wiederum staatsrechtliche Handlungsbeschränkungen umgehen sollen, generell unwirksam sind.[813] Die Neufassung des § 81h StPO enthält keine Grundlage dafür, dass durch die Erweiterung auf Beinahetreffer die Betroffenen getäuscht oder zu einem Irrtum verleitet werden sollen. Insofern kommt es auf die Handhabe jeder einzelnen Anwendung der Maßnahme und die sorgfältige Aufklärung der Teilnehmenden an, um Irrtümer der Betroffenen zu vermeiden.

810 *Putzhammer*, Die Einwilligung in strafprozessuale Grundrechtsbeeinträchtigungen, S. 91, 108 f.

811 *Amelung*, Die Einwilligung in die Beeinträchtigung eines Grundrechtsgutes, S. 98.

812 *Amelung*, Die Einwilligung in die Beeinträchtigung eines Grundrechtsgutes, S. 103.

813 *Amelung*, Die Einwilligung in die Beeinträchtigung eines Grundrechtsgutes, S. 103.

2. Zwang und Selbstbelastungsfreiheit

Im Hinblick auf die zwangsfreie Einwilligung ist zu untersuchen, ob der Einwilligende frei von mittelbarem oder unmittelbarem Druck zur Selbstbelastung handelt.[814] Dies orientiert sich an dem *Nemo-tenetur-se-ipsum-accusare*-Prinzip. Es erfasst die Freiheit des Einzelnen, sich nicht nur verbal nicht selbst belasten zu müssen, sondern generell zu keiner Form des aktiven Verhaltens verpflichtet zu sein, welches rein faktisch den Beschuldigten zu einer aktiven Sachverhaltsaufklärung zwingen würde.[815] Dieses Recht des Einzelnen, sich nicht selbst belasten zu müssen, spielt bei der Reihenuntersuchung eine erhebliche Rolle und wird seit der Durchführung vergleichbarer Untersuchungen kritisch hinterfragt. Die Freiwilligkeit des Einzelnen wurde in diesem Zusammenhang bereits mehrfach sowohl bejaht als auch verneint.[816] Dies soll im Folgenden mit Schwerpunkt auf die Neufassung genauer untersucht werden, da sich durch die Erweiterung neue Abwägungspunkte für den Betroffenen ergeben, die sich auf den Entscheidungsprozess auswirken.

814 *Putzhammer*, Die Einwilligung in strafprozessuale Grundrechtsbeeinträchtigungen, S. 91.

815 *Putzhammer*, Die Einwilligung in strafprozessuale Grundrechtsbeeinträchtigungen, S. 91.

816 Die Freiwilligkeit auf Grund von Druck oder Zwang ausschließend: *Sauter*, DNA-Massentests im Strafverfahren, S. 235; *Wickert*, Der DNA-Massentest nach § 81h StPO, S. 407 f.; *Beck*, Die DNA-Analyse im Strafverfahren, S. 269; a.A. *Putzhammer*, Die Einwilligung in strafprozessuale Grundrechtsbeeinträchtigungen, S. 99; *Rogall*, in: FS F.C. Schröder, 691 (711) verweist hierbei auf den Gesetzeswortlaut, der eine freiwillige Teilnahme vorsieht.

F. Freiwilligkeit der Teilnehmenden

Wiederholt wurde auf die Besonderheiten der DNA-Reihenuntersuchung hingewiesen, welche in der Freiwilligkeit der Probanden ganz besonders zum Tragen kommt. Der besondere Stellenwert der DNA-Reihenuntersuchung zeichnet sich dadurch aus, dass die Probanden freiwillig an der Maßnahme teilnehmen und gleichzeitig ein Richtervorbehalt die Verhältnismäßigkeit der Maßnahme absichern soll. Die Betroffenen müssen ihre Einwilligung schriftlich erklären (§ 81h Abs. 1 StPO). Doch bereits vor der Neufassung des Gesetzes stellte das Erfordernis einer freiwilligen Handlung der Probanden einen strittigen Punkt dar. Dieses Merkmal wird nun detailliert untersucht. Das Ziel ist es hierbei, die formellen Voraussetzungen ebenso einzubeziehen, wie die Elemente zu untersuchen, die sich negativ auf die Freiwilligkeit auswirken könnten.

Die Alternative zu dem derzeitig ausgeübten Modell, nämlich zwangsweise DNA-Reihenuntersuchungen durchzuführen, gilt als unzulässig auf Grund der fehlenden Beschuldigteneigenschaft der Betroffenen.[817] Für eine gesetzmäßige Durchführung der DNA-Reihenuntersuchung ist man darauf angewiesen, dass eine freiwillige Teilnahme vorliegt, was angesichts der Drucksituation, der sich der Proband ausgesetzt sieht, Gegenstand einer langjährigen Diskussion ist.[818] Die Erweiterung des § 81h StPO könnte die freiwillige Entscheidung zusätzlich beeinträchtigen. Ziel der Ausführungen ist es nicht nur, auf hinzutretende Probleme hinzuweisen, sondern auch konkrete Lösungsvorschläge zu formulieren.

Die Voraussetzung des Richtervorbehalts und die Einwilligung sollen für die Zulässigkeit der Maßnahme sorgen und Bedenken hinsicht-

---

817 *Krause*, in: LR StPO, § 81h Rn. 2.

818 *Satzger*, JZ 2001, 639 (647); *Krause*, in: LR StPO, § 81h Rn. 14 mit weiteren Nachweisen.

lich der Verhältnismäßigkeit ausräumen.[819] Die Einwilligungslösung führt *de facto* dazu, dass eine molekulargenetische DNA-Reihenuntersuchung nur auf Grundlage der Zustimmung der Betroffenen erfolgen kann.[820] Abgesehen von der bereits diskutierten Dispositionsbefugnis über im Einzelfall betroffenen Rechtspositionen, kommt es bei der Einwilligung in erster Linie darauf an, ob die Einwilligungserklärung freiwillig, d. h. ohne Druck von staatlicher oder dritter Seite erfolgt ist.[821]

Die Zusage, an dem Verfahren teilzunehmen, hat mit Erweiterung der Norm nicht nur für den Probanden womöglich weitreichende Folgen, sondern auch für seine Angehörigen. Dies bringt die Betroffenen in eine schwierige Lage, die sich durchaus als schwerwiegender Gewissenskonflikt bezeichnen lässt. Für die Wirksamkeit der gesetzlich geforderten Einwilligung ist es jedoch unerlässlich, dass die Einwilligung freiwillig erfolgt, was eine freie Entscheidung des Betroffenen voraussetzt.[822] Dass Freiwilligkeit der betroffenen Probanden in der Rechtsvorschrift vorgesehen wurde, bedeutet nicht, dass bei Einwilligungen in diese Maßnahme Freiwilligkeit zu vermuten wäre.[823] Psychischer Druck soll bei der praktischen Anwendung unbedingt vermieden werden.[824] Doch wird eine Person mit behördlichen Maßnahmen der Strafverfolgung konfrontiert, befindet sie sich regelmäßig in einer Drucksituation, da sie damit rechnen muss, zu aktiver Mitwirkung verpflichtet zu werden oder ihr zumindest durch die Weigerung Nachteile drohen.[825] Die Freiwilligkeit der priorisierten Probanden, die in die Maßnahme einwilligen, ist im Folgenden Gegenstand einer ausführlichen Betrachtung.

---

819 *Doege/Frahm*, in: FS Ostendorf, 227 (238).
820 *Wickert*, Der DNA-Massentest nach § 81h StPO, S. 128.
821 *Wickert*, Der DNA-Massentest nach § 81h StPO, S. 128.
822 *Golla/Skobel*, GSZ 2019, 140.
823 *Golla/Skobel*, GSZ 2019, 140 (144).
824 *Brauer*, in: Heidelberger Kommentar StPO, § 81h Rn. 12.
825 *Golla/Skobel*, GSZ 2019, 140.

I. Bedingungen einer freiwilligen Entscheidung

1. Formelle Anforderungen

Die freiwillige Entscheidung unterliegt gesetzlich normierten formellen Anforderungen. Die Betroffenen müssen qualifiziert aufgeklärt werden und anschließend ihre Einwilligung schriftlich erklären (vgl. § 81h Abs. 1, 4 StPO). So soll jeder psychische Druck vom Betroffenen genommen werden, was angesichts der besonderen Umstände des Verfahrens zweifelhaft erscheint.[826] Zudem sind die Anforderungen an die Aufklärung vergleichsweise hoch. Um die Tragweite der Entscheidung zu erkennen, muss nicht nur der Teilnehmende einwilligungsfähig sein, auch die Aufklärung muss die Folgen der Untersuchung verständlich aufzeigen. Hierfür ist vorgesehen, dass die Belehrung umfassend über die Folgen der DNA-Reihenuntersuchung und die Befugnisse der Ermittlungsbeamten informiert.

a) Erkenntnis über die Tragweite der Entscheidung

Ob die vorgeschriebene Belehrung ausreicht, damit der Probengeber die Tragweite seiner Entscheidung beurteilen kann, wird angezweifelt.[827] Zwar muss die Belehrung seit der Neufassung explizit auf die Verwertung von Beinahetreffern hinweisen. Ob die Probengeber sich dadurch der tatsächlichen Folgen bewusst sind, welche dies für ihre Angehörigen haben kann, ist jedoch unklar. Denn auf Grund der durchaus bekannten Zeugnisverweigerungsrechte der StPO wird vermutlich auch der juristisch nicht versierte und durchschnittlich Informierte davon ausgehen, dass eine zwangsläufige Belastung der Angehörigen durch die eigene Beteiligung an einer Ermittlungsmaßnahme nicht erzwungen werden kann.

Eine Vergleichbarkeit der Umstände hat auch der Bundesgerichtshof in der Entscheidung zu der Verwertbarkeit der Beinahetreffer erkannt und auf die fehlende Einwilligung der Angehörigen des Angeklagten

826 *Krause*, in: LR StPO, § 81h Rn. 13.
827 *Beukelmann*, NJW-Spezial 2017, 56.

für diesen speziellen Teil der Untersuchung hingewiesen.[828] Er wies ebenfalls darauf hin, dass die Einwilligung auf Grund der fehlenden Belehrung über die möglichen negativen Konsequenzen zu Lasten der Angehörigen mit einem Verstoß gegen § 81c Abs. 3 S. 1, 2 HS 2, § 52 Abs. 1 Nr. 3 Abs. 3 S. 1 StPO vergleichbar sei.[829] Der Gesetzgeber ist diesem Problem nachgegangen und hat die Belehrungspflicht in der Neufassung des § 81h StPO entsprechend erweitert, indem nun darauf hingewiesen werden muss, dass Beinahetreffer verwertet werden dürfen. Ob dies ausreicht, um tatsächlich die Tragweite der Einwilligung zu vermitteln, darf weiterhin angezweifelt werden. Denn einer Verwertung eines solchen Beinahetreffers kann so nicht widersprochen werden, da die Belehrung nicht mit einem Zeugnisverweigerungsrecht zu vergleichen ist.

Das Zeugnisverweigerungsrecht nach § 52 Abs. 1 StPO gilt in seiner derzeitigen Form nur für die gesetzlich genannten Angehörigen des Beschuldigten. Das bedeutet, dass gegen die Person ein Ermittlungsverfahren eingeleitet wurde oder aber Maßnahmen durchgeführt werden, die erkennbar darauf abziehen, gegen ihn wegen einer Straftat strafrechtlich vorzugehen.[830] Der Beschuldigtenbegriff enthält hierbei objektive und subjektive Elemente, das heißt, es muss ein Verfolgungswille der Strafverfolgungsbehörden vorliegen, der sich objektiv in einer Verfolgungsmaßnahme manifestiert.[831] Im Umkehrschluss bedeutet dies, dass nicht jeder Tatverdächtige ein Beschuldigter sein muss.[832] Da die Reihenuntersuchung angewandt wird, wenn kein Tatverdächtiger ermittelt werden konnte, ist auch das Zeugnisverweigerungsrecht nach § 52 Abs. 1 StPO nicht einschlägig. Auch ein Verweis, wie er in § 81c Abs. 3 StPO zu finden ist, scheidet aus den genannten Gründen aus. Dafür befindet sich das Ermittlungsverfahren in einem zu frühen Stadium.[833] Die Ermittlungsbeamten sind zudem nicht verpflichtet, das

828 BGHSt 58, 84 (95).
829 BGHSt 58, 84 (95).
830 *Bader*, in: KK StPO, § 52 Rn. 5; BGH, NStZ 1997, 398.
831 BGH, NStZ 2019, 539 (541).
832 *Bader*, in: KK StPO, § 52 Rn. 5.
833 *Swoboda*, StV 2013, 461 (468).

Zeugnisverweigerungsrecht anzusprechen und darüber zu belehren,[834] was angesichts seiner Unanwendbarkeit eine nachvollziehbare Folge ist.

Allerdings dürfte es die Probanden der Reihenuntersuchung überraschen, dass ihnen kein Vorbehalt zusteht, der eine Teilnahme und ein gleichzeitiges Verwertungsverbot für Beinahetreffer ermöglichen würde. Immerhin sind die Folgen für das familiäre Umfeld wie bereits dargestellt nicht unerheblich.[835] Auch das Auskunftsverweigerungsrecht nach § 55 StPO, welches den Zeugen davor schützt, einzelne Fragen wahrheitsgemäß beantworten zu müssen, sofern dadurch er oder ein Angehöriger belastet werden könnte, wirkt nur begünstigend für den Zeugen und ist auf diesen Anwendungsbereich begrenzt. Ein solches Auskunftsverweigerungsrecht, welches erlaubt zu einzelnen Fragen keine Stellung zu nehmen, wäre sicherlich nützlich für die Teilnehmenden. Es ist jedoch ebenso wenig wie das Zeugnisverweigerungsrecht anwendbar. Die Ausführungen zur Belehrung nach § 52 StPO lassen sich auch hier anwenden. Die Teilnehmenden könnten annehmen, solche privilegierenden Rechte in Anspruch nehmen zu können, ohne dass dies der Fall ist. Da der Anwendungsbereich nicht eröffnet ist, trifft diese Vermutung nicht zu, sodass weder nach § 52 StPO ein Verweigerungsrecht, noch ein Einwilligungsvorbehalt ähnlich einer Auskunftsverweigerung nach § 55 StPO besteht, der eine Belastung der Angehörigen verhindern würde.

b) Verbesserungsvorschlag

Inwiefern aus der schriftlichen Belehrung nachvollziehbar hervorgeht, dass ein vergleichbares Recht zum Zeugnisverweigerungsrecht oder Auskunftsverweigerungsrecht nicht besteht, kann nicht einheitlich beantwortet werden. Hier kommt es erheblich auf die individuelle Aufklärung der Probanden durch die Ermittlungsbeamten an. Generell muss an dieser Stelle festgehalten werden, dass es jedenfalls nachvollziehbar wäre, wenn die Probanden auf Grund ihres Laienwissens davon ausgingen, dass ein Verweigerungsrecht ähnlich zum Zeugnisverweigerungsrecht nach § 52 Abs. 1 StPO besteht, welches unabhängig

834 *Swoboda*, StV 2013, 461 (468).
835 BGHSt 58, 84 (94 f.).

wäre von der immer bestehenden Möglichkeit, die vollständige Teilnahme an der DNA-Reihenuntersuchung zu verweigern.

Die möglichen Folgen für das familiäre Umfeld müssen dementsprechend einerseits aufgezeigt werden, was § 81h Abs. 4 Nr. 3 StPO vorsieht. Darüber hinaus müsste sichergestellt werden, dass sich die Probanden bewusst sind, dass sie ein Zeugnisverweigerungsrecht, Auskunftsverweigerungsrecht oder vergleichbares Recht nicht beanspruchen können, sondern nur generell ihre Teilnahme an der Maßnahme verweigern können. Anders als bei einer berechtigten Zeugnisverweigerung scheiden Probanden in einem solchen Fall nicht als Zeugen-Beweismittel aus.[836] Bei einer Zeugnisverweigerung nach § 52 Abs. 1 StPO stünden die Bewertung und Prüfung der Gründe für das Aussageverhalten außerdem einer unbefangenen Ausübung des Rechts aus § 52 StPO entgegen.[837] Darauf dürfte sich ein Proband der DNA-Reihenuntersuchung nicht verlassen. Der BGH hat in der Vergangenheit zwar entschieden, dass die Verweigerung allein keinen Verdacht gegen den Probanden begründen darf. Eine solche Rechtsfolge fehlt im Hinblick auf die Angehörigen. Schließlich dürften aus der berechtigten Zeugnisverweigerung keine Schlüsse zum Nachteil des Angeklagten gezogen werden,[838] während es den Ermittlungsbeamten bei einer verweigerten Teilnahme an der DNA-Reihenuntersuchung offensteht, die Weigerung als Hinweis auf eine mögliche Beteiligung eines Angehörigen des priorisierten Probanden zu werten. Die Möglichkeit, die Teilnahme zu verweigern ist somit im Hinblick auf die Rechtsfolgen und die Verwertung nicht gleichwertig mit einem Zeugnis- oder Auskunftsverweigerungsrecht. Dass es Probanden nicht möglich ist, die Auswertung zu Lasten der Angehörigen zu unterbinden, muss durch eine lückenlose Aufklärung sichergestellt werden.

Auf die möglichen Rechtsfolgen müssen die Betroffenen hingewiesen werden, um ihren Entscheidungsspielraum tatsächlich erfassen zu können. Eine solche differenzierte Darstellung fehlt in der gesetzlich vorgesehenen Belehrung. Doch nur dann kann mit Sicherheit davon ausgegangen werden, dass die Teilnehmenden die Tragweite der Ent-

836 *Bader*, in: KK StPO, § 52 Rn. 43.
837 BGH, NSTZ-RR 2016, 117.
838 *Bader*, in: KK StPO, § 52 Rn. 45.

scheidung abschätzen können. Sollte die Norm entsprechend der Neufassung angewandt werden, muss die Aufklärung verbessert werden. Um den Anforderungen gerecht zu werden, die an eine freiwillige Entscheidung gestellt werden, bedarf es einer entsprechenden Ergänzung, damit die Belehrung alle für den Entscheidungsprozess relevanten Informationen tatsächlich enthält. Da im Folgenden weitere Ergänzungen des § 81h StPO diskutiert werden, erfolgt an dieser Stelle noch kein abschließender Formulierungsvorschlag. Sicher ist jedenfalls, dass eine Anpassung erfolgen muss. Andernfalls ist das Risiko, dass die Probanden nicht vollumfänglich über ihre Rechte informiert sind, zu hoch.

2. Die Herausforderungen einer positiven Definition der Freiwilligkeit

Erhebliche Schwierigkeiten bereitet die Auseinandersetzung mit der Frage, wie eine freiwillige Entscheidung positiv definiert wird. Die Definition der Freiwilligkeit im Kontext der strafprozessualen Maßnahmen, die dadurch legitimiert werden sollen, ist hoch umstritten. Dabei verlangt das Strafrecht auch an anderen Stellen freiwillige Entscheidungen, ohne diese Willensbildung genauer zu definieren. Der allgemeine Sprachgebrauch ist ebenso wenig ergiebig im Hinblick auf eine positive inhaltliche Aussage zum Begriff der Freiwilligkeit. Anstelle einer positiven Definition wird überwiegend verlangt, dass die Entscheidungsfindung frei von Zwang erfolgen muss.[839]

Was genau eine freiwillige Entscheidung ausmacht, wird demnach durch die Umstände begrenzt, die eine freiwillige Entscheidung ohne Zweifel ausschließen. Im konkreten Bezug zur DNA-Reihenuntersuchung wurde die Debatte bereits geführt, wie Freiwilligkeit zu definieren ist. Es wurden im Laufe der Zeit verschiedene Herangehensweisen gewählt.[840] Hierbei können, wie bereits geschehen, psychologische,

839 *Wickert*, Der DNA-Massentest nach § 81h StPO, S. 280.

840 Vgl. den Versuch, einen eigenen Freiwilligkeitsbegriff zu entwickeln, der speziell auf die kritischen Fallgruppen des § 81h StPO zugeschnitten sein soll bei *Wickert*, Der DNA-Massentest nach § 81h StPO, S. 380 ff. Dieser Freiwilligkeitsbegriff sollte sich unter Einbeziehung aller besonderen Umstände und der Berücksichtigung der Vor- und Nachteile für alle Beteiligten am Wortlaut der Norm und der Syste-

philosophische und strafrechtsdogmatische Interpretationen herangezogen werden, um sich dem Kern einer freien Entscheidung anzunähern und die Freiwilligkeit greifbarer zu machen. Es ist jedoch angesichts der Fülle an Literatur, die sich mit der Definition dieses Begriffs befasst hat, eine erhebliche Herausforderung, hieraus eine Umschreibung zu gewinnen, welche tatsächlich dem besonderen Charakter der DNA-Reihenuntersuchung gerecht wird.

Die Schwierigkeit liegt einerseits in der Interdisziplinarität, die mit dem Versuch, den Begriff zu definieren, verbunden ist. Andererseits kann die Übernahme einer einzigen Definition sogar willkürlich erscheinen.[841] Immerhin wurden bereits mehrere Definitionsversuche unternommen. Erschwerend tritt dabei hinzu, dass die juristische Betrachtungsweise der Auseinandersetzung und Abwägung mit nicht juristischen Definitionen entgegenstehen kann, die auf anderen Maßstäben und Methoden basieren. In Anbetracht der individuellen Abwägungsprozesse und der jeweiligen Motivation der Betroffenen ist es nahezu utopisch, eine einzige, universell anwendbare Definition zu finden, die der freiwilligen Entscheidung und jedem Zweck, den eine freiwillige Einwilligung erfüllen soll, gerecht wird. Dies heißt nicht, dass es unmöglich ist, die Freiwilligkeit allgemein positiv zu definieren, sondern dass es sich hierbei um eine enorme Herausforderung handelt, welche den Rahmen dieser Ausarbeitung sprengen würde.

Anstelle der Entwicklung eines allgemeingültigen Begriffs, der für mehrere Anwendungsbereiche geeignet ist, soll es *Sauter* zufolge sinnvoller sein, eine Definition der Freiwilligkeit der Einwilligung in einen strafprozessualen Grundrechtseingriff zu entwickeln, die sich an der konkret zu erfüllenden Aufgabe orientiert.[842] Dies liegt auch daran, dass es für die DNA-Reihenuntersuchung nicht hilfreich ist, bereits bestehende Freiwilligkeitsbegriffe heranzuziehen, die für § 24 StGB und

matik der Vorschrift ausrichten. Da sich dieser Versuch, einen eigens zugeschnittenen Begriff der Freiwilligkeit zu finden, noch an § 81h StPO a.F. orientierte und sich die Umstände der Reihenuntersuchung erheblich geändert haben, ist der von *Wickert* entwickelte Freiwilligkeitsbegriff auf die neugefasste Norm nicht mehr anwendbar.

841 *Ademi*, Der Massengentest und § 81h StPO, S. 111.

842 *Sauter*, DNA-Massentests im Strafverfahren, S. 228.

die strafrechtliche Schuld entwickelt wurden.[843] An dieser Stelle kann man nun dem Weg *Wickerts* folgen und versuchen, eine Definition zu finden, welche die Freiwilligkeit im konkreten Bezug zur DNA-Reihenuntersuchung erfasst.

Allerdings ist, wie sich an diesem Beispiel aufzeigen lässt, dies nicht unbedingt eine nachhaltige Lösung. Immerhin fließen in eine solche Definition auch der Regelungszweck und die Bestandteile der Maßnahme ein. Ändern sich diese, wird auch die Definition auf den Prüfstand gestellt. Eben dies trifft auch auf die DNA-Reihenuntersuchung zu, die durch die Erweiterung den Abwägungsprozess des Probanden neugestaltet wurde. Der Freiwilligkeitsbegriff, der an den konkreten Regelungsinhalt angepasst ist, stellt zwar einerseits eine sinnvolle Lösung dar, indem man sichergeht, dass die Definition dem tatsächlichen Vorgang gerecht wird. Angesichts des ansteigenden Regelungsbedarfs im Bereich der DNA-Analysen im Strafprozess wäre eine solche Lösung andererseits nur anwendbar bis zur nächsten Gesetzesänderung. Eine solche Änderung ist angesichts der fortschreitenden technischen Möglichkeiten der DNA-Analyse durchaus wahrscheinlich. Die Wandlungsfähigkeit des Charakters der Maßnahme bedeutet nicht, dass eine Auseinandersetzung mit der Bedeutung einer zentralen Anwendungsvoraussetzung wie der Freiwilligkeit nicht erfolgen sollte. Es ist fraglich, ob die Suche nach einer an die Neufassung angepassten positiven Definition der Freiwilligkeit tatsächlich notwendig ist. Schließlich ist noch ungeklärt, ob die Maßnahme an sich eine freiwillige Entscheidung des Probanden bereits ausschließt.

3. Freiheit von Zwang

Die positive Definition einer freiwilligen Entscheidung steht nicht im Fokus dieser Diskussion. Denn bei einer Mehrzahl unterschiedlicher Definitionen der Freiwilligkeit scheint der Konsens zu sein, dass Zwang einer freiwilligen Entscheidung entgegensteht, unabhängig von der zugrundeliegenden Definition.[844]

843 *Sauter*, DNA-Massentests im Strafverfahren, S. 228.
844 So ähnlich auch *Ademi*, Der Massengentest und § 81h StPO, S. 141 f.

Ein ähnlicher Ansatz findet sich auch in § 136a StPO, der Beweismethodenverbote und Beweisverwertungsverbote enthält und somit den Leitgedanken der Rechtsstaatlichkeit ausformt.[845] Das Gesetz sieht in § 136a Abs. 1 S. 2 StPO die Anwendung von Zwang ausschließlich in Ausnahmefällen vor. Die Ausnahmefälle sind durch das Strafverfahrensrecht geregelt. Der Wortlaut der Norm erstreckt sich zunächst nur auf Beschuldigte, um die es sich bei den Teilnehmenden einer Reihenuntersuchung auf Grund der Unschuldsvermutung gerade nicht handelt. Die Norm ist zwar auch zu Gunsten von Zeugen und Sachverständigen anzuwenden,[846] gilt jedoch nur für Vernehmungen und findet keine Anwendung auf die anderweitige Beschaffung von Beweismitteln.[847] Da es sich bei § 136a StPO um eine Ausprägung des *Nemo-tenetur*-Prinzips handelt, ist das Verhältnis zu einer möglichen Einwilligung des Beschuldigten interessant. Das Verbot der Methoden, welche die Freiheit der Willensentschließung und Willensbetätigung beeinträchtigen würden, in § 136a Abs 1 und 2 StPO gem. § 136a Abs. 3 StPO besteht ungeachtet einer möglichen Einwilligung des Beschuldigten. Dies unterstreicht, dass Zwang und eine freiwillige Entscheidung nicht gleichzeitig bestehen können, was sich auch mit dem allgemeinen Rechtsverständnis deckt. Schließlich gilt die Rechtsstaatlichkeit des Verfahrens nicht allein für Vernehmungssituationen, sodass das *Nemo-tenetur*-Prinzip als Ausprägung des Rechtsstaatlichkeitsprinzips unabhängig von der jeweiligen Situation nur dann berücksichtigt wird, wenn der Betroffene nicht gezwungen wird, sich selbst zu belasten. Die Selbstbelastungsfreiheit und die Freiheit von Zwang bei Ermittlungsmaßnahmen, die auf Freiwilligkeit basieren, muss deshalb auch außerhalb des § 136a StPO gelten, insbesondere für Unschuldige wie bei der DNA-Reihenuntersuchung.

Insofern ist es sinnvoll, zunächst zu untersuchen, ob die Teilnehmenden womöglich unter Zwang ihre Entscheidung treffen. Denn eine Einwilligung in die Beeinträchtigung eines Grundrechtsguts werde nur dann freiwillig erteilt, wenn auf den Einwilligenden von Seiten des Staates kein Zwang ausgeübt wird, der selbst bereits als Eingriff in die

845 *Diemer*, in: KK StPO, § 136a Rn. 1.
846 *Diemer*, in: KK StPO, § 136a Rn. 2.
847 BGH, NStZ 1988, 233 (234).

Rechte des Bürgers anzusehen sei.[848] Sollte diese Ausübung von Zwang allerdings gegeben sein, ist ohnehin ausgeschlossen, dass eine freiwillige Einwilligung gegeben ist, was dazu führen würde, dass die gesetzlichen Voraussetzungen einer DNA-Reihenuntersuchung nie vorliegen könnten, da die Einwilligung nicht durch einen richterlichen Beschluss ersetzt werden kann. Es muss dann untersucht werden, wie alternative Rahmenbedingungen frei von Zwang geschaffen werden könnten, um eine freiwillige Mitwirkung der Teilnehmenden sicherzustellen.

a) Die Rahmenbedingungen der DNA-Reihenuntersuchung im Hinblick auf Zwang

Die DNA-Reihenuntersuchung zeichnet ein prekäres Ungleichgewicht aus, welches sich dadurch manifestiert, dass sich der Proband der staatlichen Gewalt in Form der Strafverfolgungsbehörden gegenübersieht. Dies ist ein erster Hinweis, dass die Willensbildung nicht unter freien Umständen erfolgt. Es ist zugleich ein Umstand, der sich auch in einschlägigen Regelungen als entscheidender Hinweis auf eine unfreiwillige Mitwirkung wiederfindet.

aa) Regelungen im Bereich des Datenschutzes

Ein solches Ungleichgewicht wurde bereits in der auf Polizei, Strafjustiz und Strafvollstreckung weitgehend nicht anwendbaren DS-GVO in Erwägungsgrund 43 als ein erhebliches Hindernis einer freiwilligen Entscheidung angesehen.[849] Die DS-GVO hat zwar keine Auswirkungen auf § 81h StPO, da diese Norm der JIRL unterworfen ist. Im Anwendungsbereich der DS-GVO dürfte eine solche Einwilligung jedoch je nach Umständen des speziellen Einzelfalls keine Rechtsgrundlage für ein staatliches Handeln darstellen. Man kann sich nun an dieser Stelle fragen, wieso das Ungleichgewicht, welches sich negativ auf den freiwilligen Entscheidungsprozess in der DS-GVO auswirkt, im Anwendungsbereich der JIRL weniger präsent sein sollte. Immerhin handelt es sich bei der JIRL um die speziellere Regelung zum selben

848 *Amelung*, StV 1985, 257 (261).
849 *Golla/Skobel*, GSZ 2019, 140.

Regelungsgegenstand, welche gemeinsam mit der DS-GVO geschaffen wurde.

Auch nach der JIRL ist die Einwilligung prinzipiell problematisch und wird gem. Erwägungsgrund 35 Satz 3 und 4 JIRL dann als Grundlage für die Datenverarbeitung ausgeschlossen, wenn die Behörden den Betroffenen gleichzeitig anweisen könnten, ihren Forderungen nachzukommen.[850] Nichtsdestotrotz sind gem. Erwägungsgrund 35 Satz 6 die Mitgliedsstaaten nicht daran gehindert, Maßnahmen zu schaffen, bei denen die betroffene natürliche Person in die Datenverarbeitung einwilligen kann, insbesondere in Fällen von DNA-Analysen zu strafrechtlichen Zwecken. Somit kann eine Einwilligung des Betroffenen gegenüber staatlichen Institutionen im Anwendungsbereich der JIRL innerhalb der Grenzen des Erwägungsgrundes 35 eine taugliche Rechtsgrundlage für staatliches Handeln sein.

An dieser Stelle ist festzuhalten, dass die JIRL die Einwilligung gegenüber einer Behörde nicht nur nicht völlig ausgeschlossen hat, sondern in Erwägungsgrund 37 Satz 5 die Einwilligung der Betroffenen in die Verarbeitung besonders sensibler Daten ermöglicht. Diese Einwilligung alleine kann allerdings nicht die rechtliche Grundlage für die Verarbeitung solcher besonders schützenswerter Daten liefern. Es ist somit auch nach der JIRL nicht grundsätzlich ausgeschlossen, eine Maßnahme zu gestalten, welche es den Betroffenen ermöglicht, freiwillig in die Datenverarbeitung einzuwilligen, auch dann, wenn die Erklärung gegenüber einer Behörde abgegeben wird und besonders sensible Daten betroffen wären.[851] Es kommt auf die speziellen Umstände an, unter denen der Betroffene in die Maßnahme einwilligt, sodass auch datenschutzrechtliche Regelungen die Einwilligung nicht pauschal verhindern.[852] Die DNA-Reihenuntersuchung ist sowohl eine von staatlicher Seite initiierte Maßnahme, sie betrifft aber auch nachgewiesener Weise hoch sensible Daten. Dies umso mehr durch die Erweiterung auf die Beinahetreffer. Die konkrete Gestaltung der DNA-Reihenuntersuchung ist entscheidend, um die Auswirkungen des Verhältnisses

850 *Golla/Skobel*, GSZ 2019, 140 (141).
851 *Golla/Skobel*, GSZ 2019, 140 (141).
852 *Schwichtenberg*, DuD 2016, 605 (606).

Staat und einwilligender Bürger auf die Freiwilligkeit einschätzen zu können.

bb) Bedingungen der JIRL

Nachdem festgestellt wurde, dass die JIRL einer Regelung, welche die Einwilligung des Bürgers gegenüber Behörden in die Datenverarbeitung zur Rechtsgrundlage macht, nicht prinzipiell entgegensteht, muss untersucht werden, ob der neugefasste § 81h StPO den Voraussetzungen der JIRL entspricht. Die Richtlinie macht keine expliziten Vorgaben zu den Voraussetzungen für eine wirksame Einwilligung. Die Erwägungsgründe beziehen sich stattdessen auf eine Einwilligung im Sinne der Verordnung (EU) 2016/679, weshalb an die Einwilligung im Sinne der Richtlinie dieselben Anforderungen zu stellen sind, wie nach der DS-GVO.[853]

Die JIRL schließt in jedem Fall die Einwilligung aus, wenn Mitwirkungs- und Duldungspflichten bestehen. Damit wird klargestellt, dass in solchen Fällen mangels Freiwilligkeit nie eine wirksame Einwilligung vorliegen kann.[854] Dafür ist entscheidend, ob die betroffene Person damit rechnen muss, dass die Maßnahme auch ohne ihre Einwilligung vollzogen wird, d. h. ob der Behörde die Option offensteht, die Maßnahme beispielsweise auf Basis einer richterlichen Anordnung durchzuführen, sollte keine Einwilligung erfolgen.[855] Eine solche Option steht den Ermittlungsbehörden insbesondere bei §§ 81g Abs. 3 und 81e, 81f Abs. 1 StPO zu. Diese Maßnahmen lassen den Betroffenen keine echte Wahlmöglichkeit, ob die Untersuchung durchgeführt wird. Von einer freiwilligen Entscheidung nach dem Maßstab der JIRL kann daher keine Rede sein.[856] Für die Betroffenen einer Maßnahme nach §§ 81e und f StPO ist es im Grunde genommen bedeutungslos, ob sie ihre Einwilligung erteilen, da sie die Anordnung der Maßnahme ohnehin zu dulden hätten.

---

853 *Schwichtenberg*, DuD 2016, 605 (606).
854 *Schwichtenberg*, DuD 2016, 605 (606).
855 *Golla/Skobel*, GSZ 2019, 140 (143).
856 *Golla/Skobel*, GSZ 2019, 140 (143).

Anders verhält es sich bei der gesetzlichen Gestaltung des § 81h StPO, denn hier ist im Wortlaut nicht vorgesehen, dass die Einwilligung durch eine Anordnung umgangen werden kann. Stattdessen ist die Einwilligung gemeinsam mit der richterlichen Anordnung Voraussetzung der DNA-Analyse, welche ohne die erteilte Zustimmung nicht durchgeführt werden darf. Somit steht die gesetzliche Regelung des § 81h StPO im Einklang mit der JIRL. Hiermit ist aber noch nicht abschließend festgestellt, ob die Teilnehmenden tatsächlich freiwillig zustimmen. Nach datenschutzrechtlichen Erwägungen wurden hierfür zwar die Mindestvoraussetzungen geschaffen. Dennoch besteht weiterhin die Gefahr, dass die Betroffenen ihre Zustimmung nur erteilen, weil sie für sich oder andere negative Konsequenzen befürchten. Dies ist nicht nur nach den Maßstäben der JIRL zu bewerten.[857] Diese legen nur fest, dass das Machtgefälle die Freiwilligkeit des Betroffenen in Frage stellt. Die freiwillige Entscheidung wird nicht generell ausgeschlossen. Andernfalls wären Einwilligungen gegenüber Behörden generell nach der JIRL unwirksam.[858]

b) Zwischenfazit

Formell betrachtet erfüllt die DNA-Reihenuntersuchung nach § 81h StPO die verschiedenen datenschutzrechtlichen Erfordernisse, um eine freiwillige Entscheidung zu ermöglichen, indem die Maßnahme im Gesetz ohne Zwangselement ausgestaltet ist. Zudem zeichnet die DNA-Reihenuntersuchung aus, dass der Richtervorbehalt nicht alternativ, sondern nur kumulativ mit der Einwilligung zu einer Durchführung des DNA-Abgleichs ermächtigen kann. Dies wertet die Einwilligung erheblich auf. Es kommt nun auf die Umsetzung der Maßnahme und die tatsächlichen Bedingungen an, um zu bewerten, inwiefern hier die Probanden freiwillig handeln, wenn sie in die Maßnahme einwilligen oder hierzu aufgefordert werden. Dazu wird im Folgenden untersucht, wie die Interessenlage beschaffen ist.

---

857 *Golla/Skobel*, GSZ 2019, 140 (143).
858 *Golla/Skobel*, GSZ 2019, 140 (143).

II. Der Interessenkonflikt der Probanden

Auch außerhalb gesetzlich legitimierter Mitwirkungs- und Duldungspflichten kann sich der Betroffene in einer Drucksituation befinden, welche befürchten lässt, dass eine Verweigerung der Einwilligung zu seinem Nachteil ausgelegt wird.[859] Das angesprochene Ungleichgewicht, welches entsteht, sobald der Staat dem Bürger gegenübertritt und dessen freiwillige Mitwirkung voraussetzt, wurde zudem bereits in der Vergangenheit als erhebliches Machtgefälle identifiziert. Es könnte den Betroffenen aus Angst vor den Einflussmöglichkeiten des Staates dazu bewegen, Einwilligungen zu erteilen, die er sonst nicht oder zumindest nicht in der Form gegeben hätte.[860] Ein solches Machtgefälle kann auch dazu führen, dass der Betroffene zu einer freien Willensentschließung nicht in der Lage ist.[861]

Dass Angst eine erhebliche Rolle im Entscheidungsprozess spielt, ist im Fall der DNA-Reihenuntersuchung nicht von der Hand zu weisen. Schließlich ist es auch für die Repräsentanten der staatlichen Gewalt eine dauerhafte Versuchung, den Bürger zu einer Entscheidung zu bewegen, um leichter den staatlichen Aufgaben nachzukommen.[862] Ein Proband der DNA-Reihenuntersuchung muss damit rechnen, dass er bei einer Verweigerung der Teilnahme entweder zur Duldung und gegebenenfalls zu aktiver Mitarbeit verpflichtet wird oder aber die Weigerung andere negative Folgen mit sich zieht.[863] Für die Inkulpation auf Basis der Verweigerung existiert keine gesetzliche Grundlage. In der nach § 81h Abs. 4 StPO vorgesehenen Belehrung findet sich lediglich der Hinweis, dass das Ergebnis des Abgleichs zu Lasten des Probanden oder seiner Angehörigen verwertet werden kann.

Dennoch ist es bislang Praxis im Ermittlungsverfahren, dass Verweigerer Ziel weiterer Ermittlungsmaßnahmen werden. Das Vorgehen gegen Verweigerer wird mit dem Legalitätsprinzip begründet, da es zur Pflicht der Beamten gehört, alle Umstände zu berücksichtigen, die

859 *Schwichtenberg*, DuD 2016, 605 (607).

860 *Sauter*, DNA-Massentests im Strafverfahren, S. 225; *Amelung*, StV 1985, 257 (261).

861 *Kolz*, Einwilligung und Richtervorbehalt, S. 62.

862 *Amelung*, StV 1985, 257 (261).

863 *Golla/Skobel*, GSZ 2019, 140.

auf eine Tatbeteiligung hinweisen können.[864] Diese Maßnahmen können mit der Gesetzesänderung nicht länger nur auf den Betroffenen beschränkt sein, sondern sich auch auf die Angehörigen erstrecken. Dies könnte auch geschehen, sobald der priorisierte Proband die Teilnahme verweigert, um den erweiterten Abgleich der DNA-Identifizierungsmuster zu verhindern. Es obliegt den Ermittlungsbehörden, wie sie eine Verweigerung im Zusammenhang mit § 81h StPO werten und welche Konsequenzen sie aus ihr ziehen, sodass die Ungewissheit über die Konsequenzen zu weiterer Verunsicherung der Probanden führen kann. Dieser Interessenkonflikt wird im Folgenden differenziert und im Hinblick auf die Neufassung des § 81h StPO untersucht. Im Fokus steht dabei das *Nemo-tenetur*-Prinzip in seinen verschiedenen Ausprägungen, welche jeweils unterschiedliche Interessenbereiche abdecken.

Es lohnt sich, zunächst die Veränderungen vertieft zu diskutieren, welche die Erweiterung der Norm mit sich bringt. Der Schwerpunkt liegt auf dem Gewissenskonflikt, der nach der Gesetzesneufassung hinzugetreten ist. Die Probanden stehen mit der Aufforderung, an der DNA-Reihenuntersuchung teilzunehmen, vor einer schwerwiegenden Entscheidung. Diese erstreckt sich auf einen gesetzlich besonders geschützten Bereich der privaten Lebensführung: Während in Art. 6 GG der Schutz der Familie im besonderen Fokus steht, sind es ausgerechnet die Angehörigen der engen Verwandtschaftsgrade, die zu mittelbar Betroffenen werden. Bereits die zu Grunde liegende Analyse lässt deren Rechtsgüter nicht unberührt. Doch das Ermitteln eines Beinahetreffers und die darauf aufbauenden Maßnahmen machen die Angehörigen zu direkten Adressaten strafprozessualer Maßnahmen. Auch wenn sich aus diesen Maßnahmen letztlich kein Tatverdacht gegen sie begründen ließe und der Beinahetreffer nur auf einer zufälligen genetischen Übereinstimmung beruhte, handelt es sich bis zur Ausräumung eines solchen Verdachts um erhebliche Eingriffe in geschützte familiäre Strukturen. Diese Gefahren sind real, denn es ist nicht ausgeschlossen, dass Angehörige auch dann in den Fokus der

864 S. dazu die Gesetzesbegründung zu § 81h StPO a.F. und die darin beschriebene Möglichkeit, die Verweigerung bei der Begründung eines Anfangsverdachts einzubeziehen, BT-Drucks. 15/5674, S. 14.

Ermittlungen rücken, wenn sie und der Proband nicht mit der Tat in Verbindung stehen.

Generell kann von niemandem verlangt werden, Belastendes gegen nahestehende Verwandte vorzubringen. Wenn durch einen Beinahetreffer ein Tatverdächtiger generiert wird, dürfte dies die familiären Verbindungen nachhaltig beeinträchtigen. Eine solche Folge der freiwilligen Mitwirkung an polizeilichen Ermittlungsmaßnahmen wäre nicht mit dem Sinn und Zweck des Art. 6 GG zu vereinbaren.[865] Dennoch ist die Verwertung von Beinahetreffern unumgänglich mit der Teilnahme an der DNA-Reihenuntersuchung verknüpft.

1. Das Interesse der Probanden, die Angehörigen vor Strafverfolgung zu schützen

Angesichts dieser Szenarien müssen sich die Teilnehmenden an der DNA-Reihenuntersuchung fragen, ob und wie sie solche Folgen abwenden können und wollen. Die Option „Nein" zu sagen und die Teilnahme zu verweigern, rückt in den Vordergrund und wird attraktiver. Dies können die Ermittlungsbehörden zum Nachteil des Probanden auslegen und hieraus einen Tatverdacht ableiten. Die Probanden befinden sich also in einem Dilemma: Entweder verweigern sie die Zustimmung und machen sich dadurch selbst verdächtig oder sie kooperieren und fördern gegebenenfalls einen Verdacht gegen Angehörige.

Diese Auswahl zwischen Skylla und Charybdis ist auch den Probanden bewusst, die umso mehr abwägen müssen, welche Option weniger schädlich ist. Die Verweigerung ist in diesem Zusammenhang nachvollziehbar, um die Angehörigen vor einer möglichen Überführung zu schützen. Eine Ableitung eines Tatverdachts gegen Personen, die an der DNA-Reihenuntersuchung nicht teilnehmen wollen, könnte damit noch schwieriger zu rechtfertigen sein.[866] Verweigern mehr Probanden die Teilnahme, wächst auch der Begründungsaufwand beim Anfangs-

865 Eine ausführliche Auseinandersetzung mit den verschiedenen Szenarien, die sich jeweils auf die geschützten familiären Beziehungen negativ auswirken, erfolgte unter D.IV.1.b).

866 *Rosenau/Dorneck*, in: FS Merkel, 1301 (1313 f.).

verdacht gegen jeden Einzelnen. Doch ob die Anzahl an Verweigerungen ausreicht, um den Einzelnen vor einem Anfangsverdacht zu schützen, kann der betroffene Proband zum Zeitpunkt seiner Entscheidungsfindung nicht wissen. Seine Entscheidung für die Teilnahme muss freiwillig erfolgen und die Maßnahme muss aus sich heraus so gestaltet sein, dass Zwang keine Rolle spielt. Befindet er sich bei der Entscheidung, an der Maßnahme in der konkreten Form teilzunehmen, in einer Zwangslage, wird die Freiwilligkeit in Frage gestellt. Bei berechtigten Zweifeln an der Freiwilligkeit kann die Einwilligung nicht mehr als Rechtsgrundlage für die DNA-Reihenuntersuchung herangezogen werden. In diesem Fall muss eine Neugestaltung des § 81h StPO erwogen werden.

Eine solche Drucksituation kann angenommen werden, wenn sich die Teilnehmenden in einer Situation befinden, welche einer Zeugenaussage ähnelt. Zeugen sind unter anderem privilegiert durch ein Zeugnisverweigerungsrecht, welches verhindern soll, dass sie sich einer Zwangslage ausgesetzt sehen, entweder den mit ihm verwandten Beschuldigten wahrheitsgemäß zu belasten oder die Unwahrheit auszusagen.[867] Geschützt wird auch der Familienfrieden, der nicht durch eine belastende Zeugenaussage beeinträchtigt werden soll.[868] Ist die Situation vergleichbar und ein an das Zeugnisverweigerungsrecht angelehnter Vorbehalt nicht gegeben, so werden die Probanden in eine Zwangssituation gedrängt, die wiederum einer freiwilligen Einwilligung zur Mitwirkung an der DNA-Reihenuntersuchung entgegensteht. Fraglich ist deshalb, ob die Maßnahme in ihrer derzeitigen Form sicherstellt, dass sich die Probanden auch dem Verwandtschaftsabgleich bei der DNA-Reihenuntersuchung freiwillig unterziehen.

a) Vergleichbarkeit der Teilnahme an einer Reihenuntersuchung mit der Aussagesituation nach § 52 StPO

Dass die DNA-Reihenuntersuchung unter Einbeziehung der Beinahetreffer eine Situation schafft, welche der eines Zeugen gleicht, wurde

867 BGH, NJW 1961, 1484 (1485); BGH, NJW 1968, 559; BVerfG, NStZ-RR 2004, 18 (19); *Bader*, in: KK StPO, § 52 Rn. 1.

868 BGH, NJW 1958, 557 (558); BGH, NStZ 1992, 195; *Percic*, in: MüKo StPO, § 52 Rn. 1.

bereits im Vorfeld thematisiert. Der Proband sieht sich damit konfrontiert, einen nahestehenden Angehörigen zu belasten oder negative Konsequenzen auf sich zu ziehen. Eben dieser Konfliktlage sieht sich auch ein Zeuge ausgesetzt, dessen Angehöriger Beschuldigter in einem Strafverfahren ist. Einem solchen Zeugen stünde ein Zeugnisverweigerungsrecht nach § 52 StPO zu. Er kann also jegliche Angaben zur Sache verweigern.[869] Dieses Privileg genießen die Teilnehmenden der DNA-Reihenuntersuchung nicht.

Maßgeblich liegt dies daran, dass ein Zeugnisverweigerungsrecht einen Beschuldigten voraussetzt, der zum Zeitpunkt der Durchführung einer DNA-Reihenuntersuchung noch nicht ermittelt wurde. Stattdessen zielt die Maßnahme nach § 81h StPO gerade darauf ab, einen Tatverdächtigen zu finden. Auf Grund des frühen Stadiums, in dem die Ermittlungsbehörden agieren und sondieren, ob eine Spur in das familiäre Umfeld des Probanden führen könnte, liegt noch keine Rücksichtnahmepflicht hinsichtlich etwaiger Untersuchungs- oder Zeugnisverweigerungsrechte vor.[870] Eine solche Rücksichtnahmepflicht könnte damit begründet werden, dass eine dem Zeugnisverweigerungsrecht ähnliche Ausgangslage besteht. Dies ist der Fall, sollten sich die einzelnen Anwendungsvoraussetzungen des § 52 StPO auch in dem Entscheidungsprozess der Probanden wiederfinden. In der Rechtsprechung wurde dieser Vergleich bereits gezogen und die Ungleichbehandlung der Probanden hervorgehoben.[871] Ob sich mit der gesetzlichen Neugestaltung der Norm dieser Vorwurf weiterhin halten lässt, muss nun untersucht werden.

Wichtig ist in diesem Zusammenhang, ob sich die objektive Situation mit der Konfliktlage eines Zeugen vergleichen lässt. Dass sich jeder Proband tatsächlich damit auseinandersetzt und einer Zwangslage ausgesetzt fühlt, seine Angehörigen zu belasten, ist unbeachtlich. Schließlich gilt auch das Zeugnisverweigerungsrecht ungeachtet dessen, ob der Zeuge den Widerstreit tatsächlich *empfindet*.[872] Das Argument,

869 *Bader*, in: KK StPO, § 52 Rn. 2.
870 *Swoboda*, StV 2013, 461 (468).
871 BGHSt 58, 84 (94); hier thematisiert unter B. III.3.d) bb).
872 *Percic*, in: MüKo StPO, § 52 Rn. 2; *Neumann*, Zeugnisverweigerungsrechte und strafprozessuale Ermittlungsmaßnahmen, S. 31 f. mit weiteren Nachweisen.

dass sich aus dem Art. 6 GG kein Anspruch darauf ableiten ließe, dass Angehörige einen nicht an die Strafverfolgungsbehörden verraten,[873] ist deshalb auch hier nicht überzeugend. Es kommt beispielsweise auch nicht darauf an, ob sich ein Zeuge aktiv dazu bereit erklärt, einen mit ihm verwandten Beschuldigten zu belasten; das Recht, das Zeugnis zu verweigern, steht ihm ungeachtet seiner Motivation zu. Das Zeugnisverweigerungsrecht soll nicht den Beschuldigten, sondern den Zeugen schützen. Niemand soll auf Grund einer Aussage in die geschilderte Zwangslage versetzt werden. Dennoch ist niemand gezwungen, dieses Schutzrecht in Anspruch zu nehmen. Es ist lediglich eine Option, die dem Einzelnen offensteht. Aus diesem Grund ist es auch nicht verboten, Verwandte des Beschuldigten zu befragen. Stattdessen wurde mit dem Zeugnisverweigerungsrecht die Möglichkeit geschaffen, im Einzelfall eine Zwangslage zu vermeiden und eine Aussage ohne negative Folgen für den Befragten verweigern zu können. Diese Erwägung lässt sich auch auf die DNA-Reihenuntersuchung übertragen. Zweck eines entsprechenden Weigerungsrechts ist es nicht, den Täter zu schützen. Stattdessen soll den Angehörigen, die als Probanden priorisiert werden, ein Gewissenskonflikt erspart werden.

Im Folgenden werden die einzelnen Bestandteile des § 52 StPO auf ihre Übertragbarkeit auf die DNA-Reihenuntersuchung geprüft. Sollte sich daraus ableiten, dass eine nahezu identische Zwangslage besteht, die ein Zeugnisverweigerungsrecht erfordern würde, wird geprüft, inwiefern ein solches womöglich auf die DNA-Reihenuntersuchung übertragen werden könnte.

aa) Drohende Beeinträchtigung von Grundrechten

Durch die Erweiterung der DNA-Reihenuntersuchung sind das Schutzgut Familie und der innerfamiliäre Frieden (Art. 6 Abs. 1 GG) betroffen.[874] Probanden müssen sich mit der Frage auseinandersetzen, ob sie durch die Teilnahme ihre Angehörigen belasten können und wie sich dies verhindern ließe. Verschiedene bereits diskutierte Konstellationen kommen hier Betracht, die sich unmittelbar auf die fami-

873 BR-Drucks. 796/16, S. 18.
874 S. D. IV.1.b) aa).

liären Beziehungen auswirken und bei den Probanden einen Gewissenskonflikt auslösen können. Der Familienfrieden und die engen sozialen Bindungen der Familienmitglieder untereinander werden in Mitleidenschaft gezogen. Dieser Gefahr sehen sich auch Zeugen ausgesetzt, die der Zeugnispflicht und der damit verbundenen Wahrheitspflicht unterliegen.[875] Das Zeugnisverweigerungsrecht nach § 52 StPO durchbricht diesen Aussagezwang zu Gunsten abgegrenzter Personenkreise, um in bestimmten Fallkonstellationen den Betroffenen nicht die Unzumutbarkeit der Aussage aufzubürden.[876] Es schützt damit vor Unfrieden innerhalb von Familienverhältnissen und vor der erzwungenen Mitwirkung an der Verurteilung eines Angehörigen.[877] Diese Mitwirkung könnte andernfalls zu Streitigkeiten, Zerwürfnissen und lebenslangen Vorwürfen innerhalb der Familie führen.[878] Gleichzeitig bewahrt es den Zeugen davor, sich wegen einer Falschaussage gem. §§ 153 ff. StGB strafbar zu machen.[879] Dies basiert auf der Erfahrung, dass es besser ist, auf ein Beweismittel zu verzichten, als einen Angehörigen eines Beschuldigten der Gefahr eines Meineids auszusetzen.[880]

Anders gestaltet es sich hingegen bei der DNA-Reihenuntersuchung. Die Teilnahme der Probanden ist nach dem Wortlaut von § 81h StPO freiwillig. Es wurde außerdem bereits dargelegt, dass ein Eingriff in Art. 6 GG prinzipiell durch eine Einwilligung gerechtfertigt werden kann. Hier kommt es zu einem Widerspruch. Die Einwilligung in diese Beeinträchtigung ist strittig. Inwiefern Zwang eine Rolle spielt, kann nur bei genauer Analyse der tatsächlichen Bedingungen festgestellt werden. Die Annahme, dass Probanden der DNA-Reihenuntersuchung zustimmen können und kein Zwang ausgeübt werden darf,

875 *Spelthahn*, Das Zeugnisverweigerungsrecht von Angehörigen eines Mitbeschuldigten, S. 40; *Jansen*, Das Zeugnisverweigerungsrecht aus § 52 StPO, S. 20 mit weiteren Nachweisen.

876 *Jansen*, Das Zeugnisverweigerungsrecht aus § 52 StPO, S. 20 f.

877 BGH, NJW 1959 445 (446).

878 Zu der andernfalls drohenden Gefahr des Meineids BGH, NJW 1952, 755 (756); BGH, NJW 1956, 679 (680); zu dem davor zurücktretenden öffentlichen Interesse an der Aufklärung von Straftaten vgl. *Bader*, in: KK StPO, § 52 Rn. 1; *Spelthahn*, Das Zeugnisverweigerungsrecht von Angehörigen des Mitbeschuldigten, S. 41.

879 BGH, NJW 1952, 755 (756).

880 *Spelthahn*, Das Zeugnisverweigerungsrecht von Angehörigen des Mitbeschuldigten, S. 41.

um die Mitwirkung an der Maßnahme zu sichern, bildet den tatsächlichen Interessenkonflikt nur unzureichend ab. Gerade die Aufforderung zur Teilnahme provoziert erst den inneren Konflikt. Die Einwilligung der Teilnehmenden ist zudem nicht ausreichend differenziert. Da die Entscheidungsoptionen der Probanden der DNA-Analyse nur die Teilnahme oder eine Verweigerung enthalten, lassen sich die Szenarien, welche das Grundrecht aus Art. 6 GG belasten, kaum umgehen. Es ist davon auszugehen, dass der Familienfrieden bei der Aufforderung, an der DNA-Reihenuntersuchung mitzuwirken, ähnlich wie bei einer Aussagesituation gefährdet wird.

Entscheidend ist, dass aufgrund der Mitwirkung des Probanden ein Anfangsverdacht gegen einen Angehörigen entstehen kann. Wirkt ein Proband nicht mit, ist die Gefahr für seine Angehörigen, mit einem Anfangsverdacht belastet zu werden, ungleich geringer. In einer ähnlich verantwortungsvollen Situation befindet sich ein Zeuge, der mit seiner Aussage erhebliche Konsequenzen zu Lasten seiner Angehörigen bewirken kann. Proband und Zeuge sind damit in den jeweiligen Szenarien verantwortlich für die Folgen, denen sich die Angehörigen womöglich ausgesetzt sehen.

bb) Die Aussagesituation

Die Zwangssituation eines Zeugen wird insbesondere daraus abgeleitet, dass ihn die verwandtschaftlichen Beziehungen zum Beschuldigten unter Druck setzen. Es bedarf demnach eines Zeugen und eines Beschuldigten, mit dem die zur Aussage aufgeforderte Person verwandt ist.

Zunächst ist festzustellen, dass ein Zeugnisverweigerungsrecht nicht ausschließlich an eine Aussagesituation geknüpft sein muss. Auch § 81c Abs. 3 StPO verweist auf § 52 StPO. Material, welches von Dritten nach § 81c StPO gewonnen wurde, kann molekulargenetischen Untersuchungen unterzogen werden, sodass prinzipiell die Betroffenen einer DNA-Analyse nach § 81e Abs. 1 StPO von einem Zeugnisverweigerungsrecht profitieren können, sofern es sich im Sinne des § 81c Abs. 1 StPO um andere Personen als den Beschuldigten handelt, die als Zeugen in Betracht kommen. Nun fehlt zum Zeitpunkt, zu dem die Probanden priorisiert und zur Teilnahme aufgefordert werden, noch ein Beschuldigter, gegen den ein Ermittlungsverfahren hätte eingeleitet werden können.[881] Es handelt sich bei einem Probanden einer DNA-Reihenuntersuchung auch nicht um einen klassischen Zeugen. Ein Zeuge ist eine Beweisperson, die in einer nicht gegen sie selbst gerichteten Strafsache Auskunft über die Wahrnehmung von Tatsachen gibt.[882]

Wie bereits mehrfach dargelegt, liegt zwar kein Anfangsverdacht gegen die Betroffenen der DNA-Reihenuntersuchung vor. Doch es ist nicht ausgeschlossen, dass sich das Ermittlungsverfahren nach Durchführung der Analyse gegen einen der Probanden richtet, sofern ein Treffer ermittelt werden sollte. Der Proband ist zum Zeitpunkt der Maßnahme unverdächtig und steht nicht in direkter Verbindung zu der Tat. Die Verfolgung der Straftat ist somit während der Durchführung gegen keine konkrete Person gerichtet und eine klare Unterteilung in Zeugen und Beschuldigte auf Grund des fehlenden Anfangsverdachts ist nicht möglich. Der Gesetzeswortlaut lässt darauf schließen, dass die Einordnung des Betroffenen ergebnisoffen ist. Die anschließende Ermittlung kann sich entsprechend der Belehrung in § 81h Abs. 1 StPO sowohl gegen den Probanden als auch gegen Angehörige richten. Ebenso denkbar ist, dass die Reihenuntersuchung keinen Ermittlungsansatz fördert und niemand unter Tatverdacht gerät. Nach der Teilnahme entscheidet sich unabhängig von weiteren Handlungen des Betroffenen, wie er von den Ermittlungsbehörden eingeordnet und ob ein Anfangsverdacht begründet wird. Erst nach Abschluss und Auswertung der Untersuchungsergebnisse lässt sich feststellen, ob der Proband eher ähnlich einem Zeuge agiert hat, indem ein Anfangsverdacht gegen seinen Angehörigen oder einen anderen Probanden begründet wurde.

Daraus lässt sich eine Gemeinsamkeit ableiten. Sowohl der Zeuge als auch Probanden der DNA-Reihenuntersuchung sehen sich keinem Anfangsverdacht ausgesetzt. Auch die Unbeständigkeit der Einordnung einer Person als „unschuldig“ oder „verdächtig“ ist nicht nur eine Eigenschaft, die Probanden der DNA-Reihenuntersuchung betrifft. Dass Zeugen von den Ermittlungsbehörden als solche eingeordnet

881 *Diemer*, in: KK StPO, § 252 Rn. 9 f.
882 *Bosbach*, in: MAH Strafverteidigung, § 55 Rn. 1.

werden, sagt schließlich nichts über ihre tatsächliche Beteiligung und Verbindung zur verfolgten Straftat aus. Im Laufe der Ermittlungen ist es möglich, dass ein Tatverdacht gegen eine Person begründet wird, die zuvor als Zeuge vernommen wurde. Dieser Wechsel von der Zeugen- zur Beschuldigtenvernehmung obliegt der Beurteilung der Strafverfolgungsbehörde.[883] Damit ist nicht nur das anfängliche Fehlen eines Verdachts eine Gemeinsamkeit, sondern auch die Unbeständigkeit dieser Einordnung als „nicht tatverdächtig". Ein Zeuge hat es allerdings nicht in der Hand, ob er als solcher eingeordnet wird. Schließlich hat er ungeachtet seiner Weigerungsrechte die Pflicht, zur Vernehmung zu erscheinen und Angaben zur Person zu machen.[884] Immerhin kann er in beschränktem Maße seine Mitwirkung verweigern, ohne mit Konsequenzen rechnen zu müssen. Bei Probanden der DNA-Reihenuntersuchung hingegen fehlt es an differenzierten Gestaltungsmöglichkeiten der Mitwirkung. Probanden dürfen zwar die Teilnahme verweigern, ohne dass diese Verweigerung gegen ihre Unschuld sprechen muss. Differenziertere Maßnahmen zur Vermeidung eines Interessenkonflikts fehlen jedoch. Die Situation des Zeugen und des Probanden einer DNA-Reihenuntersuchung sind sich damit sehr ähnlich. Die Unterschiede zeigen sich eher in den begleitenden Umständen, insbesondere im Fehlen des Beschuldigten, wenn eine Maßnahme gem. § 81h StPO durchgeführt wird.

cc) Das Verhältnis zum Beschuldigten

Ein Zeuge wird in Relation zum Beschuldigten definiert, d. h., ein Zeuge kann nie im selben Moment Zeuge und Beschuldigter der untersuchten Tat sein. Dies lässt sich jedenfalls der vorangestellten Definition entnehmen. Dieses Verhältnis schließt nicht aus, dass sich der erste Tatverdacht als unzutreffend erweist und später ein anderer Beschuldigter identifiziert wird. In der Einordnung einer Person als Zeuge ist deshalb zu klären, inwiefern die Definition des „Zeugen" an den Beschuldigten oder das Vorhandensein eines Beschuldigten gebunden ist. Es bestehen hierbei zwei Optionen. Entweder wird ein

883 BGH, NJW 1990, 2633 (2634).

884 *Percic*, in: MüKo StPO, § 52 Rn. 3.

Zeuge immer in Abhängigkeit zum Beschuldigten definiert, der bereits identifiziert sein muss. Oder die Definition der Geeignetheit einer Person, Zeuge im Strafprozess zu sein, hängt lediglich davon ab, dass sie zur Aufklärung einer Sache beitragen kann, ohne mit einem Tatverdacht belastet zu sein. Letztere Vorgehensweise bietet den Strafverfolgungsbehörden weitaus mehr Flexibilität. Eine Person nur dann als Zeugen einzuordnen, wenn ein Beschuldigter existiert, würde zudem ausschließen, dass Zeugenaussagen zu einem Tatverdacht gegen eine andere Person führen können. Mit der zweiten Ansicht können Zeugen eines Geschehens befragt werden oder von sich aus der Polizei Informationen zukommen lassen, welche zu einem Beschuldigten führen. Es ist wesentlich sinnvoller, einen Zeugen auch als solchen zu definieren, wenn zum Zeitpunkt der Vernehmung noch kein konkreter Beschuldigter ermittelt wurde. Dass es zum Zeitpunkt der DNA-Reihenuntersuchung keinen Beschuldigten gibt, schließt demnach nicht aus, dass der Proband sich ähnlich einem Zeugen in einer vergleichbaren Position befindet.

Um Probanden der Reihenuntersuchung ähnliche Rechte zuzusprechen, muss das Verhältnis zum Beschuldigten dennoch weiter ausgeleuchtet werden. Ausschlaggebend ist, inwiefern die Wahrnehmung des Zeugnisverweigerungsrechts daran gebunden ist, dass ein Beschuldigter von den Ermittlungsbehörden mit einem Anfangsverdacht belastet wird. Stünden Weigerungsrechte dem Zeugen auch zu, wenn kein Beschuldigter ausfindig gemacht wurde, müsste gleiches auch für den Probanden einer Reihenuntersuchung gelten. Ist dies hingegen nicht der Fall, muss man sich fragen, ob wirklich das Stadium der Ermittlungen entscheidend ist für die drohende Zwangslage der Betroffenen.

Das Weigerungsrecht aus § 52 StPO wird nur dann begründet, wenn die Aussage des Zeugen in einem Verfahren erfolgen soll, in dem der Angehörige des Zeugen Beschuldigter ist.[885] Die Weigerungsrechte stehen damit theoretisch jedem Zeugen zu. Mindestvoraussetzung für die Begründung dieser Rechte ist, dass gegen einen Angehörigen des Zeugen Maßnahmen eingeleitet werden, die erkennbar darauf abzielen,

885 *Percic*, in: MüKo StPO, § 52 Rn. 17 mit weiteren Nachweisen.

gegen ihn wegen einer Straftat vorzugehen.[886] Diese Mindestvoraussetzung kann aus der Natur der Sache heraus bei einem Probanden der DNA-Reihenuntersuchung zum Zeitpunkt seiner Mitwirkung nicht erfüllt werden. Trotz der übrigen Gemeinsamkeiten zwischen Zeugen und Probanden der DNA-Reihenuntersuchung, kann diese Voraussetzung nicht analog hergeleitet werden. Die Zeugnisverweigerungsrechte nach § 52 StPO schützen somit den Interessenkonflikt eines Zeugen in einer ähnlichen, allerdings nicht mit der DNA-Reihenuntersuchung identischen Situation. Die Voraussetzungen des Zeugnisverweigerungsrechts lassen sich damit in großen Teilen, wenn auch nicht vollständig bei der DNA-Reihenuntersuchung nachweisen. Dass sich Zeugen und Probanden der DNA-Reihenuntersuchung in einer ähnlichen Lage befinden, reicht nicht, um die entscheidenden Parallelen zu ziehen. Denn auch ein Zeuge kann das Zeugnisverweigerungsrecht nur in Anspruch nehmen, wenn die Ermittlungsbehörden gegen einen Beschuldigten vorgehen, mit dem er im Sinne des § 52 Abs. 1 StPO in Verbindung steht.

dd) Zwischenfazit

Obwohl bereits bekannt war, dass die Zeugnisverweigerungsrechte an den Beschuldigten gebunden sind, ist es notwendig die Parallelen zwischen der Position eines Zeugen und der eines Probanden aufzuzeigen. Insbesondere die Gefahr für die familiären Bindungen und das soziale Gefüge, welches eine Familie ausmacht, sind für Zeugen und Probanden einer DNA-Reihenuntersuchung gleichermaßen präsent. Die Verantwortung und die mögliche Schlüsselrolle bei der Belastung Angehöriger mit einem Tatverdacht ist ebenfalls eine wichtige Gemeinsamkeit.

Dass dennoch Zeugnisverweigerungsrechte den Probanden nicht zugute gesprochen werden, ist bei dem beinahe identischen Interessenkonflikt zunächst schwer nachzuvollziehen. Allerdings muss man bei dieser Unterscheidung anerkennen, dass Zeugen, die mit dem Beschuldigten nicht in verwandtschaftlicher Beziehung stehen, ebenfalls nicht von § 52 StPO und dem Schutz der Angehörigen profitieren.

886 BGH, NStZ 1997, 398.

Denn das Zeugnisverweigerungsrecht aus § 52 StPO schützt nicht vor der Begründung eines Tatverdachts zu Lasten eines Angehörigen. Dieser Schutz ist nicht Teil des Regelungszwecks. Die Schutzwirkung des § 52 StPO entfaltet sich zu einem späteren Zeitpunkt. Da das Zeugnisverweigerungsrecht einen Zeugen nicht davor schützen kann, einen Tatverdacht gegen einen Angehörigen zu begründen, kann es auch nicht in abgewandelter Form den Probanden zugutekommen. Dass ein Verweis auf § 52 StPO nicht zum Ziel führen würde, zeigt sich auch anhand von § 81c Abs. 3 StPO. Es handelt es sich bei § 81c Abs. 3 StPO um ein Untersuchungsverweigerungsrecht.[887] Ein umfassendes Verweigerungsrecht steht den Probanden bereits zu, da sie nicht gezwungen werden dürfen, an der Maßnahme mitzuwirken.

Ein Zeugnisverweigerungsrecht lässt sich nicht analog auf die DNA-Reihenuntersuchung anwenden. Um den Interessen der Probanden gerecht zu werden, müsste bereits die Begründung eines Tatverdachts gegen einen Angehörigen abgewandt werden können, ohne dass dies negative Konsequenzen mit sich bringt.

b) Vergleichbarkeit der Teilnahme an einer Reihenuntersuchung mit der Aussagesituation nach § 55 StPO

Im Folgenden wird untersucht, ob stattdessen ein Auskunftsverweigerungsrecht ähnlich dem § 55 StPO der Interessenlage der Probanden gerechter wird. Dies würde voraussetzen, dass § 81h StPO den Angehörigenschutz nicht gewährleistet.[888] Die Berechtigung zur Auskunftsverweigerung nach § 55 StPO ist ebenfalls ein eigenständiges Zeugenrecht. Es steht, anders als das Zeugnisverweigerungsrecht, jedem Zeugen in jedem Stadium des Strafverfahrens zu.[889] Zudem ist § 55 StPO unabhängig von der Beschuldigtenstellung des Angehörigen und hat einen selbstständigen Anwendungsbereich.[890]

887 *Benfer*, Grundrechtseingriffe im Ermittlungsverfahren, Kapitel 7 Rn. 60.

888 *Rosenau/Dorneck*, in: FS Merkel, 1301 (1313).

889 *Jugl*, Fair trial als Grundlage der Beweiserhebung und Beweisverwertung im Strafverfahren, S. 82.

890 *Butenuth*, Absolute oder relative Wirkung von strafprozessualen Zeugnisverweigerungsrechten und Beschlagnahmeverboten, S. 16.

Voraussetzung ist, dass der Zeuge sich selbst oder einen Angehörigen durch die Beantwortung der an ihn gestellten Fragen der Gefahr der Verfolgung wegen Straftaten oder Ordnungswidrigkeiten ausgesetzt sieht. Das Auskunftsverweigerungsrecht unterscheidet sich von dem Zeugnisverweigerungsrecht in mehrfacher Hinsicht. Während die Verweigerungsrechte nach § 52 StPO dem Zeugen erlauben, das Zeugnis komplett zu verweigern,[891] erstreckt sich das Auskunftsverweigerungsrecht nur auf einzelne Fragen, deren Beantwortung zu verfänglichen Angaben führen würde.[892] Das Auskunftsverweigerungsrecht bezieht sich nicht nur auf Fragen im engen Wortsinn.[893] Diese Formulierung weist auf die Grenzen des Weigerungsrechts hin, da der Zeuge nur zu Teilen des Beweisthemas die Auskunft verweigern darf.[894] Der Zeuge ist verpflichtet, seine Weigerung ausdrücklich zu erklären und darf nicht bloß schweigen. Ihm steht zudem ein Wahlrecht zwischen § 52 StPO und § 55 StPO zu, sodass Zeugnis- und Auskunftsverweigerungsrecht nebeneinander bestehen können.[895] Da § 55 StPO nicht vorrangig die Familienbande schützen soll, dient es auch nicht dem Schutz des Angeklagten.[896] Dennoch wird der Gewissenskonflikt, einen noch nicht verdächtigen Angehörigen der Strafverfolgung auszusetzen, einem Zeugen erspart, indem er sich auf das Auskunftsverweigerungsrecht berufen kann. Er scheidet damit nicht als Beweismittel aus, sondern muss Fragen beantworten, bei denen die Auskunft nicht zu Recht verweigert werden darf.[897] Ein Zeuge hat deshalb jede einzelne an ihn gestellte Frage unter dem Gesichtspunkt zu prüfen, ob die Beantwortung eine in § 55 Abs. 1 StPO genannte Gefahr nach sich ziehen kann.[898]

Diese differenzierte Betrachtung der Informationen, die der Betroffene preisgibt, würde auch einem Probanden helfen, der an der DNA-

891 *Jugl*, Fair trial als Grundlage der Beweiserhebung und Beweisverwertung im Strafverfahren, S. 82.

892 *Marlie*, ZIS 2017, 230; BGH, NJW 1977, 1161 (1162).

893 *Maier*, in: MüKo StPO, § 55 Rn. 12.

894 *Bader*, in: KK StPO, § 55 Rn. 3.

895 *Eisenberg*, Beweisrecht der StPO, Rn. 1114.

896 *Jäger*, Beweisverwertung und Beweisverwertungsverbote im Strafprozess, S. 153.

897 *Jugl*, Fair trial als Grundlage der Beweiserhebung und Beweisverwertung im Strafverfahren, S. 93.

898 BGH, NJW 1989, 2703.

Reihenuntersuchung teilnehmen möchte, ohne hierdurch einen Angehörigen zu belasten. Ein Vorbehalt ähnlich dem Auskunftsverweigerungsrecht würde diese Option schaffen, indem der Proband mitwirken könnte, ohne dem Gewissenskonflikt ausgesetzt zu sein, dadurch einen Angehörigen einem Ermittlungsverfahren auszusetzen.

Das Auskunftsverweigerungsrecht ist nicht nur Ausprägung des *Nemo-tenetur*-Prinzips, § 55 StPO soll auch den Zeugen vor der seelischen Zwangslage schützen, unter dem Druck der Aussagepflicht einen nichtbeschuldigten Angehörigen der Gefahr der Strafverfolgung auszusetzen.[899] Es ähnelt dem Zeugnisverweigerungsrecht damit in einem gewissen Maße, ist in der Schutzwirkung allerdings nicht identisch. Es dient allein dem Schutz des Zeugen und soll nur ihm einen Konflikt ersparen.[900]

Diese Unterschiede zum Zeugnisverweigerungsrecht könnten wiederum ausschlaggebend dafür sein, dass sich das Auskunftsverweigerungsrecht besser mit der DNA-Reihenuntersuchung verknüpfen lässt. Dass Zeugen und Probanden der DNA-Reihenuntersuchung Parallelen aufweisen, wurde bereits gezeigt. Übereinstimmungen finden sich auch in der Erklärung eines Auskunftsverweigerungsrechts. Auch der Proband unterliegt einem Gewissenskonflikt, da er die Belastung seiner Angehörigen herbeiführen und anders als ein Zeuge diesen inneren Konflikt nicht vermeiden kann. Dennoch ist zu beachten, dass der Zeuge einem Aussagezwang unterliegt, wohingegen der Proband der DNA-Reihenuntersuchung nicht zur Teilnahme gezwungen werden darf. Ob sich dies auch in der Praxis so gestaltet, oder aber Probanden doch den Zwang zur Teilnahme verspüren, wird unter anderen Gesichtspunkten vertieft diskutiert. Die hier geführte Debatte konzentriert sich zunächst auf einen Probanden, der an der DNA-Reihenuntersuchung teilnehmen will. Auf diesen Entscheidungsprozess wirkt sich die unumgängliche Verwertung von Beinahetreffern negativ aus. Ausschlaggebend ist derselbe Grund, der einen Zeuge dazu berechtigt, die Auskunft zu verweigern.

---

899 *Eisenberg*, Beweisrecht der StPO, Rn. 1113; *Bader*, in: KK StPO, § 55 Rn. 1; BGH, NJW 1958, 557 (558).

900 BGH, NJW 1958, 557 (558).

aa) Die berechtigte Auskunftsverweigerung

Die Auskunftsverweigerung ist berechtigt, wenn bei wahrheitsgemäßer Aussage die Gefahr der Verfolgung besteht. Dafür reicht bereits die Gefahr der Einleitung eines Ermittlungsverfahrens wegen eines Anfangsverdachts gem. § 152 Abs. 2 StPO aus.[901] Hier muss differenziert werden. Als nicht ausreichend gelten bloße Vermutungen ohne Tatsachengrundlage oder eine bloße theoretische Möglichkeit.[902] Notwendig sind Tatsachen, die darauf hinweisen, dass der zu untersuchende Lebenssachverhalt eine bestimmte Straftat darstellt.[903] Dies ist bei der DNA-Reihenuntersuchung der Fall, schließlich kann ohne Anlassstraftat die Maßnahme nach § 81h StPO nicht durchgeführt werden. Da die Schwelle für einen Anfangsverdacht niedrig ist, wendet die Rechtsprechung bei der Bewertung der Verfolgungsgefahr einen weiten Rahmen an. Sie erkennt auch dann eine Verfolgungsgefahr, wenn die notwendigen Schlüsse nur mittelbar aus den mitgeteilten Tatsachen gezogen werden können.[904] Eine entsprechende Gefahr kann deshalb bereits weit im Vorfeld einer direkten Belastung bejaht werden.[905]

Ein Proband einer DNA-Reihenuntersuchung hat die drohende Verfolgungsgefahr vor Augen. Schließlich muss er darüber aufgeklärt werden, dass ein entsprechendes Testergebnis zu Ermittlungen gegen ihn oder einen Angehörigen führen kann. Es handelt sich demnach nicht um eine bloß denktheoretische Möglichkeit, dass basierend auf dem Ergebnis der DNA-Reihenuntersuchung ein Ermittlungsverfahren gegen einen Angehörigen des Probanden eingeleitet wird. Einen Anfangsverdacht gegen einen Probanden oder einen Angehörigen zu generieren gehört gerade zum Untersuchungszweck der DNA-Reihenuntersuchung. Ein Proband der Maßnahme sieht somit seine Angehörigen einer möglichen Verfolgungsgefahr ausgesetzt, die unmittelbar auf seine Mitwirkung an der DNA-Reihenuntersuchung zurückzuführen ist.

---

901 *Schmitt*, in: Meyer-Goßner/Schmitt, § 55 StPO Rn. 7; BGH, NJW 1999, 1413.

902 BGH, NStZ 2010, 463; BGH, NStZ 2013, 241; BGH, NStZ 1994, 499 (500).

903 OLG Jena, NStZ-RR 2011, 279.

904 *Jugl*, Fair trial als Grundlage der Beweiserhebung und Beweisverwertung im Strafverfahren, S. 95; BVerfG, NJW 2002, 1411 (1412); BGH, NJW 1999, 1413.

905 BVerfG, NJW 2002, 1411 (1412).

bb) Zwischenfazit

Die Teilnahme an der DNA-Reihenuntersuchung ist vergleichbar mit der Vernehmung eines Zeugen. Doch während sich Zeugen auf ein Auskunftsverweigerungsrecht berufen können, fehlt ein vergleichbarer Ausgleichsmechanismus zu Gunsten der Probanden einer DNA-Reihenuntersuchung. Die Voraussetzungen einer berechtigten Auskunftsverweigerung nach § 55 StPO lassen sich auf den Gewissenskonflikt eines Probanden der DNA-Reihenuntersuchung übertragen. Schließlich soll § 55 StPO unter anderem verhindern, dass die Begründung eines Anfangsverdachts gegen einen Angehörigen durch den Aussagezwang herbeigeführt wird. Die Möglichkeit, einzelne Fragen nicht beantworten zu müssen, sofern eine Verfolgungsgefahr gegeben ist, kommt jedoch nur Zeugen zugute. Ein solcher Schutz fehlt bei § 81h StPO und ist nicht mit der Verweigerung der Teilnahme zu vergleichen. Die Verweigerung ist nicht differenziert genug, um den Interessen des Probanden gerecht zu werden. Probanden der DNA-Reihenuntersuchung könnten sich gezwungen fühlen, die Teilnahme zu verweigern, um die Angehörigen nicht der Strafverfolgung auszusetzen, da andernfalls ein Zwang zur Belastung der Angehörigen besteht. Inwiefern die Maßnahme dann noch sinnvoll durchgeführt werden kann, ist fraglich. Daraus muss nicht abgeleitet werden, dass die Teilnahme unfreiwillig erfolgt. Man könnte sogar annehmen, dass jene Probanden, die unter diesen Umständen dennoch zustimmen, definitiv freiwillig handeln. Bloß ist dies nicht notwendigerweise bei jedem Probanden der Fall.

Die Weigerung wird insbesondere den Interessen jener Probanden nicht gerecht, die freiwillig an der Sachverhaltsausklärung mitwirken und ihre eigene DNA für einen Abgleich zur Verfügung stellen wollen. Ein solches Interesse und der gleichzeitige Wunsch, nicht die strafprozessuale Verfolgung eines Angehörigen verantworten zu müssen, schließen sich nicht aus. Sie können nur unter der derzeitigen gesetzlichen Gestaltung nicht kumulativ berücksichtigt werden. Unter Berücksichtigung des Interesses der Probanden, den Strafverfolgungsbehörden nicht negativ aufzufallen, handelt es sich um eine Gewissensfrage, um welchen Preis dies geschehen soll. Ein Vorbehalt in Anlehnung an das Auskunftsverweigerungsrecht wäre deshalb eine sinnvolle und notwendige Ergänzung zu der DNA-Reihenuntersuchung nach

§ 81h StPO.[906] Dies würde die Rechte des Probanden stärker in den Fokus rücken und die freiwillige Mitwirkung sicherstellen.

c) Die Gestaltung eines Vorbehalts

Die Teilnahme an der DNA-Reihenuntersuchung verursacht den gleichen Gewissenskonflikt, den auch ein Zeuge verspürt, der mit seiner Aussage einen Anfangsverdacht gegen einen Angehörigen verursachen könnte. Ein Zeuge kann angesichts eines solchen inneren Konflikts andere Rechte wahrnehmen als ein Proband. Die StPO schützt ihn vor einer schwierigen Entscheidung mehr als einen Probanden.

Die Ungleichbehandlung und das Fehlen des Vorbehalts lassen sich, anders als bei dem Zeugnisverweigerungsrecht § 52 StPO, auch nicht mit Sinn und Zweck eines Auskunftsverweigerungsrechts erklären. Es handelt sich um eine Lücke bei den Rechten der Probanden, die geschlossen werden muss. Entscheidend ist nun, wie ein Vorbehalt zu Gunsten des Probanden gestaltet werden kann. Ähnlich dem Auskunftsverweigerungsrecht muss er die erzwungene Belastung der Angehörigen verhindern. Ist der Gewissenskonflikt für den Probanden nicht mehr präsent, kann er schließlich seine Entscheidung freier treffen und fühlt sich weniger unter Druck gesetzt.

Der Vorbehalt kann auf verschiedene Art und Weise ins Gesetz aufgenommen werden. Denkbar ist ein Verweis in § 81h Abs. 4 auf § 55 StPO, der wie in § 81c Abs. 3 StPO ausgestaltet werden könnte. Probanden wären dann darüber zu belehren, dass die Teilnahme nur mit ihrer Einwilligung durchzuführen ist und sie ein Verweigerungsrecht nach § 55 StPO in Anspruch nehmen können, wenn sie ihre Angehörigen nicht belasten wollen. Diese Lösung würde jedoch die Grenzen zwischen Zeugen und Probanden verwischen. Die gesetzliche Gestaltung der DNA-Reihenuntersuchung sieht eine freiwillige Teilnahme der Probanden vor, was den Probanden vom Zeugen unterscheidet. Letzterer unterliegt einem Aussagezwang, der nur stellenweise von den Verweigerungsrechten durchbrochen wird. Ein bloßer Verweis auf § 55 StPO und die analoge Anwendung des Auskunftsverweigerungsrechts würden die Befürchtung stärken, dass die freiwillige Mitwirkung des

906 *Singelnstein/Derin*, NJW 2017, 2646 (2648).

Probanden nicht gegeben ist und er einem Teilnahmezwang unterliegt. Auch die Regelung in § 81c StPO geht vom Fehlen einer Einwilligung des Betroffenen in die Untersuchung aus. Der Verweis auf § 52 StPO in § 81c Abs. 3 StPO kann deshalb nicht als Vorbild für die Modifizierung des § 81h StPO dienen. Der Vorbehalt zu Gunsten des Probanden soll die freiwillige Entscheidung stärken und eine Zwangssituation vermeiden. Dieses Ziel würde durch eine analoge Anwendung des Auskunftsverweigerungsrechts nach § 55 StPO untergraben werden. Eine analoge Anwendung des § 55 StPO durch Verweis auf die Norm scheidet damit aus. Um die Freiwilligkeit des Probanden in den Vordergrund zu rücken, bedarf es einer anderen Lösung.

Stattdessen könnte § 81h Abs. 1 StPO um einen Vorbehalt innerhalb der Vorschrift ergänzt werden, ohne auf andere Normen zurückzugreifen. Dieser Vorbehalt kann als Widerspruchs- oder Zustimmungsoption gestaltet werden. Ersteres würde bedeuten, dass im Rahmen der Belehrung mitgeteilt wird, dass Beinahetreffer verwertet werden dürfen, außer die Probanden widersprechen diesem Vorgehen. Anders dagegen die Zustimmungsoption: Demnach würden die Probanden darüber belehrt werden, dass eine Verwertung der Beinahetreffer nur erfolgt, wenn diesem Vorgehen aktiv zugestimmt wurde. Angesichts der Formulierung des § 81h StPO, welcher nahelegt, dass die Verwertung von Beinahetreffern die Regel darstellt, ist die Widerspruchslösung am ehesten mit dem Rest der Norm in Einklang zu bringen. Der Vorbehalt muss von den Probanden ausdrücklich in Anspruch genommen werden, um die Verwertung von Beinahetreffern zu verhindern. Es bietet sich an, den Vorbehalt als Bestandteil des § 81h Abs. 4 StPO zu gestalten. Er könnte folgendermaßen in die Norm integriert werden:

> **§ 81h Abs. 4 (Formulierungsvorschlag)**
> Die betroffenen Personen sind schriftlich darüber zu belehren, dass die Maßnahme nur mit ihrer Einwilligung durchgeführt werden darf. Sie können zwischen dem vollen Untersuchungsumfang und einer eingeschränkten DNA-Analyse wählen. Im Falle der eingeschränkten DNA-Analyse dürfen Ergebnisse, die darauf hinweisen, dass das Spurenmaterial von ihren Verwandten in gerader Linie oder in der Seitenlinie bis zum zweiten Verwandtschaftsgrad

> stammt, nicht verwertet werden. Vor Erteilung der Einwilligung sind sie schriftlich auch darauf hinzuweisen, dass [...].

Die eingeschränkte DNA-Analyse bezieht sich darauf, dass Beinahetreffer nicht verwertet werden dürfen, auch wenn solche im Rahmen des Spurenabgleichs erkannt werden. Wie bereits erläutert wurde, sollte der Verwertungsumfang nicht über den zweiten Verwandtschaftsgrad hinausgehen. Deshalb wurde diese Begrenzung im Formulierungsvorschlag berücksichtigt.

d) Folgen eines Vorbehalts

Eine solche Ergänzung würde sich auf den Entscheidungsprozess der Probanden positiv auswirken. Probanden könnten ihren Interessen gerecht werden, ohne zwangsläufig in einen Gewissenskonflikt zu geraten. Der Familienfrieden kann ebenso gewahrt werden. Durch die Möglichkeit, an der Maßnahme im Großen und Ganzen mitzuwirken und nur die Verwertung der DNA zu Lasten der Angehörigen zu verhindern, werden die Optionen der Probanden entsprechend ausgewogener. Eine solche Entwicklung ist ganz im Interesse des Gesetzgebers und der Ermittlungsbehörden. Wenn der Untersuchungszweck und die Verwertbarkeit der Ergebnisse erweitert werden, muss auch auf Seiten der Rechte der Probanden eine Erweiterung erfolgen. Je vielseitiger der Informationsgewinn der Untersuchung ist, desto differenzierter muss auf die Interessen der Probanden eingegangen werden. Freiwilligkeit kann nur gewährleistet werden, wenn es dem Willen der Probanden entspricht, an der DNA-Reihenuntersuchung in der konkreten Form mitzuwirken. Die hier gewählte Widerspruchslösung, um die Verwertung von Beinahetreffern im Einzelfall auszuschließen, ist das notwendige Äquivalent zu der Erweiterung der Norm und kommt den Rechten der Probanden zugute. Die Belehrung der Probanden muss dementsprechend erweitert und angepasst werden. Um sicherzugehen, dass diese Personen umfassend über ihre Rechte informiert sind, müssen auch die Ermittlungsbeamten in der Lage sein, die verschiedenen Optionen verständlich zu vermitteln. Da Vergleichbares bei der Aufklärung und Belehrung von Zeugen bereits praktiziert wird, kann davon ausgegangen werden, dass den Probanden die Folgen einer Einwilligung und der Inanspruchnahme des Vorbehalts schlüssig und nachvollziehbar erklärt werden.

Auch auf grundrechtlicher Ebene ist der Vorbehalt wichtig. Der diskutierte Eingriff in das Schutzgut Familie aus Art. 6 Abs. 1 GG ist von erheblichem Gewicht und erfolgt bislang ohne Abwendungsmöglichkeit, sodass die erhebliche Grundrechtsbeeinträchtigung mit der Teilnahme der Probanden verknüpft ist. Der Vorbehalt schafft die Möglichkeit, die Familie vor den meisten der geschilderten Szenarien zu schützen, sofern der Proband dies will. Es handelt sich somit um einen Mechanismus, der die Verhältnismäßigkeit fördert, indem die Betroffenen in die konkrete Grundrechtsbeeinträchtigung einwilligen können. Ohne einen solchen Vorbehalt ist von einer Verfassungswidrigkeit der derzeitigen Maßnahme auszugehen.

Somit nähert man sich auch dem von der Bundesregierung beschriebenen Szenario. Die Probanden können mit Hilfe des Vorbehalts tatsächlich entscheiden, wie viel sie ihrer Familie zumuten wollen. Sind die Probanden mit der Verwertung von Beinahetreffern einverstanden, handelt es sich um eine freiwillige Entscheidung, zu der möglichen strafrechtlichen Verfolgung von Verwandten beizutragen. Vor dieser Entscheidung schützt Art. 6 Abs. 1 GG die betroffenen Angehörigen tatsächlich nicht. Der Verbesserungsvorschlag führt wiederum dazu, dass kein Proband sich zu dieser Entscheidung gezwungen sehen muss. Dies wird dem hohen Stellenwert des Grundrechts in Art. 6 GG gerecht, sodass die Maßnahme nach § 81h StPO verhältnismäßig angewandt werden kann.

Dies sollte im Ergebnis dazu führen, dass der befürchtete Rückgang der Teilnehmerzahlen an DNA-Reihenuntersuchungen aufgehalten wird. Mit der Neufassung wurde auch prognostiziert, dass die Anzahl der Probanden erheblich sinken würde.[907] Dieser Effekt dürfte nicht eintreten, wenn die potenzielle Belastung der Angehörigen der Entscheidungsmacht der Probanden unterliegt. Außerdem ist fraglich, ob tatsächlich derart viele Probanden wie vermutet von der Teilnahme an der neugestalteten DNA-Reihenuntersuchung absehen werden. Denn die Stärkung der freien Entscheidung hängt nicht nur von der Einfüh-

907 *Becker*, in: FS Graf-Schlicker, 429 (440); *Rosenau/Dorneck*, in: FS Merkel, 1301 (1314).

rung eines Vorbehalts ab. Schließlich hilft dieser nicht in allen Fällen, in denen priorisierte Personen das Gefühl haben, Zwang ausgesetzt zu sein, oder unter Druck ihre Entscheidung zu treffen.

Der hier diskutierte Vorschlag zur Verbesserung der Entscheidungsfreiheit kann nur jene Zwangssituation lindern, die durch die Neufassung des § 81h StPO hinzugetreten ist. Im Folgenden wird untersucht, ob die Probanden weiterem schwerwiegenden Druck ausgesetzt sind, der ihre Entscheidung beeinflusst.

2. Die Gefahr für die Probanden, einen Tatverdacht zu generieren

Die Folgen für den Entscheidungsprozess durch die Erweiterung auf Beinahetreffer wurden ausführlich untersucht und auch die Optionen, um diese abzuschwächen und eine Lösung für den Einzelfall zu schaffen. Gleichzeitig darf nicht aus den Augen verloren werden, dass die DNA-Reihenuntersuchung bereits im Vorfeld der Neufassung stark in der Kritik stand und Zwang im Rahmen der Maßnahme ausführlich diskutiert wurde. Immerhin wurde vermutet, dass die Probanden zum Großteil nur teilnehmen, da sie befürchten, sich andernfalls gegenüber den Ermittlungsbeamten verdächtig zu machen. Die Probanden führen sich schließlich entsprechend dem Zweck der DNA-Reihenuntersuchung beim Abwägungsprozess vor Augen, welche Optionen und Folgen sie erwarten. Besonders wichtig sind Folgen einer Verweigerung, denn nur wenn diese keine negativen Folgen zeigt, kann die Zustimmung zur Teilnahme frei erfolgen. Die Freiwilligkeit der Teilnahme soll aus der Bedingung folgen, dass die Testverweigerung alleine keinen Tatverdacht generieren darf.[908] Ob dies so uneingeschränkt gilt und umgesetzt wird, darf auf Grund verschiedener Umstände angezweifelt werden. Da diese Diskussion bereits in der Vergangenheit ausführlich geführt wurde, soll hier nur schlaglichtartig auf die prägnantesten Probleme und ihre Verschärfung durch die Neufassung eingegangen werden. In den weiteren Ausführungen werden deshalb die für die Probanden schwierigen Umstände aufgezeigt und auch hier Verbesserungsvorschläge diskutiert.

908 BT-Drucks. 15/5674, S. 13 f.

Dafür bedarf es einer Betrachtung des allgemeinen Vorgehens der Ermittlungsbeamten. Wenn die DNA-Reihenuntersuchung keine (Beinahe-) Treffer liefert, bedeutet dies nicht das Ende sämtlicher Ermittlungen. Stattdessen geraten die Verweigerer in den Fokus der Ermittlungsbeamten. Bereits dieses Vorgehen stellt die *Ultima-ratio*-Einordnung der DNA-Reihenuntersuchung in Frage.[909] Die Priorisierung von Probanden für die DNA-Reihenuntersuchung schafft die Grundlage, um gegen jene vorzugehen, die an dieser Maßnahme nicht mitwirken wollen. Dies ist ein widersprüchlicher Umgang mit einer Untersuchungsmethode, die als *ultima ratio* eingeordnet wird. Diese Beschreibung weist darauf hin, dass die DNA-Reihenuntersuchung sich am Ende eines Maßnahmenkataloges befinden sollte. Angewandt wird sie, wenn kein anderer Ermittlungsansatz zur Verfügung steht. Ziel ist es nicht nur, den Täter im Kreis der Probanden zu finden. Stattdessen schafft § 81h StPO die Inkulpationsgrundlage, indem nach weiteren Indizien und Hinweisen gesucht werden kann, um die Verweigerer mit einem Anfangsverdacht zu belasten.

Bereits hier findet sich eine Unstimmigkeit in der Kommunikation zwischen den Ermittlungsbeamten und den priorisierten Personen. Diese können nicht davon ausgehen, dass nach einem negativen Testverlauf alle Möglichkeiten der Ermittlungsbeamten ausgeschöpft sind. Die DNA-Reihenuntersuchung eröffnet auch dann, wenn niemand durch eine Übereinstimmung in den DNA-Identifizierungsmustern belastet werden kann, weitere Untersuchungsansätze. Im Zentrum dieser Untersuchungsansätze können sich gerade diejenigen wiederfinden, die nicht an der Analyse mitwirken wollten. Die DNA-Reihenuntersuchung steht damit nicht am Ende der Ermittlungen und beendet das Ermittlungsverfahren nicht. Vielmehr eröffnet sie eine ganze Reihe an Möglichkeiten, die Ermittlungen fortzusetzen, sodass jede verweigernde Person in den Fokus der Ermittlungen rücken kann, die zuvor priorisiert wurde oder zu den Angehörigen der priorisierten Personen zählt. Es muss gegenüber den Probanden deutlich kommuniziert werden, dass die DNA-Reihenuntersuchung auch nach Abschluss des DNA-Abgleichs mit erheblichen Folgen für die Probanden verbunden sein kann. Dass Verweigerer damit rechnen müssen, dass ihnen

909 *Bosch*, in: KMR StPO, § 81h Rn. 16.

zwangsweise die Speichelprobe nach § 81c StPO abgenommen wird, wird in vielen vorgefertigten Belehrungsformularen auch ausdrücklich so formuliert.[910] Dies stellt wiederum in Frage, inwiefern die Probanden dann noch eine freiwillige Entscheidung treffen, wenn sie wissen, dass ihnen andernfalls eine Zwangsmaßnahme droht.

a) Die DNA-Reihenuntersuchung als freiwillige Pflicht zur Mitwirkung

In diesem Zusammenhang ist zu berücksichtigen, mit welchem Ziel die DNA-Reihenuntersuchung durchgeführt wurde. Die heutige Regelung basiert auf einem Vorgehen, welches jahrelang ohne Norm durchgeführt wurde. Der Untersuchungszweck dieses Vorgehens wurde bei der Gestaltung des § 81h StPO übernommen. Der Vorgänger der heute bekannten Maßnahme muss deshalb genauer betrachtet werden.

Es handelte sich vor der gesetzlichen Regelung der DNA-Reihenuntersuchung um allgemeinen Konsens, dass Massentests im Endeffekt die Voraussetzungen für eine Maßnahme nach §§ 81a, 81e StPO[911] schaffen sollten, indem sich der Tatverdacht auf jene konkretisierte, die sich nicht dem Test unterziehen wollten.[912] Je weniger Personen die Teilnahme verweigerten, desto eher ließe sich ein hinreichend individualisierter Tatverdacht und eine Beschuldigung begründen, woraufhin im Idealfall zwangsweise ein genetischer Fingerabdruck hergestellt und der Täter überführt werden konnte.[913] Hierfür ist nicht notwendig, dass nur ein priorisierter Proband verbleibt, der die Teilnahme verweigert hat. Die Untersuchung nach § 81a StPO kann auch gegenüber einer Personenmehrheit zulässig sein, sofern jeweils ein ausreichender Tatverdacht besteht.[914] Zwar war nicht ausgeschlossen, dass sich der Täter auf Grund des sozialen Drucks beugte, in die Untersuchung einwillige, der DNA-Reihenuntersuchung unterzog und so problemlos als Täter identifiziert werden konnte. Der Regelfall war jedoch eher, dass die DNA-Reihenuntersuchung die Voraussetzungen für einen zwangs-

910 *Kühne*, Strafprozessrecht, Rn. 495.

911 Die heute anzuwendenden Normen waren zum Erscheinungsdatum des zitierten Artikels noch nicht vollständig in der StPO aufgenommen.

912 *Satzger*, JZ 2001, 639 (647).

913 *Satzger*, JZ 2001, 639 (647).

914 *Kreuz*, Die Grenzen der Eingriffsermächtigung des § 81a StPO, S. 38.

weise durchgeführten DNA-Abgleich schaffen sollte.[915] Ziel war es weniger, den Täter durch den Abgleich der DNA-Spuren zu finden, als vielmehr ein Verhalten zu provozieren, mit dem sich der Täter selbst verraten und von der breiten Masse abheben würde.

Zusammengefasst war die DNA-Reihenuntersuchung von Beginn an so konzipiert, dass sie einen Tatverdacht gegen jene begründet, die eine DNA-Analyse verweigern, um so eine Anordnung des DNA-Abgleichs erwirken zu können.[916] Es handelte sich um eine Umkehrung der Unschuldsvermutung, indem eine ‚freiwillige Pflicht' geschaffen wurde, den Entlastungsbeweis zu erbringen.[917] Diese verdachtsabwehrende Einwilligung beruht auf der Wahl, in die Grundrechtsbeeinträchtigung einzuwilligen oder aber sich verdächtig zu machen und die Voraussetzung für die Duldung einer Zwangsmaßnahme zu schaffen.[918] Diese freiwillige Pflicht zur Mitwirkung an einer Ermittlungsmaßnahme enthält im Kern eine Selbstbelastungspflicht des Einzelnen. Eine solche ist umstritten, insbesondere ihre Vereinbarkeit mit der Selbstbelastungsfreiheit.

Das theoretische Konstrukt einer Selbstbelastungspflicht basiert darauf, dass ein gemeinschaftsgebundener Bürger, der dem Staat seine Existenz als freier Mensch verdankt, von diesem auch in die Pflicht genommen werden darf, sich an der Erhaltung der bestehenden Freiheitsordnung zu beteiligen.[919] Daraus folgt keine Erlaubnis, den Einzelnen in die Lage eines Aussagezwangs zu bringen. Der Staat könne sich aber trotz des *Nemo-tenetur*-Prinzips die gewünschte Information auf alternativen Wegen beschaffen, ohne dass der Betroffene den Schutz vor jedweder staatlich veranlassten Selbstbelastung beanspruchen könnte.[920] Diese Auffassung beruht auf einem vertragstheoretischen Argument. Wer zustimmt, dass der Staat den Auftrag zur Verbrechensverfolgung übernimmt, der verhält sich widersprüchlich, wenn er den Staat daran hindert, diesen Auftrag zu erfüllen.[921] Diesem

915 *Satzger*, JZ 2001, 639 (647).
916 *Satzger*, JZ 2001, 639 (647).
917 *Hother*, Die DNA-Analyse, S. 51; *Amelung*, StV 1985, 257 (261).
918 *Amelung*, StV 1985, 257 (261).
919 *Pawlik*, Das Unrecht des Bürgers, S. 107 Fn. 592 mit weiteren Nachweisen.
920 *Pawlik*, Das Unrecht des Bürgers, S. 107 Fn. 592.
921 *Bung*, in: FS Schlothauer, 29 (32).

vertragstheoretischen Ansatz widerspricht jedoch, dass das Individuum mit einer solchen Zustimmung in eine erhebliche Selbstaufgabe einwilligen würde, nur um von dem Schutz des Gesellschaftsvertrages zu profitieren. Darin liegt der wesentliche Widerspruch, denn der gesellschaftliche Vertrag soll im Kern die Selbsterhaltung sichern.[922] Die Pflicht zur strafprozessualen Selbstbelastung macht die Willenserklärung unwirksam, d. h. es kann nicht in einen Gesellschaftsvertrag eingewilligt werden, der die Selbstaufgabe zur Voraussetzung macht.[923] Das Konstrukt der Selbstbelastungspflicht ist deshalb abzulehnen, da die Herleitung nicht überzeugend ist.

Der *Nemo-tenetur*-Grundsatz kann nicht mit einer Selbstbelastungspflicht kombiniert werden, da er so untergraben wird. Freiwilligkeit kann bei einer solchen Ausgangslage, die von den Ermittlungsbehörden in dieser Form bezweckt wurde, nicht angenommen werden.[924] Dies ergibt sich bereits aus der widersprüchlichen Konzeption einer Pflicht, welche freiwillig erfüllt werden soll. Eine Pflicht impliziert, dass ihr Folge geleistet werden muss, auch und gerade dann, wenn dies nicht den eigenen Motiven entspricht.[925] Pflichten sind demnach Nötigungen.[926] Die freiwillige Mitwirkungspflicht widerspricht damit nicht nur dem Wortlaut des § 81h StPO. Auch die zugrundeliegende Selbstbelastungspflicht lässt sich nicht allgemein herleiten und plausibel begründen.

Wenn dies der Regelungskontext war, bevor die Maßnahme gesetzlich geregelt wurde, ist zunächst nicht ersichtlich, inwiefern sich nach der Einführung des § 81h StPO etwas daran geändert haben soll. Der Einwand, dass die Probanden der Maßnahme nicht zustimmen müssten und sich so mit einer hohen Anzahl an Weigerungen gegenseitig vor einer unzulässigen Verdächtigung schützen könnten, wurde bereits im Vorfeld entkräftet. Zwar kann so die kritische Anzahl an Verweigerungen überschritten werden, sodass kein Tatverdacht gegen einzelne Personen begründet werden kann. Es darf dennoch nicht

922 *Bung*, in: FS Schlothauer, 29 (33).
923 *Bung*, in: FS Schlothauer, 29 (34).
924 *Amelung*, StV 1985, 257 (261).
925 *Raz*, Praktische Gründe und Normen, S. 81.
926 *Kant*, Grundlegung zur Metaphysik der Sitten, S. 41, 67.

Aufgabe der Betroffenen sein, eine Maßnahme auf ihre grundsätzliche Zulässigkeit zu prüfen. Sie müssen darauf vertrauen dürfen, nur dann in Ermittlungsmaßnahmen einbezogen zu werden, wenn diese den rechtsstaatlichen Grundsätzen entsprechen.

b) Die Wertung der Verweigerung

Als die seit Jahren durchgeführte Maßnahme schließlich eine eigene gesetzliche Regelung erlangen sollte, erkannte der Gesetzgeber, dass die Garantie der Freiwilligkeit daran geknüpft sein muss, dass aus einer Verweigerung kein Tatverdacht generiert werden dürfe.[927] Dieses Erfordernis sollte das *Nemo-tenetur*-Prinzip verkörpern. Gleichzeitig ließ er den Ermittlungsbeamten einen erheblichen Spielraum, innerhalb dessen die Verweigerung gemeinsam mit anderen Hinweisen als ein verdachtsbegründender Anhaltspunkt gewertet werden kann. Dies erlaubt auf eine zwangsweise durchgeführte DNA-Analyse nach §§ 81e, 81f StPO hinzuwirken.[928] Die Verweigerung hat dann einen Beweisverstärkungseffekt.[929]

Es ist eine Frage des Einzelfalls, wann diese verstärkende Wirkung angenommen werden darf.[930] Wie genau diese Umstände beschaffen sein müssen, ist Gegenstand einer langen Diskussion und wirkt sich in ihrem Ergebnis auch auf die Freiwilligkeit der Probanden aus. An dieser Stelle liegt ein deutliches Informationsgefälle vor; denn die Probanden wissen nicht, welche Faktoren die Ermittlungsbeamten als tatverdachtsbegründet heranziehen dürfen. Dementsprechend können sie nicht abschätzen, wie ihr Verhalten von den Ermittlungsbeamten eingeordnet wird. Es mangelt an Transparenz gegenüber den Betroffenen. Während ihnen die Zustimmung als relevantes Kriterium genannt wird, welches entscheidend dafür ist, ob ihre DNA zum Gegenstand der Ermittlungen wird, können die Ermittlungsbehörden intern auf einen großen Erfahrungsschatz zurückgreifen, um abzuwägen, ob die begleitenden Umstände der Verweigerung zusammen mit ihr einen Verdacht begründen. Je nachdem, wie die Beamten entscheiden, kann

927 BT-Drucks. 15/5674, S. 13 f.
928 BT-Drucks. 15/5674, S. 14.
929 *Ostendorf*, Strafprozessrecht, Rn. 162.
930 BGH, NStZ 2004, 392 (394).

trotz der Verweigerung der Betroffene damit konfrontiert werden, dass seine DNA gem. §§ 81a, e StPO Gegenstand der Untersuchung wird. Dieser Ablauf verstärkt den Eindruck, dass es sich bei der Einwilligung der Probanden nach § 81h StPO nur um eine bloße Formalität handelt. Sinn und Zweck der Freiwilligkeit bleiben so im Ergebnis unberücksichtigt. Anders lässt sich aus der Perspektive der Betroffenen nicht erklären, wieso sie sich tatverdächtig machen, wenn sie sich für eine von zwei Optionen entscheiden, die ihnen von derselben staatlichen Stelle angeboten werden, die anschließend gegen sie vorgeht.

Erschwerend kommt hinzu, dass der Proband die Möglichkeit zur Einwilligung erst nach der erfolgreichen richterlichen Anordnung erhält. Dies bedeutet, dass die auf den Täter vermutlich zutreffenden Prüfungsmerkmale auf den nicht einwilligenden Probanden zutreffen müssen. Andernfalls käme er nicht in die Situation, Adressat der Maßnahme zu sein. Verweigert er nun die Teilnahme, macht er sich nicht nur deshalb, sondern auch wegen des Vorliegens der vermuteten Tätereigenschaften gegenüber den Ermittlungsbehörden verdächtig. Die Forderung des Gesetzgebers, aus der Verweigerung keinen Verdacht abzuleiten, ist deshalb nur in der Theorie eine wertvolle Stärkung der Untersuchungsvoraussetzungen. In der Praxis liegt den Ermittlungsbeamten schlicht eine andere Ausgangssituation vor, die eine Umgehung dieses Verwertungsverbots einfach macht. Dass die Einbeziehung der Verweigerung gemeinsam mit den Priorisierungsmerkmalen verdachtsbegründend sein kann, wurde auch vom Gesetzgeber ausdrücklich vorgesehen.[931] Von den Ermittlungsbehörden zu verlangen, dass die Verweigerung allein keinen Tatverdacht generieren darf, ist nicht zielführend, weil sie für sie nur ein *zusätzliches* Indiz ist. Die Ermittlungsbehörden befinden sich nie in der Situation, dass sich der Verdacht gegen einen Probanden, der die Teilnahme verweigert, ausschließlich auf seine Verweigerung stützen lässt. Der Schutz der Freiwilligkeit durch den Gesetzgeber entspricht nicht den Gegebenheiten bei einer DNA-Reihenuntersuchung und ist damit unzureichend.

Dem Probanden gleichzeitig zu versichern, dass die Maßnahme freiwillig ist und die Nichtteilnahme eine gleichwertige Option darstellt, die keine Benachteiligung mit sich zieht, ist vor diesem Hintergrund

931 BT-Drucks. 15/5674, S. 14.

nicht wahrheitsgemäß. Diese Darstellung widerspricht der Pflicht der Ermittlungsbehörden, alle Umstände in die Abwägung einzubeziehen, die zur Tataufklärung beitragen könnten. Es ist grundsätzlich nicht unstatthaft, in der Verweigerung der freiwilligen Abgabe einer Speichelprobe einen verdachtsverstärkenden Umstand zu erkennen, sofern andere verdachtsbegründende Kriterien angeführt werden können.[932] Dies muss den priorisierten Probanden mitgeteilt und ihnen ein umfassendes Bild vermittelt werden, unter welchen Umständen die DNA-Reihenuntersuchung auch nach der Verweigerung der Teilnahme eine DNA-Analyse nach sich ziehen kann. Daran mangelt es derzeit. Auch die Belehrung nach § 81h Abs. 4 StPO unterschlägt die Möglichkeit, dass die Verweigerung gemeinsam mit den priorisierenden Merkmalen bzw. weiteren hinzutretenden Umständen verdachtsbegründend wirken kann. Die Belehrung kann deshalb ihren Zweck nicht erfüllen, da sie konsequenterweise auf die mögliche Zwangsanordnung hinweisen müsste.[933]

Diese Defizite können auch an der Uneinigkeit liegen, mit der diese verdachtsbegründenden Umstände debattiert und in der Praxis umgesetzt werden. Solange es keine einheitliche Handhabe gibt, welche Umstände gemeinsam mit der Verweigerung einen Anfangsverdacht begründen, kann dies den Probanden nicht kommuniziert werden. Dies fördert die Unsicherheit und verstärkt den Eindruck der Betroffenen, dass ihre Entscheidung letztlich keine Rolle spielt.

c) Die Priorisierungsmerkmale und die Verweigerung

Was nun andere verdachtsbegründende Kriterien sind, ist strittig und von der Rechtsprechung nur in Einzelfällen entschieden worden. In der Literatur haben sich hierzu verschiedene Auffassungen entwickelt. Es wird vertreten, dass die Begründung eines Verdachts neben der Zugehörigkeit zu der priorisierten Personengruppe und der Verweigerung weitere zusätzliche verdachtsbegründende Kriterien erfordert.[934] Es finden sich auch Vertreter der Gegenauffassung. Nach deren An-

---

932 *Senge*, NJW 2005, 3028 (3032).

933 *Bosch*, in: Satzger/Schluckebier/Widmaier (Hrsg.), § 81h StPO Rn. 10.

934 *Krause*, in: LR StPO, § 81h Rn. 7.

sicht sei die Verweigerung eines Betroffenen, der zum Kreis der Merkmalsträger zählt, für eine Verdachtsbegründung ausreichend, da schon das Erfüllen dieser Voraussetzungen ein verdachtsbegründender Hinweis sei.[935] Diese Auffassung stützt sich auf die Gesetzesbegründung und die Motive des Gesetzgebers.[936]

Letztere Ansicht führt keine offene Vorverurteilung jedes verweigernden Probanden durch, sondern benennt als Voraussetzung, dass die Testergebnisse der zustimmenden Teilnehmer negativ ausfallen müssen, sodass vor der Verdachtsbegründung zumindest eine Vielzahl an Probanden als Tatverdächtige ausgeschlossen werden kann. Die anschließende Inkulpation des Verweigerers beruht darauf, dass keine andere Person mehr als Täter in Frage kommt. Beide Ansichten ähneln sich grundsätzlich. Sie beziehen entweder konkrete Umstände für die Verdachtsbegründung ein, oder berücksichtigen die Ergebnisse der DNA-Reihenuntersuchung, bevor ein Anfangsverdacht gegen einen Verweigerer angenommen wird.

Die Entscheidung, welcher Auffassung man folgt, hat dennoch erhebliche Folgen für den Stellenwert der Freiwilligkeit der Probanden. Die Forderung des Gesetzgebers, dass die Verweigerung nicht allein, sondern nur mit anderen Merkmalen, die auch die Priorisierungsmerkmale sein können, verdachtsbegründet gewertet werden darf, schützt die Freiwilligkeit der Mitwirkung tatsächlich nicht. Diese Voraussetzung führt nicht zu einer echten Einzelfallbetrachtung, da die betroffenen Probanden nicht auf Grund ihrer individuellen Situation mit einem Anfangsverdacht belastet werden. Es handelt sich stattdessen um einen Automatismus. Weder haben die Betroffenen Einfluss darauf, ob sie als Probanden priorisiert werden, noch können sie den Verlauf der DNA-Reihenuntersuchung beeinflussen.

Einzig die autonome Entscheidung, ihre DNA der Untersuchung nicht zur Verfügung zu stellen, beinhaltet ein aktives Handeln, welches gemeinsam mit Faktoren außerhalb ihres Einflusses gegen sie verwertet wird. Nach der aktuellen Regelung können sie sich zu einer Verweigerung gezwungen fühlen, um keinen Angehörigen zu belasten. Die Gründe für die Verweigerung müssen auf Grund des *Nemo-tenetur-*

935 *Walther*, in: AnwaltK StPO, § 81h Rn. 24.
936 *Bosch*, in: KMR StPO, § 81h Rn 19.

Prinzips nicht erläutert werden. Eine solche Klarstellung der Verweigerungsgründe ist auch nicht vorgesehen. Der nachvollziehbare Wunsch, die Angehörigen nicht mit einem Tatverdacht zu belasten, kann damit nicht entlastend herangezogen werden, da diese Information nicht an die Ermittlungsbeamten herangetragen werden muss und zudem kontraproduktiv wäre. Dies unterstreicht den bereits gezogenen Schluss, dass ein Vorbehalt in der hier diskutierten Form notwendig ist.

Dass die DNA-Reihenuntersuchung für die anschließende Inkulpation ergebnislos bleiben muss, ist ebenfalls keine echte Hürde. Denn dass ein Verdacht gegen einen verweigernden Probanden begründet wird, wenn gleichzeitig ein Treffer oder Beinahetreffer vorliegt, ist widersprüchlich. Diese Treffer stellen den Untersuchungszweck dar und sollen einen neuen Ermittlungsansatz ermöglichen. Es ist vor diesem Hintergrund weniger eine Hürde als ein zeitlicher Ablauf, der mit diesem Erfordernis festgelegt wird. Der Anfangsverdacht kann erst begründet werden, wenn die DNA-Reihenuntersuchung ohne Treffer abgeschlossen wurde. Das Erfordernis, dass kein anderer als Täter in Betracht gezogen werden kann, ist nur eine Umformulierung, dass nur derjenige keinen Tatverdacht auf sich zieht, der freiwillig mitwirkt. Um einen Verdacht gegen sich abzuwehren, sind die Probanden gezwungen, an der DNA-Reihenuntersuchung teilzunehmen.[937]

Damit hat der verweigernde Proband wenig Sicherheit, welche Folgen ihn erwarten. Wird ein Täter auf Grund einer Übereinstimmung der DNA-Identifizierungsmuster ermittelt, ist die Entscheidung über die Mitwirkung folgenlos. Verweigern zu viele weitere Probanden die Teilnahme und findet sich kein Tatverdächtiger unter den Teilnehmenden, können die Ermittlungsbehörden keinen Anfangsverdacht gegen jeden Einzelnen dieser Probanden begründen. Sie sind jedoch befugt, durch herkömmliche Ermittlungsmethoden einen Anfangsverdacht gegen Verweigerer zu erlangen, der wiederum zu einer zwangsweise durchgeführten DNA-Analyse berechtigt.[938] Tritt der Fall ein, dass die Gruppe klein genug bleibt, kann diesen Probanden die DNA auch ohne weitere Umwege zwangsweise entnommen werden. Die zunächst für einen Tatverdacht nicht ausreichenden Priorisierungsmerk-

937 *Brüning*, Der Richtervorbehalt im strafrechtlichen Ermittlungsverfahren, S. 160.
938 *Bosch*, in: Satzger/Schluckebier/Widmaier (Hrsg.), § 81h StPO Rn. 16.

male werden insbesondere durch die Verweigerung aufgewertet und begründen einen Anfangsverdacht.[939] Diese Handhabe ist angesichts der Gesetzesbegründung weder neu noch geheim. Sie verdeutlicht aber die Bedeutung der Verweigerung. Diese ist der entscheidende Faktor, um aus den an sich zu allgemeinen Merkmalen verdachtsbegründende Hinweise zu machen.

Die Argumentation des Gesetzgebers, inwiefern die freie Entscheidung gewährleistet werden soll, ist widersprüchlich. Sie hat nur den Zweck, die grundsätzliche Verwertung der Verweigerung zum Nachteil der Probanden zu rechtfertigen und zu beschönigen. Es ist keine tatsächliche Verbesserung der Entscheidungsfreiheit, wenn die Verweigerung alle weiteren Indizien in einem für den Probanden nachteiligen Licht erscheinen lassen kann. Sie wird damit vielleicht nicht das einzige Kriterium für den Anfangsverdacht, ist jedoch ausschlaggebend, um den Probanden verdächtig erscheinen zu lassen. Es kommt damit zu genau dem Ergebnis, welches eingangs in der Gesetzesbegründung durch den Gesetzgeber ausgeschlossen wurde. Die prozessual zulässige Verweigerung lässt den Probanden verdächtig erscheinen. Dass dies die freie Entscheidungsbildung erheblich beeinträchtigt und eine freie Entscheidung untergräbt, liegt auf der Hand. Darauf zu pochen, dass formal weitere Umstände bei der Begründung des Tatverdachts durch die Ermittlungsbeamten angeführt werden müssen, ändert wenig daran, dass es sich doch nur um Formalien handelt. Das Ergebnis bleibt für die Probanden genauso verheerend. Anstatt dies zu verhindern und die Entscheidungsfreiheit zu schützen, hat der Gesetzgeber den Ermittlungsbeamten in der Gesetzesbegründung erläutert, wie die Verweigerung verdachtsbegründend verwertet werden kann, ohne dass es den Untersuchungsvoraussetzungen widerspricht.

In der Literatur wächst die Kritik an dieser Praxis. Wie eingangs geschildert, werden strengere Maßstäbe für den Anfangsverdacht gegen den Verweigerer gefordert. Die vom Gesetzgeber gebilligte Verwertung der Verweigerung kann mangels Konkretisierung des Verdachts nicht

939 *Bosch*, in: KMR StPO, § 81h StPO Rn 19.

ausreichen, um einen Anfangsverdacht zu begründen.[940] Geht man dennoch davon aus, dass ein Anfangsverdacht begründet werden kann, indem die Verweigerung gemeinsam mit den Priorisierungsmerkmalen hierfür herangezogen wird, untergräbt man die Freiwilligkeit der Einwilligung. Die entsprechende Praxis verletzt das Recht der Probanden, in die Maßnahme freiwillig einwilligen zu können. Zwar kann nicht ausgeschlossen werden, dass Probanden aus freier Überzeugung an der Verbrechensaufklärung mitwirken und die Zwangslage nicht als solche empfinden. Da nicht festgestellt werden kann, wer freiwillig und wer unfreiwillig handelt, ist davon auszugehen, dass eine Einwilligung in die Teilnahme an der DNA-Reihenuntersuchung nicht gegeben ist.[941] Die Voraussetzungen der Einwilligung werden unter diesen Umständen nicht mehr gewährleistet.

Die Verweigerung zu Lasten des Probanden zu verwenden und darauf eine Untersuchung der DNA nach §§ 81a, 81e StPO zu stützen, wird auch dem Erfordernis einer Verdachtsbegründung gegen den Beschuldigten nicht gerecht.[942] Zieht man nach den negativen Testergebnissen der Teilnehmenden ausschließlich die Verweigerer als Verdächtige in Betracht, handelt es sich um eine Verdachtsbehauptung.[943] Diese wird in Form einer Begründung vorgetragen, entbehrt dabei aber der notwendigen Anhaltspunkte. Denn ein Anfangsverdacht nach § 152 Abs. 2 StPO erfordert das Vorliegen zureichender tatsächlicher Anhaltspunkte.[944] Zumindest Indizien müssen vorhanden sein, welche nach kriminalistischer Erfahrung einen Verstoß gegen Strafnormen möglich erscheinen lassen. Legales Verhalten kann solche Verdachtsmomente auslösen, wenn weitere Anhaltspunkte hinzutreten. Bei den Verweigerern der DNA-Reihenuntersuchung fehlen aber weitere Anhaltspunkte neben dem legalen Verhalten. Bloße Vermutungen und vage Anhaltspunkte reichen nicht aus, um einen Anfangsverdacht zu

940 *Beulke/Swoboda*, Strafprozessrecht, Rn. 378; *Krause*, in: LR StPO, § 81h StPO Rn. 7; zur Widersprüchlichkeit der Folgen einer verweigerten Einwilligung s. *Bosch*, in: Satzger/Schluckebier/Widmaier (Hrsg.), § 81h StPO Rn. 16.

941 *Brüning*, Der Richtervorbehalt im strafrechtlichen Ermittlungsverfahren, S. 160.

942 *Krause*, in: LR StPO, § 81h StPO Rn. 7.

943 *Saliger/Ademi*, JuS 2008, 193 (197); Ausgenommen sind hiervon die geschlossenen Fälle, in denen nur diejenigen als Täter in Betracht kommen, die sich in einer eng umgrenzten Örtlichkeit aufgehalten haben.

944 *Schnabl*, in: Satzger/Schluckebier/Widmaier (Hrsg.), § 152 StPO Rn. 6.

begründen.[945] Dennoch wird die Vermutung, dass der Täter die Teilnahme an der DNA-Reihenuntersuchung sicher verweigert hätte, vom Gesetzgeber in der Gesetzesbegründung gebilligt. Dabei kann diese Vermutung mangels statistischer Erfassung der bundesweit durchgeführten DNA-Reihenuntersuchung auch nicht mit kriminalistischer Erfahrung begründet werden. Es fehlt hierfür an einer empirischen Untersuchung, wie erfolgreich die Suche nach dem Täter im Kreis der Verweigerer in der Vergangenheit war. Damit wird nicht nur das Erfordernis der freiwilligen Teilnahme in § 81h StPO verletzt. Dieses Vorgehen führt auch dazu, dass die Voraussetzungen einer Untersuchung nach §§ 81a, 81e StPO nicht eingehalten werden. Es ist deshalb ein anderer Umgang mit der Verweigerung notwendig, der sich rechtsstaatlich gestaltet und im Einklang mit dem Wortlaut der Norm steht. Anstatt zu der Verweigerung lediglich die Priorisierungsmerkmale hinzuzuziehen, müssen andere zusätzliche Merkmale definiert werden, die einen Anfangsverdacht begründen können.

d) Weitere verdachtsbegründende Umstände

Mit dieser Forderung könnte man sich zunächst in einem Widerspruch befinden: Wie zuvor mehrfach festgestellt, handelt es sich bei der DNA-Reihenuntersuchung um eine *ultima ratio,* d. h. es gibt keine weiteren alternativen Ermittlungsansätze. Wenn weitere verdachtsbegründenden Merkmale für die Inkulpation gefunden werden müssen, bei denen es sich nicht um die Verweigerung und die Priorisierungsmerkmale handelt, führt man entgegen den Anwendungsvoraussetzungen des § 81h StPO letztlich doch andere Ermittlungsmöglichkeiten an.[946] Da es diese nicht geben dürfte, ist die Begründung des Tatverdachts mangels anderer Ansätze nur auf die Verweigerung zurückzuführen, was aus den oben genannten Gründen abzulehnen ist.[947]

Diese Kritik an den weiteren verdachtsbegründenden Hinweisen geht nur unzureichend darauf ein, dass es durchaus möglich ist, aus der

945 BVerfG, NJW 2006, 976 (982).
946 *Bosch*, in: Satzger/Schluckebier/Widmaier (Hrsg.), § 81h StPO Rn. 16.
947 *Bosch*, in: Satzger/Schluckebier/Widmaier (Hrsg.), § 81h StPO Rn. 16 mit weiteren Nachweisen.

Interaktion mit den Probanden Hinweise und neue Ansätze zu gewinnen. Auch wenn es kein klar umrissenes Merkmal ist, kann bereits das Aussageverhalten durchaus durch besondere Nervosität und Widersprüche hervorstechen.[948] In einem solchen Fall beruht die Inkulpation nicht darauf, dass die Teilnahme verweigert wurde, sondern wie diese Verweigerung geäußert wurde und welchen Eindruck die Person bei den Ermittlungsbeamten hinterlassen hat. Das Verhalten der priorisierten Personen ist mit Vorsicht zu würdigen, da es sich weiterhin um ein zulässiges Vorgehen handelt und Nervosität bei einer Konfrontation mit Ermittlungsbeamten eine nachvollziehbare Reaktion sein kann. Das Beispiel soll verdeutlichen, dass menschliche Interaktion zwischen Ermittlungsbeamten und Probanden zu neuen Erkenntnissen führen kann. Dass weitere Hinweise hinzugezogen werden, ist schließlich unerlässlich, um eine mögliche anschließende Inkulpation nicht zu einer bloßen Formalie verkommen zu lassen. Die kritische Auseinandersetzung mit diesen weiteren Hinweisen ist gleichermaßen notwendig, um zu verhindern, dass es sich bei ihnen um eine bloße Farce handelt. Es darf in diesem Zuge nicht unterschlagen werden, dass die Ermittlungsbeamten durch die persönliche Interaktion mit den priorisierten Probanden verdachtsverstärkende Eindrücke gewinnen können, die man nicht vor der Anordnung der DNA-Reihenuntersuchung hätte erlangen können.

aa) Der Umgang mit Zufallsfunden

Weitere Konstellationen dieser Art sind denkbar, wie bspw. Zufallsfunde, die beim Betreten des Grundstückes eines priorisierten Probanden entdeckt werden. Zufallsfunde werden in der Regel angenommen, wenn im Rahmen eines staatlichen Zwangseingriffs Erkenntnisse gewonnen werden, ohne dass diese das Ziel des Zwangseingriffs waren oder die ursprüngliche Anordnung sich darauf bezog.[949] Bei einer weiten Interpretation des Begriffs lassen sich unter den Zufallsfund alle Erkenntnisse fassen, die zufällig anlässlich der Durchführung einer Maßnahme erlangt werden, also auch solche, die dasselbe Verfahren

948 *Krause*, in: LR StPO, § 81h StPO Rn. 9.
949 *Reinbacher/Werkmeister*, ZStW 2018, 1104 (1107).

betreffen, in dessen Rahmen die Maßnahme angeordnet wurde.[950] Nur die weite Interpretation ist mit § 81h StPO zu vereinbaren, da es sich bei der DNA-Reihenuntersuchung gerade nicht um eine Zwangsmaßnahme handeln soll. Der Gesetzgeber hat in § 108 StPO nur die enge Interpretation des Zufallsfunds geregelt. Diese Regelung sieht vor, dass die Verwertung von Zufallsfunden in der StPO unter Einhaltung der darin aufgeführten Voraussetzungen gestattet wird.[951] Sie ist auf die hier geschilderte Konstellation nicht anwendbar.

Bei Hinweisen, die auf dieselbe prozessuale Tat hinweisen, soll es diese Hürden bei der Verwertung von Zufallsfunden nicht geben.[952] Die Behörde ist ohnehin mit der Aufklärung ebendieser Tat beschäftigt und sucht gezielt nach Beweisen, die mit dieser verbunden sind.[953] Die aufgefundenen Gegenstände sind dann nach §§ 94, 98 StPO zu beschlagnahmen.[954] Zwar liegt keine gezielte Durchsuchung vor, wenn ein priorisierter Proband aufgesucht wird, um ihn zur Teilnahme an der DNA-Reihenuntersuchung aufzufordern. Dies ist für die Beschlagnahme von Gegenständen nach §§ 94 ff. StPO nicht notwendig. Ausschlaggebend ist das Vorliegen eines Verdachts auf eine Straftat nach § 152 Abs. 2 StPO und die Einleitung eines damit verbundenen Ermittlungsverfahrens.[955] Wird nun ein Proband aufgesucht, um ihn zur Teilnahme an der DNA-Reihenuntersuchung aufzufordern und bemerken die Ermittlungsbeamten bei dieser Gelegenheit Gegenstände im Sinne des § 94 Abs. 1 StPO, können diese in Verwahrung genommen oder beschlagnahmt werden.

Verweigert der Betroffene anschließend die Teilnahme an der DNA-Reihenuntersuchung und kann über sichergestellte oder beschlagnahmte Gegenstände eine Verbindung zur Tat hergestellt werden, könnte eine Inkulpation auf Basis der dann entstandenen Beweislage vertretbar sein. Unzulässig ist ein solches Vorgehen, wenn die Voraussetzungen der Beschlagnahme nach §§ 94, 98. StPO nicht erfüllt werden. Zudem darf das Aufsuchen der Probanden unter keinen Um-

950 *Reinbacher/Werkmeister,* ZStW 2018, 1104 (1107); *Magnus,* ZStW 2014, 695.
951 *Magnus,* ZStW 2014, 695 (704).
952 *Reinbacher/Werkmeister,* ZStW 2018, 1104 (1107).
953 *Hilger,* in: LR StPO, Vor § 474 Rn. 7.
954 *Wohlers/Jäger,* in: SK-StPO, § 108 Rn. 5; *Tsambikakis,* in: LR StPO, § 108 Rn. 7.
955 *Wohlers/Greco,* in: SK-StPO, § 94 Rn. 15; *Hauschild,* in: MüKo StPO, § 94 Rn. 16 f.

ständen missbraucht werden, um eine Durchsuchung durchzuführen. Die Ermittlungsbeamten müssen in einem Ermittlungsverfahren nicht bewusst die Augen vor Hinweisen verschließen, die mit der Tat im Zusammenhang stehen könnten. Gleichzeitig darf kein uferloser Umgang mit Zufallsfunden stattfinden, der die Eingangsvoraussetzungen für Hausdurchsuchungen umgeht und die Verhältnismäßigkeit im Umgang mit den Rechten der Betroffenen aushebelt.[956] Zudem können rechtswidrige Durchsuchungen bei willkürlicher Umgehung der Untersuchungsvoraussetzungen Beweisverwertungsverbote zur Folge haben.[957] Sollte also innerhalb der rechtsstaatlichen Grenzen ein Beweisgegenstand bei einem priorisierten Probanden gefunden werden, kann ein Anfangsverdacht begründet werden, wenn dieser Proband nicht an der DNA-Reihenuntersuchung teilnimmt und nicht durch einen negativen Test entlastet wird.

bb) Gerichtliche Entscheidungen zu weiteren Kriterien

Die denkbaren Konstellationen sind vielfältig. Allerdings ist nicht endgültig geregelt, welche Kriterien hinzutreten dürfen, damit nicht allein die Verweigerung gemeinsam mit der vorherigen Priorisierung den anschließenden Verdacht generiert. Hierzu gibt es keine einheitliche Praxis. Dies ist naheliegend, da jeder Fall individuell ist und die Ermittlungsbeamten einen gewissen Ermessensspielraum benötigen. Andernfalls ist es nicht möglich, das individuelle Verhalten und die begleitenden Umstände einzuordnen und zu bewerten. In der Vergangenheit wurden zumindest einzelne Konstellationen dahingehend richterlich bewertet, ob die Begründung eines Tatverdachts angemessen war.

So wurde bereits entschieden, dass die Hinzuziehung eines Anwalts zur Speichelprobe nicht verdachtsbegründend sein darf.[958] Hat hingegen der Betroffene, um die Aufforderung zur Teilnahme an einer Reihenuntersuchung zurücknehmen zu lassen, ein Alibi dargelegt und stellt sich dies im weiteren Verlauf der Ermittlungen als falsch heraus,

956 *Wohlers/Jäger*, in: SK-StPO, § 108 Rn. 4.
957 BVerfG, NJW 2009, 3225 (3226.)
958 BGH, NJW 2000, 1962 (1964).

dann darf diese Lüge berücksichtigt werden.[959] Allerdings ist dann bei der Begründung des Anfangsverdachts rechtsfehlerfrei darzulegen, wieso eine andere Erklärung nicht in Betracht kommt.[960]

Auch die Verzögerung der Probe kann Indizwirkung haben. Hier ist jedoch darauf zu achten, wie sich dieses Verhalten des Probanden darstellt. Sagt dieser zunächst die freiwillige Mitwirkung zu und entzieht sich dann der DNA-Analyse und bittet um Zeitaufschub, so ist dies noch kein verdächtiges Verhalten. Der Proband macht sich auch dann nicht verdächtig, wenn trotz der vorherigen Zusage die Teilnahme konkludent abgelehnt wird. Dieses Verhalten ist ebenfalls durch das *Nemo-tenetur*-Prinzip geschützt und darf nicht verdachtsbegründend gegen den Betroffenen verwendet werden.[961] Dass ein Proband seine Meinung ändert, reicht somit für die Verdachtsbegründung nicht aus. Anderes gilt hingegen, wenn sich der Betroffene der Anordnung einer Speichelprobe durch ein anordnungsbefugtes Organ entzieht.[962] In einem solchen Fall kann dieses Verhalten einen Anfangsverdacht begründen und eine Maßnahme nach §§ 81a, e StPO auslösen.

cc) Die eingriffsmildernde Einwilligung

Diese beispielhaften weiteren Umstände, welche im Einzelfall als zusätzliches Element zu der Verweigerung verdachtsbegründend sein können, sind stark einzelfallbezogen und lassen sich nur schwer generalisieren. Ermittlungsbeamten treffen ihre Entscheidungen auf Grund von individuellen Umständen, die sich selten in derselben Form in einem anderen Fall wiederfinden. Für die Rechtssicherheit der Probanden wäre notwendig zu wissen, welche begleitenden Umstände herangezogen werden können, um eine Inkulpation zu begründen. Um mehr Rechtssicherheit herbeizuführen, wäre es ein erster Schritt, vergangene DNA-Reihenuntersuchungen auszuwerten und zu ermitteln, in wie vielen Fällen die Verweigerung zu einer Inkulpation geführt hat und mit welchen weiteren Umständen dies begründet wurde. Gemeinsam mit einer Auswertung, ob dieses Vorgehen das Ermittlungsver-

959 BGH, NStZ 2004, 392 (394).
960 BGH, NStZ-RR 2011, 118.
961 BGH, NStZ 2004, 392 (394).
962 BGH, NStZ 2004, 392 (394).

fahren zu einem Erfolg führte, könnte daraus ein Katalog entwickelt werden, der die Inkulpation nachvollziehbar gestaltet.

In der Rechtsprechung der Gerichte genießt das *Nemo-tenetur*-Prinzip einen hohen Stellenwert. Aus dem Verhalten der Probanden, die sich auf dieses Prinzip berufen, darf deshalb nicht ohne weiteres ein Anfangsverdacht hergeleitet werden. Mit diesen Einzelfallentscheidungen unterstreicht die Rechtsprechung, dass die Verweigerung der Teilnahme an einer DNA-Reihenuntersuchung die Wahrnehmung eines wichtigen rechtsstaatlichen Grundsatzes ist. Die weiteren Merkmale, die zur Begründung des Tatverdachts herangezogen werden, sollten deshalb für sich allein ausreichen und mehr als nur begleitende Umstände der eigentlichen Willensbekundung sein. Nur dann hat die Verweigerung tatsächlich den notwendigen Stellenwert. Nur wenn dies gewährleistet wird, kann sich der Großteil der Probanden darauf verlassen, nicht zu einer DNA-Analyse gezwungen zu werden, was wiederum eine freie Willensbekundung erlaubt.

Probanden, bei denen bereits zuvor ein Umstand hinzugetreten ist, der auf einen Anfangsverdacht hinweisen könnte, werden wiederum nicht völlig frei ihre Mitwirkung erklären können. Voraussetzung ist, dass sie sich dieser Umstände bewusst sind. In diesem Fall handelt es sich dann um eine eingriffsmildernde Einwilligung. Eine solche wird beispielsweise angenommen, wenn ein Gewahrsamsinhaber nach § 94 Abs. 1 StPO einen Gegenstand freiwillig herausgibt, um eine formlose Sicherstellung durch die Ermittlungsbeamten zu ermöglichen und eine Beschlagnahme nach § 94 Abs. 2 StPO zu verhindern.[963] In diesem Fall handelt der Betroffene nicht frei von jeglichen staatlichen Zwängen, da er sich der andernfalls drohenden Zwangsmaßnahme bewusst ist.[964] Die Einwilligung mildert im Interesse des Betroffenen den Eingriff ab, da sie gegenüber der Einholung einer richterlichen Entscheidung das mildere Mittel darstellt.[965]

Während bei der verdachtsabwehrenden Einwilligung der Betroffene verhindern will, dass die Verweigerung einen Anfangsverdacht begrün-

963 *Wohlers/Greco*, in: SK-StPO, § 94 Rn. 7.

964 *Wohlers/Greco*, in: SK-StPO, § 94 Rn. 7; *Brüning*, Der Richtervorbehalt im strafrechtlichen Ermittlungsverfahren, S. 161.

965 *Brüning*, Der Richtervorbehalt im strafrechtlichen Ermittlungsverfahren, S. 161.

det, ist bei der eingriffsmildernden Einwilligung die Verweigerung nicht der entscheidende Aspekt, der zu einer Inkulpation und damit zu einer erzwungenen DNA-Analyse führen würde. Wenn weitere Hinweise neben der Verweigerung und den Priorisierungsmerkmalen für einen Anfangsverdacht herangezogen werden müssen, kann gewährleistet werden, dass die Voraussetzung der Freiwilligkeit des § 81h StPO erfüllt werden. Angesichts der Zurückhaltung der Gerichte, in augenscheinlich „verdächtigem" Verhalten einen Hinweis auf die Täterschaft des Betroffenen zu erkennen, sollte dies bei der Hinzuziehung weiterer Umstände immer berücksichtigt werden: Die Verweigerung ist die Wahrnehmung eines rechtsstaatlichen Verfahrensrechts und darf nicht ohne weiteres zu einem Anfangsverdacht führen. Probanden, gegen die zum Zeitpunkt der Aufforderung zur Teilnahme an der Untersuchung Hinweise auf eine Tatbeteiligung entdeckt werden, können mit der Verweigerung den drohenden staatlichen Eingriff abmildern. Verweigern sie die Teilnahme, tritt der Beweisverstärkungseffekt ein, wenn Beweise vorliegen, die dieser Bezeichnung gerecht werden. Priorisierungsmerkmale, die zum Teil auf Vermutungen und Erfahrungswerten der Ermittlungsbehörden beruhen, können nicht als solche gelten.

Bei konsequenter Berücksichtigung stehen Verweigerer nicht automatisch nach der Untersuchung der übrigen Proben unter Tatverdacht. Sie dürfen nur dann im weiteren Fokus der Ermittlungen stehen, wenn andere, von der Priorisierung unabhängig Umstände hinzutreten. Eine dementsprechende Transparenz gegenüber Probanden und ein rechtsstaatlicher Umgang mit Verweigerern tragen dazu bei, dass die Erfordernisse einer Verdachtsbegründung erfüllt werden.

3. Stellungnahme und Zusammenfassung

Die vorangehende Auseinandersetzung mit den Entscheidungsoptionen der Probanden zeigt, dass diese sich tatsächlich in einer sehr prekären Situation befinden. Die derzeitige gesetzliche Regelung setzt sie auf mehreren Ebenen Zwang aus, der einer freiwilligen Entscheidung entgegensteht. Betroffene können momentan weder bei der Teilnahme noch der Verweigerung eine freie Wahl treffen, sodass die Maßnahme nicht umgesetzt werden kann, ohne gegen die in § 81h StPO aufgestellten rechtsstaatlichen Maßstäbe zu verstoßen.

Dies beginnt mit der aufgezwungenen Verwertung von Beinahetreffern. Hier wird eine Belastung der Angehörigen erzwungen, der sich die Probanden nur entziehen könne, indem Sie die Teilnahme verweigern. Dieses Verhalten kann im Widerspruch zum eigentlichen Wunsch stehen, zu der Verbrechensaufklärung beizutragen und im weiteren Verlauf auch zu einer Inkulpation der Betroffenen führen. Seit Einführung der Maßnahme wird auf die Probanden Druck ausgeübt, an der DNA-Reihenuntersuchung mitzuwirken, der dazu führt, dass die verdachtsabwehrende Verweigerung nicht mit einer freien Entscheidung zu vereinbaren ist. Diese Faktoren könnten gemildert werden. Ein Vorbehalt, der den Schutz der Angehörigen erlaubt, würde der Teilnahmezusage mehr Gewicht verleihen, indem die Gestaltung der Einwilligung an die Komplexität des neugefassten § 81h StPO angepasst wäre. Die erzwungene Belastung der Angehörigen wäre damit ausgeschlossen. Die Disposition über die betroffenen Schutzgüter läge wieder bei den Betroffenen.

Die Verwertung der Verweigerung muss ebenfalls eingeschränkt werden. Nur dann wird die DNA-Reihenuntersuchung dem *Nemo-tenetur*-Prinzip gerecht. Der Gesetzgeber billigt und fördert andernfalls ein Vorgehen der Ermittlungsbehörden, welches die Selbstbelastungsfreiheit verletzt. Durch die drohende Verwertung der Verweigerung gemeinsam mit den Priorisierungsmerkmalen wird die Teilnahme den Probanden derzeit aufgezwungen. Eine erzwungene Teilnahme hat ohne einen Vorbehalt auch eine erzwungene Belastung der Angehörigen zur Folge. Beides verstößt gegen die rechtsstaatlichen Grundsätze, dass niemand sich selbst oder ihm nahestehende Dritte belasten muss.

Der Beweisverstärkungseffekt der Verweigerung könnte erhalten bleiben, vorausgesetzt es handelt sich tatsächlich um Beweise, die für eine Inkulpation des betroffenen Verweigerers sprechen. Hier bedarf es einer empirischen Aufarbeitung vergangener DNA-Reihenuntersuchungen, die in der Suche nach dem Tatverdächtigen in den Reihen der Verweigerer mündeten. Mit der Aufarbeitung vergangener Verfahren kann zunächst festgestellt werden, wie erfolgreich dieses konkrete Vorgehen in der Vergangenheit war. Es sollte jedoch nicht darauf hinauslaufen, dass damit widerrechtliches Verhalten der Ermittlungsbehörden bestärkt wird. Stattdessen sollte diese empirische Aufarbeitung zum Ziel haben, Umstände zu identifizieren, die neben der Verweigerung einen Anfangsverdacht begründet haben. Anschließend sollte versucht werden, diese zu generalisieren und damit für künftige DNA-Reihenuntersuchungen anwendbar zu machen. Sollte eine solche Aufarbeitung dazu führen, dass die Suche nach dem Täter in den Reihen der Verweigerer ohnehin nicht fruchtet und nicht erfolgsversprechend ist, muss dies ebenfalls für künftige Verfahren berücksichtigt werden. Eine solche Aufarbeitung vergangener Verfahren soll nicht zum Ziel haben, möglichst jeden Verweigerer auch in Zukunft mit einem Anfangsverdacht zu belasten. Ermittlungsbehörden müssen akzeptieren, dass nicht jeder Verweigerer ein potenzieller Tatverdächtiger sein kann.

Bleibt die DNA-Reihenuntersuchung unverändert, dann kann die Einwilligung ihre vom Gesetzgeber beabsichtigte Wirkung nicht entfalten. Dies betrifft insbesondere die Grundrechtseingriffe in verschiedene Schutzgüter, die nach dem derzeitigen Stand mangels Freiwilligkeit der Betroffenen nicht gerechtfertigt sind. Wie mehrfach betont wurde, sind die Rechtmäßigkeit der DNA-Reihenuntersuchung und die freiwillige Mitwirkung der Probanden untrennbar miteinander verknüpft. Die aktuelle Gesetzeslage und die praktische Umsetzung der Maßnahme erlauben den Probanden aber nicht, freiwillig mitzuwirken. Stattdessen unterliegen diese einem erheblichen Interessenkonflikt, der auf Grund von Zwangselementen eine freiwillige Mitwirkung ausschließt und deshalb beseitigt werden muss.

Die hier vorgeschlagenen Veränderungen sollen insgesamt eine Verbesserung herbeiführen und dazu beitragen, dass die facettenreichen gesetzlichen Voraussetzungen der DNA-Reihenuntersuchung die notwendige Umsetzung erfahren. Dementsprechend vielschichtig sind die Verbesserungsvorschläge, welche die Freiwilligkeit schützen sollen. Da diese das Kernelement der Verhältnismäßigkeit der Maßnahme darstellt, sollte es auch im Interesse des Gesetzgebers sein, auf diese Änderungen einzugehen. Andernfalls würde dies signalisieren, dass die hohen gesetzlichen Hürden einer eingriffsintensiven Maßnahme in der Anwendung zu Gunsten der Verbrechensaufklärung zurückstehen müssen.

G. Fazit

Die DNA-Reihenuntersuchung gemäß § 81h StPO bringt mit der Erweiterung auf Beinahetreffer eine Vielzahl an neuen Problemen mit sich. Die ohnehin umstrittene Maßnahme wird in dieser Form den rechtsstaatlichen Ansprüchen nicht mehr gerecht. Die Untersuchung hat aufgezeigt, wo Handlungsbedarf besteht, um die Maßnahme in ihrer Grundform erhalten zu können. Auf Grund der Komplexität der DNA-Reihenuntersuchung und ihres Ausnahmecharakters innerhalb der StPO sind auch die Verbesserungsvorschläge mehrschichtig. So muss bereits bei der forensischen DNA-Analyse angesetzt werden, um die Gefahr von Diskriminierung und Vorverurteilungen so gering wie möglich zu halten. Der angestrebte Verwertungsumfang von drei Verwandtschaftsgraden lässt sich mit dem derzeitigen Forschungsstand wegen mangelnder Abgrenzungsmöglichkeiten zum vierten Verwandtschaftsgrad nicht aufrechterhalten. Zudem besteht nachweislich die Gefahr, dass zu Unrecht Beinahetreffer angenommen werden, obwohl Spurenverursacher und Proband nur den gemeinsamen ethnischen Hintergrund teilen. Das Verfolgen solcher vermeintlichen Ermittlungsansätze kann verheerende diskriminierende Folgen haben. Der gesetzlich legitimierte Untersuchungsumfang muss deshalb durch eine Gesetzesänderung auf den zweiten Verwandtschaftsgrad begrenzt werden.

Doch nicht nur der Umfang der forensischen DNA-Analyse bedarf einer Überarbeitung. Die Maßnahme muss, so hat es der Gesetzgeber selbst betont, verhältnismäßig sein. Dafür müssen verschiedene Aspekte einbezogen und ausbalanciert werden. So darf die Maßnahme nicht genutzt werden, um ganze Populationsteile zu untersuchen. Da mit der Erweiterung ein erheblicher Schritt in diese Richtung erfolgt ist, muss die Probandenzahl beschränkt werden. Eine unbegrenzte Teilnehmerzahl kann jedenfalls nicht als verhältnismäßig eingeordnet werden. Stattdessen muss die Priorisierung der Probanden verbessert werden. Ziel muss es sein, mit Hilfe einer flexiblen und einzelfallbezogenen Herangehensweise die Zahl der Probanden so gering wie möglich zu halten.

Die DNA-Reihenuntersuchung kann nicht isoliert innerhalb der StPO betrachtet werden, denn der Gesetzgeber hat auch die DNA-Analyse nach § 81e StPO reformiert und den Untersuchungsumfang erheblich erweitert. Die Verbesserung der Priorisierung der Probanden durch eine Art genetisches Phantombild ist dabei einer der primären Beweggründe für diese Gesetzesänderung. Wie aufgezeigt, bewegt sich der Gesetzgeber hier in einem erheblichen Spannungsfeld. Die erweiterte DNA-Analyse greift in empfindliche Bereiche des Persönlichkeitsrechts in seiner Ausprägung als Recht auf informationelle Selbstbestimmung ein. Die Verhältnismäßigkeit wird nicht gewahrt und Rechtfertigungsversuche und Gleichstellungen der DNA-Analyse mit Bildaufnahmen führen nicht weiter.

Es ist bedenklich, wie wenig datenschutzrechtliche Vorgaben berücksichtigt werden, obwohl ihnen europarechtlich ein hoher Stellenwert zukommt. Auch hier wurde ein umfangreicher Maßnahmenkatalog ausgearbeitet, der dazu beitragen kann, die erweiterte DNA-Analyse nach § 81e StPO verfassungsgemäß anzuwenden. Es zeigt sich in den Fällen des § 81e StPO und § 81h StPO, dass die DNA-Analyse forciert und vermehrt zu einem Kernstück des Ermittlungsverfahrens werden soll. Dass in entsprechendem Maße auch die Rechte der Betroffenen in den Fokus rücken sollten, wird entgegen den Grundsätzen der Verhältnismäßigkeit vernachlässigt. Der vom Gesetzgeber angeführte Richtervorbehalt, der bei § 81h StPO die verhältnismäßige Anwendung sicherstellen soll, kann nicht jedes Defizit ausgleichen. Insbesondere dann nicht, wenn seit mehreren Jahren darauf hingewiesen wird, dass dieser Vorbehalt diesen Zweck auf Grund diverser Umstände nicht erfüllen kann und hier ebenfalls grundsätzlicher Reformbedarf besteht.

Die Verhältnismäßigkeit des § 81h StPO war bereits vor der Neufassung umstritten. Als einzige Maßnahme, bei der sowohl Richtervorbehalt als auch Freiwilligkeit der Teilnehmenden notwendig sind, besitzt die freie Entscheidung der Probanden einen hohen Stellenwert. Dennoch wurde die Sicherstellung der Freiwilligkeit in der Vergangenheit vernachlässigt. Obwohl die Freiwilligkeit der Probanden das zentrale

Argument für die Verhältnismäßigkeit der DNA-Reihenuntersuchung ist, hat der Gesetzgeber in der Vergangenheit aufgezeigt, wie die Verweigerung der Probanden zu ihrem Nachteil ausgelegt werden kann.

Hier bedarf es einer Kehrtwende mit mehr Transparenz und Reflektion, bevor eine Inkulpation eines Verweigerers stattfinden darf. Andernfalls kann nicht von einer freien Mitwirkung ausgegangen werden. Gleiches gilt für die Teilnahme. Die Möglichkeit der freien Mitwirkung muss an die umfassende Analyse angepasst und ein Vorbehalt hinsichtlich der Verwertung von Beinahetreffern geschaffen werden. Die Teilnahme, zu der sich nach der bisherigen Praxis die Probanden ohnehin gezwungen fühlen, erzwingt eine Verwertung zu Lasten der Angehörigen eines priorisierten Probanden. Dies steht im Widerspruch zu Art. 6 GG und der Systematik der StPO, die an anderer Stelle den Schutz vor einer erzwungenen Belastung der Angehörigen sicherstellt. Es ist nur konsequent, einen vergleichbaren Schutz auch bei § 81h StPO sicherzustellen. Andernfalls ist die Maßnahme derart eingriffsintensiv, dass sie nicht verhältnisgemäß angewandt werden kann und damit verfassungswidrig ist. Nur wenn die Probanden ohne Angst vor Zwangsmaßnahmen die Teilnahme verweigern, oder an der Maßnahme mitwirken können, ohne zwangsläufig ihre Angehörigen den Folgen der DNA-Reihenuntersuchung aussetzen zu müssen, liegt Freiwilligkeit vor.

Diese Voraussetzungen müssen erst geschaffen werden, denn *de lege lata* kann von Freiwilligkeit nicht ausgegangen werden. Der Gesetzgeber hat den Untersuchungszweck erweitert, ohne im gleichen Zuge schützende Maßnahmen zu Gunsten der unschuldigen Probanden zu ergreifen. Dass die Verhältnismäßigkeit im Zuge dieser Neufassung leiden würde, war abzusehen. Mit der vorliegenden Arbeit sind Ausmaß der Auswirkungen durch die Neufassung und notwendige Verbesserungen benannt. Nun muss der Gesetzgeber tätig werden, um die Rechtsstaatlichkeit der Maßnahme wiederherzustellen. Dabei bedarf es auch einer empirischen Untersuchung der Maßnahme, um zukünftig ein einheitliches Vorgehen der zuständigen Ermittlungsbehörden sicherzustellen. Gleichzeitig kann eine solche Untersuchung vergangener DNA-Reihenuntersuchungen einen Wissensaustausch herbeiführen, durch den künftige Ermittlungsbeamte von den Erfahrungen anderer profitieren und die Verbrechensaufklärung effizienter wird.

Um die hier diskutierten Probleme zu beheben, bedarf es eines entsprechenden Willens des Gesetzgebers, Defizite und Handlungsbedarf einzugestehen. Ob es hierzu ohne einen Auslöser kommt, ist fraglich. Der Gesetzgeber könnte auch zu dem hier vorgeschlagenen Handeln gezwungen werden, wenn die mangelnde Rechtsstaatlichkeit der Norm gerichtlich festgestellt würde. Es kommt auf die künftigen DNA-Reihenuntersuchungen und den nächsten Beinahetreffer an, der als Ermittlungsansatz verwertet wird. Betroffene sollten gerichtlich gegen die Anwendung der Norm vorgehen. Da Beinahetreffer in der Vergangenheit ein Ausnahmephänomen waren, sollte nicht damit gerechnet werden, dass es in naher Zukunft einen vergleichbaren Fall wie den Dörpener Vergewaltigungsfall geben wird. Wann eine Änderung der Norm tatsächlich zu erwarten ist, ist deshalb fraglich.

Nach der hier erarbeiteten Ansicht ist es jedoch für ein rechtsstaatliches Ermittlungsverfahren notwendig, dass die DNA-Reihenuntersuchung nach § 81h StPO erneut reformiert wird. Nur so können die durch die Neufassung entstandenen und verschärften Probleme behoben sowie die Verfassungsmäßigkeit der Maßnahme sichergestellt werden. Dies sollte im Interesse des Gesetzgebers sein, wenn die DNA-Reihenuntersuchung das Vertrauen der Bevölkerung in ein faires und verhältnismäßiges Vorgehen der Ermittlungsbehörden bei der Aufklärung schwerer Straftaten stärken soll.

Literaturverzeichnis

Ackermann, Rolf/Clages, Horst/Roll, Holger, Handbuch der Kriminalistik, Kriminaltaktik für Praxis und Ausbildung, 5. Auflage, Stuttgart/München/Hannover/Berlin/Weimar/Dresden 2019

Ademi, Cefli, Der Massengentest und § 81h StPO, Marburg 2011

Albrecht, Jan Philipp, Das neue EU-Datenschutzrecht – von der Richtlinie zur Verordnung, Überblick und Hintergründe zum finalen Text für die Datenschutz-Grundverordnung der EU nach der Einigung im Trilog, CR 2016, 88–98

Amelung, Knut, Die Einwilligung in die Beeinträchtigung eines Grundrechtsgutes, Berlin 1981

Amelung, Knut, Probleme der Einwilligung in strafprozessuale Grundrechtsbeeinträchtigungen, StV 1985, 257–263

Amelung, Knut, Die Einwilligungsfähigkeit in Deutschland, in: Kopetzki, Christian (Hrsg.), Einwilligung und Einwilligungsfähigkeit, Wien 2002, 24–37

Antonow, Katrin, DNA-Analysedateien für Strafverfolgungszwecke in England und Deutschland, JR 2005, 99–102

Artkämper, Heiko, DNA-Wissenschaft und Praxis eines (angeblich) objektiven Beweismittels, StV 2017, 553–557

Bäcker, Matthias, Die Datenschutzrichtlinie für Polizei und Strafjustiz und das deutsche Eingriffsrecht, in: Hill, Hermann/Kugelmann, Dieter/Martini, Mario (Hrsg.), Perspektiven der digitalen Lebenswelt, Baden-Baden 2017, 63–88

Bäcker, Matthias/ Denninger, Erhard/Graulich, Kurt (Hrsg.), Lisken/Denninger, Handbuch des Polizeirechts, Gefahrenabwehr – Strafverfolgung – Rechtsschutz, 6. Auflage, München 2018

Bastisch, Ingo/Schneider, Harald/Haak, Bärbel/Wenzel, Rainer/Makuch, Darius/Templin, Michael/Hahn, Meinhard/Rose, Monika/Lippert, Thomas/Filler, Jürgen/Fehr, Lothar/Kreitz, Wilfried/Andrä, Vera/Schultheiss, Vera, Eine Kontamination als Trugspur, Kriminalistik 2015, 112–115

Beck, Maren, Die DNA-Analyse im Strafverfahren, De lege lata et ferenda, Baden-Baden 2015

Beck, Maren., Forensic DNA-Phenotyping – Bestimmung äußerer Merkmale aus der DNA, KriPoZ 2017, 160–166

Becker, Jörg-Peter/Erb, Volker/Esser, Robert/Franke, Ulrich/Graalmann-Scheerer, Kirsten/Hilger, Hans/Ignor, Alexander (Hrsg.), Löwe-Rosenberg, Die Strafprozessordnung und das Gerichtsverfassungsgesetz, Band 2: §§ 48–93, 27. Auflage, Berlin/Boston 2018

Becker, Monika, Naturwissenschaften und Strafprozess: Der Einsatz von molekularbiologischen Erkenntnissen im Strafverfahren, in: Czerwenka, Beate/Korte, Matthias/Kübler, Bruno M. (Hrsg.), Festschrift zu Ehren von Marie Luise Graf-Schlicker, Köln 2018, 429–440

Benfer, Jost, Grundrechtseingriffe im Ermittlungsverfahren, 2. Auflage, Köln/Berlin/Bonn/München 1990

Benfer, Jost/Bialon, Jörg, Rechtseingriffe von Polizei und Staatsanwaltschaft, 4. Auflage, München 2010

Berg, Jeremy/Tymoczko, John/Stryer, Lubert, Biochemistry, 7. Auflage, New York 2012

Beukelmann, Stephan, Die geplante StPO-Reform, NJW-Spezial 2017, 56

Beulke, Werner/Swoboda, Sabine, Strafprozessrecht, 15. Auflage, Heidelberg 2020

Bosch, Nikolaus, Aspekte des *nemo-tenetur*-Prinzips aus verfassungsrechtlicher und strafprozessualer Sicht, Ein Beitrag zur funktionsorientierten Auslegung des Grundsatzes *„nemo tenetur seipsum accusare“*, Berlin 1997

Brocke, Holger, Zur Frage der Verwertbarkeit eines so genannten Beinahetreffers im Rahmen einer DNA-Reihenuntersuchung gemäß § 81h StPO, StraFo 2011, 298–304

Brodowski, Dominik, Anmerkung zu BGH, Urteil vom 26.04.2017 – 2 StR 247/16, JZ 2017, 1124–1128

Brown, Terence, Genome und Gene – Lehrbuch der molekularen Genetik, 3. Auflage, Heidelberg 2007

Brown, Terence., Gentechnologie für Einsteiger, 5. Auflage. München 2007

Brüning, Janique, Der Richtervorbehalt im strafrechtlichen Ermittlungsverfahren, Baden-Baden 2005

Buchanan, Nicholas/Staubach, Fabian/Wienroth, Matthias/Pfaffelhuber, Peter/Surdu, Mihai/Lipphardt, Anna/Köttgen, Anna/Syndercombe-Court, Denise/Lipphardt, Veronika, Forensic DNA phenotyping legislation cannot be based on “Ideal FDP”—A response to Caliebe, Krawczak and Kayser (2017), FSI: Genetics, Volume 34 (2018), abrufbar im Internet: https://www.fsigenetics.com/action/showPdf?pii=S1872-4973%2818%2930035-8 (Stand 04.12.2021)

Bung, Jochen, Philosophie der Selbstbelastungsfreiheit, in: Barton, Stephan/Fischer, Thomas/Jahn, Matthias/Park, Tido (Hrsg.), Festschrift für Reinhold Schlothauer zum 70. Geburtstag, München 2018, 29

Busch, Ralf, Verwertbarkeit von „Beinahetreffern“ aus DNA-Reihenuntersuchungen, NJW 2013, 1771–1774

Busch, Ralf, Die Speicherung von DNA-Identifizierungsmustern in der DNA-Analyse-Datei, NJW 2002, 1754–1758

Busch, Ralf, Einwilligung in die DNA-Analyse als Ersatz einer richterlichen Anordnung, StraFo 2002, 46–50

Butenuth, Heiko, Absolute oder relative Wirkung von strafprozessualen Zeugnisverweigerungsrechten und Beschlagnahmeverboten, Münster 1999

Caliebe, Amke/Walsh, Susan/Liu, Fan/Krawczak, Michael/Kayser, Manfred, Likelihood ratio and posterior odds in forensic genetics: Two sides of the same coin, FSI: Genetics, Volume 28 (2017), 203–210

Caliebe, Amke/Krawczak, Michael/Kayser, Manfred, Predictive values in Forensic DNA Phenotyping are not necessarily prevalence-dependent, FSI: Genetics, Volume 33 (2018), abrufbar im Internet: https://www.fsigenetics.com/action/show Pdf?pii=S1872-4973%2817%2930238-7 (Stand 04.12.2021)

Chessman, Christian, A Source of Error: Computer Code, Criminal Defendants, and the Constitution, California Law Review, Volume 105, Nr. 1 (2017), 179–228

Clages, Horst/Ackermann, Rolf (Hrsg.), Der rote Faden, Grundsätze der Kriminalpraxis, 14. Auflage, Heidelberg 2019

Claus, Susanne, Zur Modernisierung des Strafverfahrens, NStZ 2020, 57–65

Däubler, Wolfgang/Wedde, Peter/Weichert, Thilo/Sommer, Imke (Hrsg.), EU-DSGVO und BDGS, Kompaktkommentar, 2. Auflage, Frankfurt am Main 2020

Dettmeyer, Reinhard, Die Rolle des medizinischen Sachverständigen – gesetzliche Vorgaben und Entscheidungen der Rechtsprechung (Teil 1), Rechtsmedizin 2016, 316–324

Dettmeyer, Reinhard/Veit, Florian/Verhoff, Marcel, Rechtsmedizin, 3. Auflage, Berlin/Heidelberg 2019

Dippel, Karlhans, Die Stellung des Sachverständigen im Strafprozess, Heidelberg 1986

Doege, Felix/Frahm, Lorenz Nicolai, Die Verwertbarkeit sog. „Beinahetreffer" bei DNA-Reihenuntersuchungen – de lege lata und de lege ferenda, in: Rotsch, Thomas/Brüning, Janique/Schady, Jan (Hrsg.), Strafrecht, Jugendstrafrecht, Kriminalprävention in Wissenschaft und Praxis, Festschrift für Heribert Ostendorf zum 70. Geburtstag, Baden-Baden 2016, 227–242

Duttge, Gunnar/Hörnle, Tatjana/Renzikowski, Joachim, Das Gesetz zur Änderung der Vorschriften über die Straftaten gegen die sexuelle Selbstbestimmung, NJW 2004, 1065–1072

Eisenberg, Ulrich/Müller, Henning Ernst, Anmerkung zu BGH, Urteil vom 24.3.2016 – 2 StR 112/14, NStZ 2016, 490–496

Eisenberg, Ulrich, Beweisrecht der StPO, Spezialkommentar, 10. Auflage, München 2017

Eisenhardt, Urte, Das *nemo tenetur*-Prinzip: Grenze körperlicher Untersuchungen beim Beschuldigten, Am Beispiel des § 81a StPO, Frankfurt am Main 2007

Erb, Volker/Esser, Robert/Franke, Ulrich/Graalmann-Scherer, Kirsten/Hilger, Hans/ Ignor, Alexander (Hrsg.), Löwe-Rosenberg, Die Strafprozessordnung und das Gerichtsverfassungsgesetz, Band 11, 26. Auflage, Berlin/Boston 2012

Fortier, Alyssa Lyn/Kim, Jahee/Rosenberg, Noah, Human-Genetic Ancestry Inference and False Positives in Forensic Familial Searching, G3: Genes/Genomes/Genetics 2020, 2893–2902

Gercke, Björn/Julius, Karl-Peter/Temming, Dieter/Zöller, Mark (Hrsg.), Heidelberger Kommentar Strafprozessordnung, 6. Auflage, Heidelberg 2019

Gershaw, Cassandra/Schweighardt, Andrew/Rourke, Linda/Wallace, Margaret, Forensic utilization of familial searches in DNA databases, FSI: Genetics, Volume 5 (2011), 16–20

Graalmann-Scheerer, Kirsten, Molekulargenetische Untersuchung im Strafverfahren, ZRP 2002, 72–76

Graalmann-Scheerer, Kirsten, DNA-Massentest de lege lata und de lege ferenda, NStZ 2004, 297–301

Götz, Volkmar/Geis, Max-Emanuel, Allgemeines Polizei- und Ordnungsrecht, 16. Auflage, München 2017

Gola, Peter/Heckmann, Dirk (Hrsg.), Bundesdatenschutzgesetz, 13. Auflage, München 2019

Golla, Sebastian/Skobel, Eva, „Sie haben doch nichts zu verbergen?", Zur Möglichkeit einer Einwilligung in die Datenverarbeitung im Geltungsbereich der Richtlinie (EU) 2016/680, GSZ 2019, 140–145

Guhra, Gönke, Oh Mein Gott (OMG) – ein gefährlicher Straftäter!, Neue Kriminalpolitik 2016, 296–306

Gusy, Christoph, Polizei- und Ordnungsrecht, 10. Auflage, Tübingen 2017

Hannich, Rolf (Hrsg.), Karlsruher Kommentar zur Strafprozessordnung mit GVG, EGGVG und EMRK, 6. Auflage, München 2008

Hannich, Rolf (Hrsg.), Karlsruher Kommentar zur Strafprozessordnung mit GVG, EGGVG und EMRK, 8. Auflage, München 2019

Hasselbach, Sabrina, Die Novellierung der forensischen DNA-Analyse, Berlin 2009

Heintschel-Heinegg, Bernd von/Bockemühl, Jan (Hrsg.), KMR – Kommentar zur Strafprozessordnung, Band 1: §§ 1- 93, Köln (Loseblatt, Stand: 99. Lieferung, 2020)

Hering, Sandra/Schönefeldt, Claudia/Edelmann, Jeanett/Augustin, Christa, Beurteilung von fraglichen Geschwister- bzw. Halbgeschwisterfällen, Rechtsmedizin 2016, 273–278

Hinze, Hans-Joachim, DNA-Analyse ist nicht alles – Kriminalistisches Gespür ist nach wie vor gefordert, Der Kriminalist 2000, 168–169

Hoppmann, Gerhard, Die Entwicklung der Rasterfahndung und DNA-Reihenuntersuchung, Kriminalistik 2013, 291–297

Hother, Marc, Die DNA-Analyse – ihre Bedeutung für die Strafverfolgung und ihr Beweiswert im Strafverfahren, Gießen 1995

Hüttenrauch, Katrin, Anmerkung zu BGH, Urteil vom 20.12.2012 – 3 StR 117/12, NJ 2013, 218–219

Hufen, Friedhelm, Staatsrecht II, Grundrechte, 8. Auflage, München 2020

Hund, Christina, Der Blinde sucht das Licht: Die Auswahl des Sachverständigen durch den Richter im Strafverfahren, Frankfurt am Main 2016

Jäger, Christian, Beweisverwertung und Beweisverwertungsverbote im Strafprozess, München 2003

Jahn, Matthias, Strafprozessrecht: DNA-Reihenuntersuchung, Zur Verwertbarkeit von Beinahetreffern aus molekulargenetischen Reihenuntersuchungen, JuS 2013, 470–472

Jansen, Kirsten, Das Zeugnisverweigerungsrecht aus § 52 StPO für besondere persönliche Nähe- und Vertrauensverhältnisse, Berlin 2004

Jansen, Scarlett, Erweiterte DNA-Analyse in der Strafverfolgung, ZIS 2020, 233–240

Jansen, Scarlett/Quade, Gustav, Der genetische Fingerabdruck als Kontrollverfahren für die Zuordnung einer Urinprobe zu einer Person, MedR, 2017, 20–24

Jugl, Benedikt, Fair trial als Grundlage der Beweiserhebung und Beweisverwertung im Strafverfahren, Ein Beitrag zu der Lehre von Beweisverboten am Beispiel des Auskunftsverweigerungsrechts nach § 55 StPO, Baden-Baden 2017

Kant, Immanuel, Kritik der praktischen Vernunft. Grundlegung zur Metaphysik der Sitten, 11. Auflage, Frankfurt am Main 1991

Keller, Rainer, Die Genomanalyse im Strafverfahren, NJW 1989, 2289–2296

Kindhäuser, Urs/Neumann, Ulfried/Paeffgen, Hans-Ullrich (Hrsg.), Nomos-Kommentar zum Strafgesetzbuch, Band II: §§ 80 – 231, 5. Auflage, Baden-Baden 2017

Kingreen, Thorsten/Poscher, Ralf, Grundrechte – Staatsrecht III, 36. Auflage, Heidelberg 2020

Knauer, Christoph/Kudlich, Hans/Schneider, Hartmut (Hrsg.), Münchener Kommentar zur StPO, Band 1: §§ 1 – 150 StPO, 1. Auflage, München 2014

Kolz, Alexander, Einwilligung und Richtervorbehalt, Frankfurt am Main 2006

Kopf, Verena Angela, Selbstbelastungsfreiheit und Genomanalysen im Strafverfahren, Untersuchungen zu Inhalt und Reichweite des Grundsatzes *nemo tenetur se ipsum accusare* unter besonderer Berücksichtigung von Genomanalysen, Aachen 1999

Kotsoglou, Kyriakos/Biedermann, Alex/Vuille, Joëlle, DNA und Beweiswürdigung – Der statistische Rubikon und die Dogmatik der Identitätsfeststellung, ZStW 134 (2020), 891–937

Krehl, Christoph/Kolz, Alexander, Genetischer Fingerabdruck und Verfassung, StV 2004, 447–455

Krekeler, Wilhelm/Löffelmann, Markus/Sommer, Ulrich (Hrsg.), AnwaltKommentar Strafprozessordnung, 2. Auflage, Bonn 2010

Kremer, Kerstin/Fritzsch, Sabrina/Stahl, Frank, Gen-Analysen in der Kriminalistik, DNA-Forensik, Chemie in unserer Zeit 2017, 384–391

Kretschmer, Joachim, Das Verhältnis von verweigerter Reihenuntersuchung nach § 81h StPO zur molekulargenetischen Untersuchung gemäß der §§ 81c, 81e StPO, HRRS 2012, 185–189

Kreuz, Thomas, Die Grenzen der Eingriffsermächtigung des § 81a StPO, Hamburg 2016

Kühne, Hans-Heiner, Strafprozessrecht, Eine systematische Darstellung des deutschen und europäischen Strafverfahrensrechts, 9. Auflage, Heidelberg 2015

Kuzaj, Thomas, Nach 40 Jahren: Mordfall Carmen Kampa aufgeklärt, Kreiszeitung v. 20.08.2011, abrufbar im Internet: https://www.kreiszeitung.de/lokales/bremen/hing-einem-haar-1368382.html (Stand 04.12.2021)

Labudde, Dirk/Mohnhaupt, Marleen, Bioinformatik im Handlungsfeld der Forensik, Berlin 2018

Landau, Herbert, Die Pflicht des Staates zum Erhalt einer funktionstüchtigen Strafrechtspflege, NStZ 2007, 121–129

Lee, Jungnyum, Gesetzliche Vorschriften zur Gewinnung und Verwendung von DNA-Informationen im Strafprozess, Über den legislativen Handlungsbedarf zum Schutze der DNA-Information und des DNA-Informationsträgers, Berlin 2013

Liebscher, Doris, „Racial Profiling" im Lichte des verfassungsrechtlichen Diskriminierungsverbots, NJW 2016, 2779–2781

Lilie, Hans, Verwicklungen im Ermittlungsverfahren, ZStW 111 (1999), 807–826

Löffelmann, Markus, Anmerkung zu BGH, Urteil vom 20.12.2013 – 3 StR 117/12, JR 2013, 270–280

Löffelmann, Markus, Nach der Reform ist vor der Reform: Notwendigkeit einer Gesamtnovellierung der StPO?, in: Strafverteidigervereinigungen (Hrsg.), Räume der Unfreiheit, Texte und Ergebnisse des 42. Strafverteidigertages, Berlin 2018, 465–478

Lorenz, Dieter, Allgemeines Persönlichkeitsrecht und Gentechnologie, JZ 2005, 1121–1129

Madea, Burkhard (Hrsg.), Rechtsmedizin: Befunderhebung, Rekonstruktion, Begutachtung, 3. Auflage, Berlin/Heidelberg 2015

Magnus, Dorothea, Beweisverbote bei Zufallsfunden im Strafprozess – am Beispiel der DNA-Reihenuntersuchung, ZStW 126 (2014), 695–719

Magnus, Dorothea., Beinahetreffer bei Massengentests – Handlungsbedarf für den Gesetzgeber?, ZRP 2015, 13–15

Magnus, Dorothea., Anmerkung zu BVerfG, Beschluss vom 13.05.2015 – 2 BvR 616/13, medstra 2015, 363–370

Maguire, Christopher N./McCallum, L.A./Storey, C./Whitaker, Jonathan P., Familial searching: A specialist forensic DNA profiling service utilising the National DNA Database to identify unknown offenders via their relatives—The UK experience, FSI: Genetics, Volume 8 (2014), 1–9

Mansdörfer, Marco, Sicherheit und Strafverfahren: Online Ausspähen, genetische Sippenhaft und der Abbau richterlicher Störenfriede im Kontext einer strafverfassungsrechtlichen Abwägungstheorie, GSZ 2018, 45–51

Manssen, Gerrit, Staatsrecht II, Grundrechte, 17. Auflage, München 2020

Marlie, Marcus, Zu den Voraussetzungen des Auskunftsverweigerungsrechts gemäß § 55 StPO, Zugleich eine Anmerkung zu BVerfG, Beschl. v. 21.4.2010 – 2 BvR 504/08, 2 BvR 1193/08, ZIS 2017, 230–234

Máriássy, Dagmar von/Bayer, Birgit/Anslinger, Katja, Irrtierende Ergebnisse einer DNA-Analyse aus Mischspuren, Rechtsmedizin 2017, 196–200

Maunz, Theodor/Dürig, Günter/Herzog, Roman/Scholz, Rupert/Herdegen, Matthias/Klein, Hans (Hrsg.), Grundgesetz-Kommentar, Band I, 87. EL März 2019, München 2019

Merten, Deflef, Der Grundrechtsverzicht, in: Horn, Hans-Detlef (Hrsg.), Recht im Pluralismus: Festschrift für Walter Schmitt Glaeser zum 70. Geburtstag, Berlin 2003, 53–73

Mertin, Herbert, Freiwillig, aber auf Anordnung des Richters – Beim DNA-Test kann sich niemand gegen die öffentliche Meinung wehren, ZRP 2005, 37–38

Meyer-Goßner, Lutz/Schmitt, Bertram (Hrsg.), Strafprozessordnung mit GVG und Nebengesetzen, 63. Auflage, München 2020

Michael, Lothar/Martin, Morlok, Grundrechte, 7. Auflage, Baden-Baden 2020

Miebach, Klaus, Die freie richterliche Beweiswürdigung in der neueren Rechtsprechung des BGH, NStZ 2020, 72–80

Mysegades, Jan, DNA-Auswertung in der Black Box, Gerichtliche Beweisführung durch statistische Computerprogramme, CR 2018, 225–231

Neubert-Kirfel, Dagmar, Das Leitspurenkonzept – Der Dialog mit den stummen Zeugen der Tat, Kriminalistik 2000, 398–404

Neuhaus, Ralf, Fehlerquellen bei DNA-Analysen – Nur unbedeutende Sternschnuppen aus dem Firmament des lediglich theoretischen Zweifels?, in: Duttge, Gunnar/Geilen, Gerd, Meyer-Goßner, Lutz/Warda, Günter (Hrsg.), Gedächtnisschrift für Ellen Schlüchter, Köln/Berlin/Bonn/München 2002, 535–562

Neumann, Bernd, Zeugnisverweigerungsrechte und strafprozessuale Ermittlungsmaßnahmen, Frankfurt am Main 2005

Neuser, Markus, Rechtsfragen der DNA-Analyse zum Zwecke der DNA-Identitätsfeststellung in künftigen Strafverfahren, Baden-Baden 2006

Niedernhuber, Tanja, Die StPO-Reform 2017 – wichtige Änderungen im Überblick, JA 2018, 169–175

Ostendorf, Heribert, Strafprozessrecht, 3. Auflage, Baden-Baden 2018

Ottow, Sabine, Grundrechtseingriffe im Ermittlungsverfahren und nach dem Polizeirecht, Die Einwirkung des europäischen Rechts auf das deutsche Strafverfahren, Berlin 2014

Pawlik, Michael, Das Unrecht des Bürgers, Tübingen 2012

Petri, Thomas, Anmerkung zu BVerfG, Beschluss vom 13.05.2015 – 2 BvR 616/13, ZD 2015, 423–428

Petri, Thomas, Datenschutzrechtliche Einwilligung im Strafverfahren? Die geplante Umsetzung der JI-Datenschutzrichtlinie in der StPO, ZD 2018, 389–390

Petri, Thomas, Das Gesetz zur Neuordnung des bayerischen Polizeirechts, ZD 2018, 453–459

Pfeifer, Céline-Maria/Miltner, Erich/Wiegand, Peter, Analyse von Hautkontaktspuren in der forensischen Genetik unter besonderer Berücksichtigung von Kontamination und Transferszenarien, Rechtsmedizin 2016, 537–552

Plath, Kai-Uwe (Hrsg.), DSGVO/BDSG, Kommentar zu DSGVO, BDSG und den Datenschutzbestimmungen von TMG und TKG, 3. Auflage, Köln 2018

Pommer, Stephanie, Die DNA-Analyse im Strafprozess – Problemfelder der §§ 81e ff. StPO, JA 2007, 621–627

Putzhammer, Barbara, Die Einwilligung in strafprozessuale Grundrechtsbeeinträchtigungen, München 2007

Ralph, Felix, Convictions through Kith and Kin: Legal, Policy and Ethical Issues in DNA Familial, Matching and Genetic Metadata, Criminal Justice 2018, 243–258

Rath, Christian, Die Auswertung der DNA-Spuren auf äußerliche Merkmale, GSZ 2018, 67–70

Rath, Marion/Brinkmann, Bernd, Strafverfahrensänderungsgesetz – DNA-Analyse („Genetischer Fingerabdruck") und DNA-Identitätsfeststellungsgesetz aus fachwissenschaftlicher Sicht, NJW 1999, 2697–2702

Raz, Joseph, Praktische Gründe und Normen, Frankfurt am Main 2006

Reinbacher, Tobias/Werkmeister, Andreas, Zufallsfunde im Strafverfahren – Zugleich ein Beitrag zur Lehre von Verwendungs- und Verwertungsverboten, ZStW 130 (2018), 1104–1146

Renneberg, Reinhard, Bioanalytik für Einsteiger, Diabetes, Drogen und DNA, Heidelberg 2009

Rogall, Klaus, Die DNA-Analyse im Strafverfahren – Eine endlose Geschichte, in: Hoyer, Andreas/Müller, Henning Ernst/Pawlik, Michael/Wolter, Jürgen (Hrsg.), Festschrift für Friedrich-Christian Schröder zum 70. Geburtstag, Heidelberg 2006, 691–718

Rogall, Klaus, Die Behandlung von sogenannten Beinahetreffern bei Reihengentests nach § 81h StPO, JZ 2013, 874–880

Roggan, Fredrik, Zur Doppelfunktionalität von heimlichen Ermittlungsmaßnahmen am Beispiel der Online-Durchsuchung, GSZ 2018, 52–56

Rohlfs, Rori/Fullerton, Stephanie Malia/Weir, Bruce, Familial Identification: Population Structure and Relationship Distinguishability, PLoS Genetics, Volume 8/Issue 2 (2012), abrufbar im Internet: https://journals.plos.org/plosgenetics/article?id=10.1371/journal.pgen.1002469 (Stand 06.11.2020)

Rohlfs, Rori/Murphy, Erin/Song, Yun/Slatkin, Montgomery, The Influence of Relatives on the Efficiency and Error Rate of Familial Searching, PLoS ONE, Volume 8/Issue 8 (2013), abrufbar im Internet: https://journals.plos.org/plosone/article/file?id=10.1371/journal.pone.0070495&type=printable (Stand 09.11.2020)

Ronellenfitsch, Michael, Genanalysen und Datenschutz, NJW 2006, 321–325

Rosenau, Henning/Dorneck, Carina, Die Rolle der forensischen Molekulargenetik im Strafprozess, in: Bublitz, Jan Christoph/Bung, Jochen/Grünewald, Anette/Magnus, Dorothea/Putzke, Holm/Scheinfeld, Jörg (Hrsg.), Festschrift für Reinhard Merkel zum 70. Geburtstag, Teilband II, Berlin 2020, 1301–1320

Sachs, Michael (Hrsg.), Grundgesetz Kommentar, 8. Auflage, München 2018

Saliger, Frank/Ademi, Cefli, Der Massengentest nach § 81h StPO, JuS 2008, 193–199

Satzger, Helmut, DNA-Massentests – Kriminalistische Wunderwaffe oder ungesetzliche Ermittlungsmethode?, JZ 2001, 639–649

Satzger, Helmut/Schluckebier, Wilhelm (Hrsg.), Strafprozessordnung mit GVG und EMRK, 4. Auflage, Köln 2020

Sauter, Markus, DNA-Massentests im Strafverfahren: rechtliche und rechtstatsächliche Aspekte genetischer Reihenuntersuchungen zur Aufklärung von Straftaten, Frankfurt am Main 2003

Schenke, Wolf-Rüdiger, Polizei- und Ordnungsrecht, 10. Auflage, Heidelberg 2018

Schneider, Maximilian, DNA-Analyse und Strafverfahren de lege ferenda, NStZ 2018, 692–698

Schneider, Peter/Schneider, Harald/Fimmers, Rolf/Keil, Wolfgang/Molsberger, Gabriele/Pflug, Werner/Rothämel, Thomas/Eckert, Martin/Pfeiffer, Heidi/Brinkmann, Bernd, Allgemeine Empfehlungen der Spurenkommission zur statistischen Bewertung von DNA-Datenbank-Treffern, Rechtsmedizin 2010, 111–115

Schneider, Peter/Anslinger, Katja/Eckert, Martin/Fimmers, Rolf/Schneider, Harald, Erläuterungen zu den wissenschaftlichen Grundlagen biostatistischer Berechnungen im Rahmen von DNA-Spurengutachten, NStZ 2013, 693–697

Schneider, Peter/Prainsack, Barbara/Kayser, Manfred, Erweiterte forensische DNA-Analyse zur Vorhersage von Aussehen und biogeografischer Herkunft, Deutsches Ärzteblatt 2019, Ausgabe 51–52, 873–880

Schneider, Peter, Stellungnahme der Spurenkommission zu den Möglichkeiten und Grenzen der DNA-gestützten Vorhersage äußerer Körpermerkmale, der biogeographischen Herkunft und des Alters unbekannter Personen anhand von Tatortspuren im Rahmen polizeilicher Ermittlungen, Köln 14.12.2016, abrufbar im Internet: https://www.gednap.org/wp-content/uploads/2016/12/Stellungnahme_DNA-Vorhersage_Spurenkommission_2016-12-141.pdf (Stand 04.12.2021)

Schoch, Friedrich, Das Recht auf informationelle Selbstbestimmung, Jura 2008, 352–359

Schoch, Friedrich, Doppelfunktionale Maßnahmen der Polizei, Jura 2013, 1115–1123

Schreiber, Markus, Einführung des „genetischen Steckbriefs", ZRP 2019, 105–107

Schwichtenberg, Simon, Die „kleine Schwester" der DSGVO: Die Richtlinie zur Datenverarbeitung bei Polizei und Justiz, DuD 2016, 605–609

Senge, Lothar, Die Neuregelung der forensischen DNA-Analyse, NJW 2005, 3028–3033

Simitis, Spiros/Hornung, Gerrit/Spieker, Indra (Hrsg.), Datenschutzrecht, DSGVO mit BDSG, Baden-Baden 2019

Singelnstein, Tobias, Möglichkeiten und Grenzen neuerer strafprozessualer Ermittlungsmaßnahmen – Telekommunikation, Web 2.0, Datenbeschlagnahme, polizeiliche Datenverarbeitung & Co, NStZ 2012, 593–606

Singelnstein, Tobias/Derin, Benjamin, Das Gesetz zur effektiveren und praxistauglicheren Ausgestaltung des Strafverfahrens, NJW 2017, 2646–2652

Spelthahn, Ingrid H., Das Zeugnisverweigerungsrecht von Angehörigen eines Mitbeschuldigten, Frankfurt am Main 1997

Sprenger, Wolfgang/Fischer, Thomas, Zur Erforderlichkeit der richterlichen Anordnung von DNA-Analysen, NJW 1999, 1830–1834

Stadler-Brehm, Alexandra, Verfassungsrechtliche, strafprozessuale und polizeirechtliche Probleme einer DNA-Analyse, Marburg 2006

Stam, Fabian, Die partielle Abschaffung des Richtervorbehalts bei Blutprobeentnahmen nach § 81a II 2 StPO – Abschied von einem prozessualen Stolperstein, NZV 2018, 155–158

Sternberg-Lieben, Detlev, Die objektiven Schranken der Einwilligung im Strafrecht, Tübingen 1997

Stief, Matthias, Die Richtlinie (EU) 2016/680 zum Datenschutz in der Strafjustiz und die Zukunft der datenschutzrechtlichen Einwilligung im Strafverfahren, StV 2017, 470 477

Swoboda, Sabine, Grenzen der Informationsgewinnung aus DNA-Identifikationsmustern bei molekulargenetischen Reihentest nach § 81h StPO, StV 2013, 461–470

Syndercombe-Court, Denise, Forensic genealogy: Some serious concerns, FSI: Genetics, Volume 36 (2018), 203–204

Ternieden, Hendrik, Urteil gegen Serientäter – Mörderischer Frustabbau, Spiegel Online v. 08.02.2012, abrufbar im Internet: https://www.spiegel.de/panoram a/justiz/urteil-gegen-serientaeter-moerderischer-frustabbau-a-814176.html (Stand 04.12.2021)

Ternieden, Hendrik, Verbrechensbekämpfung, Die Spuren der Mörder, Spiegel Online v. 09.03.2012, abrufbar im Internet: https://www.spiegel.de/panorama/jus tiz/verbrechensbekaempfung-die-spuren-der-moerder-a-819684.html (Stand 04.12.2021)

Ulbrich, W./Anslinger, Katja/Bäßler, Gerhard/Eckert, Martin/Fimmers, Rolf/Hohoff, Carsten/Kraft, M/Leuker, Christoph/Molsberger, Gabriele/Pich, Uta/Razbin, Sven/Schneider, Harald/Templin, M./Wächter, Andrea/Weirich, Volker/Zierdt, Holger/Schneider, Peter, Gemeinsame Empfehlungen der Projektgruppe „Biostatistische DNA-Berechnungen" und der Spurenkommission zur biostatistischen Bewertung von DNA-analytischen Befunden, Rechtsmedizin 2016, 291–298

Volk, Elisabeth, DNA-Identitätsfeststellungsgesetz – Kein Ende der Begehrlichkeiten, NStZ 2002, 561–565

Voßkuhle, Andreas/Kaiser, Anna-Bettina, Grundwissen – Öffentliches Recht: Der Grundrechtseingriff, JuS 2009, 313–315

Weichert, Thilo, Forensische DNA-Analysen und der Datenschutz, DuD 2018, 358–363

Weichert, Thilo, Stellungnahme des Netzwerks Datenschutzexpertise zum Gesetzentwurf der Bayerischen Staatsregierung zur Neuordnung des bayerischen Polizeirechts, Kiel 26.03.2018, abrufbar im Internet: https://www.netzwerk-daten schutzexpertise.de/sites/default/files/gut_2018_baypagudna_final.pdf (Stand 04.12.2021)

Weichert, Thilo/Momsen, Carsten, DNA-Analyse im neuen Polizeigesetz ist voller Rechtsfragen und Risiken, Focus v. 14.05.2018, abrufbar im Internet: https:// www.focus.de/politik/experten/bayerischen-polizeigesetz-dna-analyse-ist-vol ler-rechtsfragen-und-risiken_id_8923118.html (Stand 04.12.2021)

Weinrich, Maximilian, Die Novellierung des bayerischen Polizeiaufgabengesetzes, NVwZ 2018, 1680–1685

Welsing, Ruth, Das Recht auf informationelle Selbstbestimmung im Rahmen der Terrorabwehr, Darstellung anhand einer Untersuchung der präventiven Rasterfahndung, Hamburg 2009

Wickert, Bettina, Der DNA-Massentest nach § 81h StPO, Freiwilliger Beitrag zur Verbrechensaufklärung oder versteckte Zwangsmaßnahme?, Hamburg 2011

Widmaier, Gunter/Müller, Eckhart/Schlothauer, Reinhold (Hrsg.), Münchener Anwaltshandbuch Strafverteidigung, 2. Auflage, München 2014

Willuweit, Sascha et al., Gemeinsame Empfehlungen der Projektgruppe „Biostatische DNA-Berechnungen" und der Spurenkommission zur biostatistischen Bewertung von Y-chromosomalen DNA-Befunden, Rechtsmedizin 2018, 138–142

Willuweit, Sascha/Roewer, Lutz, Y-chromosomale STR-Analyse in der forensischen Praxis, Rechtsmedizin 2018, 149–164

Wójcikiewicz, Józef/Kwiatkowska-Wójcikiewicz, Violetta, The Constitutionality of Taking DNA Reference Samples, Comparative Law Review 2017, 208–222

Wolter, Jürgen (Hrsg.), Systematischer Kommentar zur Strafprozessordnung, Band I: §§ 1 – 93, 5. Auflage, Köln 2018

Zieger, Martin/Roewer, Lutz, Pladoyer für eine nationale Ethikkommission für die erweiterte Forensische DNA-Analyse, Rechtmedizin 2019, 415–418

Zöller, Mark/Thörnich, Diana, Rechtliche Möglichkeiten und Grenzen der Ausweitung von DNA-Analysen im Strafverfahren, ZIS 2017, 331–340

Kolibri 360 GmbH
Ferdinand-Jühlke-Straße 7
99095 Erfurt, Deutschland
produktsicherheit@kolibri360.de